성공적인 창업과 행복한 인생경영을 위한 비법

디즈니처럼 상상하고 잡스처럼 실현하라

로버트 B. 딜츠 지음 | 안토니오 메자 그림
설기문 · 김승구 · 나유미 · 신대정 · 유승만 · 채호근
최규형 · 현영근 · 김준영 · 류창길 · 홍도경 · 김양훈 옮김

Success
Factor
Modeling
Volume I

학지사

Next Generation Entrepreneurs: Success Factor Modeling Volume I
by Robert B. Dilts

역자의 말

나의 이 책과의 인연은 2015년 8월, NLP의 고향인 캘리포니아 산타크루즈에 있는 캘리포니아 대학교(University of California, Santa Cruz: UCSC)에서 시작되었다. 당시 그곳에서는 섬머 스쿨의 형태로 운영되는 NLP대학교(NLP University: NLPU)가 주최한 'NLP 40주년' 기념행사가 열리고 있었다. NLPU는 이 책의 저자인 로버트 딜츠가 공동으로 설립한 NLP 전문 교육기관으로, 여기서는 매년 여름에 UCSC 캠퍼스 내에서 여러 가지 수준의 NLP 전문 자격과정이 개설되고 있다. 그래서 해마다 세계 곳곳의 많은 사람들이 NLP를 공부하기 위해 이곳을 방문한다. 그 NLP가 공식적으로 1975년에 창시되었으니 2015년이면 정확하게 40년이 되는 해였다. 이 책의 내용은 바로 NLP 40주년 기념행사의 일환으로 진행되었던 9박 10일 동안의 특별 워크숍에서 공개되었다. 나는 그 현장에서 저자인 로버트 딜츠의 강의도 듣고 많은 실습에 참여하였다. 딜츠는 1970년대 초반에 UCSC의 재학생으로서 창시자들에게 직접 NLP를 배웠을 뿐 아니라 그 후로도 산타크루즈를 떠나지 않고 계속해서 NLP를 계승·발전시킴으로써 이 분야의 가장 능력 있는 후계자로 인정받으며 명성을 누리고 있다.

이 책은 실리콘밸리의 성공 신화를 주요 소재로 다루고 있다. 딜츠는 산타크루즈에서 멀지 않은 실리콘밸리 지역에서 성장하면서 수많은 벤처기업들의 흥망성쇠 과정을 지켜보았다. 특히 스티브 잡스와는 동갑내기로 잡스의 성공과 좌절, 실패 그리고 재기의 과정을 모두 목격하였으며, 그 외 수많은 스타트업의 성공과 좌절 과정에 대해 잘 알고 있었다. NLP의 탄생지인 산타크루즈와 실리콘밸리가 거리상으로 가까운 것도 있고, 이 둘 사이의 성장사에는 유사성이 많다. 그런 점에서 NLP 전문가인 딜츠가 실리콘밸리의 성장 과정을 지켜본 경험을 바탕으로 이런 책을 쓴 것은 결코 우연이 아닐 것이다.

그럼에도 불구하고 이 책은 NLP 책이 아니다. 차라리 실리콘밸리 성공 신화의 주역들이 들려주는 성공 스토리 뒤에 숨어 있는 핵심 원리를 찾아내어 그것을 체계화한 것이라고 할 수 있다. 다만 체계화 과정에서 NLP의 원리나 방법론이 통합되었다고나 할까?

사실 이 책은 딜츠 혼자만의 작품은 아니다. 본문에서도 여러 번 밝혔지만 이 책은 그의 친동생인 존 딜츠(John Dilts)와 공동으로 시작된 프로젝트의 산물이다. 비록 동생이 형과의 공동 프로젝트를 완성하지 못한 채 병으로 일찍 세상을 떠났지만, 형인 로버트 딜츠는 연구 노력을 중단하지 않고 계속함으로써 결국 동생과의 공동 작품을 완성할 수 있었다.

실리콘밸리에서 대박을 터뜨리고 성공한 기업가에게는 무엇인가 공통점이 있을 것이다. 그것을 '성공 요인'이라고 한다면 누구라도 그것을 따라 하고 모방할 때 성공할 수 있다고 가정할 수 있다. 그런 점에 착안하여 딜츠 형제는 '성공 요인 모델링(Success Factor Modeling™: SFM™)'이라는 이름으로 자신들의 프로젝트를 계획하였고, 최종적으로 형이 그것을 오늘날의 형태로 완성시켰다.

이 책은 세 권으로 구성된 SFM™ 시리즈의 첫 번째 책이며, 새롭게 사업을 시작하려는 사람, 즉 차세대 기업가(Next Generation Entrepreneurs)를 위한 것이라고 할 수 있다. 그들이 창업의 과정과 자신의 사업을 키워가는 과정에서 어려움이나 실패의 위험을 안게 되는데 실리콘밸리의 성공한 기업가들의 성공 요인을 모방한다면 크게 도움이 되지 않겠는가? 그래서 성공한다면 그들이 미래의 큰 기업가 곧 차세대 기업가로 성장할 수 있을 것이다. 이것이 바로 이 책의 핵심 내용이다.

이 책은 사람들이 독립적인 기업가로서 어떻게 창업하고 어떻게 회사를 운영함으로써 성공할 수 있을지를 다루고 있다. 투자자와 협력자들을 원활하게 끌어들인다든지, 함께 일할 직원과 더불어 자신의 아이디어를 제품으로 구현하고 생산하며, 보다 많은 고객에게 공급하여 이익을 남기고 성공할 수 있을지 등을 다루고 있는 것이다.

딜츠 형제는 여기서 더 나아가 기업가의 '마음가짐'과 '멘탈스킬'에 주목했다. 즉, 기업가에게는 아이디어도 중요하고 자본도 중요하지만 성취에 대한 열정과 자신감도 가져야 하며 최종적으로 달성하고자 하는 확실한 목표나 비전이 있어야 한다. 그것은 바로 기업가의 정체성, 가치, 신념을 반영하는 것이다. 그리고 이러한 뜻과 이상에 바탕하여 투자자, 협력자, 고객들에게 알리고 전달하여 궁극적으로 어떤 세상을 만들기를 원하는지에 대해 다른 사람들에게 제대로 밝히고 설득함으로써 그들의 호응을 이끌어 낼 수 있어야 한다. 이러한 내용들은 모두 멘탈과 심리적인 차원의 문제이다.

딜츠는 바로 그러한 차원들을 충분히 고려하여 수많은 성공 기업가들을 직접 인터뷰하고 그들의 성공 요인을 집중적으로 분석·체계화함으로써 새로운 성공 시스템, 즉 SFM™을 개발하였다. 그 결과물인 이 책에서는 실리콘밸리의 성공한 기업가들의 성공 스토리와 개인적 일화들이 소개되어 있다. 또 그러한 성공의 밑거름이 될 수 있는 좌절과 실패의 경험도 같이 제시하였다. 실패는 영원한 실패가 아니라 성공을 위한 교훈을 주고 발판이 되기에 그러한 경험 하나하나가 다 소중하다. 이러한 점들을 감안할 때 대표적으로 성공한 기업가에 해당하는 월트 디즈니와 스티브 잡스를 생각해 볼 필요가 있다. 여러 가지 수식어로 설명할 수 있겠지만 월트 디즈니는 '상상'의 사람으로 유명하다. 그는 자신이 이룩하기를 원하는 궁극의 꿈과 관련하여 비록 비현실적이라 해도 상상을 거듭하면서 자신의 꿈을 키워나갔다. 이에 비해서 스티브 잡스는 어려운 역경 앞에서도 자신의 아이디어를 실천하고 결국엔 그것을 '실현'시킴으로써 세상을 바꾼 사람으로 기억된다. 이들에게는 모두 힘든 실패의 과정들이 있었지만 디즈니는 상상과 꿈꾸기를 멈추지 않았고, 잡스는 끊임없는 도전을 이겨내면서 아이디어의 실현을 멈추지 않았다. 그럼으로써 세상을 바꿀 수 있었다. 때문에 이들은 성공을 꿈꾸고 성공을 자신의 것으로 만들기를 원하는 모든 이들에게 좋은 모델이 된다. 이것이 바로 이 번역서의 제목을 '디즈니처럼 상상하고 잡스처럼 실현하라'로 정한 이유이다.

이 책의 내용들은 단순히 창업을 하고 기업을 운영하는 차원에서만 적용되지 않는다. 오히려 그 이상이기 때문에 이 책의 내용은 경영학적인 것이면서도 성공학적인 것이기도 하다. 여기에서 말하는 벤처나 창업은 실체로서의 기업이나 회사를 전제로 하는 것일 수도 있지만 포괄적으로는 '자기/인생'이라는 기업, 회사를 비유적으로 말한다 해도 좋을 것이다. 그런 의미에서 자연스레 '자기경영'이라는 말을 떠올리게 된다. 생각하기에 따라 우리의 삶은 '자기'라는 상품을 판매하면서 살아가는 과정이라고 볼 수 있다. 우리 사회에서 흔히 말하듯이 학창 시절에 열심히 공부하여 '일류 대학'에 가고자 하는 것은 졸업 후에 사회에 진출할 때 '좋은' 곳에 취업하여 '많은' 월급이나 연봉을 받고자 하는 것과 관련이 있다. 이것은 곧 자신의 '몸값'에 해당한다. 결국 우리는 '자기'라는 하나의 '상품'을 잘 개발하여 상품 가치를 '높게' 인정받고 '잘' 판매함으로써 결과적으로 '높은' 월급이나 연봉을 받게 된다고 할 수 있다. 어쩌면 그것은 현대인에게 있어 성공적인 인생을 위한 당연한 원리에 해당될 것이며, 그런 의미에서 이 책의 원리와 방법들은 성공적인 인생을 위한 일에 적용된다고 볼 수 있다. 그래서 넓은 의미로 볼 때 이 책은 '성공 라이프 코칭'을 위한 것이기도 하다.

그러나 그것이 다는 아니다. 이 책에서 강조하는 성공의 개념은 단순히 높은 '몸값'으로 '돈 많이 버는 것'이나 '출세'를 하는 것만으로 규정되지 않는다. 오히려 공익적 차원에서 사회와 공동체에 어떻게 또는 얼마나 기여함으로써 우리가 사는 이 세상을 좀 더 살기 좋은 세상으로 만드는 데 도움이 될 수 있을까에 대해서도 초점을 맞추고 있다. 그리고 바로 그 점이 이 책의 가치라고 생각한다.

오늘날 우리 사회는 젊은이들의 일자리와 실업 문제가 심각하다. 그래서 학교를 졸업한 젊은이들이 새로운 일자리를 찾고 취업을 하기 위하여 많은 노력을 한다. 하지만 국가적인 경제난과 일자리 부족으로 취업도 쉽지 않게 되자 오히려 창업에 대한 관심이 높아지고 있다.

뿐만 아니라 최근에는 수명 연장에 따른 은퇴 후의 삶에 대한 문제도 심각하게 대두되고 있다. 과거에는 은퇴를 끝으로 일도 끝이라고 생각했지만, 이제는 '인생 이모작'이라 하여 은퇴 후 새로운 일자리를 위한 경쟁도 만만치 않게 되었다. 그리고 새로운 창업에 대한 관심도 젊은이들 못지않게 커졌다. 물론 일반 직장인도 직장에 매여서 기계적으로 출퇴근하며 돈을 위해서 재미없는 일을 하기보다는 진정으로 자기가 하고 싶은 일이나 열정을 발휘할 수 있는 일을 하면서 살아가는 것에 흥미와 관심을 크게 가짐에 따라 이제는 창업을 더 이상 남의 일로만 보지 않게 되었다. 결과적으로 이제 창업은 전 세대를 통하여 널리 화두로 등장하였다. 이름하여 '창업시대'가 되었다고나 할까? 이러한 시기에 이 책은 좋은 지침서가 될 수 있을 것이라고 생각한다.

'설기문마음연구소'에서 NLP를 공부한 제자들이 함께 뜻과 힘을 모아 이 책을 번역하였다. 2015년 8월에 미국에서 세미나에 참석하고 귀국한 후 제자들에게 미국 세미나에서 공부한 내용과 이 책의 내용을 소개했을 때 모두가 많은 관심을 보였다. 그리고 내용을 공부하기를 원했기에 2016년 봄에 자체적인 정기 세미나를 열었었다. 그 과정에서 미국에서 공부했던 내용들을 전달하면서 나 자신도 함께 공부하고 복습하는 시간을 가졌다. 그렇게 하는 동안 이 책을 공동 번역하는 것이 의미가 크겠다고 생각하고 공동 번역의 뜻을 제안했을 때 많은 분들이 동참의 뜻을 표하였다. 그래서 이번의 작업이 시작될 수 있었다.

공동 번역자들의 약력을 보면 알 수 있듯이, 다양한 배경의 사람들이 함께 번역하는 과정이 결코 순탄치는 않았다. 여러 번의 모임과 토론을 통하여 내용을 검토하고 적절하게 번역하는 문제에 대해 논의를 하였지만 현업에서 각자의 전문적 일을 하고 있는, 하지만 전문 번역가가 아닌 사람들의 열정만으로는 번역이 쉽지 않았다. 각자 서로 다른 개성과 내용에 대한 이해 정도, 그리고 번역 용어 사용의 차이 등에서 함께 뜻을 맞추고 통일하는 과정이 결코 쉽지 않았다. 그러나 그러한 열정이 없었다면 불가능했을 이번 일은 동참한 분들의 많은 시간적 협동 작업과 노력이 함께 있었기에 결국 하나의 책으로 완성될 수 있었다.

이 번역서의 탄생은 이제 작은 시작에 불과하다. 지금부터 이 책의 내용을 바탕으로 세미나와 워크숍을 개최하고 이 책의 내용을 널리 보급하고자 하는 우리 역자들의 뜻은 또 다른 열정으로 가슴을 설레게 한다.

번역 과정에서는 가능하면 원저자의 뜻을 살리려고 하였지만, 우리나라 상황에 맞게 독자들이 보다 잘 이해할 수 있도록 의역하는 일도 마다하지 않았다. 그래서 원문에 없는 많은 '역자주'를 각주 형식으로 첨가하였다. 그러한 각주가 본문의 내용을 좀 더 잘 이해하는 데 큰 도움이 되기를 바란다.

이번 번역 과정에서 동참해 준 공동 번역자들의 노고에 역자 대표로서 감사를 드린다. 뿐만 아니라 번역 일에는 관여하지 않았지만 세미나에 참여하여 뜻을 함께해 주고 격려해 주었던 많은 다른 회원님께도 감사를 드린다. 마지막으로 출판을 허락해 준 학지사의 김진환 사장님과 편집부의 백소현 님을 비롯한 여러 직원들의 노고에 감사드린다.

2018년

역자 대표 설기문

헌증

이 책을

존 딜츠*에게

큰 사랑과 감사의 마음을 담아 바칩니다.

그의 기업가 정신을 향한 뜨거운 열정으로 인해

이 분야의 독자 여러분들이 가슴에 큰 영감을 얻게 됨으로써

자신이 꿈꾸는 대로 삶을 살아가고 자신의 비전과 벤처 사업을 통해

더 나은 세상을 만드는 기회를 갖게 되기를 바랍니다.

* John Dilts(1964~2010): 저자인 로버트 딜츠의 동생으로서, 이 책의 대주제인 SFM 프로젝트를 형인 로버트와 함께 공동으로 시작하였으나 완성을 보지 못한 채 46세의 젊은 나이로 작고하였다. 이러한 내용에 대해 상세한 이야기는 뒤이어 나올 '저자의 말'(pp. 13-19)에 구체적으로 소개하였다.

감사의 말

나는 많은 시간 동안 이 책의 초고를 여러 차례 읽고 귀한 피드백과 제안을 하는 수고를 아끼지 않았던 베노아 사라쟁, 마이클 딜츠, 글렌 베이컨, 안토니오 메자와 같은 이들에게 진심으로 감사를 드립니다. 그들의 노력 덕분에 이 책은 훨씬 좋은 모습으로 탄생할 수 있게 되었습니다.

물론 안토니오 메자에게는 특별히 감사의 말씀을 드려야 할 것 같습니다. 왜냐하면 그는 이 책의 전체 레이아웃을 디자인하였고 영리함과 대단한 창의력을 발휘하여 멋진 삽화를 그려 줌으로써 이 책을 더욱 돋보이게 해 주었기 때문입니다. 만약에 그가 없었다면 이 책의 재미가 덜했을지도 모릅니다. 그는 이 책이 출판되기까지의 전 과정에서 훌륭한 조언자 역할을 해 주었습니다.

또한 이 책은 다음과 같은 많은 '차세대' 기업가[1]들이 없었다면 존재하지 않았을 수도 있습니다.

> 스티브 잡스, 엘런 머스크, 리처드 브랜슨, 제프 베조스, 무하메드 유누스, 블레이크 마이코스키, 마완 제비언, 로널드 버, 에드 호건, 브라이언 체스키, 조 게비아, 사무엘 팔미사노.

그들의 노력에 의해 영감을 받아 이 책이 탄생할 수 있었습니다. 나는 또한 긴 시간

1) 이들의 성공 스토리는 본문에 상세히 소개되어 있다.

인터뷰를 하면서 이 책의 좋은 사례들을 제공해 주고 그들의 경험과 지식을 아낌없이 공유해 주었던 다음의 분들[2)]에게도 특별히 감사를 드립니다.

바니 펠, 마크 피츠패트릭, 신다나 터카트, 스티크 웨스터버그, 스티브 아팀, 돈 피켄스

그들은 모두 힘든 모험을 하였고 비전, 앰비션, 뜨거운 가슴을 안고 남들이 가지 않았던 새로운 길을 헤쳐 나갔던 사람들입니다.

마지막으로 이제는 세상을 떠난 나의 동생 존 딜츠에게 깊은 감사의 말을 전하고 싶습니다. 왜냐하면 비전을 가진 기업가들의 세상을 창조하고자 했던 그의 열정이 바로 이 SFM 프로젝트의 기초가 되었고 오늘날의 SFM 정신으로 남아 있기 때문입니다.

2) 상세한 인터뷰 내용들은 본문에 상세히 소개되어 있다.

저자의 말

이 책은 1999년에 시작된 꿈의 결실입니다. 당시에 내 동생인 존(John Dilts)과 나는 딜츠 전략 그룹(Dilts Strategy Group)을 설립하였습니다. 존은 그 시기에 실리콘밸리의 법률사무소에서 일하고 있었습니다. 그 회사는 기업인수합병과 기업공개 업무를 다룰 뿐만 아니라 벤처 후원을 필요로 하는 신생기업들을 대변하는 회사였습니다. 그 과정에서 존은 장래성 있는 기업가와 잠재적 투자자들을 수없이 만났고 그들 사이의 협상 상황을 지켜보는 동안에 그들의 이야기를 많이 듣게 되었습니다. 그런데 어느 날 한 기업가와의 미팅이 실패로 끝난 후에 어떤 잠재적 투자자가 털어놓은 다음과 같은 불평의 말을 들었습니다. "그 사람들이 X를 (또는 X에 대해서) 좀 더 설명해 주든가, 아니면 Y를 (또는 Y에 대해서) 좀 더 구체적으로 보여 주었더라면 내가 보다 구체적으로 관심을 가졌을 수도 있었는데…." 그때 존은 그 잠재적 투자자들에게 다음과 같은 말을 해 주면 어떨까 생각하기 시작했습니다. "그럼 당신이 그 점에 대해서 그들에게 직접 이야기를 해 주지 않고요? 그렇게 되면 그들도 당신의 지적에 대해서 자신들의 생각을 대답해 주었을 것이고 자신의 제안을 새롭게 수정할 수 있는 기회를 갖게 되지 않았을까요?" 하지만 존이 주변을 돌아봤을 때 장래의 기업가들에게 현실적으로 그런 식의 코칭을 해 주는 사람이 아무도 없다는 점과 실제로 그와 같은 코칭은 아주 가치 있는 지식이

존 딜츠
딜츠 전략 그룹 공동 창업자

될 것이라는 점을 깨닫게 되었습니다. 그리고 그 일은 특히 앞으로 크게 성공할 잠재력을 가진 벤처사업가들을 위해서 꽤나 수익성 있는 일이 될 것 같았습니다.

존은 그러한 미팅의 기회를 많이 갖는 동안에 자연스레 다음과 같은 점을 차츰 크게 깨달아 갔습니다. 즉, 기업가들이 단순히 자신의 제품이나 재정계획에 대해서 설명하고 알리기보다는 다른 사람이나 고객의 마음을 움직이고 영감을 주는 방식으로 자신의 비전을 제대로 커뮤니케이션 할 수 있는 능력을 갖는 것이 중요하다는 사실입니다. 그리고 또한 벤처 투자자들과 엔젤 투자자[3)]들은 아이디어, 상품, 계획에 대해서만 투자하려 하지 않는다는 점도 인식하게 되었습니다. 오히려 그들은 새로운 무엇을 개척해 나가면서 자신의 비전을 보여 주고 또 그것을 위해 자신을 바치는 모험을 감수하는 진정한 기업가 정신을 가진 사람들과 그들의 그러한 태도와 정신에 투자를 한다는 점도 존이 새롭게 깨달은 점이었습니다. 투자자들은 그저 한 개의 새로운 제품이나 하나의 특정 사업계획에 자신의 운을 맡기길 원치 않습니다. 오히려 정말로 사업성이 있다고 판단될 만한 것에 투자하고 싶어 합니다. 그러므로 그들은 이 급변하는 사회환경에서 단순한 사업계획이나 상품에 만족하지 않고 그 이상의 것을 원한다고 할 수 있습니다. 물론 사업계획도 중요하고 제품도 중요하지만 진정한 투자자들은 궁극적으로 사람에게 투자를 한다는 것입니다.

이러한 경험들은 어느덧 존의 마음에서 특별한 형태의 '벤처 캐터리스트'라는 아이디어의 씨앗으로 심어지고 자라기 시작했습니다. 이 벤처 캐터리스트(catalyst)는 신생기업에 돈이나 다른 자원들을 투자함으로써 기업성장을 촉진시키고 성공가능성을 높이고자 하는 개인이나 개인들의 집합체를 말합니다. 존의 아이디어는 크게 보면 다음과 같은 두 가지입니다. 첫 번째는 잠재력은 높지만 아직은 작은 신생기업에게 돈을 투자하고 법률 및 재정 계획의 차원에서 도움을 주는 것이며, 두 번째는 그렇게 도움 받은 기업

3) business angel: 일반적으로 벤처기업 창업가들은 실질적인 기술과 아이디어는 있지만 자본이나 경영능력 등이 부족하여 창업에 어려움을 겪는다. 이럴 때 그들에게 필요한 것을 제공해 주면서 기업활동이 가능할 수 있도록 도와주는 개인투자자가 등장하게 된다. 그는 특히 창업가의 자금난을 해결해 주면서 원하는 기업활동을 할 수 있도록 돕는 착한 천사와 같은 사람이기에 엔젤 또는 비즈니스 엔젤이라고 부른다. 그런 엔젤은 장래성과 기술력이 있는 벤처기업에 선별적으로 투자하면서 수익을 얻을 수 있지만 동시에 위험부담도 안을 수밖에 없다는 점에서 벤처 캐피탈과 비슷하기도 하다.

가가 자신의 사업을 성장시키는 데 필요한 행동 및 관리 스킬을 가질 수 있도록 도와주는 코칭을 해 주는 것이었습니다.

바로 그 부분에서 내가 개입하게 되었습니다. 그 부분에 대해 말한다면 나는 거의 20년 동안 회사와 기관 등의 조직을 대상으로 행동 스킬 개발 차원의 일을 해 왔습니다. 나는 리더십, 혁신, 효과적인 프레젠테이션과 커뮤니케이션 스킬에 관한 책들을 다수 저술하였습니다. 이때 나의 배경이 된 것과 지금까지 내가 전문적으로 해 온 것이 바로 NLP입니다. NLP는 곧 모델링, 즉 '모방' 또는 '따라 하기'라고 알려진 과정을 통하여 개인적인 자기개발과 직업세계에서의 발전을 지원하는 것입니다. 이와 같은 모델링은 하나의 방법론에 해당하는 것인데, 즉 특별히 뛰어난 사람들의 사고와 행동 패턴을 검토하고 밝혀내어 확인하는 것을 말합니다.

우리 형제는 고객들을 대상으로 수행하는 전문적인 일을 하는 입장에서 (그리고 우리 자신이 기업가로서 수행하는 여러 가지 기업가적인 활동이라는 측면에서) 직접 관찰하고 경험한 것에 대해 서로 얘기를 나누는 일을 많이 하였습니다. 그런 대화를 하다 보면 진정으로 성공적인 벤처를 가능하게 할 스킬, 도구, 지원 방법에는 어떤 타입의 것이 있을지에 대해 깊이 있는 생각을 자주 하게 됩니다. 우리 형제는 모두 실리콘밸리에서 성장했으며 애플, 야후, 휴렛-패커드, 오라클, 시스코와 같은 많은 벤처기업들이 이룩한 놀라운 성공의 역사들을 목격해 왔습니다. 그리고 나는 심지어 이런 회사들을 대상으로 오랫동안 컨설팅과 트레이닝을 해 왔습니다. 우리 아버지는 전자계통의 전문기술자로서 오랜 기간 일을 하셨고 동시에 특허사무소의 변리사로도 활동을 하셨습니다. 아버지는 미국에서 기술혁명이 막 시작할 시기인 1950년대 말쯤에 샌프란시스코 베이 에어리어[4]로 우리 가족을 데리고 이사를 하셨습니다. 그래서 아버지는 자연스럽게 많은 기업가와 신생기업들을 접촉하게 되었습니다. 그러다 보니 우리는 일상생활 속에서 기술개발에 관한 이야기와 벤처회사들의 벼락 성공에 대한 이야기를 많이 듣게 되었습니다. 반면에, 성공할 수도 있었지만 성공에 필요한 핵심 요소를 갖추지 못했기에 제대로 성공하지 못하고 실

---

4) San Francisco Bay Area: 태평양을 끼고 있는 미 대륙 서쪽에 위치한 캘리포니아의 대표적 항구도시 샌프란시코 주변의 만안(灣岸)지역을 말한다. 그런데 이곳은 단순한 지리적인 차원보다는 현대문명의 상징인 실리콘밸리의 소재지라는 상징성 차원에서 의미가 크다.

패로 끝난 기업가나 사업에 대한 이야기도 많이 들었습니다.

1990년대 말은 특히 인터넷 폭주와 정보 기술 '거품'[5] 현상이 절정에 이르던 시기였습니다. 이와 같은 상황에서 존과 나는 보통의 평범한 사람들도 쉽게 벤처사업을 일으키고 아주 빠른 시간 내에 크게 성공하는 모습들에 크게 매료되었습니다. 보통은 몇 년이나 걸려야 가능했던 일들이 단 몇 개월 또는 심지어는 몇 주만에 큰 성공으로 이어지는 일들이 많았습니다. 물론 모든 사람들이 성공하는 것은 아니었습니다. 사실상 성공보다는 실패가 훨씬 많았습니다. 그때 우리가 던지기 시작했던 질문은 바로 다음과 같은 것들이었습니다. '성공과 실패의 차이를 만드는 진정한 이유는 무엇일까?' '창업과 관련한 결정적인 성공 요인들은 무엇일까?' 이러한 질문들에 대한 답을 얻기 위해 우리는 잘 알려진 실리콘밸리의 성공 스토리들을 관심 있게 검토하고 우리가 잘 알고 지내는 성공한 벤처 기업가들을 개별적으로 인터뷰하기 시작했습니다.

그렇게 우리 형제는 지금까지 우리가 배우고 깨달았던 내용을 동료와 친구들에게 알리고 공유해 나갔습니다. 그랬더니 그들은 조금씩 우리가 하는 일에 관심을 보이며 매료되기 시작했습니다. 또한 우리가 구체적으로 어떤 일을 하며 그 이름이 무엇인지에 대해 더 알고 싶어 했습니다. 그래서 우리는 우리가 해 왔던 탐색을 '성공 요인 모델링(Success Factor Modeling)', 즉 SFM™이라고 이름 부르기로 하였습니다.

지난 시간은 우리에게 아주 신나는 시간이었으며 즐거운 노력의 시간이었습니다. 우리는 우리 자신의 아이디어를 실험하면서 실천에 옮기기 시작했습니다. 존과 나는 우리의 아이디어를 담보로 하여 자금지원을 필요로 하는 기업가들을 대상으로 인터뷰를 하고 그들에게 코칭 작업을 하였습니다. 그렇게 하는 가운데 성공적인 기업가들이 하는 것은 무엇인지, 그들이 어떤 방식으로 생각하는지, 그들이 무엇으로부터 크게 동기부여를 받는지에 대하여 점점 분명히 알게 되었습니다. 우리는 그러한 점들로 인해 오히려 우리가 하고 있는 일에 대해 더 큰 열정을 느낄 수 있게 되었습니다. 그래서 우리는 비전 있는 기업가들이 많이 출현하도록 돕는 일이야말로 세상 속에 긍정적 변화를 만들어 낼

5) Information Technology Bubble: 1990년대 미국은 연 5~6%의 경제 성장률을 실현하는 호경기를 맞았다. 이 호경기는 IT(정보기술) 혁명에 힘입은 정보통신 분야에서의 기술 혁명과, 여기에 세계의 자금을 끌어들이고 주가가 지속적으로 상승한 데서 비롯되었다고 할 수 있다.

수 있는 확실한 방법이라고 생각하게 되었습니다. 그런데 그 방법은 정부, 종교, 대기업, 다른 큰 기관이나 조직들은 결코 만들어 낼 수 없는 방법입니다. 그래서 우리 형제는 새로운 아이디어를 사랑하는 마음을 서로 공유하였고 다른 사람들이 자신의 꿈을 실현할 수 있도록 돕는 일이 얼마나 멋진 일인지를 느끼며 한껏 고무되었습니다.

존은 드디어 자신의 법률회사를 떠나 작은 투자회사를 창업하였습니다. 그리고 우리는 딜츠 전략 그룹이라는 회사를 만들어 존이 투자하는 회사들을 지원하였습니다. 아울러 고객뿐만 아니라 성공적인 벤처회사를 창업하여 런칭시키기를 원하는 다른 사람들을 대상으로 우리가 발견한 성공전략을 알려 주면서 공유해 나갔습니다.

나는 다른 사람들에게 우리의 SFM을 설명하고 지금까지 우리가 발견했던 여러 가지 원리나 성과들을 기록으로 남기기 위하여 이 책의 초고를 쓰기 시작하였습니다. 그런데 아쉽게도 그때부터 두 차례의 대규모 글로벌 경제위기 상황이 있었으며 IT 및 비즈니스 분야, 사회 및 세계 전반에 걸쳐서 많은 변화와 새로운 형태의 발달이 진행되었습니다. 그래서 우리 형제가 초기 SFM 작업의 결과로 종합했던 총체적인 이론기반은 시간의 시련을 겪어야 했습니다. 하지만 우리는 SFM 과정을 새로운 기업가세대에게 계속 적용해 나갔습니다. 또한 존은 매버릭 엔젤스(Maverick Angels)라는 자신의 비즈니스 엔젤투자그룹을 론칭시키고 2010년 여름에 갑작스럽게 세상을 떠날 때까지 그 회사를 이끌었습니다.

하지만 존의 SFM에 대한 비전은 아직도 살아 있으며 이 책은 그에 대한 증거가 될 것입니다. 내가 2013년에 이 책의 1차 원고를 완성했을 당시에는 전체 분량이 수백 페이지에 이르렀습니다. 나는 원고를 여러 명의 형제들과 동료에게 보내고는 원고 내용에 대한 피드백과 제언을 구했습니다. 당시에 내가 원고를 보냈던 사람 중에는 나의 친형인 마이클 딜츠(Michael Dilts), 내 장인이신 글렌 베이컨(Glenn Bacon), 동료인 베노아 사라쟁(Benoit Sarazin)이 포함되는데 이들은 모두 딜츠 전략 그룹의 여러 프로젝트들을 수행하는 일에 있어서 나를 도와주었던 분들입니다.

또한 나는 동료이자 친구이며 천재적 일러스트레이터로서 만화가일 뿐만 아니라 NLP 트레이너 겸 코치인 안토니오 메자(Antonio Meza)에게도 원고를 보냈습니다. 특히 그는 이 책의 기본적인 원리와 아이디어들을 보다 잘 나타내 보이기 위해서 삽화를 그려 보면 어떨까, 그렇게 되면 이 책의 내용이 더욱 분명히 전달될 것이며 또 훨씬 재미있고 읽기 쉬운 책이 되지 않겠냐는 피드백과 제안을 해 주었습니다. 이 책을 통하여 독자 여러분들도 알 수 있듯이, 안토니오가 이 책에 기여한 공헌은 매우 큽니다. 그의 삽화 덕분에 책의 아이디어와 주된 내용들은 훨씬 이해하기 쉽게 되었습니다. 안토니오는 이 책 내용의 구성 및 조직과 관련하여 아주 가치 있는 조언을 하였고 실제적으로 책 제작에도 힘을 보탰습니다. 그리고 그의 제안에 따라 책의 전체 내용을 모두 별개의 책 세 권으로 분리하여 출간하기로 하였습니다.

제1권에 해당하는 이 책에서는 당신의 열정과 비전에 기초하여 벤처를 시작함에 있어서 수반되어야 하는 (당신 자신의 헌신과 스킬뿐만 아니라) 영혼과 홍분의 마음을 담았습니다. 그리고 2016년에 출간된 제2권[6]은 『생성적 협업(Generative Collaboration)』을, 2017년에 출간된 제3권[7]은 『의식적 리더십과 회복탄력성(Conscious Leadership and Resilience)』을 각각 주제로 하였습니다.

이 책이 출간됨으로써 존의 불행한 작고 이후에 딜츠 전략 그룹이 새롭게 재탄생하였음을 보여 주게 되었습니다. 사실, 나는 이미 세계 여러 나라에서 SFM™ 자격 과정을 시작한 바 있습니다. 이 과정을 통하여 참여자들은 여러 가지 로드맵과 도구들을 제공받을 수 있었는데, 그것은 성공적인 프로젝트나 벤처를 론칭함에 있어서 반드시 필요한 자신감, 능력, 자원들을 지원하고 개발하는 데 필수적인 것들입니다. 또한 나는 존의 작고 이전에 구축하기 시작했던 범세계적인 컨설턴트와 코칭 네트워크를 새롭게 재편할 것입니다. 이 네트워크는 'SFM™을 널리 알리는 데' 도움이 될 것이며, SFM™이 제공하는 도구와 전략에 대한 점증하는 글로벌적 수요를 충족할 것입니다.

또한 나는 세계 여러 나라에서 새로운 SFM™ 연구 프로젝트를 시작하였습니다. '차세대 기업가 정신'에 관해 이루어진 한 프로젝트는 프랑스 파리의 러페르연구소(Institut REPERE)가 후원하는 것입니다. 또 다른 프로젝트인 '조직에서의 집단지성(collective intelligence in organizations)'은 프랑스 아비뇽의 'Vision 2021'이 후원하고 있습니다. 사

6) *Generative Collaboration: Releasing the Creative Power of Collective Intelligence (Success Factor Modeling Vol. II).* Dilts Strategy Group, Scotts Valley, CA, 2016.

7) *Conscious Leadership and Resilience: Orchestrating Innovation and Fitness for the Future (Success Factor Modeling, Volume III).* Dilts Strategy Group, Scotts Valley, CA, 2017.

실, 이들 프로젝트를 통해서 밝혀진 결과 중의 일부는 이미 이 책 속에 담겨 있습니다.

아무쪼록 여러분은 이 SFM™의 세계와 차세대 기업가 정신이 존과 내가 경험한 것처럼 신나고 보람 있는 여행이라는 점을 깨닫기를 바랍니다. 여러분이 이 책을 읽고 공부함으로써 꿈을 갖기를 바라며 자신의 비즈니스를 통해 더 나은 세상을 만드는 과정에서 큰 성공과 만족을 누리기를 바랍니다.

캘리포니아주 산타크루즈에서

로버트 딜츠

차례

SUNNY
CAR

제4장
미래 창조하기 … 287

ANTONIO MEZA

Introduction to SFM™
A Changing World

서론

SFM™의 개요: 변화하는 세계

"모든 것은 항상 변화한다…
하지만 항상 발전하지는 않는다."

앤서니 로빈스*

"세상을 바꿀 수 있다고 생각할 만큼 미친 사람들이
바로 세상을 바꾸는 사람들이다."

스티브 잡스

"세상에서 보고 싶은 변화가 되어라."

마하트마 간디

* Anthony Robbins: 미국의 동기부여 전문가, 자기개발 및 성공학 강사로서 『네 안에 잠든 거인을 깨워라』, 『무한능력』과 같은 세계적인 베스트셀러의 저자로도 유명하다.

ANTONIO MEZA

변화하는 세계

비즈니스 세상에서 사회적 · 산업적 · 경제적 발달은 사람, 팀, 조직이 운영되는 방식에 끊임없는 변화를 야기시킨다. 또한 기술의 발달은 계속해서 새로운 기회를 창조하고 신벤처에 도전 과제를 제공하며 전통적인 회사들이 여기에 적응해야 한다는 것을 강조한다.

지난 몇 십년 동안에 우리는 변화의 속도와 응답의 수요가 극적으로 증가하는 것을 보았다. 인터넷의 급격한 발전에 따라 예전에는 몇 년이나 걸리던 일들이 이제는 불과 몇 달 만에 일어난다. 이와 같은 신속한 기술적 변화 때문에 사람들과 조직들은 계속 진행되는 발전을 따라잡기 위해 '배우는 방법을 배워야' 하는 상황에 직면하게 되었다.

되풀이되는 세계적 경제 변동은 변화에 적응하는 사람들과 기업에게 더욱 많은 도전 과제를 부여할 뿐만 아니라 더 적은 자원으로 더 많은 성취를 하도록 요구한다. 이에 회사들은 아웃소싱과 전략적 동맹에 더욱 의존하게 되었으며 결과적으로 상조적인 회사 간의 경계는 더욱 유연해지며 '개방형 혁신(open innovation)' '확장된 조직(extended organization)'이라는 개념이 생겨났다. 이와 같은 상황으로 인해 결과적으로 관계 수립과 동맹을 중시하는 분위기가 조성되었는데, 이 과정에서는 효율적인 '윈윈' 파트너 관계를 창출하는 능력이 크게 요구되는 것이다.

그러한 급속한 기술 · 사회 · 경제 변화의 세상에서 개인과 회사는 보다 빠르고 혁신적으로 대응함으로써 새롭게 전개되는 발전 상황에 발맞추고 자원들을 보다 효율적으로 관리하며 경쟁에 앞설 수 있어야 한다는 점증하는 도전들에 직면하게 되었다.

이러한 변화는 혁신적인 개인과 조직들이 새로운 해결책을 찾고 진정으로 세상을 바꿀 수 있는 혁명적인 제품과 서비스를 창조할 수 있게 하는 기회를 열어 준다. 다시 말해, 당신에게 만약 비전, 성취동기, 기술이 있다면 당신의 꿈을 이루기 위한 무한한 가능성 또한 당신 앞에 펼쳐져 있다는 것이다.

이 책은 그렇게 할 수 있는 방법에 관한 것이다. 즉, 당신이 꿈을 실현하는 삶을 살고 비즈니스를 통해 더욱 좋은 세상을 만들기 위해 반드시 필요한 상상력, 열정, 능력을 개발하고 적용할 수 있는 방법에 대한 것이다.

변화라는 도전에 대처하기

스티브 잡스가 1984년에 매킨토시 컴퓨터를 출시했을 때 회사 이름은 '애플컴퓨터(Apple Computer)'였다.

스티브 잡스가 2010년에 아이패드를 출시했을 때 회사의 이름은 '(주)애플(Apple Inc.)'로 바뀌었다.

기업가, 팀, 조직들은 변화하는 경제와 그러한 것을 수반하는 비즈니스 방법과 규범에서의 변혁에 적응하고 그러한 것들을 이용하는 과정에서 필연적으로 여러 가지 도전에 직면하게 된다. 기존의 대규모 회사들은 빨리 변화하기 어렵고 역동적 환경에 재빠르게 대응할 수 있는 유연성이 부족하다. 예를 들어, 많은 조직은 안정과 안전을 강조하는 문화를 발달시킨다. 그러나 바로 그것이 유연성과 다양성을 증진하고자 하는 과정에서 방해 요소로 작용하게 된다.

'항상 하던 대로 하면 항상 얻었던 결과를 얻게 된다'라는 말이 있다. 이는 결국 색다른 결과를 창조하고 싶으면 변화를 해야 한다는 말이다. 하지만 변하는 세상에서는 늘 하던 대로 일을 한다고 반드시 기대했던 기존의 결과를 기대할 수 있는 것은 아니다. 20년 전에 성공했던 방법으로 오늘날 똑같이 사업을 한다고 하면 성공을 거두지 못할 것은 분명하다.

예를 하나 들자면, 애플(Apple)과 같은 회사가 있다. 20년 전에 그 회사의 이름은 '애플컴퓨터(Apple Computer)'였다. 하지만 오늘날 ㈜애플의 주된 제품은 컴퓨터가 아니라 스마트폰, 태블릿, MP3 플레이어다. 이 변화를 반영하기 위해 애플컴퓨터는 ㈜애플로 이름을 바꾸어야 했다. 이 회사가 20년 전에 팔던 매킨토시(Macintosh) 컴퓨터를 아직 판다면 반드시 이미 부도가 났을 것이다. 애플과 같은 회사는 재빨리 적응하고 혁신할 수 있었기 때문에 살아남고 번창한 것이다.

구글, 페이스북, 페이팔 등 다른 세계적인 리더 회사들 역시 20년 전에는 존재하지도 않았다. 그들의 성공은 혁신적인 기업가들이 새로운 세대의 고객을 위한 새로운 상품을 창조할 기회를 보고 새로운 것을 창조했기 때문에 가능했다.

이 모든 일들은 다음과 같이 핵심적으로 중요한 질문을 던지고 있다. "급속하게 변화하는 세상에서 어떻게 뒤처지지 않고 따라갈 수 있을까?" "오늘날과 같은 경제 상황에서 성공의 공식을 어떻게 찾을 수 있을까?"

기업가와 조직들은 이와 같은 다양성을 받아들이고 끊임없는 혁신을 조성해야 하며, 바로 이러한 필요성에 답하기 위해 SFM™이 개발되었다.

모델링

웹스터 사전은 model의 의미를 "복잡한 대상이나 복잡한 과정을 단순화시켜 보여 주는 것"이라고 정의한다. 그러한 예로서 인체의 순환계와 호흡계를 보여 주는 '컴퓨터 모형'과 같은 것을 들 수 있다. 이 단어는 '뿌리'라는 뜻의 라틴어 modus라는 말에서 유래한다. 그 뜻은 '행동이나 존재의 방법(method), 유형(form), 방식(fashion), 관습(custom), 양식(way), 스타일'을 의미한다. 더 구체적으로 영어의 model이라는 단어는 "원래의 방식을 작게 만든 '축소'판(a 'small' version of the original mode)"이라는 라틴어 단어 modulus에서 비롯된다. 그러므로 어떤 대상에 대한 '모형'은 그것의 미니어처 버전을 말한다고 할 수 있다. 기계 분야를 예로 들어 말하면, '운전 모형(working model)'이라고 하는 것이 있는데 그것은 실물과 같은 기능을 가진 축소된 형태의 기계로서 원래의 기계가 하는 일을 작은 규모지만 실제로 하는 기계라고 할 수 있다. '모형'이라는 개념은 또한 '(원자의 경우처럼) 직접적으로 관찰할 수 없는 것을 시각화하는 데 도

'모형'은 특정 시스템의 미니어처 버전으로 그 시스템이 실제로 어떻게 작용하는지를 작은 규모 차원에서 알아보고 이해하는 데 도움을 준다.

모형이란 특정한 시스템과의 상호작용을 보다 잘 관리하고 운용할 수 있도록 도움을 주는 일종의 지도라고도 할 수 있다.

움이 되게 하기 위해서 사용되는 묘사나 비유'라는 의미를 갖게 되었다.[1)]

그러므로 모형 기차라고도 할 수 있는 미니어처 기차, 주요 기차역이 그려져 있는 지도, 기차운행 시간표와 같은 것들은 모두 철도 시스템을 보여 주는 모형의 예라고 할 수 있다. 그러한 모형의 용도는 실제적인 철도 시스템이 어떻게 돌아가며 기능하는지를 본떠서 상징적으로 보여 줌으로써 철도 시스템을 보다 잘 관리하고 운용하기 위한 유용한 정보를 제공하고자 하는 데 있다. 예를 들어, 미니어처 기차 세트와 같은 것은 특정한 어떤 물리적인 조건하에서 실제의 기차 운행 상태가 어떨지를 평가하기 위해 사용될 수 있다. 주요 기차역 지도는 특정 도시로 가기 위해서는 어떤 길이 가장 적합할지 가늠하는 것에 쓰이고 기차시간표는 여행에 필요한 시간을 잴 수 있도록 해준다. 이 관점에서 보면 특정 모형의 근본적인 가치는 바로 유용성이라고 할 수 있다.

SFM-성공 요인 모델링™

SFM™, 즉 성공 요인 모델링™(Success Factor Modeling™)은 성공적인 사람과 조직들을 움직이고 뒷받침해 주는 주요 성공 요인들을 식별하며 이해하고 적용하기 위해 나와 내

1) 이상과 같은 model에 대한 영어 표현과 영어식 설명은 한마디로 번역하기가 어렵다. 일반적으로 model은 특히 패션쇼와 같은 곳에서 자신을 보여 주는 모델뿐만 아니라 그림이나 조각에 있어서 모방이나 재현의 대상으로 삼는 인체나 사물을 의미하는 것으로 많이 사용된다. 하지만 모델은 또한 본문에서처럼 실물을 축소시켜 표현한 모형이나 미니어처의 뜻으로도 사용된다. 그래서 작품을 만들기 전에 미리 만든 물건이나 완성된 작품의 대표적인 보기를 의미하기도 한다. 뿐만 아니라 일상에서도 본보기가 되는 특정 대상이나 모범의 의미로도 사용된다. 이렇게 조금씩 다른 의미로 사용되는 model을 한마디로 번역하기는 어렵고 문맥에 따라 서로 다른 말로 번역될 수 있음을 밝힌다. 또한 영어의 model은 동사로 '모방하다' '본뜨다' '모형을 만들다' 등의 뜻으로도 사용된다. 따라서 이 책에서는 modeling을 문맥에 따라 모방, 본뜨기, 따라 하기와 같은 말로 번역하기도 했지만 많은 경우에는 발음 그대로 '모델링'이라고도 하였다.

동생 존이 함께 개발한 방법이다. SFM™은 성공적인 사람, 팀, 회사들이 사용하는 중요한 비즈니스 관행과 행동 스킬을 분석하는 데 적합한 독특한 원칙에 바탕하고 있다. SFM™ 과정은 성공적인 기업가, 팀, 벤처회사들이 공유하는 핵심적인 특징과 능력들을 확인하기 위해서 사용된다. 그것은 또한 사람들이 성공 확률을 크게 높이는 일에 사용할 수 있는 모형, 도구, 스킬들에는 어떤 것이 있는지를 규정하기 위해서도 사용된다.

SFM™은 상위능력자, 중간능력자, 하위능력자 간의 차이를 결정짓는 성공 요인들을 찾기 위해 '차이를 만드는 차이는 무엇인가?'와 같은 질문을 던지고 연구한다.

SFM™은 성공적인 비즈니스, 프로젝트, 벤처기업을 연구 · 검토하고 높은 성과를 내는 개인과 팀을 관찰함으로써 많은 사람들과 조직을 도와서 특별한 성공 유산을 만들었던 요인들이 무엇인지 구분해 낼 뿐만 아니라 그 유산을 미래로까지 이어지게 하는 필수적인 추세들을 찾아낼 수 있도록 하려 한다. 이러한 요인들은 실제적으로 사람들의 생활과 활동 속으로 녹아들어 구현된다. 왜냐하면 사람들은 그러한 요소들에 대한 지식을 가짐으로써 적절한 전략과 도구를 구사할 수 있게 되고 심적인 지지도 얻을 수 있기 때문이다.

SFM™ 과정의 강점 중 하나는 효율적인 비즈니스의 실제에 핵심적인 행동 스킬들을 통합시킨다는 것에 있다. 애질런트 테크놀로지(Agilent Technologies)라는 회사의 커뮤니케이션 솔루션 서비스 부서(Communications Solutions Services Division)의 마케팅 매니저를 역임했던 베노아 사라쟁(Benoit Sarazin)은 다음과 같이 말했다.

> "사람들에게 비즈니스를 잘할 수 있도록 도와주는 방법은 주변에서 많이 찾아볼 수 있다. 서점이나 도서관에 가면 사업계획서 작성하는 법, 마케팅전략 수립하는 법, 지적 재산 보호하는 법 등을 설명하는 여러 가지 자료들을 찾을 수 있다. 하지만 행동 스킬을 가르치는 방법들은 없다. 그렇기에 SFM™은 독특하다."

하위능력자, 중간능력자, 상위능력자?

행동 스킬의 모델링은 다른 사람들이 이룩한 놀라운 성공을 보면서 그러한 성공인들의 어떠한 정신적인 면과 육체적인 조건들이 성공을 만들어 내었는지를 관찰하고 그것을 따라 하는 것을 포함한다. 그러한 행동 모델링(behavior modeling) 과정의 목표는 한 개인이나 집단이 진정으로 원하는 성과를 얻는 데 필요한 사고나 행동의 본질적 요소를 확인해 내는 것이다. 그것은 곧 '차이를 만드는 차이(the difference that makes the difference)'라는 것을 찾는 것이다.

또한 그것은 특정한 행동이나 상호작용이 이루어지는 복잡한 과정을 잘 파악하여 작은 단위의 핵심요소로 분해함으로써 사람들이 쉽게 반복하고 따라 할 수 있게 하는 것을 의미하기도 한다. 행동 모델링에서는, 사람들이 지도를 보고 지도에 그려진 대로 따라가면서 성공적인 여행을 하듯이, 다른 사람들이 특정한 성공행동을 꼭 같이 따라 하고 반복함으로써 실제적으로 성공할 수 있게 하는 실용적 지도를 만들고자 하는 것을 목적으로 한다. 그러므로 행동 모델링에서는 비즈니스의 실제뿐만 아니라 성공인의 행동과 아이디어도 벤치마킹의 대상이 될 수 있다.

SFMTM에서 사용되는 여러 가지 핵심적인 특징들은 NLP, 즉 신경-언어 프로그래밍(Neuro-Linguistic Programming)이라고 하는 것에서 유래한다. NLP는 뇌와 신경계, 특히 감각표상체계(sensory representative system: 시각, 청각, 촉각과 같은 것)뿐만 아니라 설득, 협상과 같이 언어로 영향을 주는 과정 등을 더욱 잘 이해하고 사용할 수 있도록 하는 방법이라고 할 수 있다. 사람들은 NLP를 활용해서 공포를 극복하고 개인의 생산성과 성공을 증가시키고 심각한 건강 문제에서 회복되고, 성공적인 사업을 시작하고 여러 가지 면에서 인간적인 성장을 이루기도 한다. NLP의 여러 가지 모형과 방법들은 애플, IBM, 휴렛패커드, 피아트와 같은 기업들, 세계은행(World Bank), 웨이트 와처스[2], 미국 육군(US Army)과 같은 조직이나 단체뿐만 아니라 많은 스포츠 스타들과 국제적으로 유명한 동기부여 전문가(motivational speaker)인 앤서니 로빈스와 같은 사람들에 의해 널리 사용되

3) Weight Watchers: 1963년에 미국 뉴욕에서 창업된 세계적인 체중감량 전문 업체로 체중감량을 위한 다양한 제품과 서비스를 제공한다.

어 왔다.

NLP 기법은 성공적인 사람들이 어떻게 원하는 결과를 얻게 되는지의 과정을 관찰하여 분석하고 모방하는 과정에서 발달되었다(저자의 다른 저서인 1998년의 『Modeling with NLP』를 참고하라). 나는 그러한 NLP의 독특함을 적용시키는 과정에서 많은 치유전문가, 혁신가, 비즈니스 리더, 세계 최고의 천재들(아인슈타인, 모차르트, 레오나르도 다빈치, 월트 디즈니 등)을 다양하게 연구해 왔다.

우리가 모방을 하는 과정의 목적은 특정인, 팀, 조직이 어떻게 기능하고 움직이는지 그 과정에 대한 단 한 가지의 '정답'을 찾고자 하는 것에 있는 것이 아니라, 우리가 모방한 것, 즉 모방 전략을 유용하게 적용시킬 수 있게 하는 **도구적 지도**(instrumental map)를 만드는 것에 있다. 사실상, '도구적 지도'는 우리가 더욱 효과적으로 행동할 수 있도록 도와주는 것이기 때문에 그 지도의 '정확성'이나 '사실성(reality)'은 오히려 '유용성'에 비해 덜 중요하다고 할 수 있다. 따라서 특정인이나 그런 사람들의 집단을 모방함으로써 도출한 특정한 행동이나 전략을 도구적으로 응용한다는 것은 곧 그러한 것들을 실용적인 목적을 위해서 사용하는 것을 포함하는 것이라고 할 수 있다. 물론 이 경우에 그 목적 자체는 본래의 개인이나 집단이 사용했던 목적과 비슷한 것일 수도 있고 다른 것일 수도 있다.

SFM™은 모방할 대상이 보이는 행동과 스킬 자체를 모방하는 것만이 아니라 어떠한 맥락에서 그러한 행동과 스킬들이 유발되고 적용되는지를 관찰한 후에 그 맥락도 모방하고자 하는 정도로 행동 모델링 과정을 확장하였다. 그러므로 SFM™은 특정한 행동 스킬을 모방하는 것에서 그치지 않고 그것을 맥락이나 활동과도 연결시킨다. 그 맥락이나 활동이란 것은 그 스킬들이 가장 직접적으로 지원하는 것일 뿐만 아니라 성공을 위해서는 그러한 스킬들을 가장 필요로 하는 것들이기도 하다.

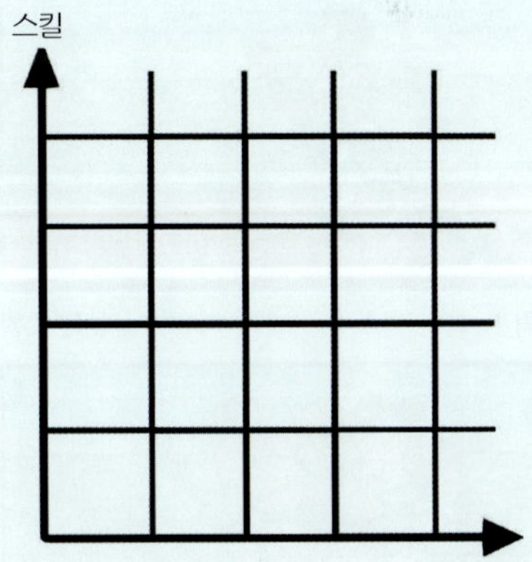

SFM™은 행동 스킬을 관련 맥락과 연결시킨다.

SFM™은 마치 특정 문을 열 수 있는 옳은 열쇠를 찾는 과정과 비슷하다고 할 수 있다. 우리가 각자의 인생을 살

효과적인 모방은 자물쇠(전략적 도전 사항들과 목적)와 그것을 열 수 있게 하는 열쇠(스킬과 행동)를 잘 설명해 준다.

다 보면 비록 분야는 다르더라도 각자가 추구하는 성공을 향해서 우리를 이끌어 가는 다양한 관문들을 만날 수 있다. 이 관문을 잠근 자물쇠는 곧 우리가 목표를 달성하기 위해서는 반드시 다루어야 할 중대한 이슈들과 맥락적 제약조건들이다. 그리고 그 '자물쇠'에 대한 '열쇠'란 그러한 이슈와 제약조건들을 효과적으로 다루는 데 필요한 행동의 적절한 조합이라고 할 수 있다.

어느 출입문에 해당하는 열쇠가 다른 문을 여는 데도 사용될 수는 없는 것이다. 그러므로 변화하는 전후 사정을 설명하기 위한 효과적인 모델은 열쇠를 제대로 묘사할 뿐만 아니라 그 열쇠에 잘 맞는 자물쇠 역시 잘 묘사해야 한다.

틀린 맥락 옳은 스킬

옳은 맥락 옳은 스킬

옳은 맥락 틀린 스킬

옳은 맥락에 옳은 스킬을 적용하는 것이 중요하다.

조직적 · 비즈니스적 관점에서 봤을 때 성공에 이르기 위해 통과해야 하는 출입구는 전략적 도전 과제이며 목표들이다. 자물쇠를 여는 열쇠는 개인과 팀의 행동과 관행으로 정의된다. 이것은 특정한 전후 사정과 시장에서 전략적 목표('자물쇠')를 이루기 위해 필요한 '열쇠'와 같은 행동이다.

앞에서 이미 언급했듯이 SFM™의 목표는 **'도구적 지도'**를 만드는 것이다. 주요 목표를 이루기 위해 모방할 요소의 적용을 가능하게 하는 여러 가지 연습문제, 양식, 도구가 뒷받침하는 지도 말이다. 열쇠처럼 다른 사람들이 '출입구'를 뚫고 들어가는 것을 가능하게 하는 도구와 테크닉을 창조하는 것은 SFM™ 과정의 근본이다.

요약하자면, SFM™의 목표는 다음과 같다.

- 성공적인 수행과 관련된 핵심 요인들을 확인한다.
- 이 요인들을 포괄적이고 이해하기 쉬운 모델로 조직한다.

- 타인도 그 모델에 있는 주요 성공 요인을 적용할 수 있도록 구체적인 도구와 스킬을 정의한다.
- 진척 상황을 보여 주는 역동적이고 지속 가능한 궤적을 만들게 하는 여러 개발 경로를 통한 중요한 성공 요인의 실행을 지원한다.

사람들은 천재이다. 하지만 물고기를 나무에 오를 수 있는 능력 수준에서 판단하게 된다면 그 물고기는 평생 자신을 바보라고 믿으면서 살아가게 될 것이다.

– 알버트 아인슈타인

SFM™ 과정의 기본 절차

SFM™ 과정의 기본 절차는 다음과 같다.

1. 다루어져야 할 구체적인 이슈, 맥락, 스킬들을 결정하기 위한 요구 분석(needs analysis)을 수행한다. 이를 위한 첫 번째 단계에는 바람직한 성공 상태를 결정하기 위해 '성공 스토리'를 확인하고 모방 대상이 될 개인이나 팀을 선정하는 것이 포함된다.
2. 검토될 능력이나 수행을 확인하고 관련된 데이터를 수집하기 위해 모델링 인터뷰, 사례 연구, 기타 정보수집 절차를 통해 연구(research) 절차를 수립하여 실행한다.
3. 모방의 대상이 된 개인이나 팀의 행동, 전략, 신념에 있어서 어떤 적절한 패턴(relevant patterns)이 있을지 찾아서 알아냄으로써 그것이 곧 벤처의 미래 성공을 위한 기준점이 될 수 있게 한다.

SFM™의 단계들은 성공적인 개인, 팀, 조직에게서 발견할 수 있는 행동, 전략, 신념에 내재된 핵심적 패턴을 확인하여 전이할 수 있도록 설계되어 있다.

Dilts
Strategy Group

SFM을 공부하는 주된 목적은 당신이 자신의 프로젝트, 벤처, 비즈니스에서의 성공을 위하여 꼭 필요한 스킬과 성공 요인들을 학습하고 적용할 뿐만 아니라, 그렇게 함으로써 당신이 스스로 꿈꾸는 삶을 살고 더 나은 세상을 만들 수 있도록 하는 것이다.

4. 발견된 패턴을 체계화함으로써 서술적이고 규범적인 하나의 구조, 즉 '모델' 형태가 되게 한다. 이 과정에는 맞춤형 모델(customized model)을 만들고 지원 스킬과 능력을 규정하는 것이 포함된다.
5. 그 모델의 핵심 요소들을 다른 사람에게 전이하거나 적용하기 위한 효과적인 설치/개입 절차와 도구를 설계한다. 이 과정에는 교수 설계, 사정 도구의 개발, 서로 다른 개인과 팀을 위한 역량개발 계획을 완성하는 것이 포함된다.

지난 15년 동안 나와 동생 존은 수많은 사업가, 리더, 조직들과 함께 앞선 단계를 실행했으며 그 결과를 바탕으로 딜츠 전략 그룹이라는 코칭 및 컨설팅 회사를 세웠다. 나는 이 책에서 우리가 SFM™ 절차를 사용하여 여러 다양한 분야에서 성공하기 위해 꼭 필요한 요인이 무엇인지를 어떻게 확인할 수 있었는지에 대한 경험담을 나눌 것이다. 또한 그렇게 확인한 요인들을 바탕으로 여러분의 벤처 성공을 위해 사용할 수 있는 모델과 도구를 어떻게 만들게 되었는지에 대해서도 설명할 것이다.

이 모든 내용의 주된 목적은 당신이 자신의 프로젝트, 벤처, 비즈니스에서의 성공을 위하여 꼭 필요한 스킬과 성공 요인들을 학습하고 적용할 뿐만 아니라, 그렇게 함으로써 당신이 스스로 꿈꾸는 삶을 살고 더 나은 세상을 만들 수 있도록 하는 것이다.

당신은 이 책을 통하여 당신 자신이 성공적인 기업가처럼 생각하고 행동할 수 있도록 안내하고 지원해 줄 여러 가지 사례, 원리, 모델, 도구들을 만나 볼 수 있게 될 것이다. 그 과정에서 당신은 가장 신나는, 당신의 삶을 획기적으로 바꾸어 줄 여행을 하게 될 것임을 기대한다.

이제 시작해 보자!

SFM™ 과정의 기본 단계

1. 요구 분석의 실행. 그들에게 있어서 성공은 무엇인가? 그들은 무엇을 더 성취하기를 원하는가?

2. 인터뷰, 사례 연구를 통한 정보의 수집과 그들의 현재 능력의 확인

3. 모방 대상의 행동, 전략, 신념에 있어서의 적절한 패턴 찾기

4. 그 패턴의 모델을 잘 설명할 수 있는 형태로 체계화하기

5. 모델의 핵심 요소들을 다른 사람에게 전이하기 위한 효과적인 절차의 설계

From Vision to Action
Key Levels of Success Factors

제1장

비전에서 실행으로: 핵심 성공 요인 수준들

"잠을 자면서 인생은 곧 기쁨이라는 꿈을 꾸었네.
잠에서 깨어난 후에는 인생은 곧 봉사라는 사실을 알게 되었네.
이제 실천하고 보니 봉사가 곧 기쁨이었네."

라빈드라나드 타고르

"무덤 속에서 가장 큰 부자가 되는 것, 그것은 내게 아무런 의미가 없다.
밤에 잠자리에 들 때 스스로에게 오늘 멋진 일을 했다고 말할 수 있다면,
오히려 그것이 나에게는 의미 있는 것이다."

스티브 잡스

SUNNY CAR
ANTONIO MEZA

성공 요인의 핵심 수준들

SFM™에 의하면 효과적이고 성공적인 수행과 변화는 여러 수준의 성공 요인들을 포함한다. 이러한 요인들은 다음과 같은 수준들과 관련된다.[1)] 우리의 환경(environment)(우리는 어디서, 언제 행동하는가), 행동(behavior)(우리는 무엇 하는가), **능력**(capabilities)(우리는 어떻게 생각하고 계획하는가), **가치와 신념**(values and beliefs)(우리는 왜 그렇게 생각하고 행동하는가), **정체성**(identity)(우리는 스스로를 누구라고 인식하는가), **영성**(spirituality) 또는 **목표**(purpose)(우리는 무엇을 위해, 누구를 위해 우리 자신을 바치는가). 팀이나 조직을 구성하는 사람들의 삶, 그리고 그 팀이나 조직 자체의 생명 역시 이 모든 수준에서 펼쳐진다.

환경: 우리의 전일적 과수원 네트워크는 지속 가능한 과일 성장 기법을 공유한다. 그 기법은 건강한 나무, 건강한 사과, 건강한 사람들을 만드는 결과를 낳는 과수원 토양 건강을 강조한다.

제1차 수준은 환경이다. 환경이란 사람과 조직들이 행동하고 상호작용하는 배경이다. 즉, 언제, 어디서 작업과 인간관계가 이루어지는가와 관련되는 것이다. 환경 요소는 외적인 맥락을 결정하고 사람의 행동에 영향을 미치는 기회와 제약을 창조하기도 한다. 팀 혹은 조직이 움직이는 지역 환경은 지리적 장소인 '일터'를 말해 주는 건물이나 시설, 사무실 혹은 공장의 구조 등으로 이루어져 있다. 더 넓은 의미에서 환경은 시장 추세, 세계적 금융 조건, 사회조직, 기술 발달 등을 포함할 수 있다. 이러한 요인들의 상태에 따라서 새로운 기회나 가능성이 열릴 수 있다. 하지만 경기 침체기와 같이 평상시와 다른 상황에

행동: 우리의 활동은 우리 농장으로부터 우리 주스를 (생산, 포장, 배달을 포함하여) 고객에게로 배달하는 데 필요한 모든 것을 포괄한다.

---

1) SFM™ 에서 '핵심 성공 요인 수준(Key Levels of Success Factors)'이라고 할 수 있는 이 수준들은 원래 NLP에서 널리 적용되고 있는, 이 책의 저자인 로버트 딜츠가 개발한 '신경-논리적 수준(Neuro-Logical Levels)'과 관련된다.

서는 사람들과 회사가 더욱 많은 제약이나 제한을 받는다. 수시로 변화하는 환경에 대해 창조적이고 지혜롭게 대응하는 것은 벤처나 조직의 성공을 좌우하는 주된 요인이 될 것이다. 이런 점에서 지능이, 특히 난관이나 변화의 상황 앞에서 주변 세상과 성공적으로 상호작용할 수 있는 능력으로 정의된다는 사실은 의미가 깊다.

환경이 사람이나 조직에게 미치는 영향과는 별도로 사람이나 조직 또한 환경에 영향을 미친다는 사실을 인식할 필요가 있다. 그것은 시장에 출시되는 제품이나 생산물뿐만 아니라 그런 것들이 외부 환경에 유발하는 결과를 포함한다.

또 다른 수준에서 우리는 개인, 팀, 조직이 행하는 특정한 행동이나 행위에 대해서 논해 볼 수 있다. 즉, 개인, 팀, 조직은 환경 속에서 그 환경에 대응하거나 환경을 변화시키기 위하여 무엇을 하는가? 이것은 개인의 특정한 업무방식, 상호작용, 의사소통 패턴과 관련된다. 개인 수준에서 볼 때 행동이란, 일상적인 특정 근로 행위, 습관, 직업 관련 활동과 같은 것을 말한다. 그리고 벤처나 조직에 있어서 행동이란 상품을 생산하거나 서비스를 제공하기 위해 하는 제반 활동이라고 할 수 있다. 그러므로 행동은 환경 내에서 주어진 제약에 대응하거나 기회를 활용하기 위해 수행하는 구체적인 활동을 말한다.

SFM™에서 탐색되는 과정의 또 다른 수준은 벤처, 팀, 개인이 주어진 환경 내에서 행동을 선정해서 방향을 잡아 끌고 가는 전략, 스킬, 능력을 포함한다. 이것은 즉, 그들이 특정한 맥락 속에서 자신의 행동을 어떻게 생성하고 이끌어 가느냐와 관련된 것이다. 개인에게 있어서 능력이란 한 가지 활동을 실행하는 데 필요한 학습, 기억, 의사결정, 창의성과 같은 인지적 전략과 기술을 포함하는데, 이들은 특정한 행동이나 과제 수행을 촉진하는 것이다. 조직 수준에서의 능력이란 조직 구성원들 사이의 커뮤니케이션, 혁신, 계획, 의사결정을 지원하는 데 이용 가능한 인프라와 관련된다. 이러한 능력은 개인이나 조직이 주어진 환경에서 성공하는 데 아주 중요한 역할을 한다. 만약 우리에게 적절한 능력이 없다면 환경 내에서의 도전과 변화 상황에 적절히 그리고 효과적으로 대응할 수 없게 될 것이다.

이 여러 가지의 수준들(환경, 행동, 능력)은 가치와 신념에 의해서 조형되는데, 그것은 또한 환경 내에서의 행동적 성과를 달성하는 데 사용되는 전략과 능력 뒤에서 동기와 가이드라인을 제공한다. 즉, 사람들은 왜 특정한 시간과 장소에서 특정한 방법으로 특정한 행동을 하는가와 관련된다. 우리의 가치와 신념은 특정한 능력과 행동의 사용을 지원하거나 억제하는 강화물(동기와 허용)의 역할을 한다. 품질, 편의성, 안전성, 고객 서비스, 건강 증진과 같은 가치들은 어떤 종류의 능력이 개발되어 실행될 필요가 있을지를 결정짓는다. 가치에 따라서 일의 우선순위가 달라지고, 사람들이 관심의 초점을 어디에 두어야 할지, 어떻게 상호작용을 해야 할지와 관련된 지침과 방향 제시가 달라질 수 있다.

능력: 우리는 혁신적인 전기트럭 배달 시스템을 개발함으로써 어떤 방부제도 사용하지 않은 우리의 주스를 보다 빠르고 깨끗한 방식으로 배달할 수 있다.

신념은 가치와 관련되면서, 가능한 것, 적절한 것, 중요한 것이 각각 무엇일지에 대한 태도를 형성하고 결정짓게 한다. '우리는 적응할 능력이 있다.' '우리의 성공에 대한 책임은 우리에게 있다.' '우리가 혁신하는 것은 중요하다.' '고객은 왕이다.' '우리가 시장에서 앞서가는 리더가 되는 것은 가능하다.'와 같은 신념들은 우리가 어떤 능력과 행동에 초점을 두어야 할지, 우리가 얼마나 노력을 해야 할지를 결정짓게 된다. 그러므로 신념과 가치는 우리의 판단과 문화에 있어 주된 영향력을 행사한다.

가치: 추측해 보았는가? 우리의 가치는 품질, 맛, 건강, 환경이다. 그 가치들은 조직체로서의 우리의 결정에 방향을 제공한다.

신념과 가치 너머에 있는 것은 곧 개인, 팀, 조직의 정체성이다. 즉, 그것은 '왜, 어떻게, 무엇이, 어디서, 언제' 너머에 있는 **누구**에 해당한다. 개인이나 조직의 정체성은 앞서의 모든 수준들을 포함할 뿐만 아니라 그것들을 초월하여 그 모든 것을 하나의 독립된 단일의 실체로 통합시킨다. 우리의 신념, 능력, 행동을 단일의 체계로 조직화하는 것은 곧 우리의 정체성에 대한 인식이다. 어느 정도 선에서 정체성은 역할 및 브랜드와 관련된다. 하지만 그것이 다는 아니다. 몸의 DNA처럼 개인이나 조직의 정체성은 모든 다른 성공 요인들을 종합하는 심층 구조와 근본적인 조직화의 원리를 제공한다.

애플, 구글, 디즈니, BMW 등과 같이 세계적으로 성공한 기업들은 그들이 존재하고 기능하는 환경 내에서 특정의 인식 가능한 가치, 능력, 행동을 망라하고 조정하며 통합하는 나름대로의 정체성에 대해 분명한 인식을 한다.

성공 요인의 마지막 최종적인 수준이 하나 있는데, 그것은 바로 영성 또는 목표란 말로 가장 잘 표현될 수 있다. 이 수준은 사람들이 속하고 그 안에서 참여하는 더 큰 시스템과 관련한 사람들의 비전과 인식에 대한 것이다. 그 인식은 사람이나 조직의 행위가 누구를 위해, 또는 무엇을 위해 이루어지는가와 관련되는 것으로, 그것으로 인해서 그들의 행동, 능력, 신념, 정체성을 위한 의미와 목표의식이 생기게 된다. 더 큰 시스템에 대한 이러한 인식은 작게는 가족에서부터 직업 세계, 지역사회를 거쳐 지구 전체에 이르기까지 확장될 수 있다.

정체성: 우리는 우리 자신을 현대판 '조니 애플시드(Jonny Appleseed)'라고 생각하는데, 그는 친절하고 관대한 매너, 자연보호 분야의 리더십, 건강에 중요한 사과를 상징하는 인물로 유명한 사람이다.

목표: 우리는 우리의 가치를 통해 사람들에게 영감을 주는 일, 그들에게 최고의 사과 주스를 제공하는 일을 하기에 우리는 지역사회가 그러한 우리의 일을 통해서 혜택 받게 되기를 바란다.

요약하자면 SFM™은 성공과 관련한 행동 요인들의 수준을 다음과 같이 제안한다.

- 환경: 개인 혹은 조직이 인식하고 그에 대해 반응해야 하는 외적 제약과 기회를 결정한다. 성공이 언제, 어디서 이루어지는지 고려한다.
- 행동: 성공을 이루기 위해 취해야 할 구체적인 실행 단계와 관련된다. 성공하기 위해서 구체적으로 무엇이 이루어지거나 성취되어야 할 것인지에 대한 것이다.
- 능력: 성공으로 이끄는 정신적 지도, 계획, 전략들과 관련된다. 능력에 따라서 특정한 행위가 어떻게 선정되고 조정될지가 결정된다.
- 신념과 가치: 특정한 능력과 행위를 지원하거나 제지하는 강화물 역할을 한다. 그리고 그것은 사람들이 왜 특정한 행동을 하는지의 이유, 즉 그 특정한 행위를 하게 하는 심층 동기와 관련된다.

• 정체성: 사람들의 역할과 개성에 대한 인식과 관련된다. 이것은 한 개인이나 조직이 스스로를 누구로 인식하는지에 대한 것이다.
• 영성과 목표: 사람들이 소속해 있는 더 큰 시스템에 대한 관점과 함께 비전과도 관련된다. 이것은 특정한 실행 단계나 경로가 누구를 위한, 또는 무엇을 위한 것인지와 관련된다.

성공 요인 요약

성공 요인의 모든 수준들은 다 중요하지만 보다 상위의 수준들은 성공적인 벤처에 점진적으로 더 많은 영향을 미치는 것이 분명하다. 명료한 목표, 정체성, 방향성, 우선순위에 대한 감각이 없다면 방향을 상실하고 집중력과 동기를 잃고 혼란에 빠지기 쉽다. 특히 상황이 어려워지고 복잡해질 때 더욱 그러하다.

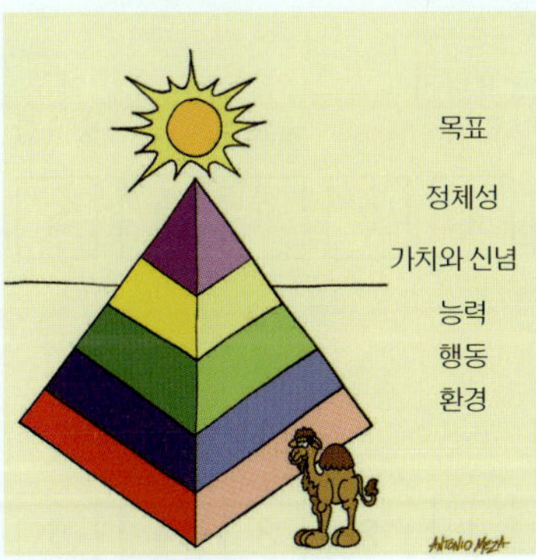

여러 성공 요인 수준들 간의 관계는 피라미드로 묘사할 수 있다. 환경은 그 위에 다른 단계가 건설되는 하나의 바탕이라고 할 수 있고 비전은 피라미드의 가장 높은 지점이다.

성공 요인 수준들 간의 관계를 이해할 수 있는 또 다른 방법은 사다리이다. 아래에 있는 단계를 밟아야만 더 높이 올라가 비전까지 다다를 수 있다.

성공 요인 수준들 간의 관계를 이해할 수 있는 또 하나의 방법은 비전이 가운데에 있는 동심원이다. 비전은 곧 과녁의 중심에 있는 타깃이다.

이 책 나머지 부분에서 이 여러 가지의 성공 요인들에 대해 다시 언급할 것이다. 따라서 다음에라도 이 모든 내용들을 잘 상기할 수 있도록 여러 가지로 다른 수준들과 그들의 상호관계에 대해서 잘 이해하고 기억해 둘 필요가 있다.

주요 성공 요인 설문

여러 성공 요인 수준들에 대한 여러분의 이해도를 알아보기 위하여 다음의 주요 성공 요인 설문(Critical Success Factors Questionnaire)에 답을 해 보라.

당신이 직접 관여했었으며 이미 성공적으로 이루었던 일이나 벤처에 대해서 생각해 보라. 주요 성공 요인들을 더욱 명료하게 이해하기 위해서는 그 반대의 경우와 '대조'할 필요가 있다. 그래서 이번에는 직접 관여했었지만 성공하지 못했거나 오히려 실패한 일을 떠올려 보자. 둘 간의 차이를 만든 차이점은 무엇인가?

성공적인 프로젝트/벤처: ______________________________

다음의 SFM™ 질문들을 고려함으로써 주요 성공 요인들을 모방하라.

1. 성공에 이르는 과정에서 비전은 어떤 역할을 하였는가? 프로젝트나 벤처의 성공에 있어서 명료한 비전이나 목표는 얼마나 중요했는가?

   그 비전이나 목표는 무엇이었는가?

중요하지 않음		약간 중요함		아주 중요함
1	2	3	4	5

2. 성공에 있어서 어떤 정체성 요인이 작용했는가? 프로젝트나 벤처에 있어서 명백한 브랜드 감각이나 정체성을 갖고 표현하는 것이 얼마나 중요했었는가?

   당신은 그 정체성이나 남다른 독특성을 어떻게 표현할 것인가? 당신의 정체성과 독특한 자질을 잘 대변할 수 있는 좋은 상징이나 메타포는 무엇일까?

1	2	3	4	5

3. 성공을 이룩하는 과정에서 어떠한 가치와 신념이 도움이 되었나?

중요하지 않음		약간 중요함		아주 중요함

a. 성공에 있어 핵심적 가치를 지니고 그것을 전달하는 것이 프로젝트나 벤처의 성공에 있어서 얼마나 중요했는가?

1	2	3	4	5

그 가치는 어떤 것이었나?

b. 자신이 하고 있는 일에 대해 신념, 즉 믿음을 갖는 것이 프로젝트나 벤처의 성공에 있어서 얼마나 중요했는가?

1	2	3	4	5

어떤 신념이 사람들을 성공으로 갈 수 있도록 지지하거나 동기부여를 하였는가?

4. 어떤 역량과 능력이 프로젝트나 벤처의 성공에 기여했는가? 특정한 스킬과 능력을 가지는 것이 프로젝트나 벤처의 성공에 얼마나 중요하였나?

1	2	3	4	5

어떤 스킬이나 능력이 가장 중요하였는가?

5. 어떤 특정한 행동 단계와 실행이 성공에 가장 많이 기여했는가?

1	2	3	4	5

특정 행동 계획을 갖는 것이 프로젝트나 벤처의 성공에 얼마나 중요하였나?

어떤 실행이 가장 중요하였나? 실행 계획에서 융통성이 중요했던 상황은 무엇이었나?

6. 어떤 환경적 기회와 영향이 성공의 일부분으로 기여했는가? 환경(기회와 제약)에 대해 제대로 반응하는 것이 프로젝트나 벤처의 성공에 얼마나 중요하였나?

1	2	3	4	5

어떤 환경 요인들이 가장 중요하였나?

7. 앞의 질문들에 대한 답을 하면서 당신이 배웠던 점들에 대해서 생각해 보라.
프로젝트나 벤처의 서로 다른 단계에서 성공을 위해 특정 요인 수준이 더 중요했었는가?
특정 시간에 특히 중요했다고 여겨졌던 요인들의 조합이 한 가지라도 있었던가?
당신이 지금까지 배웠던 것을 어떻게 요약할 수 있을까?
미래의 프로젝트와 비즈니스에서 성공할 확률을 더 높이기 위해 당신이 지금까지 배운 것을 어떻게 사용할 수 있을까?

1	2	3	4	5

6석공에 대한 우화

앞서 살펴보았던 여러 가지 수준이 동기와 수행에 미치는 영향력에 대해서 잘 보여주는 이야기로는 여섯 명의 석공(石工), 즉 6석공에 대한 우화가 있다. 이 우화는 일하는 능력도 다양하고 일에 대한 만족도 역시 다양한 여섯 명의 사람들에 관련한 이야기이다. 그들이 일하는 가운데, 가장 생산량도 낮고 만족도 역시 가장 낮은 석공에게 누군가가 질문을 한다. "지금 뭐하세요?"

시계를 보며 그는 투덜거린다. "빨리 일을 마치고 집에 가서 내가 좋아하는 일을 할 수 있을 때까지 기다리고 있어요."

두 번째 석공은 일을 조금 더 잘하고 덜 지루해 보인다. 그에게 물었다. "지금 뭐하세요?" 그는 하던 일을 멈추고 조금 짜증나는 목소리로 말한다. "뭐하고 있는 것 같아요? 돌을 깎고 있지요."

그다음 세 번째 석공은 생산량이 평균이며 하는 일에 조금 더 심취하고 있는 것처럼 보인다. 그에게 물었다. "지금 뭐하세요?" 그는 사무적으로 대답한다. "이 돌을 깎기 위해 내 기술을 사용하고 있지요."

제법 의욕도 있어 보이고 일도 잘 하고 있는 네 번째 석공에게도 물었다. "지금 뭐하세요?" 그는 분명하게 말했다. "가족을 부양하고 우리 아이들을 교육시키기 위해 돈을 벌고 있지요."

다섯째 석공은 일을 뛰어나게 잘하고 있을 뿐 아니라 다른 석공들도 일을 제대로 하고 있는지 확인하는 듯 둘러보고 있다. 그에게 "지금 뭐 하세요?"라고 물어봤을 때 그는 열정적으로 다음과 같이 답했다. "나는 대석공입니다. 지금 대성당을 짓고 있지요."

가장 재주가 뛰어난 마지막 여섯 번째 석공은 움직임 하나마다 완벽히 몰입하고 있다. 그는 다른 사람들의 일도 점검하며 그들 역시 집중하고 흥미를 가질 수 있도록 최선을 다한다. "지금 뭐하세요?"라고 물었을 때 그는 경건한 태도로 답한다. "사람들이 자신의 영혼과 만날 수 있는 신성한 공간을 창조하고 있습니다."

그들의 답은 이 책에서 다루고 있는 여섯 수준의 요인들, 즉 6수준을 잘 반영하고 있다.

- 첫 번째 답, "빨리 일을 마치고 집에 가기를 기다리고 있어요."라는 답은 **환경**(언제, 어디서)에 대한 것이다.
- 두 번째 답, "돌을 깎고 있지요."라는 것은 구체적인 **행동**(무엇)에 대한 것이다.
- 세 번째 답, "돌을 깎기 위해 내 기술을 사용하고 있지요."라는 것은 **능력**(어떻게)에 대한 것이다.
- 네 번째 답, "가족을 부양하기 위해 돈을 벌고 있지요."라는 것은 **가치관**(왜)에 대한 것이다.
- 다섯 번째 답, "대석공으로서 대성당을 짓고 있어요."라는 것은 **정체성**(누구)에 대한 것이다.
- 여섯 번째 답, "사람들이 자신의 영혼과 만날 수 있는 신성한 공간을 창조하고 있습니다."라는 것은 더 깊은 **영성**, **목표**, **비전**(누구, 그리고 무엇을 위해서)에 대한 것이다.

같은 활동이라도 보다 진전된 수준에서는 더 깊은 의미, 동기, 현재감이 부여된다. 수준의 깊이가 더할수록 동기, 수행, 성공 감각에 미치는 영향력은 커진다. 이제 다음 장들에서는 여섯 개의 각 수준에서 어떻게 중요한 성공 요인들을 찾아내고 적용할 수 있을지에 대해서 살펴보겠는데, 일단은 가장 영향력 있고 심오한 수준에 해당하는 목표와 정체성으로부터 시작하도록 하겠다.

홀론과 홀라키

성공 요인의 다양한 수준과 6석공에 대한 우화는 인간의 존재가 얼마나 흥미로운지를 잘 보여 준다. 우리는 전체이며 독립적인 존재이면서 다른 한편으로는 우리보다 더 큰 시스템의 일부이기도 하다. 아서 쾨슬러[2]는 이런 역동적 관계를 표현하기 위해 홀라키(holarchy)라는 용어를 사용했다. 『창조 행위(The Act of Creation)』(1964, p. 287)에서 쾨슬러는 이렇게 설명한다.

> 살아 있는 조직이나 사회 단체는 부분적인 요소나 부분적인 과정의 종합체가 아니다. 그것은 하위-하위-전체로 이루어진 하위-전체의 반(半)자율적인 통합적 위계이다. 따라서 그 위계의 각 수준에서 작동하는 기능 단위들은 이중적이다. 즉, 기능 단위들은 하위 단위들의 측면에서 볼 때는 전체이고, 그 상위 단위 측면에서 볼 때는 부분을 이루게 된다.

따라서 아래 수준의 부분들을 통합한 전체는 그 위 수준의 부분을 이루게 된다. 예를 들면, 물은 수소와 산소의 결합을 통해 생성되는 고유 물질이다. 그러나 물 자체는 오렌지 주스, 대양 또는 인체의 일부가 될 수도 있다. 따라서 물은 그 자체로 전체이자 더 큰 전체의 부분이 된다.

『만물의 짧은 역사(A Brief History of Everything)』(1996)라는 책에서 저자 켄 윌버[3]는 이러한 관계를 다음과 같이 설명한 바 있다.

> 아서 쾨슬러는 그 자신이 전체이면서 동시에 전체의 일부가 되는 독립체를 지칭하기 위해 '홀론(holon)'이란 용어를 만들어 냈다. 실제로 존재하는 사물이나 과정을 자세히 관찰해 보면 그것들이 단순한 전체가 아니라 또 다른 것의 일부임을 금방 알 수 있게 된다. 홀론은 전체이면서 부분인 것을 의미한다.

---

2) Arthur Koestler(1905~1983): 헝가리 태생의 영국의 작가로 수필, 소설, 전기 등에 걸쳐 다작을 하였다.

3) Ken Wilber: 미국의 작가이자 사상가로 특히 초월 심리학(transpersonal psychology) 분야에서 잘 알려져 있으며 인간의 모든 지식과 경험을 종합하는 그의 통합 이론(Integral Theory), 즉 독특한 그의 '4분면(Four-Quadrant) 이론'은 매우 유명하다.

각 개인은 세포, 인체기관, 심리적 상태 등으로 이루어진 전체이자 가족, 그룹, 공동체 등 더 큰 전체의 일부이다.

예를 들어, 원자는 분자의 일부이며 분자는 세포의 일부이고 세포는 조직의 일부이다. 각각의 독립체들은 전체도 아니고 부분도 아닌 전체/부분, 즉 홀론이다.

윌버의 견해에 따르면 새로운 완전체는 아래 단계의 부분들을 포함하지만 동시에 그것을 초월한다. 만약 어떤 시스템의 아래 단계가 없으면 그 위 단계는 표현할 수 없다는 점이 중요하다. 아래 단계는 위 단계를 구성하는 필수 요소이다.

이런 측면에서 우리는 모두 홀론이다. 인체는 기관과 신경계로 구성되어 있고, 그 기관과 신경계는 세포로 구성되어 있으며 세포는 분자로, 분자는 원자로 구성되어 있다. 한편, 그러한 인체는 좀 더 큰 전체, 즉 가족, 직장, 지구의 전체 생태계, 그리고 궁극적으로 전 우주의 일부분을 구성한다.

에고와 소울

"나는 사람들이 자신의 영혼과 만날 수 있는 신성한 공간을 창조하고 있습니다."

"나는 대석공으로서 대성당을 짓고 있지요."

"나는 내 가족을 부양하기 위해 돈을 벌고 있어요."

"돌을 깎기 위해 내 기술을 사용하고 있지요."

"나는 돌을 깎고 있지요."

"나는 일이 마치기를 기다리고 있어요."

이런 관점에서 볼 때 우리의 인생이나 동기는 우리의 정체성의 다음과 같은 두 가지 상보적인 측면에 의해 주도된다고 말할 수 있다. 한 가지는 개별적이고 독립적인 전체로서의 존재성에서 파생되는 정체성이며, 또 다른 한 가지는 더 큰 전체의 일부로서의 존재성에서 나오는 정체성(예를 들면, 가족, 직업, 공동체 등)이다. 우리가 개별적 전체로 경험하는 존재 부분을 우리는 통상적으로 에고(ego)라고 부른다. 홀론(더 큰 전체의 일부)으로 경험하는 존재 부분을 우리는 소울(soul)이라 부를 수 있다.[4)]

앞서 언급한 6석공의 비유를 다시 한 번 음미해 보면, "지금 뭐하세요?"라는 질문에 대한 처음 세 가지 답변(즉, "나는 일이 마치기를 기다리고 있어요." "나는 돌을 깎고 있지요." "돌을 깎기 위해 내 기술을 사용하고 있지요")은 모두 분리된 개인으로서의 에고의 측면에서 나온 답변이다.

그 다음 세 가지 답변("나는 내 가족을 부양하기 위해 돈을 벌고 있어요." "나는 대석공으로서 대성당을 짓고 있지요." "나는 사람들이 자신의 영혼과 만날 수 있는 신성한 공간을 창조하고 있습니다.")은 소울(즉, 자신보다 큰 무엇인가의 일부로서의 존재라는 관점)에서 나온 답변이다. 이 비유에서

---

4) 심리학에서의 ego는 흔히 프로이트 심리학에서 사용되는 개념 중의 하나로, 인간 성격의 이성적이고 현실적인 면을 말하면서 성격의 또 다른 요소인 원초아(id), 초자아(super ego)와 구별되어 '자아'라고 번역된다. 그래서 이 책에서도 개인적 차원에서의 에고(ego)를 지칭할 때는 '자아'로 번역하였다. 하지만 그 ego의 개념이 그러한 개인적 차원이 아닌, 독립적인 전체로서의 존재성이나 정체성 측면을 지칭하는 용도로 사용될 때는 개인적 차원의 '자아'와 구별하기 위하여 '에고'로 번역하였다.
또한 soul은 일반적으로 '영혼'으로 번역된다. 그래서 이 책에서도 개인 '자아'의 연장선에서 그 '자아'를 뛰어넘는 차원의 영성 수준을 의미할 때는 '영혼'으로 번역하였다. 하지만 개인 차원이 아니라 더 큰 전체의 일부로서의 존재성 차원을 의미할 때는 '소울'이라고 번역하였다.

각 석공의 기여 범위는 순차적으로 커지고 있다.

정신분석학에 따르면 에고는 '의식과 무의식 사이를 매개하는 정신의 일부로서 현실 검증(reality testing) 및 개인적 정체성과 관련된다.' 따라서 에고는 우리 자신의 독립적이고 개인적인 관점에서 현실을 인식함으로써 개별적으로 자신을 개발하고 유지하는 데 관여한다.

환경 수준에서 에고는 소위 '쾌락 원리(pleasure principle)'에 따라 작동한다. 예를 들어, 고통이나 불편함을 가져오는 경험을 회피하고 개인적 이득이나 만족을 가져오는 것들을 추구한다. 결과적으로 행동 수준에서 에고는 외부 조건에 반응적으로 대응하는 경향이 있으며 위험이나 제약뿐만 아니라 보다 단기적인 기회에 특히 잘 반응한다. 에고와 관련된 능력 수준은 일반적으로 분석 및 전략과 같은 의식 차원의 인지적 지성과 연결된다. 신념과 가치(왜)의 수준에서 에고는 안전, 보안, 승인, 통제, 성취 및 자기이익에 초점을 맞춘다. 특정한 활동을 할 때 그 일에 온전히 몰입하기 위해서는 허용감(sense of permission)이 대표적으로 요구된다. 이는 무엇인가를 '반드시 ~해야 한다' '~해서는 안 된다' '~할 필요가 있다' '~하지 말아야 한다' 등의 느낌과 관련이 있다. 정체성 수준(누구)에서 에고는 승인이나 인정을 받기 위해 필요하다고 느끼는 사회적 역할, 우리는 어떤 사람이 되어야 하거나 될 필요가 있는지와 관련된다. 목표 수준(누구를 위해, 무엇을 위해)에서 에고는 생존, 인정 및 개인적 앰비션(ambition)을 지향한다.

NLP의 관점에서 볼 때 에고는 독립적 실체이자 자연적 발전 과정으로서의 자기 '자신(self)'에 대한 인지적으로 구성된 지도 또는 모형이라고 할 수 있다. 그런데 자아와 관련된 '자신'과 '실재'는 사회적 규범, 문화적 가치, 가족 패턴과 같은 외적 요인들로부터 영향을 받는다. 모든 지도나 모형이 그러하듯이 우리들의 에고 개념은 반드시 불완전하다. 절대 100% 정확할 수가 없다. 우리가 자신에 대해 느끼는 부분에서 왜곡이 너무 많이 생기면 어떤 증상을 유발시킨다. 건강하지 못한 에고는 자만, 오만, 거만, 나르시시즘, 에고 도취 등과 같은 과도한 자기 도취의 형태를 취하거나 자기 판단, 자기 비판, 자신감 결여 등과 같은 자기 비하의 형태를 취한다. 이러한 에고의 왜곡은 우리로 하여금 과도한 탐욕, 두려움과 생존을 위한 투쟁(싸움, 도망, 얼어붙음)에 빠지게 만든다.

우리의 '에고'는 독립적 자신, 개인적 정체성, 독립적 전체이다.

우리의 '소울'은 통합된 홀론으로서의 우리 자신보다 더 큰 무엇인가의 일부로서의 경험으로부터 발현한다.

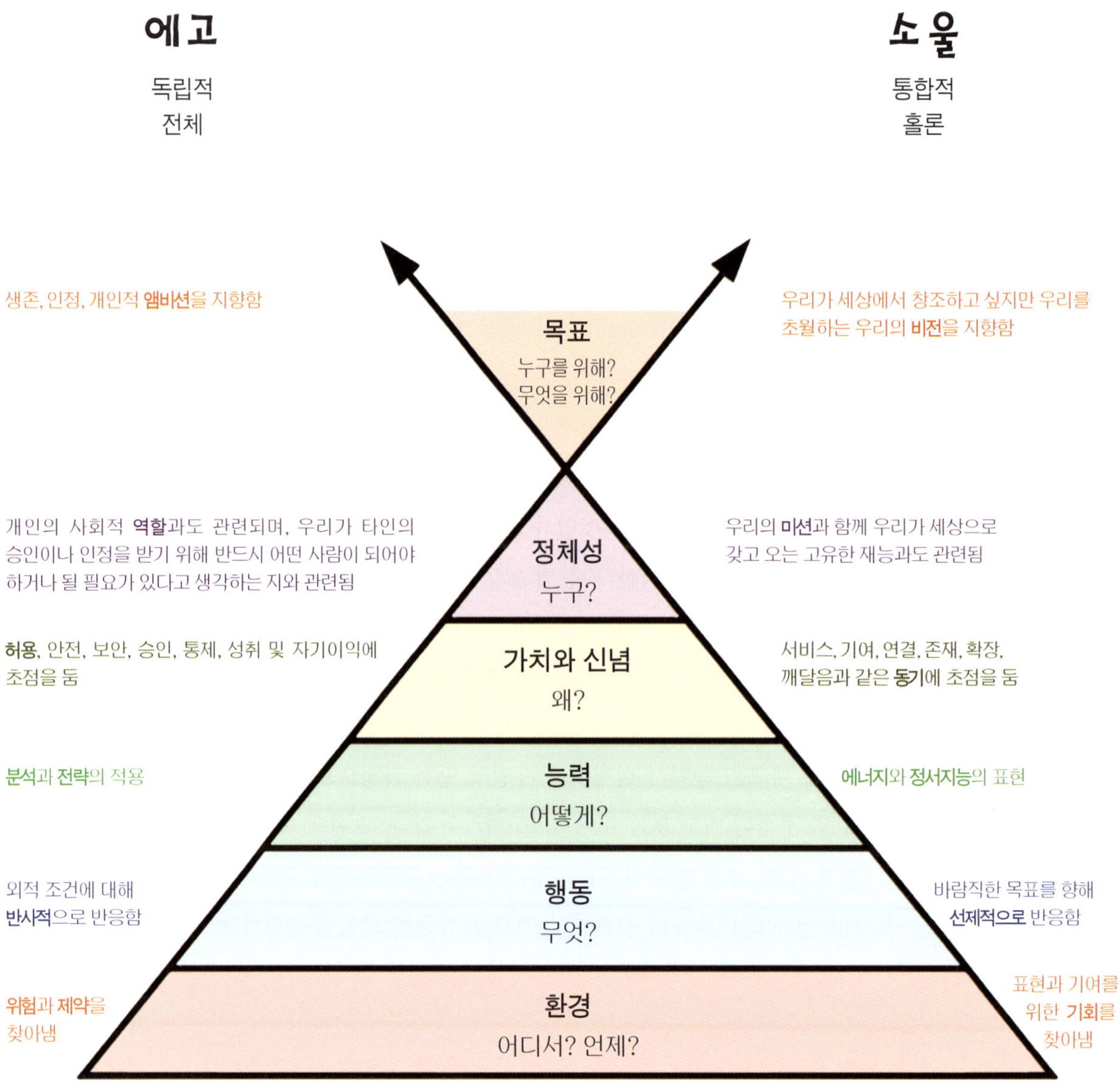
에고
독립적
전체
소울
통합적
홀론
생존, 인정, 개인적 앰비션을 지향함
우리가 세상에서 창조하고 싶지만 우리를 초월하는 우리의 비전을 지향함
목표
누구를 위해? 무엇을 위해?
개인의 사회적 역할과도 관련되며, 우리가 타인의 승인이나 인정을 받기 위해 반드시 어떤 사람이 되어야 하거나 될 필요가 있다고 생각하는 지와 관련됨
우리의 미션과 함께 우리가 세상으로 갖고 오는 고유한 재능과도 관련됨
정체성
누구?
허용, 안전, 보안, 승인, 통제, 성취 및 자기이익에 초점을 둠
서비스, 기여, 연결, 존재, 확장, 깨달음과 같은 동기에 초점을 둠
가치와 신념
왜?
분석과 전략의 적용
에너지와 정서지능의 표현
능력
어떻게?
외적 조건에 대해 반사적으로 반응함
바람직한 목표를 향해 선제적으로 반응함
행동
무엇?
위험과 제약을 찾아냄
표현과 기여를 위한 기회를 찾아냄
환경
어디서? 언제?

'소울'은 인간 본성의 가장 심층적 부분을 일컫는 용어로서 '정서적 또는 지적 에너지, 또는 강렬함'과 같은 특별한 자질로서 표현된다. 우리의 소울은 우리가 세상으로 갖고 들어오는, 그리고 우리를 통해 세상에 들어오는 독특한 생명력, 본질, 에너지이다. 예를 들면, 신생아에게는 에고가 없지만 정체성의 토대가 되는 고유한 에너지가 있다. 이 에너지는 우리의 육체와 우리를 둘러싸고 있는 더 큰 시스템 간의 교류를 통해 드러난다. 우리의 소울은 활기에 넘친 '심층 구조'이기 때문에 어떤 특정한 내용으로 채워지지 않는다. 그래서 그것은 사회, 문화, 가족과 같은 것으로부터 영향을 받지 않는 상태로 존재한다. 오히려 그것은 더 큰 시스템으로서의 사회, 문화, 가족에 대한 기여의 형태로 드러난다. 따라서 소울은 객체화되거나 독립적인 자신이라기보다는 아직 발현되지 않았지만 연결된 존재로서의 우리 자신의 모습이다.

환경 수준에서 소울은 표현과 기여를 위한 기회에 초점을 맞추는 경향이 있다. 결과적으로 행동 수준에서 소울은 외적 조건들에 대해 훨씬 선제적으로(proactively) 대응한다. 소울 차원에서 볼 때 능력 수준은 일반적으로 에너지의 인식과 표현, 정서 지능과 관련된다. 신념과 가치 수준에서 소울은 봉사, 공헌, 관계성, 존재, 확장, 깨달음과 같은 내적 동기에 초점을 맞춘다. 정체성 수준에서 소울은 미션과 관련되며 우리가 세상에 가져오는 독특한 재능과도 연결된다. 영성 또는 목표 수준에서 소울은 우리를 초월해 있지만 우리가 세상에서 우리를 통해 창조하고 싶은 것에 대한 우리의 비전을 지향한다.

현대 무용의 선구자인 마사 그레이엄[5]은 이렇게 말한 바 있다.

> 당신을 통해 외적인 움직임으로 표출되는 활력, 생명력, 빠른 에너지가 있는데, 세상에 당신이란 존재는 오직 하나뿐이기에 그 표현되는 양상은 독특하다. 만약 당신이 그 활력을 막아 버린다면 다른 어떤 매개체를 통해서도 그것은 존재할 수 없고 소실되어 버릴 것이다. 세상은 그것을 갖고 있지 않다. 그것이 얼마나 좋은 것인지 여부와 심지어 그것이 다른 것과 어떻게 비교되는지도 당신이 결정할 수 있는 것이 아니다. 당신이 할 있는 일은 오직 그 통로를 열어 놓는 것이다.

마사 그레이엄

5) Martha Graham(1894~1991): 현대무용 발전에 크게 공헌한 세계적으로 유명한 무용가

이런 관점에서 에고는 소울의 '활력'과 '생명력'이 세상 밖으로 드러나서 표현될 수 있는 '통로'를 창조한다고 말할 수 있다. 에고가 소울과 건강하게 조화를 이룰 때 그 통로는 열리게 된다. 에고가 과장되거나 과소평가되거나 뻣뻣하거나 살아가기에 급급하게 되면 그 통로는 제한되거나 닫혀지게 된다.

비전, 미션, 앰비션, 역할

건강하고 성공적인 존재를 위해 에고와 소울이라는 인간의 두 측면이 모두 필요하다는 점은 너무나 명백하다. 인간의 에고와 관련된 중요한 질문은 앰비션과 역할이라는 측면에서 우리 자신을 위해 우리가 성취하고자 하는 다음과 같은 질문이다. '나는 나 자신을 위해 어떤 인생을 만들고 싶은가?' '내가 원하는 인생을 만들기 위해 나는 어떤 유형의 사람이 될 필요가 있는가?' 이 질문은 자신을 위한 꿈을 실현하기 위한 질문이다. 소울과 관련된 중요한 질문은 우리가 일부를 구성하고 있는 더 큰 시스템을 위한 다음과 같은 비전 및 미션과 관련된다. '나를 뛰어넘는 이 세상에서 나를 통하여 무엇을 창조하기 원하는가?' '그 비전을 드러나게 하기 위한 나만의 독특한 기여는 무엇인가?'

이제 곧 다음의 도형에서 볼 수 있듯이, 우리는 에고(독립적 전체로서의 자신)와 소울(더 큰 시스템의 부분인 홀론으로서의 우리 자신)이라는 이 두 가지 구분을 성공 요인의 다양한 수준들에 대한 기존의 설명에 추가해 볼 수 있다.

에고와 소울의 상보성은 각 수준별로 서로 다른 강조점을 드러내 보여 준다. 에고 부분은 앰비션, 역할, 허용의 중요성, 전략, 환경 내의 제약 및 잠재적 위험요소에 대한 적절한 반응을 강조한다. 소울 부분은 비전, 미션, 내적 동기를 우선시하며 환경적 기회를 선제적으로 활용하는 데 필요한 에너지와 정서지능의 활성화를 중시한다.

> 가장 높은 수준의 수행과 최대의 만족은 우리의 자아와 영혼의 두 동기들 사이의 균형을 맞추고 조율을 할 수 있을 때 가능한데, 그것은 곧 인간은 독립적 전체이면서 동시에 통합적 홀론이라는 이중적 실재를 받아들이는 것을 말한다.

최고의 수행 결과는 확실히 에고 및 소울과 관련된 성공 요인의 각 수준들이 균형을 잘 맞추고 통합될 때 찾아온다.

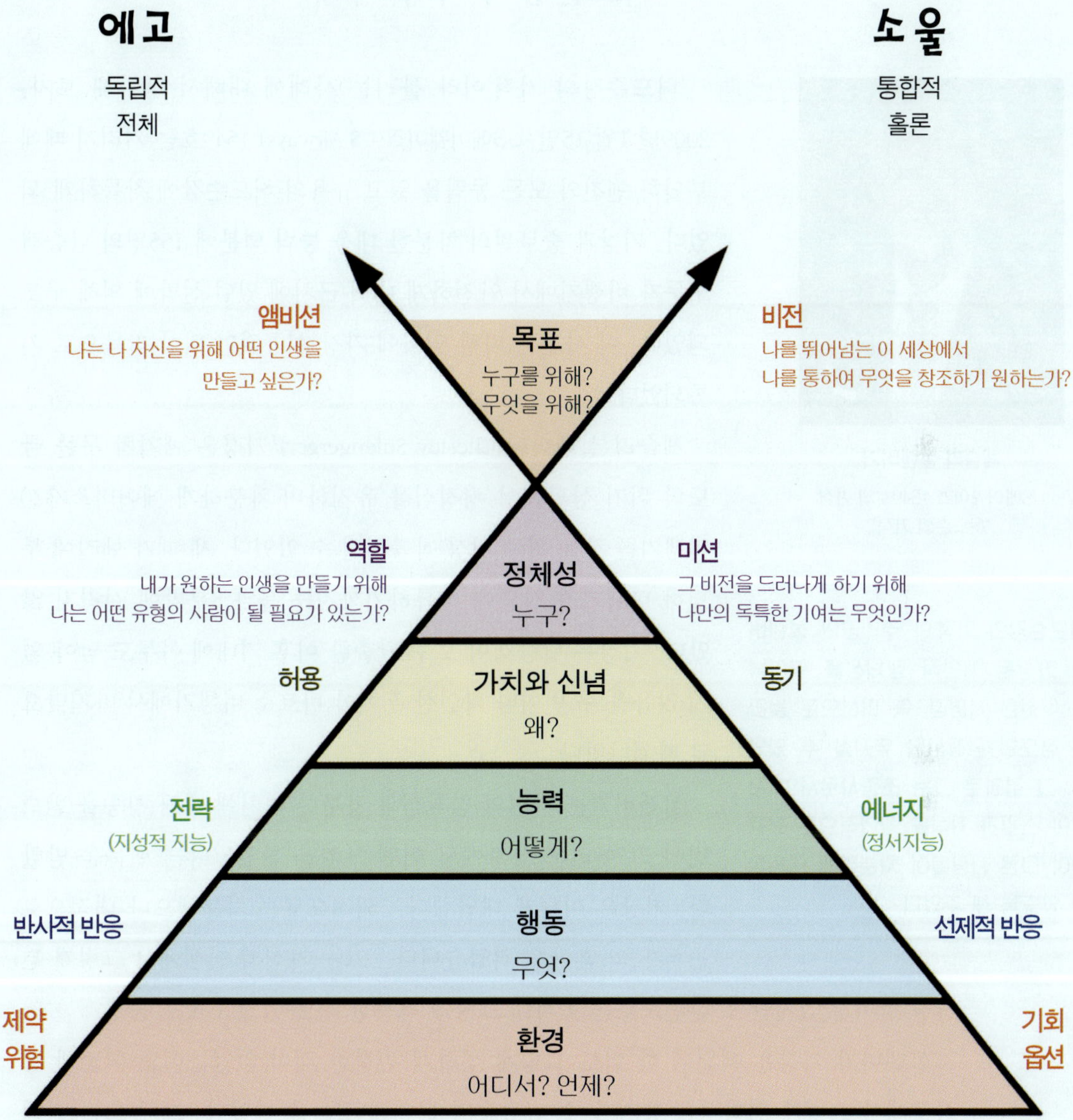

에고
독립적
전체
소울
통합적
홀론
앰비션
나는 나 자신을 위해 어떤 인생을 만들고 싶은가?
목표
누구를 위해?
무엇을 위해?
비전
나를 뛰어넘는 이 세상에서 나를 통하여 무엇을 창조하기 원하는가?
역할
내가 원하는 인생을 만들기 위해 나는 어떤 유형의 사람이 될 필요가 있는가?
정체성
누구?
미션
그 비전을 드러나게 하기 위해 나만의 독특한 기여는 무엇인가?
허용
가치와 신념
왜?
동기
전략
(지성적 지능)
능력
어떻게?
에너지
(정서지능)
반사적 반응
행동
무엇?
선제적 반응
제약
위험
환경
어디서? 언제?
기회
옵션

'허드슨강의 기적' 사례

체슬리 설렌버거

US에어웨이즈 1549호의 기장
'허드슨의 기적'

'허드슨강의 기적'의 주인공인 설렌버거 기장은 개인적 정체성을 뛰어넘어 투철한 사명감, 즉 미션으로 놀라울 정도의 평정심을 유지할 수 있었다. 그 결과로 그는 조종사로서의 자신의 스킬과 지식을 창의적으로 응용하여 다른 사람들이 차분하게 대응할 수 있도록 해 주었다.

'허드슨강의 기적'이라 불리는 사례에 대해서 생각해 보자. 2009년 1월 15일, US에어웨이즈(US Airways) 1549호는 기러기 떼에 부딪혀 엔진의 모든 동력을 잃고 뉴욕의 허드슨강에 착륙하게 되었다. 기장과 승무원의 차분한 대응 능력 덕분에 155명의 탑승객 모두가 비행기에서 안전하게 내려 근처에 있던 선박에 의해 구조되었다. 이 사건은 비행 역사에 가장 성공적인 비상 착륙으로 기록되었다.

체슬리 설렌버거(Chesley Sulengerger) 기장은 예기치 못한 극도의 위기 상황에서 평정심을 유지하며 차분하게 에어버스 320 비행기를 강물 위에 비상 착륙시킬 수 있었다. 새 떼가 엔진에 부딪혀 비행기가 강물에 착륙하기까지는 불과 3분밖에 걸리지 않았다. 기장은 탑승객이 모두 탈출한 이후 기내에 아무도 남아 있지 않음을 두 번이나 확인한 후에야 비로소 비행기에서 마지막으로 빠져나왔다.

설렌버거는 자신의 침착성과 차분한 대처에 대해 칭송을 받으면서 그 어려운 상황에서 어떤 느낌을 받았느냐는 질문을 받았다. 기장은 이렇게 대답했다. "외적으로는 차분했으나 내적으로는 극도의 혼란을 겪었습니다." 그는 자신의 인생에서 그렇게 긴장한 적이 없었지만 또 한편으로는 동시에 그렇게 차분한 적도 없었다고 말했다.

설렌버거 기장은 예전에 한 번도 그렇게 심하게 긴장한 적이 없었는데도 어떻게 그 상황에서 그렇게 침착성을 유지할 수 있었을지에 대해 질문을 받았다. 그때 그는 리더와 기업가들을 위한 의미있는 성공 요인들을 잘 지적해 주었다. 그리고 그 첫 번째 대답은 준비와 실습에 관한 것으로 그는 다음과 같이 말했다. "그 점에 관하여 말할 수 있는 한 가지로 저는 지난 42년 동안 경험, 교육, 훈련이라는 은행에 조금씩이나마 꾸준히 정기예금을 해왔다는 것입니다. 그리고 지난 1월 15일 사건 당일에는 은행에 잔고가 충분히 있었기에 저로서는 한꺼번에 많은 금액의 예금액을 인출할 수 있었던 것입니다."

위의 두 번째 답변은 설렌버거가 스스로를 자신을 초월한 사명감, 즉 미션과 연결시켰다는 사실을 보여 주는 것이었다. 그는 '기장'으로서 '비행기를 착륙시키고 승무원과 승객의 안전을 돌보는 것'이 그의 미션이었다는 점을 지적했다. 그의 행동은 역할과 미션의 중요한 차이점을 보여 준다. 역할은 개인의 지위와 능력에 대한 것인 데 비해 미션은 개인을 뛰어넘는 무언가에 대한 봉사를 의미한다. 예를 들면, 설렌버거의 기적적인 착륙과 비교하여 2012년 1월에 발생한 이탈리아 유람선 코스타 콩코르디아(Costa Concordia)호의 재난을 생각해 볼 수 있다. 이 재난에서 배의 선장은 해변에 너무 가깝게 배를 운항해 난파를 초래한 후 300여 명의 탑승객이 아직 배에 머물러 있음에도 불구하고 배를 버리고 탈출했다. 그는 해안경비대가 명령을 내린 뒤에야 배로 귀환했다.

설렌버거의 말을 빌리자면 미션이란 '자신을 뛰어넘는 봉사'이다. 이는 바로 개인적 에고를 넘어 '더 큰 자신'과 연결하는 것을 의미한다.

설렌버거의 세 번째 답변은 승무원들이 냉정하고 침착하게 행동했고 승객들도 차분하게 앉아 있었기 때문에 그도 차분하게 대처할 수 있었다는 것이었다. 흥미롭게도 승무원들은 기장이 확신에 차 통제력을 잃지 않았고 탑승객들이 차분하게 협조했기 때문에 자신들도 차분하게 대처할 수 있었다고 답변하였다. 이러한 것은 곧 SFM™에서 말하는 자원 충만[6]의 지원 또는 생성적[7] 지원이 이루어질 수 있는 '장'이라고 할 수 있다. 하지만 여기서 핵심이 되는 점은 곧 리더라고 할 수 있다.

흥미롭게도 설렌버거 기장에게 영향을 미친 성공 요인 중의 하나는 그의 개인적 비극과 관련이 있었다. 그것은 곧 그의 부친이 몇 년 전에 자살을 했던 사건이다. 그는 "저는 화가 났고 상처와 함께 엄청난 충격을 받았습니다."라고 부친의 죽음에 대해 회상했다.

---

6) resourceful: '자원'이란 용기, 자신감, 불굴의 의지, 도전정신, 동기, 열정과 같이 목표달성, 성취, 성공, 행복을 위한 힘이 될 수 있는 것들을 말하기에 그러한 자원이 가득 차고 충만한 상태를 '자원 충만'이라고 한다. 예컨대, 용기백배한 상태, 자신감으로 가득 찬 상태, 불굴의 도전정신으로 무장된 정신상태와 같은 것이 '자원 충만'한 상태라고 할 수 있다. 때로는 행복감, 즐거움, 기분 좋음, 신남, 평화와 같은 심리상태도 그러한 '자원 충만' 상태에 해당한다고 할 수 있다.

7) generative: 이 책에서는 여러 가지 표현을 통하여 '생성적'이란 용어가 많이 사용되고 있기 때문에 이에 대해서 잘 이해하는 것이 필요하다. 이 개념은 어떤 현상이 일회적으로 생산, 발전, 개발되고 끝나는 것이 아니라 계속적이고 연속적으로 이루어질 수 있는 가능성을 포함할 때 사용된다.

"그 경험은 힘든 일이었지만 결과적으로 저는 인생의 유한성을 깨닫게 됨과 아울러 어떤 대가를 치르더라도 삶을 지켜야 한다는 마음을 갖게 되었습니다. 그런 생각이 바로 그날 저에게 있었습니다." 그는 말을 이어 갔다. "저는 과거에 아버지를 구할 수 없었기 때문에 이번에는 기내의 모든 사람들을 살릴 수 있는 일을 다 했습니다. 저는 방관자가 아니라 선한 사마리아인으로서 사람들의 생명을 지키기 위해 할 수 있는 최선을 다했던 것입니다. 왜냐하면 저는 과거에 제 아버지를 구할 수 없었거든요."

설렌버거의 말은 더 큰 시스템과의 관계를 보여 준다. 바로 이런 관계가 그의 개인적 분노, 상처, 충격을 자신을 초월한 더 큰 무엇인가에 대한 봉사로 전환시켜 준 것이다.

설렌버거는 역경을 기회로 전환하는 관점을 허드슨강의 기적 상황에 똑같이 적용하였다. 그는 말했다. "그 사건은 함께했던 모든 이들에게 엄청난 상처를 준 사건이었지만, 결과적으로는 많은 멋진 기회의 근원이기도 하였습니다. 그리고 우리의 삶은 미처 우리가 인식하지 못하는 상태에서 이 사건과 그 결과에 대한 준비 과정이었다는 사실이 밝혀졌습니다."

실제로 기업가와 비즈니스 리더가 설렌버거 기장의 경우와 같이 극적인 상황에 직면하게 될 일은 잘 없을 것이다. 그러나 자신의 회사나 벤처의 '엔진'이 동력을 잃을 때(재정적으로든 다른 면으로든) 당황하지 않고 승무원들(직원)과 탑승객들(고객)을 침착하고 협조적인 상태로 만들고 이끌 수 있어야 한다. 앞에서 설렌버거가 언급했던 다음과 같은 네 가지 요인들은 성공적인 기업 운영에 있어서도 중요한 역할을 할 수 있다는 사실을 알게 될 것이다.

1. 준비와 실제
2. 개인을 개별적 에고를 초월하는 '더 큰 자아(Self)'로 연결하는 미션 의식(사명감)
3. 자원충만한 생성적 지원의 '장'을 창조하고 육성함
4. 때때로 개인적 트라우마나 비극을 뛰어넘는, 보상작용[8]으로서의 대단한 목표 의식

8) 補償作用(compensation): 심리적 · 신체적 차원에서 좌절감, 열등감, 불만 등을 경험할 때 다른 것을 더 잘함으로써 부족한 것을 보완하려 하는 심리적 작용으로 일종의 방어 기제(defense mechanism)에 해당한다.

에고와 소울 정렬하기

> 우리가 우리의 소울과 목표 의식에서 나오는 생명력과 활력으로부터 단절될 때, '눈에서 빛나는 광채'는 더 이상 볼 수 없을 것이다.

설렌버거의 놀랄 만한 업적은 에고와 소울의 정렬(alignment)과 통합 덕분이었다. 우리의 에고와 소울이 제대로 정렬되지 않고 앰비션이 미션이나 비전과 맞지 않을 때 내적 충돌과 투쟁이 발생한다. 에고와 소울, 미션과 앰비션이라는 두 가지 힘이 잘 정렬되어 있을 때 카리스마, 열정, 존재감이 자연스럽게 드러난다. 최적의 수행 결과는 에고가 소울을 도울 때 일어난다. 에고의 이익을 위해 소울을 팔 때 단기적으로는 성공을 거둘지 모르겠지만 장기적으로는 위기에 봉착하게 된다. 따라서 가장 강력한 동기는 곧 비전, 미션, 앰비션, 역할을 잘 조합하고 정렬하는 동기이다.

하나의 예로서 나는 최근에 외형적으로 매우 성공한 것으로 보이는 어떤 젊은이를 코칭한 적이 있었다. 그는 마흔 살이 되기 전에 그가 속한 조직의 주요 부서의 본부장 직위에 올라 있었다. 이 회사는 20억 달러의 수익과 전 세계에 9천여 명의 직원을 두고 있었으며, 글로벌 재정위기의 시기에도 지속적인 성장을 거듭하고 있었다. 그는 자신의 지위가 보장되어 있었고 급여 수준이 좋으며 재정적으로도 매우 안정적이라고 했다. 그의 부서에서는 더 높이 올라갈 직위가 더 이상 없었다.

그런데 그는 자신의 인생에 뭔가 부족한 것이 있음을 느끼고 있었다. "내 눈에서는 더 이상 광채를 느낄 수가 없어요."라고 그는 말했다. 그는 자신이 현재의 직위에서 20년은 더 있을 수 있지만 그런 광채 없이 나머지 인생을 사는 것을 상상할 수 없음을 깨달았다.

이 상황을 좀 더 살펴본 결과, 그는 성취하고 가족을 부양해야 한다는 의무와 책임감으로 살아 왔음을 알 수 있었다. 그에게는 그가 성장해 온 문화와 그의 가족이 기대하는 것을 수행하는 훌륭한 비즈니스맨으로서의 '이상적인' 자신의 이미지가 있었다.

내가 어떻게 하면 눈빛이 살아날 수 있겠느냐는 질문을 했을 때, 그는 자신의 '미친' 꿈에 대해서 이야기하면서, 그것은 곧 직장을 그만두고 모든 것을 버린 후에 세상으로 나가서 자력으로 살지 못하는 사람들의 고통을 덜어 주는 것이라고 하였다. 문제는 그렇게 할 경우 그의 커리어나 아내, 세 아이에게 큰 문제가 생길 가능성이 있다는 점이었다. 따라서 그는 그러한 꿈을 바로 접었다.

그래서 나는 그에게 꿈을 접지 말라고 권했다. 그가 가진 꿈속에는 자신의 눈을 다시 빛나게 할 수 있는 매우 중요한 비전과 미션의 씨앗이 숨어 있다고 말해 줬다. 의무감으로 살아가는 고위직의 직장인과 도움이 필요한 사람에게 도움을 주는 무일푼의 성자 같은 사람이라는 두 가지 중에서 굳이 한 가지를 선택하기보다는 '생성적 상보성(generative complementarities)'이라고 부를 수 있는, 모순되게 보이는 두 가지 양극성을 모두 가짐으로써 자신의 앰비션, 비전, 미션을 모두 만족시킬 수 있다는 충고를 해 주었다. 이것은 '이것 아니면 저것'의 이분법적인 양자택일의 문제가 아니다. 오히려 그 두 가지 극단 사이에서 핵심적인 장점을 잘 통합하는 다양한 접점을 찾을 수 있을 것이라고 생각한다.

나는 그를 초대하여 함께 시간을 가졌다. 그리고 자신의 눈을 광채로 빛나게 할 것이 무엇일지에 대해서, 그것이 아무리 크든 작든 상관없이 생각해 보게 하였다. 그리고 자신의 가족이나 직업과는 직접적으로 관련이 없는, 완전히 자기 자신을 위한 작업을 해 보라고 격려하였다. 그렇게 하고자 하는 목적은 자신의 소울에 초점을 두면서 삶에 대한 열정과 함께 보다 많은 영감을 얻을 수 있게 하는 것이었다.

나는 그에게 자신의 직업적 경험도 좋지만 단순히 개인에게 중요한 것 이상의 차원(소울)에 초점을 두면서 자신에 관한 소개서를 써 보라고 말해 주었다. 그 결과로 그가 자신에 대한 글을 써 나가는 동안에 자신의 에고와 소울 간의 깊은 통찰적 균형 감각이 점차로 분명히 드러나기 시작하였다. 그러한 내용은 다음의 글을 통해서 확인할 수 있다.

우리의 소울을 다시 연결하여 통합된 홀론으로서의 자신을 경험할 때, 우리는 자신이 속해 있는 더 큰 시스템 속에서 기회와 다양한 자원을 보게 된다.

나는 고도의 에너지를 가진 결과지향적인 사람이며 앞 일만 생각하는 긍정적인 사람입니다. 나에게는 나의 머리, 가슴, 직감을 사용함으로써 복잡한 문제에 대해서도 쉽게 결정을 내릴 수 있는 능력이 있습니다.

나는 성공적인 리더십은 강력한 가치, 비전, 진실성, 진정성과 함께 남을 돌볼 수 있는 능력에 기반해야 한다고 믿습니다. 따라서 나의 리더십은 사람들이 자기가 맡은 일만 할 것이 아니라 그 이상으로 회사의 가치를 창조할 수 있게 하도록 그들에게 영감과 활력을 불어넣는 것이어야 한다고 생각합니다.

이러한 실습을 통해 그는 자신의 새로운 모습을 보기 시작했다. 그리고 그의 회사는 회사에 대한 그의 공헌을 더욱 크게 평가하기 시작했다. 이런 일이 일어나고 난 후, 그의 인생에는 다른 회사로부터의 입사 제안을 포함하여 흥미로우면서 예상치 못한 일들이 일어나기 시작했다. 그러나 그는 첫 번째 기회가 주어졌을 때 바로 그것에 따라가지 않고 오히려 근무하던 회사에 대한 자신의 책임을 포함하여 욕구와 가치 간의 관계를 깊이 고려하였다.

그가 자신의 진정한 모습에 더욱 통합되고 부합됨에 따라 그의 불만족은 사라졌다. 그는 자신의 행복감과 만족감이 외부 여건에 달려 있는 것이 아니라 스스로가 전체이자 '홀론'으로서 상황에 어떻게 창의적으로 대응하는지에 달려 있음을 깨달았다. 그는 자신의 꿈을 추구하며 더 나은 세상을 만들 수 있는 많은 기회가 있음을 알게 되었고 그 기회를 찾은 곳에서 그것을 활용할 수 있게 되었다.

결과적으로 그는 눈의 광채를 되찾았고 현재 회사에 계속 근무하게 되었다. 그는 다시 왕성하게 일하게 되었고 얼마 후에 그 조직의 가장 중요한 파트의 대표가 되어 계속 발전하게 되었다.

실습: COACH 상태
– 에고와 소울을 '홀론'으로 통합하기

설렌버거 기장과 앞의 예에서 소개했던 나의 고객이 각자 성공할 수 있었던 공통적인 요소는 이들이 그 자체로 전체이면서 우리에게 목표 의식과 에너지를 부여하는 초월적인 무엇인가에 연결되어 있었다는 점이다. 이러한 상태를 성취하는 것은 물론 쉬운 일이 아니며 특히 어려운 상황에서는 더욱 그러하다. 설렌버거는 많은 실습과 훈련의 중요성에 대해 말한 바 있다.

나 자신이 정기적으로 하는 실습뿐만 아니라 앞서의 내 고객에게 부여하는 과제는 전체로서의 개인과 홀론으로서의 개인의 경험을 정렬하여 맞추도록 하는 것이다. 이는 각 개인에게나 나와 함께 일하는 그룹의 사람들에게 매일같이 하라고 권하는 실습이기도

우리가 COACH 상태에 있으면 '통로가 열린다.'

COACH 상태에서 당신은 중심을 유지하고 개방적이며 각성 상태에서 심신이 연결되며 호기심이 있는 맥락을 유지한다.

하다. 이것은 당신이 불과 몇 분 또는 몇 초 만에 할 수 있는 간단한 실습이자 연습이지만 그 결과는 강력하다. 그렇게 할 수 있는 기본적인 단계는 다음에 소개된 내용의 첫 자를 따서 만든 COACH라는 약자로 요약될 수 있다.

C – 중심잡기(Center): 특히 배(배꼽)의 중심을 잘 잡도록 하라.

O – 개방하기(Open): 스스로에 대한 각성의 장을 개방하라.

A – 집중하기(Attend): 마음챙김(mindfulness) 상태에서 자신 내부와 주변에서 경험되는 것에 관심을 집중하라.

C – 연결하기(Connect): 당신 자신과, 당신이 속한 더 큰 시스템과 연결하라.

H – 맥락의 유지(Hold): 자원 충만과 호기심 상태에서 일어나는 모든 것들의 맥락을 유지하라.

이상의 절차를 적용하기 위해서는 먼저 편안하게 앉거나 선 자세에서 두 발을 바닥에 평평하게 놓은 상태를 유지하고 척추를 편하게 곧추세우도록 하라.

1. 복부의 단전 부위(배꼽의 바로 아래이자 몸의 중심)에 마음을 집중하며 복식 호흡을 하라.
2. 가슴으로 숨을 쉬며 당신의 몸을 비롯해 주위의 환경에 마음을 집중하라.
3. 당신 몸의 3차원적 형상에 주의를 기울여라. 그리고 당신의 발 아래, 머리 위, 몸의 뒤, 앞, 좌, 우 등으로 각성의 범위를 확장하라.
4. 당신이 내적 연결감(머리, 가슴, 배, 다리 등을 포함)과 외적 연결감(발을 통해 지구로, 머리 끝을 통해 우주와 주변 환경으로)을 경험함으로써 자신이 독립적 전체이자 더 큰

무엇인가의 일부임을 느끼도록 하라.

5. 당신 주변에서 감지하는 공간(환경)으로 평온, 자신감, 호기심을 발산한다고 상상하라.

COACH 상태에 이르는 방법은 다양하게 많이 있다. 명상이나 다른 정신 수양 방법을 통해 우리는 독립적 전체이자 홀론으로서의 존재 경험을 할 수 있다. 가장 좋은 방법은 당신에게 맞는 방법을 찾아 규칙적으로 이를 연습하는 것이다. 설렌버거 기장의 예에서 보듯이, 우리는 복잡하고 예상치 못한 어려운 상황에서 성공하기 위해 최고의 상태로 준비되어 있어야 한다.

요약하면, 변화를 통해 전진하기 위해 우리에게 중요한 것은 유연성과 안정성, 균형성 및 마음을 비우는 능력과 같은 자질들을 배양하는 것이다. 그리고 이러한 자질은 우리가 스스로 중심을 잡고 자신에게 머물면서 동시에 자신의 범위를 초월하는 그 무엇과 연결될 때 발현된다. 설렌버거의 허드슨강의 기적에서 보듯이 당신이 예기치 못한 위기에 봉착했을 때(즉, 새가 비행기의 양쪽 엔진을 망가트렸을 때), 기억해야 할 가장 중요한 점은 역설적으로 긴장을 풀고 이완하는 것이다.

CRASH하면, '통로가 닫힌다.'

CRASH 상태에서는 위축되고 환경에 대해 반사적으로 대응하게 되며 분석 불능 상태가 되고 분리감, 상처받는 느낌이나 미워하는 느낌을 갖게 된다.

당신이 내적으로 붕괴되어 아래 단어들의 첫 글자들에 의해 조합된 약자에 해당하는 CRASH(영어에서는 충돌을 의미함) 상태에 놓이게 되면 그것은 곧 COACH 상태와는 정반대의 상황에 처하게 되는 것이다.

C - 위축(Contraction)

R - 반사적 반응(Reactivity)[9]

9) 이미 어떤 자극이 온 후에 '사후약방문'식으로 이미 발생한 자극에 반사적으로 대응하여 반응하는 수동적이며 피동적인 성질을 말한다. 이에 대응하는 반대의 개념은 '선제적(proactive) 반응'인데, 그것은 오히려 어떤 자극에 대하여 미리 예상을 하고 대비함으로써 실제로 자극이 왔을 때 당황하지 않고 차분하게 대응할

A – 분석 불능(Analysis Paralysis)

S – 분리(Separation)

H – 상처 또는 미운 마음(Hurting or Hating)

우리가 'CRASH' 상태에 처하게 될 때면 우리는 자신을 더 이상 홀론으로 인지하지 못한다. 우리는 소울과의 연결성을 잃고 모든 것이 어려워진다. CRASH 상태에서 외적인 장애를 만나면 우리는 그것을 불가능한 문제로 경험하게 된다. 만약 설렌버거가 긴장하고 공포감에 사로잡혔다면 그가 운항하던 비행기는 글자 그대로 CRASH 상태, 즉 충돌 상태로 빠져 버렸을 것이고 허드슨강의 기적 대신에 재앙이 찾아왔을 것이다.

에고, 소울, 조직

'에고'와 '소울' 간의 관계는 조직에서도 중요하다. 기업은 부서, 팀원 등과 같은 독립체들로 구성된 독립적 전체이면서 동시에 지역사회, 시장, 환경 등과 같은 더 큰 전체의 일부이다.

벤처가 번창하기 위해서는 자기보호, 자기수익 및 성장을 추구하면서도 고객과 더 큰 생태계에 대한 기여라는 가치도 무시해서는 안 되기에 두 가지 영역 사이에서 적절히 균형을 맞출 수 있어야 한다.

에고와 소울(전체와 홀론) 간의 역동적 관계는 회사나 조직 내에서도 유사하게 작동한다. 회사 내에서 에고는 생존, 재정적 수익, 투자에 대한 보상에 관심이 있는 오너와 주주로 구성되어 있다. 이는 지위와 수행 수준이라는 측면에서 조직과 구성원의 앰비션이라는 형태로 반영된다.

조직의 소울 차원은 그 조직이 고객과 더 큰 사회 및 물리적 환경을 위해 제공하는 가치이다. 조직의 소울은 조직의 비전, 조직의 고유한 기여와 미션, 그리고 더 큰 시스템에 대한 존중심을 가진 구성원들에 의해서 만들어진다.

팀원과 직원들은 분명히 이 두 가지 영역의 중간에서 움직이며 이들이 자신의 업무를 효과적으로 수행하며 목표를 달성하기 위해서는 이 두 가지 사이에 적절한 균형점을 찾아야 한다.

수 있는 능동적이며 적극적인 태도를 말한다.

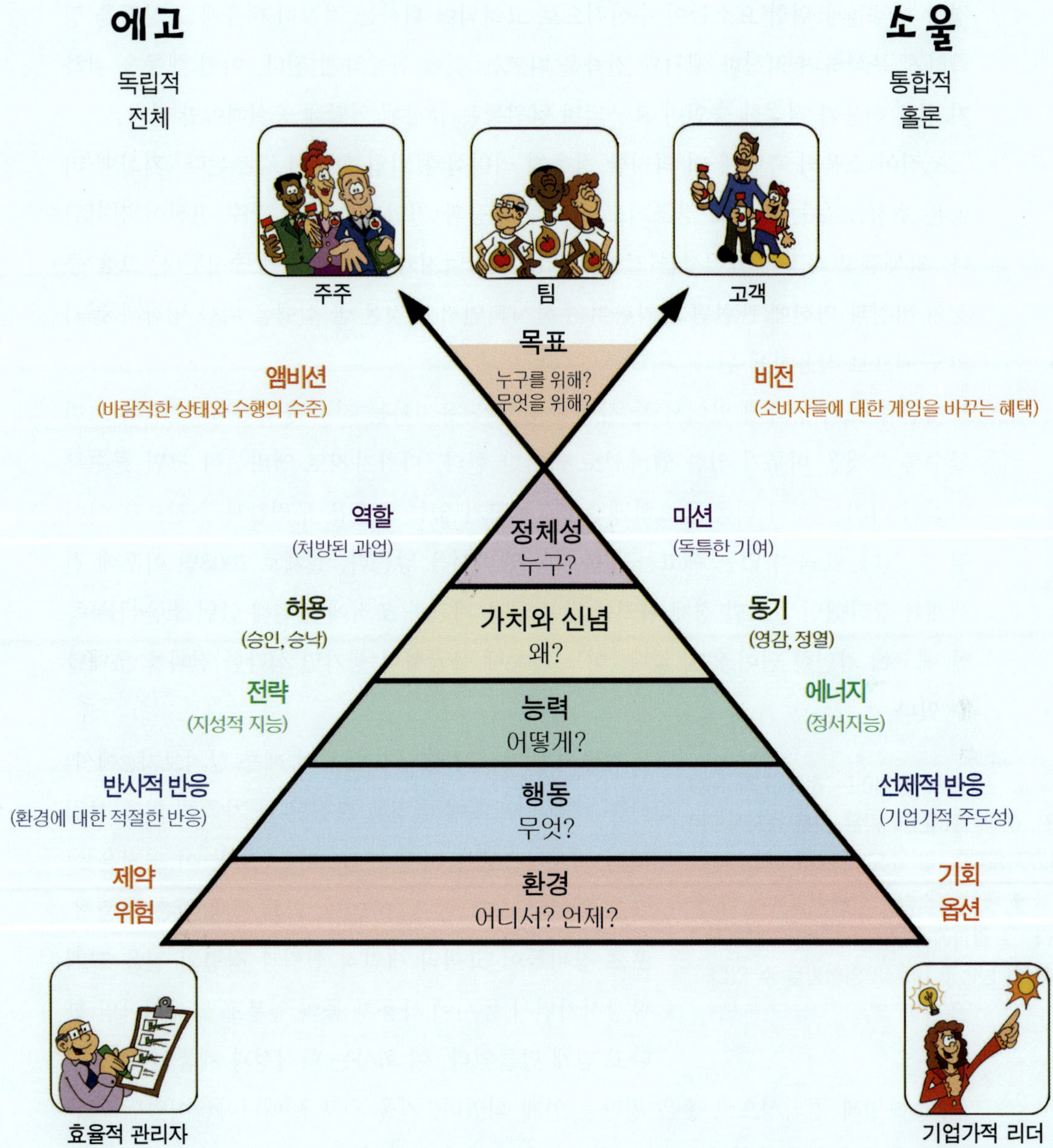
에고
독립적
전체
소울
통합적
홀론
주주
팀
고객
목표
누구를 위해?
무엇을 위해?
앰비션
(바람직한 상태와 수행의 수준)
비전
(소비자들에 대한 게임을 바꾸는 혜택)
역할
(처방된 과업)
정체성
누구?
미션
(독특한 기여)
허용
(승인, 승낙)
가치와 신념
왜?
동기
(영감, 정열)
전략
(지성적 지능)
능력
어떻게?
에너지
(정서지능)
반사적 반응
(환경에 대한 적절한 반응)
행동
무엇?
선제적 반응
(기업가적 주도성)
제약
위험
환경
어디서? 언제?
기회
옵션
효율적 관리자
기업가적 리더

조직이 에고의 측면에 더 의지할 경우, 강조점은 경영과 효율성에 치우치게 된다. 환경적 제약들과 위험 요소들이 우선적으로 고려되어 회사는 적절히 대응하고 상황을 정확하게 분석하며 적절한 계획과 전략을 따르는 것에 집중하게 된다. 어떤 행동을 취하기 전에 허용과 적절한 승인이 요구되며 팀원들은 규정된 역할에 충실해야만 한다.

조직이 소울의 측면에 더 의지할 경우에 리더십과 기업 활동이 강조된다. 기회에 더 많은 초점을 두는 환경이 강조되고 선제적 반응과 기업가적 위험 감수 정신이 장려된다. 의사결정 과정에 있어서는 전략 못지않게 에너지와 정서 지능이 중시된다. 고객 중심의 비전과 미션에 관련된 가치관이 우선시되면서 그것은 곧 실행을 위한 영감과 동기의 근원으로 작용하게 된다.

개인과 조직 양쪽에 있어서 둘 사이에 균형을 유지하는 것이 중요하다. 비전이 크면 클수록 그것을 이루기 위한 앰비션도 커야만 한다. 마찬가지로 앰비션이 크면 클수록 비전이 커지는 것이 더욱 중요하게 된다. 에고가 없는 소울은 무력감과 소진으로 이어질 수 있다. 소울이 없는 에고는 무분별한 앰비션을 낳는다. 실제로 2008년 이후에 전 세계를 강타했던 글로벌 경제 위기는 많은 금융 기관과 조직에 만연해 있던 소울이 부족한 에고에 기인한 면이 없지 않다. 어느 한쪽에 불균형이 생기면 심각한 결과를 초래할 수 있다.

개인, 역할, 팀, 부서, 심지어는 전체 조직 문화가 안전, 이익, 앰비션과 같은 것을 중시함으로써 '에고'지향적이 될 수도 있으며 기여, 봉사, 비전 등을 중시함으로써 '소울'지향적이 될 수도 있다. 그 결과에 따라 우선순위가 정해지고 의사결정의 방법과 내용이 영향받을 수 있다.

최근에 내가 코칭했던 고객사의 예를 살펴보자. 이 회사는 겨울 스포츠에 열정을 가졌던 한 가족에 의해 설립되어 세계적으로 알려진 브랜드가 되었다. 이 열정은 그들로 하여금 스키, 부츠, 바인딩, 의류 등과 같은 겨울 스포츠 장비들이 고객의 개인적 실력과 경험의 질을 크게 향상시키면서 동시에 사용자 몸의 일부로 느껴져야만 한다고 믿게 만들었다. 이 회사는 혁신성과 제품의 성능 수준, 스타일과 편의성으로 좋은 평판을 얻게 되었다. 겨울 스포츠 매니아들이었던 직원들 역시 제품에 대한 열정을 갖고 있었기에 이 회사는 여러 해 동안 시장에서 선두를 유지할 수 있었다.

나이가 들어가던 설립자들은 어느 시점에 경영 일선에서 물러서고 싶었다. 그들은 회사가 한 단계 더 성장하기 위해서는 더 많은 자원들을 투자의 형태로 회사에 가져올 필요가 있음을 깨달았다. 일련의 여러 이벤트를 거치며 이 회사는 결국 더 큰 벤처 캐피탈에 의해 인수되었다.

벤처 캐피탈사는 자신들의 투자금을 보호하기 위해 최고 경영진과 이사회 임원들을 자신들의 사람으로 대체했다. 이 새로운 사람들은 겨울 스포츠에 관심이 거의 없었다. 그들은 겨울 스포츠를 즐길 만한 시간이 없었다. 그들의 관심은 겨울 스포츠가 아니라 돈이었으며 혁신성이나 스타일, 성능 수준과 같은 것이 아니라 회사의 재정 상태였다.

이 조직의 문화는 바뀌기 시작했다. 이전에는 한 팀이 여러 해에 걸쳐 한 개의 제품을 개발하더라도 문제가 없었다. 그런데 갑자기 6개월에서 9개월 사이에 매출이 생기지 않으면 그 제품 개발이 중단되기 시작했다.

과거에는 새로운 시장 기회를 찾아 그것을 회사 내 의사결정권자와 공유하는 것이 모든 직원들의 권리이자 의무였다. 그러나 합병 후에는 더 이상 그런 정책은 없었다. 직원들은 업무지시서에 있는 업무 이외의 것을 하려면 승인을 받아야만 했다.

직원들은 그들이 무슨 회사를 위해 일을 하고 있는지 반문하기 시작했다. 동기, 생산성, 혁신성이 사라지기 시작했다. 회사는 '소울'을 잃기 시작했고 이로 인해 직원들 사이에 혼란과 불화가 생기기 시작했으며, 결국 이는 회사 제품에 대한 고객들 간의 인기에 영향을 미쳤다.

나는 어느 부서의 비전 설정과 관련된 코칭 작업을 하는 과정에서 이 회사 일에 관여하게 되었고 그 과정에서 이 회사가 생각해야 할 문제는 다른 것이 아니라 현재보다 더 큰 비전과 미션을 가져야 할 필요성이라는 점을 곧바로 알아차렸다. 이사회 임원들에게 회사의 비전에 대해서 질문했을 때 그들은 "전 세계에서 가장 거대한 스포츠 장비 제국을 만들고 싶다."고 대답했다. 나는 그것이 대단한 앰비션이기는 한데 비전은 과연 무엇이냐고 다시 물었다. 그들은 다시 세계 최대의 스포츠 재벌이 되고 싶다고 대답했다.

내가 알고 있던 다른 회사의 최고 경영진들과 마찬가지로 그들 또한 비전과 미션, 앰비션의 차이를 제대로 이해하지 못하고 있었다. 그들에게 이 세 가지는 같은 것이었

벤처는, 그것이 오래된 것이든 새 것이든 상관없이 '에고'와 '소울' 간의 균형을 유지하기 위해 끊임없이 노력해야 한다. 회사의 비전이 확장됨에 따라 회사의 앰비션도 커져야 한다. 회사의 앰비션이 커짐에 따라 회사의 비전도 마찬가지로 확장되고 넓어져야 한다.

다. 그들에게 이 세 가지의 차이는 그다지 중요한 의미가 없는 추상적 개념에 불과했다.

시간이 좀 걸리긴 했으나 나는 결국 그들이 회사의 실제적인 비전과 미션을 알고 이를 소통하는 것이 얼마나 중요한지를 이해하게 함으로써 비전과 미션이 기업 문화의 핵심이 되게 만들었다.

결과적으로 회사는 '소울을 되찾기' 시작했고, 산업의 혁신적 리더로서의 과거의 위치를 되찾게 되었다.

내가 도왔던 또 다른 회사는 정반대의 문제를 가지고 있었다. 이 회사는 직원이 200여 명에 불과했지만 세계적으로 프로젝트를 수행하고 있었기 때문에 스스로를 '소규모 다국적 기업'이라고 부르는 '청정에너지' 회사였다. 그들은 프로젝트를 수행하기 위해 정부 및 기관들과 협력함으로써 이런 일을 할 수 있었다. 그들의 비전과 미션은 명확했다. 그들은 세상 사람들이 지속 가능한 '그린' 에너지를 사용하기를 원했다. 그리고 그들의 미션은 '혁신 기술을 통해 폐기물을 에너지로 전환'하는 것이었다.

그런데 그들이 봉착한 문제는 그들의 비전과 미션을 전 세계에 전파함에 있어서 다음 단계로 발전할 수 있도록 사업 영역을 확장시킬 수 있는 자원들을 확보하는 것이었다. 이 회사는 항상 나름대로 버텨 나가기 위해서 고군분투하였고 상대적으로 작은 규모의 회사 이상으로 성장하는 문제와 관련하여 어려움을 많이 겪고 있는 것으로 보였다.

그들이 비전을 실현시키는 데 필요한 것은 다른 회사들과 파트너 관계를 잘 수립하는 것과 함께 충분한 투자를 받는 것이었다. 그러나 이 회사는 투자를 유치하는 것과 잠재적 투자자들과 좋은 관계를 유지하는 일에 있어서 어려움을 겪고 있었다. 그들은 왜 투자자들이 자신들의 비전을 지지하지 않는지 이해할 수 없었다. 나는 잠재적 투자자들이 그들의 비전과 미션을 좋게 평가할 수는 있겠지만 그것이 그들의 주 관심사가 아닐 수 있음을 그들에게 지적했다. 오히려 투자자들이 진정으로 알고 싶은 것은 그들의 앰비션이라고 할 수 있을 것이다.

내가 그들의 앰비션이 무엇인지 물었을 때, 그들은 '지구를 구하는 것'이라고 대답했었다. 나는 그것이 비전과 미션이라고 지적했다. 투자자들은 자신들의 투자에 대해 돌려줄 수 있는 가치를 회사가 어떻게 만들어 낼 것인지를 알고 싶어 한다. 이것은 회사의 열망과 관련된 것이다. "당신은 '소규모' 조직에 머무는 것이 행복합니까?" "당신은 1억 달러 회사가 되고 싶습니까, 아니면 5억 달러, 10억 달러 회사가 되고 싶습니까?" "당신은 첫 번째 회사가 되고 싶습니까? 또는 최고의 회사가 되고 싶습니까? 또는 최대의 회사가 되고 싶습니까?" 이런 것들이 투자자들이 알고 싶어 하는 것들이다.

더 큰 비전과 앰비션은 더 큰 위험과 더 많은 노력을 필요로 한다. 이를 이루기 위해서는 자신과 팀과 목표에 대한 확신이 필요하다.

나의 논지는 만약 당신이 큰 비전을 가지고 있다면 그것을 실행하기 위해 필요한 지원을 얻기 위해서 앰비션 역시 마찬가지로 그만큼 커야 한다는 점이다. 만약 회사의 경영진이 세계적으로 유명한 회사를 만들기 위해 노력하고 있지 않다면, 그 회사는 아무리 비전이 훌륭하다 할지라도 결국에는 '하찮은 것'에 불과할 것이다. 그들은 비전과 기술만큼이나 회사도 '크게' 생각할 필요가 있다.

물론 이 말은 곧 부분적으로는 소울을 추구하는 것을 의미한다. 그리고 그들 자신 및 그들이 하는 일에 대한 믿음에 확신을 갖는 것을 의미하기도 한다. 그들이 앰비션을 명확히 하는 것은 더 많은 위험을 감수하는 것을 의미한다. 그리고 더 많은 위험 감수는 그들의 비전과 미션에 대한 더 큰 확신을 의미한다.

이상과 같은 논의와 노력의 결과로 이 회사는 청정 에너지 솔루션을 개발함에 있어 단순히 파트너를 도와주는 회사에서 스스로 프로젝트의 주인이자 실행자로 회사의 주력 사업을 확장하고자 하는 결정을 하게 되었다. 이 회사는 앰비션과 정체성에 있어서의 변화를 반영하기 위해 미션까지 변경하였다. 이러한 결정은 결과적으로 수백만 달러의 투자 유치로 이어졌다. 그리고 지금도 발전을 거듭하고 있다.

비전, 미션, 앰비션,[10] 역할 규정하기

가장 강력한 동기부여책은 비전, 미션, 앰비션, 역할을 잘 통합하고 정렬하는 것이다. 이는 SFM™의 핵심 주제이다. 우리는 이 책을 통해 이 원칙을 재탐색하고 다듬어 갈 것이다. 우선 이 핵심 성공 요인들에 대해 좀 더 자세히 살펴보도록 하자.

10) ambition: 이 단어가 '야망'이란 말로 번역될 수도 있지만 이 번역어 자체가 갖는 부정적 뉘앙스 때문에, 그리고 이 책의 원래의 의미를 보다 살리기 위하여 여기서는 번역어 대신에 영어 발음 그대로 '앰비션'이라고 하였다.

비전

상상력은 지식보다 훨씬 더 중요하다. 지식은 제한된 반면, 상상력은 세계를 포용한다.

-알버트 아인슈타인

비전은 '미래가 어떻게 될 것이라는 심적 이미지'이다. 비전을 가질 수 있는 우리의 능력은 '상상력 또는 지혜로 우리의 미래에 대해 생각하거나 계획을 세울 수 있는 능력'을 포함한다. 성공한 기업가의 창조적 비전은 이렇듯 장기적인 가능성을 상상하고 그것에 초점을 둘 수 있는 능력과 관련이 있다. '지금-여기'의 제한을 넘어서서 미래의 시나리오를 상상할 수 있는 능력을 포함한다. 이는 또한 장기 목표를 설정하고 그것에 집중하며, 장기 계획과 총체적 전망을 채택하는 능력을 포함한다. 위대한 심리학자 윌리엄 제임스[11]가 말했듯이, "전 세대를 통틀어 가장 먼 미래에 기준을 두고 결정하고 판단 내리는 사람이 최고의 지능을 가진 사람"이라고 할 수 있다.

비전은 '미래가 어떨 것이라는 심적 이미지'이다. 가장 성공적인 사업가의 비전은 "사람들이 살고 싶어하는 세상을 창조하는 데" 기여하는 "게임을 바꾸는" 발전이다.

성공한 차세대 기업가와 리더들이 갖는 비전의 핵심적인 특징은 그것이 항상 그들 자신을 넘어서 외부로 향한다는 것이다(그것은 그들의 '소울'의 산물이다). 즉, 그들이 세상에서 더 보고 싶거나 다르게 보고 싶은 것과 관련이 있다. 다시 말해서, '사람들이 속하고 싶은 세상을 창조하는 것'에 해당하는 것이다. 이 세상은 (바라건대) 자기 자신을 포함하지만 선천적으로 자기 자신에 관한 것은 아니다. 그러므로 기업가적 비전은 다음과 같은 질문들에 관한 답을 포함한다.

- 당신은 당신을 뛰어넘는 세계에서 당신을 통해 무엇을 창조하고 싶은가?
- 당신은 그 세계에서 무엇을 더 또는 덜 보고 싶은가?
- 당신이 포함되고 싶은 세계는 무엇인가?

엘런 머스크

페이팔, 솔라시티, 테슬라 자동차 회사, 스페이스X의 설립자

오늘날 사람들이 사는 방식을 변화시키려는 판단이 확고한 매우 성공한 사업가인 엘런 머스크(Elon Musk)의 비전이 좋은 예이다. 머스크는

11) William James(1842~1910): 하버드 대학교 교수를 역임한 미국 최고의 심리학자이자 철학자

23세의 나이에 첫 번째 회사 집투[12)]를 설립했고 그것을 3억 달러에 팔았다. 그의 다음 벤처는 사용자들이 온라인에서 안전하게 사고팔 수 있도록 하는 온라인 결제 플랫폼 페이팔(PayPal)이었다. 그때부터 머스크는 그의 회사 솔라시티(SolarCity)를 통해 대중에게 적절한 태양 에너지를 공급하고자 하는 자신의 비전을 계속 확장시켜 왔으며, 테슬라 자동차(Tesla Motors)를 통하여 저렴한 전기차를 만들려는 꿈을 설정하였다. 또한 그의 스페이스X(SpaceX) 우주 여행 회사는 지구 궤도에 인공위성을 쏘아 올리기 위해 최초로 민간 자금으로 운용하는 액체 연료 자동차를 만들어 국제 우주 정거장에 위성을 발사하고 정박시킨 최초의 영리 회사가 되었다.

머스크는 명백히 그리고 의도적으로 그 자신이 인류의 미래에 가장 긍정적으로 영향을 줄 것이라고 믿는 인터넷, 에너지, 우주탐사에 그의 비전을 집중하였다. 그런데 흥미롭게도 이러한 영역에 관한 그의 열정은 그가 청소년기에 경험했던 존재론적 위기의 결과로 나타났다. 10대 중반에 읽었던 헤겔, 쇼펜하우어, 니체와 같은 철학자들의 저서는 그를 집중적인 소울 탐구의 길로 이끌었다. 그는 존재의 이유와 같은 삶의 중대한 문제들에 관한 답을 낼 수 없었기에 심각하게 우울해졌다고 진술하였다. 조종사 설렌버거가 부친의 자살 사건을 겪은 후에 파멸적인 비행기 사고 상황을 오히려 극적인 행운의 기회로 변화시킬 수 있었듯이 머스크의 위기와 우울감은 오히려 그가 세계적인 안목으로 자신의 의식을 확장할 수 있는 계기가 되도록 기여하였다. 설렌버거가 그의 슬픔을 '인생의 유한성'에 관해 자각하고 '어떤 대가를 치르더라도

비전은 기업가의 모든 노력이 집중되는 소실점에서 창조된다. 엘런 머스크에게 비전은 '인간 의식의 범주와 스케일을 확장시키는 데' 도움을 주는 기업을 만드는 것이다.

12) Zip2: 다양한 뉴스회사를 위한 소프트웨어를 발행하는 온라인 콘텐츠를 제공하는 웹사이트

삶을 보존하고' '선한 사마리아인이 되고' '방관자가 되지 않기'를 실천하는 쪽으로 변화시키고 승화시켰던 것과 같이 머스크는 세계적인 차원으로 의식이 확장될 수 있다면 아마도 미래에는 인간이 제대로 된 질문을 할 수 있게 될 것이라고 확신하였다. 그는 다음과 같이 말했다.

> 우리가 어떤 질문을 해야 할지에 대해 잘 이해하기 위해서 나는 인간 의식의 범주와 스케일을 보다 확장시키는 쪽으로 갈망해야 한다는 결론에 이르렀습니다. 정말로 유일하게 말이 되는 것은 곧 우리가 거대한 집단적 깨달음을 추구해야 한다는 것입니다.

이런 점에서 머스크는 인터넷, 재생 에너지, 우주 탐사에 대해 미래에 가장 큰 영향을 줄 수 있는 잠재력을 지닌 방법으로 간주한다. 그가 볼 때 인터넷은 범세계적인 신경체계로서 기능하며, 재생에너지는 인간이 경제적으로나 생태학적으로 파멸에 이르기 전에 인류 구원을 위한 올바른 질문들을 할 수 있는 시간들을 확장시켜 주고, 우주 탐사는 인류의 삶 자체를 위한 백업 기능을 수행할 수 있다. 그리고 우주 여행 문명은 먼 과거에 최초의 생명이 처음으로 지구상에 등장했던 일과 마찬가지로 진화사에 있어서 중요한 단계에 해당한다고 볼 수 있다.

머스크의 벤처 사업에 관한 자신의 비전은 고립된 에고의 관점보다는 홀론(그 자신보다 더 큰 무엇인가의 일부)의 관점에서 나온다는 것이 명백하다. 그의 비전은 더 나은 것으로 변화하기 위한 깊은 열정, 의지, 헌신으로부터 나온다. 이러한 유형의 비전은 본질적으로 생성적이다. 우리가 살면서 새로운 변화를 만들고 진화를 해 나가듯이 비전 또한 계속하여 새로운 미래 시나리오를 창조할 수 있게 한다. 비전은 어떠한 세부적인 것, 구체적인 맥락이나 상황의 내용에만 국한되지 않는다.

이러한 종류의 비전은 어떤 하나의 구체적인 목적지에만 집중하지 않는다. 오히려 비전의 목표는 새로운 구체적인 벤처 사업과 제품이 생겨날 수 있게 하는 방향을 제시하는 것이다. '인간 의식의 범주와 스케일을 확장시키는 것'과 '더욱 위대한 집단적 깨달음을 위해 고군분투하는 것'을 위한 머스크의 열정과 의지는 일련의 연속적인 벤처 창업을 낳았다. 세계가 계속 변화함에 따라 그 새로운 것들도 계속하여 출현하고 진화하게 될 것이다.

우리는 인생을 여행으로 비유할 수 있다. 우리가 향하는 방향으로 멀리 내다볼 때 목적지 자체가 너무 멀기 때문에 그것에 관한 세부사항들을 보기는 어렵다. 사실상, 목적지는 때때로 수평선 저 너머 먼 곳에 있기에 육안으로는 전혀 보이지 않는다. 그렇기에 우리는 오히려 마음의 나침반과 같은 육감을 따라서 가게 된다.

비록 우리의 방향이 명확하더라도 수평선의 소실점 너머에 있는 최종 목적지에 대한 세부 사항들을 항상 볼 수 있는 것은 아니다. 그러나 우리가 여행을 계속하다 보면 지표, 이정표, 기타 관광 지역이 점차로 시야로 들어오고 목적지에 조금씩 가까이 다가갈수록 이제 목적지를 더 분명하게 보게 된다. 그래서 예상하거나 기대했던 것을 볼 수도 있지만 경우에 따라서는 뜻밖의 모습도 보게 된다.

이와 비슷하게 구체적인 프로젝트나 벤처에 대해서 갖게 되는 이미지는 더 큰 생성적 비전을 향해서 나아가는 그러한 여행이 만들어 내는 산물과 같은 것이라고 할 수 있다. 예를 들어, 1941년에(판타지아의 출시 직후) 월트 디즈니는 자신의 회사 및 산업의 미래에 관한 비전에 대해 질문을 받았다. 디즈니는 다가오는 몇 년간 〈피노키오〉와 〈밤비〉를 포함해 몇몇 다른 애니메이션 영화를 계획하고 있다고 말했다. 그러나 그 이상에 관해서는 구체적으로 얘기하기 힘들다고 하면서 다음과 같이 말했다. "내가 멀리 내다보는 것에 대해 설명하기는 너무 애매하지만, 그래도 내 눈에 그것은 크고 반짝이는 것으로 보입니다."

당신의 비전은 오직 당신이 자신의 심장을 들여다볼 때 분명해질 것이다. 밖을 내다보는 자는 꿈을 꾼다. 안을 들여다보는 자는 깨어난다.

– 칼 융

'생성적' 비전은 특정한 목적지의 목표물이 아니라 명확한 방향을 보여 준다.

다양한 여러 가지 산업에서 보여 준 월트 디즈니의 혁명적 성공은 생성적 비전의 힘을 보여 주는 좋은 예시이다.

월트 디즈니

디즈니가 처음부터 디즈니랜드, 〈메리 포핀스〉[13], 〈멋진 디즈니 세상 시리즈〉[14], 엡콧 센터[15], 디즈니 채널[16] 등에 관한 구체적인 계획을 언급한 것은 아니었다. 왜냐하면 그 스스로도 아직 그것을 만들 것이라는 것을 몰랐기 때문이다. 텔레비전은 당시에 존재하지 않았다. 디즈니랜드에 관한 계획은 아직 15년 후의 일이었다. 그럼에도 불구하고 그에게 방향성이 없었다는 의미는 아니다.

그가 말한 '크고 반짝인다'는 것은 특정한 목표를 구체화한 것이 아니다. 그것은 내용보다는 정서와 질을 일깨우는 말이다. 디즈니의 답변에는 별로 내용은 없었지만 그의 벤처가 향할 방향에 관한 강력한 가이드가 있었다. 디즈니의 작품에 관해 생각해 보면 모두 어느 정도는 '크고 반짝이는' 것들이다.

디즈니는 그의 비전을 활동 영화나 TV 프로그램에 적용했을 때 '크고 반짝이는' 미래로부터 등장하는 보다 구체적인 무엇인가를 보기 시작하였다. 이와 마찬가지로 그가 놀이 공원이나 놀이 기구를 만드는 것에 자신의 비전을 적용했을 때 그에게 나타난 것은 바로 '크고 반짝이는' 것이었다. 세계와 기술이 진화함에 따라 그의 생성적 비전은 자신의 더 큰 비전이 그를 이끌고 간 방향에 의해 정의된 새로운 작품들을 계속하여 창조해 나갔다.

따라서 비전은 하나의 구체적인 목표나 목적에 국한되는 것이 아니다. 목표와 목적은 너무 단기적이고 구체적인 경향이 있다. 그것들은 비전의 산물이며 비전을 만들어 내는 더 깊은 열정과 의지와는 다른 수준에 있다. 마사 그레이엄이 언급했듯이 비전은 "우리를 통해 행동화되고 세상으로 드러나는 생명력 및 활력"과 더욱 관련이 크다. 비전은 지속적으로 스스로를 재생시키는 생성적 과정이며 현재 갖고 있는 현실적인 지식과 새로운 것을 창조하기 위한 과정에서 무엇이라도 가능할 수 있는 상상의 세계를 통합하는 것

13) Mary Poppins: 영국 작가인 트래버스(Pamela Travers: 1899~1996)가 쓴 동명의 동화를 바탕으로 하여 디즈니사가 영화로 제작하여 1964년에 개봉한 뮤지컬 영화

14) The Wonderful World of Disney: 디즈니사가 제작하여 1969년부터 2008년까지 미국의 주요 TV를 통해 매주 방송된 시리즈물

15) Epcot Center: 국제 문화와 기술적 혁신을 주제로 1982년에 플로리다 올랜드의 월트 디즈니 월드 리조트에서 두 번째로 개장한 테마파크

16) 어린이와 청소년을 위한 프로그램과 영화를 주로 방영하는 미국의 케이블 및 위성 텔레비전 채널

이기도 하다.

이러한 비전은 결국 성공 목표를 달성하는 과정에서 '창조적 무의식'이 얼마나 중요한지에 대한 것을 일깨워 준다. 우리는 프로젝트나 벤처를 시작하여 성공시키는 과정에서 효과적으로 관리해야 할 모든 것에 대해서 늘 의식하지는 못한다. 일을 하다 보면 때때로 우리가 제대로 추적해야 하지만 의식적 차원에서는 미처 알아차리거나 눈치를 채지 못하면서 놓쳐 버리는 '약한 신호'들을 많이 만나게 된다. 비전은 많은 경우에 꿈의 형태로 시작된다. 꿈은 창조적 무의식의 산물이지 인지적 · 합리적 마음에서 나오지 않는다.

우리가 꿈을 꿀 때 인지적 마음은 직접적으로 꿈을 만들어 내지 못하며 꿈에서 깨어난 후에 증인의 역할만 할 뿐이다.

비전은 현실적인 기회나 장애에 대응하는 과정과 타인들과의 창조적 교류의 과정에서 창조적 무의식(소울)으로부터 나오는 꿈에 참여하고 그 꿈을 이끌어 가도록 돕는다. 이 두 가지의 힘, 즉 에고와 소울은 비전과 연합하여 구체적인 프로젝트와 목표를 만들어 낸다. 이러한 프로젝트와 목표는 주로 인지적 마음에 의해 더욱 합리적 방향으로 진전되는데, 이 과정에서 오히려 창조적 무의식은 기여도가 약하다.

"내가 멀리 내다보는 것에 대해 설명하기는 너무 애매하지만, 그래도 내 눈에 그것은 크고 반짝이는 것으로 보입니다." – 월트 디즈니

우리는 다음 장에서 이 과정과 창조적 무의식의 역할을 더욱 심도 있게 살펴볼 것이다.

미션

개인 또는 조직의 미션은 특정 비전을 드러나게 하는 것과 관련이 있다. 미션의 사전 미션은 '강하게 느껴지는 목표 또는 소명'의 형태로 찾아온다.

미션은 개인이 속해 있는 더 큰 시스템에 대한 개인의 기여와 관련된다.

적 정의는 '정치적 · 종교적 · 상업적 목적을 달성하기 위해 부여된 중요한 임무'이다. 보통 미션은 '강하게 느껴지는 목표 또는 소명'이라고 정의된다. 이 어휘의 어원은 '보내는 행위'라는 의미를 가진 missio이다. 이 어휘는 '보내다'라는 라틴어 동사 mittere에서 파생되었으며, '메시지(message)' '미사일(missile)'과 동일한 어근을 가지고 있다. 예를 들어, 'missive'는 '보내진' 커뮤니케이션이다.

기업가의 비전과 마찬가지로 미션은 '홀론'으로서의 존재라는 관점으로부터 나온다. 미션은 그것을 수행하는 개인 또는 그룹을 초월한 시스템의 관점에서 정의된다. 미션은 시스템 내에 있는 사람들을 통합시키는 비전에 대한 서비스이다. 조직 내 개인의 미션은 조직과 조직의 비전에 대한 개인의 공헌 또는 기여와 관련이 있다. 이와 유사하게 조직의 미션은 고객과 고객의 니즈라는 더 큰 시스템과 관련이 있다.

따라서 미션은 개인 또는 조직이 더 큰 시스템에 대해 제공하는 서비스의 목적과 관련된다. 즉, 그들의 능력과 행위가 누구를 위해 그리고 무엇을 위해 행해지는가의 문제가 미션의 문제이다. 그러한 더 큰 시스템은 가족, 동료, 동시대인, 사회 및 문화, 지구, 우주 등이 될 수 있다.

미션의 개념은 존 F. 케네디의 다음과 같은 유명한 연설문에 잘 표현되어 있다. "친애하는 미국인이여, 당신의 국가가 당신을 위해 무엇을 할 수 있는지 묻지 말고 당신이 국가를 위해 무엇을 할 수 있는지를 물어보십시오. 친애하는 세계인이여, 미국이 당신들을 위해 무엇을 할 수 있는지를 묻지 말고 당신들이 인류의 자유를 위해 무엇을 할 수 있을지를 물어보십시오."

미션은 궁극적으로 비전(케네디의 경우 '인류의 자유')을 실현하는 것이다. 개인이나 그룹의 장기적 비전은 특정 분야에서 미션의 방향성을 제시한다. 비전은 매우 광범위하여 그 비전을 가지고 있는 개인이나 그룹 이외에 많은 타인들을 포함한다. 그러나 미션은 그 비전에 대한 개인적 관계의 기능이다. 비전은 미션보다 더 멀리 떨어져 있다. 미션은 더 큰 비전을 추구하는 개인의 몰입에서 나온다. 따라서 미션은 다음과 같은 질문과 관련된다.

- 더 큰 시스템 및 비전에 대해 당신이 할 수 있는 일은 무엇인가?
- 비전을 이룩하기 위해 당신만의 고유한 기여는 무엇인가?
- 비전을 이룩하기 위해 더 큰 시스템에 당신이 가져올 수 있는 특별한 재능, 자원, 능력 및 행동은 무엇인가?

미션은 제공하기, 창조하기, 지원하기, 만들기, 개발하기, 이끌기, 안내하기, 시중들기, 방어하기 등과 같은 행위의 형태로 명시된다. 엘런 머스크의 테슬라 자동차 회사의 미션은 '고성능의 저렴한 전기차를 디자인하고 만드는 것'이다. 이는 화석 연료에 대한 의존으로부터 인류를 탈피시키고 더 깨끗하고 지속 가능한 환경을 만들고자 하는 더 큰 비전을 돕는 것이다. 테슬라사와 관련된 머스크의 개인적 미션은 회사에서 제조한 자동차의 '디자인과 품질을 지도하고 감독하는 것'이다.

우리의 미션은 우리의 핵심 동기와 핵심 능력을 활성화시키고 그것을 비전으로 이끌어 우리를 더 큰 무엇인가로 연결해 준다. 미션은 강한 동기를 부여하고 위험을 감수할 수 있는 에너지와 용기를 부여하며 최선을 다하고자 하는 강한 열망을 불어넣는다. 엘런 머스크는 테슬라 자동차를 설계하는 일에 대해 이렇게 말한다. "당신이 할 수 있는 최선의 것을 만들고 싶다면, 잘못된 모든 것을 찾아 고치십시오. 부정적인 피드백, 특히 친구로부터의 부정적인 피드백을 요청하십시오."

SFM™에서 말하는 미션의 중요성, 그리고 '에고'와 '소울' 간의 관계를 보여 주는 재미있는 실험을 행동심리학자들이 행한 바 있다. 이 실험에서 연구자들은 전기벽의 한쪽에 쥐를 놓고, 반대쪽에 음식, 물, 이성 및 기타 다른 자극제를 놓았다. 쥐가 목표물을 얻으려면 벽을 넘어가며 가해지는 전기 충격의 고통과 불편을 감수해야 한다. 연구자들은 동물이 만족을 얻기 위해 고통스러운 장애물을 몇 번이나 넘어가는지를 살폈다.

쥐가 전기벽의 한쪽에 있고 반대쪽에 음식이 있다.

쥐가 음식을 취하려고 한다.

그러나 좌절한다.

그러나 전기벽의 반대쪽에 새끼 쥐를 놓을 경우에…

어미 쥐는 전기 충격에도 불구하고 전기벽을 넘어간다.

그리고 결코 좌절하지 않는다.

다른 쪽에 새끼를 놓았을 경우, 심지어 고양이 새끼를 놓았을 경우

관찰 결과 어미 쥐는 제공된 그 어떤 유인물보다도 새끼 쥐를 만나기 위해 전기 충격을 견뎌 냈다. 한 어미 쥐는 새끼 쥐를 만나기 위해 총 58회를 넘어갔다(그리고 실험이 끝났을 때에야 넘어가는 것을 멈췄다).

게다가 어미 쥐는 자신의 새끼만 구한 것이 아니라 토끼, 닭, 고양이 새끼까지 구해 냈다. 너무나 놀랍게도 새끼가 없는 암컷 쥐는 고통스러운 전기 충격을 감내하며 천적인 고양이 새끼까지 구해 냈다.

이 실험은 살아 있는 존재인 우리 인간의 두 가지 실재, 즉 독립적 전체(에고)와 자신보다 더 큰 것에 봉사하는 홀론으로서의 존재(소울)라는 두 가지 실재 사이의 관계를 잘 보여 준다. 이 예에서 음식, 물, 이성 파트너 등과 같이 이득이나 개인적 만족을 제공하면서 에고를 유혹하는 대상들은 쥐로 하여금 일정 수준의 고통을 감내하도록 만드는 동기들이다. 그러나 전기 충격의 강도를 올리자 쥐는 음식을 취하기 위해 전기벽을 넘어가려 하지 않았다. 그런데 동일한 강도의 전기 충격이 가해졌음에도 새끼 쥐를 구하기 위해서는 벽을 넘어갔다.

쥐에게 가장 중요한 동기는 새끼(심지어는 다른 동물의 새끼도 포함하여)를 보호하고 보살피는 것이었음이 명백하다. 이는 자신을 초월한 것에 대해 헌신하는 것이다. 이것이 바로 미션의 좋은 예가 될 수 있다.

행동과학자들은 이러한 행동은 선택의 문제가 아닌 '본능적' 행동이라고 간주하지만 이 행동은 쥐의 홀론으로서의 존재와 자신을 초월한 것에 대한 관계에 의해 촉발된 행동이다.

이 실험은 리더와 기업가가 근본적인 성공 요인에 대

한 강력한 메타포, 즉 은유가 될 수 있다. 이 연구에서의 전기벽은 리더나 기업가들이 당면해야 하는 위험과 도전을 상징한다. 반대편에 있는 음식이나 섹스와 같은 것들은 독립적 전체로서의 더 작은 자신, 즉 에고와 관련된 다양한 형태의 목표나 동기를 의미한다. 새끼 쥐는 더 큰 자신인 소울로부터 나오는 동기와 우리가 홀론이라는 실제적 경험을 대표한다.

쥐는 전기충격에도 불구하고 계속 전기선을 넘어갔다.

새끼들을 '구하기' 위해…

전기선을 넘어가는 쥐와 '허드슨강의 기적'에서 비행기에 닥친 난국에 대응하는 설렌버거가 보여 주었던 행동을 연관지어 생각해 보면, 새끼를 구하기 위해 전기선을 넘어가는 어미 쥐와 생명의 위협 속에서도 승무원과 승객을 구하기 위해 침착하게 대응했던 설렌버거의 능력 사이에 유사점이 있음을 쉽게 발견할 수 있다.

앰비션

우리는 홀론인 동시에 우리 자신의 본질 자체가 전체이며 우리 삶을 위한 우리 자신의 개인적인 꿈과 희망을 가지고 있다. 비전과 미션은 사람이나 조직이 그들을 넘어서는 세상에서 만들어 내고자 하는 것과 관계가 있는 반면에, 앰비션은 희망과 성공을 이루기 위한 투지와 자신에 대한 인식의 결과이다. 비전과 미션은 더 나은 세계를 창조하려는 것이고, 앰비션은 당신 삶에 대한 희망을 이루고 다른 사람들이 인식할 정도의 성공을 달성하는 것이다.

앰비션은 '무언가를 이루고자 하는 강한 희망'이다. 앰비션은 우리 자신의 삶에 대한 우리의 꿈과 열망의 형태로 나타나며 성장과 숙달에 대한 욕구에서 나온다.

앰비션은 우리가 이룩한 성취의 결과로서 남들로부터 받는 일정 수준의 인정과 그들이 알아주는 '지위'를 지향한다.

사전에서 앰비션은 "무언가를 하거나 이루고자 하는 강한 희망으로서 전형적으로 우리에게 개인적인 이익을 가져다주는 결의와 힘든 일을 요구하는 것"으로 정의된다. 우리 삶에 대한 꿈과 열망의 형태로 나타나는 앰비션은 건전한 에고에서 발생하고 성장과 숙달에 대한 욕구에서 나온다.

'앰비션(ambition)'이라는 단어는 라틴어 ambitio에서 유래된 것이며, 문자 그대로 선거 운동을 하면서 '돌아다니는' 것을 의미한다는 것은 흥미롭다. (라틴어에서 ambi는 둘러싸거나 돌아다니는 것을 의미한다.) 이 단어는 로마시대에 투표에서 표를 얻으려는 공직 후보자들의 활동을 묘사하는 데 사용되었다. 그래서 원래 '앰비션'은 정부 직에 선출되기 위해 인정받으려는 욕구의 의미를 내포했다. 오늘날에도 여전히 앰비션이라는 개념은 어느 정도 인정할 수 있는 '상황'을 이루기 위한 희망과 달성하려는 염원을 포함한다. 앰비션은 다음과 같은 질문과 관계가 있다.

- 당신은 자신을 위해 어떤 유형의 삶을 창조하고 싶은가?
- 당신이 이루고 싶은 것은 무엇인가? 당신 자신 및 다른 사람들과 관련하여 당신이 이루고 싶은 상황과 성과는 무엇인가?
- 당신은 어떤 사람으로 인식되고 기억되고 싶은가? 당신의 이력서나 전기(傳記)에 덧붙일 수 있는 내용은 무엇인가?

앰비션은 우리의 개인적인 꿈, 열망, 충동, 니즈에서 나온다. 예를 들어, 우리는 멋진 삶을 살고자 노력도 하지만 성장하고자 하는 열망, 새로운 것을 배우면서 그것을 숙달하고자 하는 충동, 타인들로부터 인정받고자 하는 욕구를 가질 수도 있다. 가령 성공한 선수가 가지는 건전한 앰비션이란 토너먼트를 이기거나 경쟁에서 1등을 차지하는 것이다. 성공한 작가는 자신의 책을 출판하고 싶어 하며, 책이 가장 많이 판매되는 작가 목록에 포함되거나 작품에 대해 상을 받고 싶어 한다. 음악가와 연주자도 상을 받고 싶어 하며 어느 정도의 명성을 이루고 싶어 한다. 구글과 아마존 같은 기업은 글로벌 수준으로 운영하려는 포부를 가지고 있다. 예를 들어, '지구상에서 가장 고객 중심적인 회사'로 인식되는 것이 아마존의 공식적 앰비션이다.

이 시대의 상징적인 기업가인 리처드 브랜슨(Richard Branson)은 그의 자서전에서 버진 어틀랜틱 에어라인즈(Virgin Atlantic Airlines)를 창업한 그의 결정에 대해 다음과 같이 기록했다. "거대하고 달성할 수 없어 보이는 도전에 나 자신을 맞추고 그 도전을 넘어서도록 노력하는 데서 삶에 대한 나의 흥미가 생긴다. 나는 충만한 삶을 살고 싶다는 차원에서 무엇이든 시도를 해야 한다고 생각했다." 이러한 브랜슨의 태도는 성공한 기업가에게서 우리가 발견한 전형적인 앰비션, 즉 충만한 삶을 살기 위해 성취할 수 없어 보이는 도전을 넘어서고자 하는 열망이다.

리처드 브랜슨

버진그룹 창업자

거대하고 달성할 수 없어 보이는 도전에 내 자신을 맞추고 그 도전을 넘어서도록 노력하는 데서 삶에 대한 나의 흥미가 생긴다. … 나는 충만한 삶을 살고 싶다는 차원에서 무엇이든 시도를 해야 한다고 생각했다.

그러한 열망이 우리의 비전이나 미션과 필연적으로 조화를 이루는 것은 아니다. 사실, 조정된다면 앰비션은 추가적으로 동기를 부여한다. 비전과 미션뿐 아니라 가장 성공한 기업가는 무언가를 이루고자 하며 그 자신을 다른 사람들에게 입증하고 자신의 성취에 대해 인정받으며 오래 지속되는 유산을 남기고 싶어한다. 이러한 조합은 엄청난 개인적 노력을 위한 연료를 제공한다.

2007년과 2010년 사이 어느 시점에 엘런 머스크의 3개 기업(테슬라 자동차, 솔라시티, 스페이스X)이 몰락할 것처럼 보였다. 머스크는 직원 중 거의 1/3을 해고했고 디트로이트에 있는 테슬라 자동차의 지사를 폐쇄했다. 솔라시티는 휘청거리기 시작했고 임대했던 은행이 거래에서 빠졌다. 그 기업들은 주류를 이루는 사업과 전통적인 일 처리 방식에 대한 공격으로 보였기 때문에 어떤 기업가들과 다른 기업 리더들은 오히려 머스크 기업들의 실패를 보고 싶어했다. 여론 조사 결과와 TV진행자들은 테슬라 자동차에 대해 구매 가치가 없다는 주장과 함께 과소평가하였다.

머스크는 자신의 비전과 미션에 만족하지 않고 더 크게 성취하기를 원했고 남들에게 스스로를 확실하게 증명해 보이고 싶어 했으며 '반대자들'을 아예 인정하지 않으려는 마음을 너무 강하게 가졌기 때문에 오히려 위기를 자초한 일도 있었다. 그는 겨우 1주일치밖에 되지 않는 현금을 은행에 보유한 상태에서도 자신의 벤처를 지속하고 성공시키기 위해 자본금을 4천만 달러나 투자하고 줄기차게 일을 계속하였다. 그는 성공을 열망하는 기업가들에게 다음과 같이 조언하였다.

> 지옥에서처럼 일하십시오. 이 말은 곧 당신은 80에서 100시간을 일하라는 뜻입니다. [이것은] 성공 가능성을 높입니다. 다른 사람들은 한 주에 40시간을 일하지만 당신이 한 주에 100시간 동안 일한다면, 당신이 동일한 일을 하고 있을지라도 … 1년이 걸려 달성할 것을 당신은 4개월 후에 이루게 될 것입니다.

우리의 앰비션은 보통 '이상적 자아'와 연결되어 있다. 즉, 이상적 자아란 가족, 친구, 사회 등으로부터 사랑, 수용, 인정을 받을 수 있는 조건을 갖춘 사람을 말하는 것으로서 어릴 때부터 반드시 '그렇게 되어야 한다.'고 배우고 학습된 것이다. 이러한 자아는 강력한 욕구가 될 수 있지만, 또한 어떤 형태의 '신기루'를 만들 수도 있다. 이것은 용인될 수 없다고 인식된 감정, 생각, 행동 등으로 구성된 '그림자'를 만들 수도 있다.

우리가 가진 앰비션은 많은 경우에 '이상적 자아(idealized self)'와 연결되어 있다. 이상적 자아란 가족, 친구, 사회 등으로부터 사랑, 수용, 인정을 받을 수 있는 조건을 갖춘 사람을 말하는 것으로서 어릴 때부터 '반드시 그렇게 되어야 한다.'고 배웠고 학습된 것이다. 우리의 이상적 자아는 세상에서 우리가 살아남고, 우리의 자리를 찾으며 가능한 한 안정성 있게 기능하도록 도울 수 있도록 진화한다. 엘런 머스크의 말에 따르면, "어떻게 하면 당신이 일을 더 잘 할 수 있는지를 끊임없이 생각하고 자신에게 지속적으로 질문을 해야 한다."

그런데 우리의 이상적 자아가 우리의 노력을 너무 많이 소비하면 성공에 대한 '신기루'를 만들기도 한다. 어느 순간에 자신이 성공을 이룩했다고 여기며 만족할지라도 되돌아보면 그것은 결코 자신이 정말로 원했던 것이 아님을 깨닫고 실망하게 된다. 사람들이 지금까지 '자신의 삶'을 살았던 것이 아니라 다른 사람들의 기대나 요구에 맞추느라 결국엔 남의 인생을 살아왔음을 갑자기 깨닫게 되는 때가 온다. 이런 경우에 비록 돈을 벌고 사회적 '성공'을 이룩하였으나 더 이상 눈에는 '광채'가 없었다고 앞에서 소개했던 어느 젊은 직장인의 사례(pp. 65~67)를 떠올리게 한다.

이상적 자아는 우리가 진정으로 될 수 없는 인간이 되고 할 수도 없는 것을 하라고 규정하는 속성이 있다. 또한 그것은 우리 스스로 타인으로부터 사랑, 수용, 인정을 받지 못하게 될까 봐 두려워서 만드는 것이라고 할 수 있다. 이상적 자아에 일치하지 않는 우리 자신의 이러한 측면은 우리의 바람직한 정체성에 포함될 수 없기에 그냥 '그림자'로 남게 된다. 개인이나 집단의 '그림자'란 사회적으로나 타인들에게 용인될 수 없다고 여겨지는 정서, 생각, 행동 등으로 구성되는 것이다.

예를 들어, 만약 내가 설정한 이상적 자아에 따라 나 스스로가 '항상 긍정적이고 자원 충만한 상태를 유지해야' 한다면, 그 반대의 경우, 즉 내가 '부정적'인 상태에 있거나 '무기력하고 자원이 없는' 상태에 있는 시간들은 모두 나의 그림자가 될 수 있다. 이상적 자아가 '자신감이 있고 결단력이' 있어야 하는 경우에는 그러한 것과 반대되는 면들, 즉 '의심, 상처받기 쉬움, 혼란'과 같은 품성은 그림자가 될 수 있는 것이다.

우리의 앰비션은 더 큰 비전에 기여할 때, 우리가 인식하고 성취하는 느낌은 우리 자신을 넘어서는 무언가에 우리가 기여하는 데서 온다.

반대로 양쪽 면을 다 갖출 수 있는 여유가 있다면 그것들은 '생성적 상보성'을 형성한다. 예컨대, 지혜라는 덕목은 의심조차도 인정할 정도로 충분한 자신감을 가짐으로써 온다. 생성적 상보성은 기업가의 에너지, 창조성, 동기의 강력한 근원이 될 수 있다.

우리가 우리 자신의 '그림자' 부분을 인정하지 않거나 그림자에게 자리를 내어 주지 않을 때 문제가 발생한다. 그런 경우, 그림자는 우리 자신이나 집단 시스템의 나머지 부분에 통합될 기회를 갖지 못한다. 이것은 시스템의 나머지 부분과 그림자를 관련되지 않게 하고 지속적으로 충돌을 만들어 낸다.

비전과 분리되어 있는 앰비션은 일종의 균형 잡히지 않은 보상 전략이 되어서 권력, 지배 및 소유에 대한 채울 수 없는 열망을 초래할 수 있다.

재미있게도 어떤 사람들은 '자기중심적'이거나 '이기적'으로 보이는 것을 두려워하기 때문에 그들의 앰비션을 표현하거나 심지어 그림자를 갖고 있다고 인정하는 것조차 두려워한다. 사실, 이것은 '오직 큰 성공만을 지향하는 사람'의 경우와 같은 이상적 자아의 산물일 뿐이다.

앰비션에 대한 다른 중요한 원천은 보상에 대한 욕구이다. 보상은 개인의 삶에 있어서 한 영역에서의 어려움이나 결점을 다른 영역에서의 탁월성이나 성취와 같은 것으로 보완하고 상쇄하는 과정이다. '보상'이라는 용어는 compensare라는 라틴어에서 나온 것으로 문자 그대로 해석하면 '비교한다'는 의미이다. 따라서 이 단어는 균형 잡기 위해 바람직하지 않거나 달갑지 않은 상태의 균형을 잡아 주거나 보완하는 것을 내포한다.

심리학 분야에서 보상은 사람이 '의식적으로나 무의식적으로 어떤 삶의 영역에서의 나약함, 좌절, 열망, 부적절감이나 무능을 숨기려는' 과정에서 사용되는 용어이다. 보상은 강점이나 장점을 통하여 실제적 결함이나 상상된 결함, 그리고 인간적인 열등감이나 신체적 열등감, 또는 무능 등을 보완하거나 숨길 수 있다.

적절한 보상은 사람들이 난관을 극복하도록 돕고 삶에서 긍정적인 동기부여의 기능을 할 수 있으며 다른 사람들의 삶에 있어서 자원이 될 수 있다. 앞서 소개했던, 허드슨강의 기적에서 여객기를 조종했던 설렌버거 기장은 그의 영웅적 행동에 대한 상당한 동기부여가 어떤 유형의 보상으로 다가왔음을 보여 주었다. 그는 다음과 같이 말하였다. "나는 부분적으로는 과거에 내가 아버지를 구하지 못했다는 이유로 이제부터라도 사람들의 생명을 보호하고 선한 사마라아인이 되는 일에 최선을 다하고 방관자가 되지 않으려고 합니다."

만약 어떤 사람의 보상 전략이 결함이나 열등함을 느끼게 하는 원천을 제대로 다루지 않으면 그 보상 전략은 더 강한 열등감을 초래할 수 있고 과잉 보상(overcompensation)의 악순환을 만들어 낼 수 있다. 우월감에 대한 욕구로 특징지어지는 과잉 보상의 결과로 권력, 지배, 소유를 추구하는 행동을 낳을 수 있다. 과도한 물질주의는 기업가에게 악영향을 끼칠 수 있는 과잉 보상의 한 사례이다.

건강한 앰비션을 확립하기 위한 핵심 요건은 앰비션의 기저를 이루는 역동성을 인식하고 앰비션을 비전과 미션에 맞춰 조정하고 그것과 균형을 이루는 능력을 인식하는 것이다. 우리는 이러한 에고와 소울의 근본적인 조정뿐만 아니라 비전, 미션, 앰비션을 통합하는 것이 온전히 새로운 세대의 리더와 기업가를 만드는 기반이라는 점을 알게 되었다. 당신은 이 책의 다음 장들에서 그 차원들이 다양한 기업가의 경우에 어떻게 성공 요인으로 작용하는지를 보게 되는 것은 물론 각 차원들에 대해 더 심층적으로 탐구하는(정체성 행렬과 같은 연습을 통해) 기회를 갖게 될 것이다.

미션과 앰비션이라는 두 가지 사이의 차이와 상호관계성은 돛단배와 모터보트의 차이와 관계에 비유될 수 있다. 돛단배는 홀론에 해당하는 것인데, 이것은 배를 감싸는 시

스템으로부터 생기는 풍력, 즉 바람 에너지에 의해 움직인다. 그 바람은 우리가 속하는 더 큰 시스템의 일부 구성원에 해당하는 사람들과 공동 비전을 공유할 때 우리에게 생기는 영감과 같은 것이다. 모터보트는 독립적인 전체에 보다 가깝다. 모터보트를 작동시키는 에너지는 앰비션이라는 연료에 의해 동력이 주어지는 그 배 자체의 내부 엔진(에고)에서 생긴다.

성공한 기업가는 돛과 모터(비상 상황을 대비한) 모두를 장착한 배를 갖고 있는 사람이라고 말할 수 있다. 시기가 적절할 때—그리고 우리의 미션이 강한 바람과 함께 다른 사람들과 공유된 비전에 의해 지지 받을 때—우리는 미션과 비전을 잘 조정함으로써 힘들이지 않고 항해할 수 있다. 엘런 머스크가 지적하듯이, "기업에 오랜 시간을 투입하는 일은 어렵지만 원인을 찾고 대비하기 위해 시간을 많이 투입하는 일은 쉽다." 그런데 좋은 미션이 있다고 할지라도, 마치 머스크가 세 개의 자기 회사 때문에 위기의 시간을 경험했듯이, 앞에서 예로 들었던 '시기가 적절할 때'와는 다르게 바람이 아예 불지 않거나 우리가 선택한 미션과 다른 방향에서 바람이 불어와서 곤란한 상황이 생기는 경우도 있을 수 있다. 그 경우에 우리는 다음에 바람이 제대로 불어올 때까지 우리의 에고라는 모터와 앰비션이라는 연료를 사용할 필요가 있다.

역할

역할은 다른 사람들과의 관계에 있어서 차지하고 있는 직책과 같은 것, 그리고 그 직책에 따라 기대되는 능력과 행동을 말한다.

가장 효과적인 역할은 우리의 앰비션과 더불어 비전과 미션을 동시에 성취하도록 우리를 지원하는 것이다.

사람들은 자신의 특성과 기술에 맞는 역할에서 성공할 가능성이 가장 높다.

우리는 자신의 '탁월한 영역'에 연관되어 있을 때 가장 우수한 행동을 수행한다.

특정한 역할은 사람들 사이를 전체적으로 그리고 종합적으로 연결해 준다. 역할의 사전적 의미는 "특정한 상황에 있는 사람이 맡은 기능 또는 그 사람에 의해 수행되는 부분"을 말한다. 즉, 이 말은 우리가 개인으로서 어떻게 더 큰 맥락에 맞춰 가는지를 설명하는 것이다. 사전은 역할에 대해서 더 구체적으로 "일단의 연결된 행동, 권리 및 의무"라고 규정한다. 그리고 그것은 "적합하고 허용된 형태의 행동으로 특징지어지고 사회 규범에 의해 유도되는 것으로 그 규범은 이미 보편적으로 알려져 있는 것이며, 이러한 역할 속에서 적절한 행동이 어떤 것인지를 결정하게 된다."라고 한다. 다시 말하자면, 이것은 개인의 능력과 행위 간의 상호작용과, 그것들이 더 큰 사회 시스템 내에서 어떻게 맞춰지는지에 대해서 설명하는 것이다.

조직 내에서의 역할은 개인적 능력, 직위, 지위와 관련된다. 어느 한편으로 역할은 개인이 가진 스킬, 기술, 능력을 반영한다. 이것은 사람이 행동하는 것(또는 하도록 기대되는 것)과 관계가 있다. 다른 한편으로 역할은 '지위', 즉 어떤 사람이 다른 사람들과 관련하여 누구인지를 반영한다. 다시 말해서, 역할은 다른 사람들과의 관계에 있어서 차지하고 있는 직책과 같은 것, 그리고 그 직책에 따라 기대되는 능력과 행동을 말한다. 이것은 미션의 개념과 유사하게 한 사람의 측면에서만 생각하는 것은 의미가 없다. 역할은 직접적으로 비전 달성을 위해서 기여하는 것보다는 자신의 앰비션 차원에서 다른 사람들과 함께 보완하고 협력하며 경쟁하는 방식에 더욱 초점을 둔다. 비즈니스팀에서의 보편적인 역할의 예들은 다음과 같다. 조정자/회장, 기획자, 혁신가, 자원조사가, 모니터/평가자, 실행가, 팀워커, 결제자, 스페셜리스트이다. 역할은 다음과 같은 질문과 관련이 있다.

- 당신이 바라는 삶을 창조하기 위해 당신은 어떤 유형의 사람이 될 필요가 있는가?
- 당신의 앰비션을 성취하기 위해 어떤 유형의 지위와 직위가 필요할까? 미션과 비전을 위해서는?
- 당신이 꼭 필요한 지위나 직위에 오르고 그것을 유지하기 위해서 당신이 반드시 되어야 할 유형의 사람에게 요구되는 필수적인 능력은 무엇인가?

사람들은 '자신의 특성과 기술에 맞는' 역할에서 가장 성공할 가능성이 높다. 따라서 당신의 '탁월성 영역'을 확인함으로써 당신의 역할을 보다 쉽게 찾을 수 있을 것이다. 이 탁월성 영역이라는 개념은 프랑스의 컨설턴트이자 코치인 조엘 기용(Joel Guilon)이 만든 것이다. 한 사람의 '탁월한 영역'에 대한 재미난 비유에 '슈퍼 파워'라는 개념이 있다. 우리 모두는 만화책과 영화에 나오는 슈퍼 히어로에 대해 알고 있다. 슈퍼 히어로는 자신에게 특별한 능력을 주는 '슈퍼 파워'를 지니고 있으며, 슈퍼 히어로는 캐릭터마다 각기 다른 슈퍼 파워를 보유한다. 예를 들면, 픽사가 제작한 〈인크레더블(Incredibles)〉이라는 만화 영화가 있는데 그것은 구체적으로 다음과 같은 슈퍼 히어로 가족에 대한 이야기를 담고 있다.

아버지는 매우 강하며 어머니는 팔다리를 무한하게 늘릴 수 있고, 딸은 세력장(勢力場)을 방사하여 투명인간이 될 수 있으며 아들은 아주 빠르게 달릴 수 있다. 식구들 각각은 자신의 영역에서는 각각 뛰어나지만 다른 식구의 슈퍼 파워를 행할 수는 없다. 그들은 어떤 이유로든 자신의 슈퍼 파워를 사용할 수 없거나 자신의 슈퍼 파워가 적용되지 않는 영역에서는 어쩔 수 없이 보통 사람들처럼 보통의 능력밖에 발휘하지 못하는 '단순한 인간'일 뿐이다.

이처럼 각자의 탁월한 영역은 자신의 슈퍼 파워와 같다. 각 개인은 각자 특정한 분야에서 평균을 훨씬 초월하는 수준으로 수행할 수 있게 하는 슈퍼 파워를 가지고 있다. 이러한 슈퍼 파워는 각 개인에게 고유한 것이며 사람마다 다르다. 사람들이 '슈퍼 파워의 도달 범위' 밖에 있는 경우, 즉 그들이 슈퍼 파워를 사용할 수 없고 이 파워가 적용될 수 없는 상황에 있는 경우, 그들은 '평범한 인간'과 동일한 역량을 수행할 뿐이다.

이러한 슈퍼 파워에는 많은 역설이 있을 수도 있다. 한 가지 핵심적 역설은 우리는 많

"나의 탁월성 영역은 조직과 논리입니다. 그것이 내가 우리 회사의 운영을 관리하는 이유입니다."

"나의 탁월성 영역은 다른 사람들과의 소통입니다. 그것이 내가 회사의 홍보를 담당하는 이유입니다."

은 경우에 자신의 슈퍼 파워에 대해 알지 못하고 있다는 것이다. 슈퍼 히어로의 슈퍼 파워는 남들도 쉽게 알아차릴 정도로 겉으로 드러나지만 그것과는 달리 우리가 가진 슈퍼 파워는 겉으로 잘 드러나지 않기에 남들이 쉽게 알아차리지 못한다. 그래서 예를 한 가지 들자면, 어느 날 우리가 다른 사람에게 특정한 상황에 대해 단지 자신의 의견을 가볍게 제시했을 뿐인데 뜻밖에 다른 사람들이 그 의견이 예리하고 정확하다면서 놀라게 되는 경우가 있다. 사람들이 그렇게 놀라는 것은 바로 그 순간에 우리의 슈퍼 파워가 드러났기 때문인데, 그때 우리는 비로소 우리에게 뭔가 남이 갖고 있지 않은 슈퍼 파워가 있다는 사실을 깨달을 수 있게 된다. 이처럼 우리는 평소에는 스스로 슈퍼 파워를 갖고 있다는 사실을 인식하지 못할지라도 다른 사람들이 우리에게 "그것을 어떻게 알았죠?" "어떻게 그것을 하게 되었나요?"라고 묻는 순간에 남과는 다른 슈퍼 파워가 자신 속에 있음을 깨닫게 된다.

우리의 '슈퍼 파워의 도달 범위' 내에서, 즉 우리가 자신의 탁월성 영역 내에 있고 슈퍼 파워를 사용할 수 있는 상황에서는 모든 것이 쉽고 노력도 필요 없다. 그 경우에 우리는 해야 할 일에 대해 주저하지 않는다. 비록 상황이 낯설지라도 가야 할 방향과 해야 할 일에 대해서 안다. 그리고 어떤 상황에서도 결과는 좋게 나올 것이라고 강하게 느낀다. 또한 비슷한 상황에 있는 다른 사람들과 비교했을 때 인생을 효과적으로 잘 산다.

또 다른 역설은 우리는 우리 자신이 '슈퍼 파워의 도달 범위' 내에 있을 때에 우리를 충만하게 하는 '겸손한 권위' 감정을 갖는다는 것이다. 우리는 자신이 하는 일의 결과는 항상 옳을 것이라는 자기확신감을 갖고 있기에 자연스럽게 고객, 팀원, 파트너들에게 권위 있는 사람이 될 수 있다. 동시에 우리는 다른 사람들에게 무언가 대단한 일을 한다는 인상을 주지 않기에 겸손해진다. 우리 입장에서는 명백한 무언가를 보고 말한다. 그러므로 우리 자신은 굳이 특별하다고 할 수 없다.

우리가 우리의 '슈퍼 파워의 도달 범위' 내에 있을 때에는 다른 사람들과의 경쟁을 두려워하지 않는다. 우리는 아무도 우리의 전문성을 훔쳐 갈 수 없다는 사실을 알기에 끄떡없다. 그 결과로 우리는 잠재적 경쟁자들을 두려워하지 않는다. 우리는 그들의 탁월성 영역을 인정하고 윈윈관계를 수립할 수 있다.

이에 비해 우리가 '평범한 인간'의 상태에 있을 때, 즉 탁월성 영역 밖에 있고 우리의 슈퍼 파워를 사용할 수 없을 때, 모든 것은 어렵고 따분하며 지루하게 보인다. 우리는 그들의 '슈퍼 파워의 도달 범위' 내에 있는 다른 사람들보다 일을 더 잘 못하게 되고 그들과의 경쟁도 두려워하기 시작한다.

우리의 '탁월성 영역'은 슈퍼 히어로의 슈퍼 파워에 비유될 수 있다. 그것은 우리에게 자연스럽게 와서 '겸손한 권위감'을 준다.

당신의 역할을 탐색하기 위해 우선 당신 자신의 탁월성의 영역에 대해서 생각해 보라.

- 당신은 자신의 탁월성 영역이나 '슈퍼 파워'에 대해 어떻게 인식하고 있는가? 당신은 어떤 일을 할 때 '힘들이지 않는 탁월성'과 '겸손한 권위감'을 느끼는가?
- 다른 사람들(특히 당신을 잘 아는 사람들)은 당신이 다른 사람들보다 무엇을 더 잘 한다고 말하는가?
- 이에 비해서 당신이 '평범한 인간'으로서 남들처럼 힘들어하는 상황이나 활동은 무엇인가?
- 주변에 보완적 능력(또는 슈퍼 파워)을 가진 다른 사람들이 있어서 당신을 지원하거나 보충할 수 있게 하겠다면 당신은 어떻게 그런 사람들을 찾아내고 관여시킬 수 있을까?
- 당신의 역할은 당신의 앰비션, 미션, 비전을 어떻게 잘 지원할 수 있을까?

'기업가'가 되는 것 자체도 물론 역할의 유형이지만 그 역할에 수반되는 추가적이고 더욱 구체적인 역할이 있다. 엔지니어, 최고 책임자, 판매원, 마케팅 매니저, 기술 전문가, 코치, 재무 담당자, 디자이너, 인사 담당자 등은 기업가가 어떤 특정한 순간에 맡아야 하는 역할의 예들이다. 이 중에는 우리의 '슈퍼 파워의 도달 범위' 내에 있는 것도 있을 것이고 그렇지 않은 것도 있을 수 있다. 바로 그런 이유로 해서 성공적인 기업가의 핵심적인 역할은 팀을 잘 구성하는 것이다.

기업가가 되면 많은 역할을 수행하게 된다. 성공적인 팀과 파트너십을 구축하기 위해서는 보완적 탁월성 영역을 가진 다른 사람들을 찾아내는 것도 중요하다.

물론 우리가 서로 다른 별도의 앰비션과 미션을 지원하는 복수의 역할을 가질 때도 있다. 어떤 사람이 양립할 수 없을 것 같은 서로 다른 역할 때문에 역할 갈등을 경험할 할 수도 있다. 예를 들면, 어떤 사람이 부모로서 자녀를 돌보느라 시간과 신경을 써야 하는 상황에 있다면 사업이나 팀의 일에 집중하지 못하게 될 것이기에 부모 역할과 매니저나 기업가로서의 역할 간에 갈등을 경험할 수 있다.

당신의 슈퍼 파워는 무엇인가?
대표이사
"내 슈퍼 파워는 작은 것들을 큰 그림의 틀에서 보고 잘 맞는지 보는 것이다."
협상가
"내 슈퍼 파워는 윈윈 해법을 찾아내는 것이다."
PR 담당자
"내 슈퍼 파워는 서로 다른 사람들을 연결해 주고 소통시키는 것이다."
재무 담당자
"내 슈퍼 파워는 상세 내역들을 잘 배치하고 관리하는 것이다."
운영 전문가
"내 슈퍼 파워는 성공하기 위해 꼭 필요한 모든 단계들을 규정하고 관리하는 것이다."
ANTONIO MEZA

당신 자신의 비전, 미션, 앰비션, 역할 탐색하기

성공을 이루기 위한 중요한 출발점은 당신이 자신의 비전, 미션, 앰비션, 역할에 대하여 스스로 어떻게 인식하는지를 생각해 보는 것이다. 당신은 다음에 제시될 워크시트를 통하여 한 개인으로서 자신을 위한 핵심 성공 요인들을 탐색하고 규정하는 데 도움을 받을 수 있을 것이다. 나는 개인이나 조직에게 코칭을 할 때 항상 이것부터 시행한다. 이것을 통해 코칭을 잘 할 수 있는 틀이 갖추어지게 된다.

당신 자신의 비전, 미션, 앰비션, 역할을 탐색하고 정의하는 것은 당신이 꿈에 따라 살고 당신의 비즈니스를 통해 더 좋은 세상을 창조함에 있어서의 필수적인 출발점이다.

현 시점에서 당신이 확실하고 최종적인 답을 반드시 해야 할 필요는 없다. 불확실성, 혼돈, 갈등과 같은 영역이 있다면 그것이 오히려 유용한 피드백이 될 수도 있다. 이 책의 다른 장에서는 당신에게 성공을 위한 중요한 기반들을 분명히 하고 조정하게 하는 데 도움이 되며 성공적인 벤처를 구축하는 데 사용할 수 있는 여러 가지 다른 실습사항들과 모범사례들을 보게 될 것이다.

지금으로서는 단지 질문에 대해 생각하고 그 답을 워크시트에 있는 빈칸에 적어 넣으면 된다. 구체적으로 쓰지 않아도 된다. 사실, 이 단계에서는 너무 세부적으로 하지 않아도 된다. 크게 생각하고 상상력을 발휘하여 자유롭게 써 보라.

내가 코칭을 할 때는 사람들에게 가능하면 단어를 적게 사용하되 핵심단어 10개를 넘지 말도록 권한다. 엘런 머스크는 자신의 비전에 대해서 "인간 의식의 범위와 규모를 확대하는 것"이라고 말했다. 디즈니는 미래에 대한 그의 비전을 단순하게 "크고 광채가 나는"이라고 서술했다. 설렌버거 기장은 "사람들의 생명을 보호"하고 "선한 사라미아인이 되는 것"이 그의 미션이라고 밝혔다. 이 실습의 목적은 당신이 '큰 그림'을 볼 수 있도록 돕는 것이다 즉, '나무'보다는 '숲'에 더욱 초점을 맞추도록 하는 것이다.

예를 들어, 비전은 '더욱 에너지 넘치고 창의적인 사람'이 되는 것, 또는 '다른 사람을 돕는 사람'처럼 간단하게 표현될 수 있다. 미션은 '사람들 사이를 연결하는 것' 또는 '도움이 필요한 다른 사람들을 돕는 것'으로 표현될 수 있다. 앰비션은 '국제적으로 알려지고 높이 평가되는 것' 또는 '편안하게 생활하고 내가 좋아하는 것을 하는 것'과 같은 것이다. 역할은 '새로운 도구 개발자' 또는 '코치와 교사'일 수도 있다.

당신은 자신의 답을 정확히 표현하기 위해 상징적 또는 은유적 언어에 해당하는 메타포를 사용하는 것이 더 쉬울 수도 있다. 예를 들어, 당신의 역할을 '개척자'로 표현할 수 있고, 미션에 대해서는 '새로운 땅에서 다른 사람들을 위한 길을 만드는 것'이라고 표현할 수 있다. 나는 사람들에게 각 질문에 대하여 있는 그대로 사실처럼 써도 좋지만 메타포로, 즉 은유적으로 표현해도 좋다고 말하곤 한다.

개인용 에고와 소울 워크시트

소울	에고
비전 당신의 능력을 넘어서는 세계에서 자신을 통해 만들어 내고 싶은 것은 무엇인가? 세계에서 더 많이 그리고 더 적게 보고 싶은 것은 무엇인가? 당신이 속하고 싶은 세계는 어떤 것인가?	앰비션 당신은 자신을 위해 어떤 삶을 만들고 싶은가? 당신 자신과 다른 사람들에 관해 당신이 달성하고 싶은 상태와 성과는 무엇인가? 당신의 이력서나 소개서에 덧붙일 수 있는 것은 무엇인가?
미션 비전 실현을 위한 당신만의 독특한 기여는 무엇인가? 비전 실현을 위해 당신이 활용할 특별한 재능, 자원, 능력, 행위는 무엇인가?	역할 당신이 바라는 인생을 만들기 위해 당신은 어떤 유형의 사람이 될 필요가 있는가? 그런 유형의 사람이 되기 위한 핵심 능력은 무엇인가?

고려 사항 및 결론

앞에서 당신이 적은 답에 대해 생각해 보라.

- 당신이 보기에는 어떤 답이 확실한가?
- 이 시점에서 당신이 답하기에 어려운 질문이 있는가?
- 당신의 비전과 앰비션은 얼마나 잘 정렬되었는가?
- 당신의 역할과 미션은 어떠한가?
- 그 모든 것들을 더욱 정렬하기 위해 당신은 무엇을 할 수 있는가?

우리는 에고와 소울에 대한 근본적인 정렬과 비전, 미션, 앰비션 및 역할의 통합이 모든 신세대 리더와 기업가들을 위한 기초가 되어야 함을 알게 되었다.

우리는 뒤이어 소개될 장들에서 이들 각 차원에 대해 보다 충분하게 살펴볼 뿐만 아니라 다양한 많은 기업 사례 속에서 그 차원들 각각이 어떻게 성공 요인으로 작용하는지에 대해서도 배우게 될 것이다. 비전, 미션, 앰비션, 역할과 같은 차원들을 잘 규정하고 정립함은 새 벤처를 창업함에 있어서 중요한 기반이 되는데, 우리는 바로 그것을 위해 필요로 하는 중요한 원리와 스킬들에 대해서 이어지는 다음 장에서 좀 더 구체적으로 살펴볼 것이다.

참고문헌과 자료

When Elephants Weep: The Emotional Lives of Animals, Jeffrey Moussaieff Masson & Susan McCarthy, Delacorte Press, New York, 1995.

Maternal Behavior in the Rat, Weisner BP, Sheard NM, Oliver & Boyd, Edinburgh, 1933: 121-122.

Highest Duty: My Search for What Really Matters, Chesley Sullenberger, William Morrow, New York, 2009.

Next Generation Entrepreneuship and the SFM Circle of Success™

제2장

차세대 기업가와 SFM 성공의 원™

사람들은 규칙을 바꾸거나 윗사람을 바꾸는 것과 같은 식으로 무엇인가를 바꾸면 세상을 구원할 수 있을 것이라고 생각을 한다. 하지만 절대로, 절대로 그렇지 않다. 어떤 세상이든, 그것이 살아 있는 한 그 자체로서 정당하고 옳다. 따라서 우리가 해야 할 바는 세상에 생명력을 불어넣는 것이다. 그리고 그렇게 하는 유일한 방법은 당신 자신 속에 있는 그 생명력을 찾아내어 스스로 살아나는 것이다.

조셉 캠벨*

* Joseph John Campbell(1904～1987): 미국의 유명한 신화학자, 비교종교학자, 작가(p. 289의 내용과 각주 1번을 참고하라.)

ANTONIO MEZA

실리콘밸리 현상

오늘날 우리의 진화하는 사회 및 경제와 연결되어 이루어지는 발전 상황을 특징적으로 잘 보여 줄 뿐만 아니라 신세대 기업가들을 많이 배출한 곳으로 아마도 샌프란시스코 만안 지역, 즉 베이 에어리어에 위치한 실리콘밸리만 한 곳은 세계 어디에도 없을 것이다. 이 지역에서 설립되어 자리를 굳힌 산업계의 선두주자라고 할 수 있는 애플, 시스코 시스템스, 휴렛팩커드, 선 마이크로 시스템스, 오라클 등과 같은 유명한 회사들 이외에도 수천 개의 소규모 회사들이 이곳에서 자신들만의 독특한 문화 속에서 성장하였다. 1990년대 말에 실리콘밸리의 스타트업들이 이룬 괄목할 만한 성공에 대한 이야기들은 전 세계 언론의 표제를 장식하였고 많은 국가들이 자국 내에서 실리콘밸리 현상을 그대로 옮기려는 경쟁적인 시도를 하게 만들었다.

실리콘밸리에서 이루어졌던 비즈니스 모델, 비즈니스 관행, 조직 구조에서의 혁신들 덕분에 과거 유례없던 성장과 번영을 지속 가능하게 했던 비즈니스 맥락이 창조되었다. 혁신적인 투자 전략('엔젤' 투자자의 출현으로 특징지어지는)이 이루어짐으로써 사람들은 잠재적 보상이 매우 크다는 이유로 좀 더 많은 위험을 기꺼이 감내하는 풍토가 만들어질 수 있었다.

오늘날에도 실리콘밸리의 문화는 긍정적, 가능성 중심적, 미래지향적이다. 새로운 산업의 선두주자라고 할 수 있는 구글, 페이스북, 픽사, 링크드인, 야후 등의 회사들은 이곳에서 생겨났고 이곳에 본사를 두고 있다. 실리콘밸리의 환경은 모든 유형의 다양성을 수용한다. 실리콘밸리의 회사들은 매우 고객지향적이고 환경 변화에의 적응이 빠르며 '실용적(hands-on)' 접근방법을 취하면서 '실리성'을 강조한다. 이 회사들은 주로 가치창조에 중점을 두되 기술 개발에 의한 가치창조 외에도 관계나 협력관계를 만들고 활용하는 것을 통한 가치창조에도 중점을 둔다.

이러한 문화로 인해서 스타트업들이 크게 번성할 수 있었는데, 왜냐하면 이 문화에서는 태생적으로 위험 부담도 많지만 많은 이익을 얻는 가능성도 컸기 때문이다. 스타트업의 직원들은 나중에 엄청난 이익을 볼 수 있는 가능성 외에도 역동적인 기회를 갖고 다양한 활동들에 참여함으로써 다양한 형태로 서로 다른 역할이나 일을 할 수도 있게 되었다. 스타트업들은 전통적인 조직들에 비해서 좀 더 자유로운 문화를 가지고 있어서 규제하는 것도 적고 직급으로 계층을 나누는 것도 적을 뿐만 아니라 회사 내의 위치나 권위보다는 아이디어를 강조한다. 일반적으로 스타트업에서는 직원들이 역할과 관계없이 서로를 크게 존중하며 좀 더 큰 책임 의식, 자율성, 주인의식을 갖는다(모든 직원들은 일정한 비율로 '회사의 지분'을 소유한다). 이런 문화는 좀 더 높은 수준의 자기충족감과 성취감을 가지며(자기 자신을 스스로와 다른 사람들에게 증명해 보여 줌), 개인적 영향력에 대한 의식을 갖는다(예를 들어, 자기가 하는 일로 인해 차이가 만들어질 수 있다는 믿음을 가짐으로써).

실리콘밸리의 기술계 스타트업들에게 적용되었던 많은 성공 요인들은 다른 기업가들에게도 적용됨으로써 그들의 성공 기회를 증가시킬 뿐 아니라 기존 회사들에서도 효과적인 기업가 정신을 촉진할 수 있다. 기존의 전통적인 회사들과 스타트업들 모두에게 공통으로 존재하는 목표와 활동으로는 다음과 같은 것이 있다.

- 조직을 위한 명확한 비전 규정과 소통하기
- 새로운 기술의 혁신과 비즈니스 모델 업데이트하기
- 전문 인력의 채용/역량 제고하기
- 팀원들에 대한 동기부여와 인센티브 제공하기
- 가치 창출하기와 고객 만족시키기
- 명확한 정체성과 브랜드 확립하기
- 후원자 확보하기(투자자 유치하기)
- 기준 수익률(benchmarks)을 달성하고 진전 상황을 주주에게 알리기
- 경쟁에서 앞서기
- 흑자 전환/유지—현금 유동성 유지하기
- 주주에게 가치 되돌려 주기('출구전략 규정하기')

성공적인 실리콘밸리의 스타트업들은 새롭고 혁신적인 방법으로 이러한 목표들을 성취할 수 있는 고유한 로드맵을 제공한다. 이탈리아의 르네상스가 유럽을 암흑기에서 건

져 내어 여러 가지 다른 수준의 새로운 혁신과 기회의 시대로 이끌어 낸 것과 똑같이 실리콘밸리의 앞선 현상은 비즈니스와 기술의 세계를 지속적으로 변화시키고 있는 창의적 사고의 새로운 시대 도래를 알려 주었다.

실리콘밸리 스타트업의 성공적인 창업자들이 가지고 있는 기업가 정신과 기술들은 오늘날의 도전적인 비즈니스 환경에서의 성공을 위한 원칙과 지침을 제공한다. 우리는 앞으로 이어질 장들에서 오늘날의 복잡하고 변화하는 세계의 진보적인 리더들이 모방하고자 하는 혁신과 발전 상황이 기존에 확립된 회사들이 보여 주는 다음과 같은 것과 어떻게 중복되고 보완하는지를 이해하게 될 것이다. 즉, 그것은 진화하는 경제 환경에서의 성공을 위한 강력한 새로운 패러다임을 구축하고자 하는 기존의 확립된 회사들이 보여 주었던 장시간에 걸쳐 검증된 비즈니스 기술과 원리 및 리더십을 말한다.

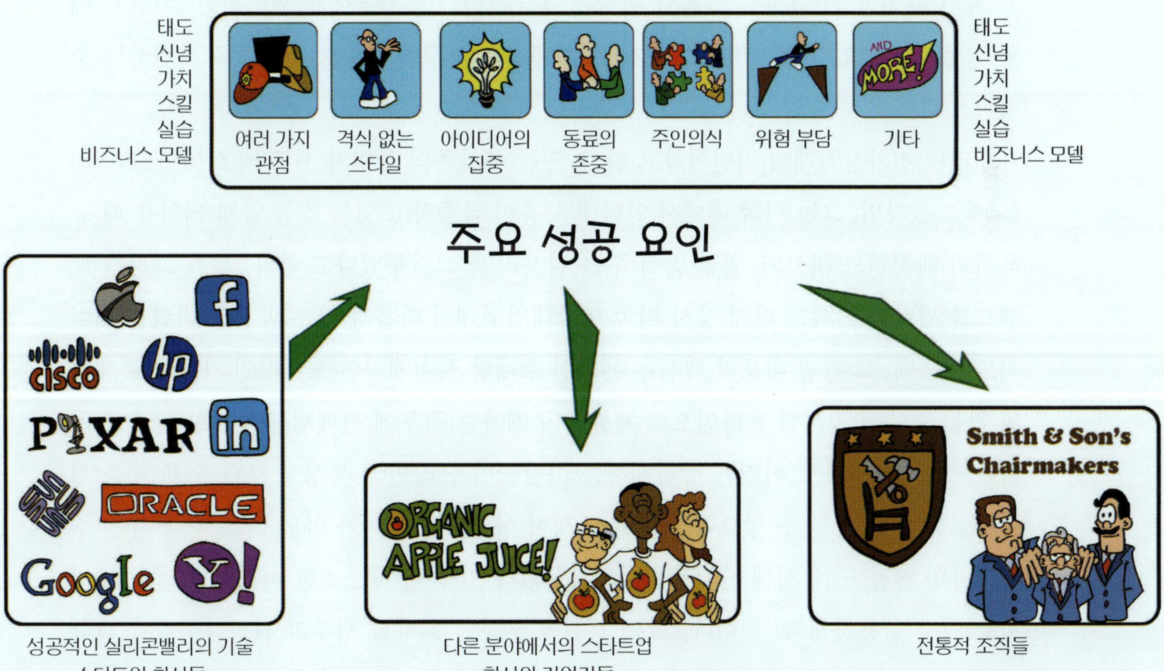

실리콘밸리의 기술 스타트업 회사들에게 적용되었던 성공 요인들은 다른 분야의 기업가들에게 성공 기회를 확대하고 전통적 조직 내에서 효과적인 기업가 정신을 장려하는 일에도 응용될 수 있다.

기업가 정신

제프 베조스

아마존 설립자 겸 CEO

기업가(entrepreneur)라는 말은 일반적으로 '기업이나 벤처를 조직하고 관리하며 본질적으로 위험과 결과에 대하여 중요한 책임을 지는 사람'이라고 정의된다. 이 용어는 프랑스어의 '담당하다'라는 의미를 가진 앙뜨르 쁘랑드르(entreprendre)라는 단어로부터 유래한다. 이 용어는 신벤처나 프로젝트 혹은 기업을 시작하려는 사람 또는 제품이나 서비스를 제공하여 가치를 창출하려는 사람, 결과에 대한 모든 책임을 지는 사람에게 붙는 이름이기도 하다.

성공적인 기업가 정신은 기회를 붙잡고자 하는 자세가 잘 갖추어진 사람들과 그 기회를 연결하는 것에 관련되어 있다. 기업가들은 전형적으로 문제를 해결하는 능력이나 필요를 채우는 것에 고유하게 맞추어져 있다고 자기 자신을 인식한다. 그래서 비전은 성공적인 기업가들에게 필수적인 것이다. 매우 성공적인 기업가의 비전은 잠재적으로 '게임을 바꾸는'[1] 주요 기회들을 발견하는 능력이 있다.

인터넷 전자상거래의 거인이라고 할 수 있는 아마존의 창업자 제프 베조스(Jeff Bezos)를 예로 들자면, 그는 미국 내에서 인터넷 사용이 급증하고 있는 것을 알게 되었을 때 뉴욕시의 헤지펀드 회사의 '월급 많이 주는 일자리'를 그만두었다고 한다. 그가 그러한 트렌드를 깨달았을 때는 마침 당시 미국 연방대법원에서 다음과 같은 판결을 내렸을 때이기도 했는데, 그 판결 내용의 핵심은 온라인 소매상은 실제적인 오프라인 가게가 존재하지 않는 주에서 고객이 온라인으로 제품을 구매하는 경우에 판매세를 부과할 필요가 없다는 것이었다. 바로 이러한 상황에서는 사람들이 온라인의 특성상 보다 쉽게 제품(처음에는 책)에 접근할 수 있으며 더구나 고객이 사업체 소재지가 아닌 다른 주에 사는 주민이라면 제품 구매 시에 세금을 낼 필요가 없다. 따라서 베조스는 이러한 사실들을 기회로 알고 활용하게 된 것이다. 그는 자신의 온라인 회사를 서부의 워싱턴주에서 시작

1) game changing: 이 책에서는 이 표현이 자주 등장하는데 이것은 판세를 바꿀 정도의 혁신적인 현상이나 변화 양상, 또는 그러한 계기나 일, 사건 등을 의미한다.

하였다. 그런데 그곳의 인구는 다른 주에 비해서 상대적으로 적기에 판매세를 내야 할 고객이 많지 않을 것이라는 점도 생각하여 그곳에서 창업하게 되었다. 그는 동부의 뉴욕에서 워싱턴주의 최대 도시 시애틀까지를 자동차로 돌아본 후 1994년에 아마존 닷컴(Amazon.com)을 시작하였다. 그때 그는 다른 새내기 기업가들처럼 아마존의 사업계획서를 작성하고 다른 사람들처럼 자기 집 차고에서 사업체를 세워 운영하였다. 그리고 2014년에 와서 아마존은 세계 최고의 온라인 소매회사가 되었다.

앞의 장에서 우리가 엘런 머스크의 사례에서 본 바와 같이 기업가들은 기회를 잡기 위해서 개인적으로, 직업적으로 그리고 재무적으로 높은 수준의 위험을 기꺼이 받아들일 수 있어야 한다. 그리하여 기업가들은 시장 기회와 자신의 공헌에 대한 강력한 믿음을 가질 것이며 아울러 목표를 효과적으로 성취하기 위해 자원을 잘 조직화할 수 있는 능력을 가질 필요가 있다.

기업가 정신을 마스터한다는 것은 다음과 관련되는 핵심 자원들을 확보하고 관리하는 기술을 개발하는 것을 포함한다.

- 환경(기회와 제약을 인지하고, 자산과 다른 자연자원을 관리함)
- 인력(생산과 서비스에 투입되는 인력)
- 기술(생산과 서비스에 사용되는 장비)
- 노하우(지능, 지식, 창의성)
- 파이낸싱(벤처의 핵심적 벤처 활동을 지원하기 위해 필요한 자금 확보)
- 마케팅(제품이나 서비스에 대한 효과적 판촉 활동과 수요 창출)

이러한 기술들 외에도 리더십, 관리 능력, 창의적 사고와 팀빌딩 등은 기업가의 필수적인 능력이다. 균형 감각, 침착성, 끈기, 열정 그리고 다른 사람들과 소통하고 영감을 줄 수 있는 능력은 자신의 비전을 현실로 만들어 줄 수 있는 차세대 기업가들의 능력의 일부로서 자주 등장하는 핵심 성공 요인들이다.

이번 장에서 우리는 어떻게 이러한 능력들을 개발하여 함께 엮음으로써 자신의 비전, 미션, 앰비션을 성공적인 벤처로 전환하게 할 수 있을지에 대해서 탐색해 보게 될 것이다.

환경

(기회와 제약을 인지하고, 자산과 다른 자연자원 등을 관리함)

인력

(생산과 서비스에 투입되는 인력)

기술

(생산과 서비스에 사용되는 장비)

노하우

(지능, 지식, 창의성)

파이낸싱

(벤처의 핵심적 활동을 지원하기 위해 필요한 자금 확보)

마케팅

(제품이나 서비스에 대한 효과적 판촉 활동과 수요 창출)

신세대 기업가

무하메드 유누스
그라민 은행 창업자

앞의 장에서 언급한 바와 같이 신세대 기업가들이 등장하고 있는데 이들은 단순히 돈을 버는 것만이 아니라 자신의 꿈을 추구하며 살고 보다 나은 세상을 만들고자 하는 쪽에 집중하는 사람들이다. 기업가 정신의 원칙들은 모든 종류의 혁신과 변화 그리고 성장에 있어서 필수적인 것이다. 예를 들어, 사회적 기업가의 주된 목적 중에는 금전적인 수익뿐만 아니라 사회와 환경에 대한 혜택을 창출하는 것이 포함된다. 사회적 기업의 대표적인 예가 방글라데시의 그라민 은행(Grameen Bank) 창업자인 무하메드 유누스(Muammed Yunus)이다. 그런데 그라민 은행은 아시아, 아프리카, 라틴 아메리카의 개발 도상국들의 혁신가들을 지원하는 마이크로크레딧[2] 개념의 선구자 역할을 하였다.

유누스는 경제적 여유가 별로 없는 사람들에게는 아주 적은 금액을 빌려주는 것으로도 엄청난 차이를 가져올 수 있다는 사실을 발견하게 됨에 따라 자신만의 비전을 갖게 되었다. 그의 모국인 방글라데시의 경우를 예로 들자면, 유누스는 대나무 가구를 만들면서 힘겹게 자신의 작은 사업을 이어 가는 마을의 여인네들이 때때로 돈을 빌리려고 할 때면 오히려 은행 등으로부터 이용을 당한다는 사실을 알게 되었다. 왜냐하면 전통적 은행들은 가난한 사람들에게 돈을 빌려도 나중에 그 돈을 갚지 않을 위험이 있다고 보기에 자금을 대출해 주는 것을 꺼렸기 때문이다. 그러나 유누스는 기회가 주어지기만 한다면 그 여인들은 빌려 간 돈과 적절한 수준의 이자를 갚고자 할 것이란 점을 확신하였다. 그래서 그는 자신의 돈 27달러를 마을의 42명의 여인들에게 빌려주었는데 나중에 모든 대출 건에 대해서 작지만 의미 있는 이익을 냈다. 이 일을 계기로 그는 자신의 비전을 확신하는 것은 물론이고 마이크로크레딧이 가난한 사람들의 삶을 바꾸어 줄 수 있는 유효한 비즈니스 모델이라는 것에 대한 좀 더 강한 신념을 가지게 되었다.

1976년 12월에 유누스는 조브라(Jobra) 지역의 한 마을에 있는 가난한 사람들에게 빌

2) microcredit: 신조어로서 개발도상국에서 제공하는 창업을 위한 저리의 소액 자금 대출 또는 영세민이 자활할 수 있도록 돕기 위해 제공하는 단기 소액 대출 프로그램을 말한다.

려줄 돈을 정부은행으로부터 확보하게 되었다. 상환을 확실히 하기 위해 유누스는 '연대책임 그룹(solidarity groups)'이라는 시스템을 개발하여 이에 속한 사람들이 공동으로 대출신청을 하고 서로 간에 상환에 대한 상호보증자의 역할을 하게 하는 것은 물론 경제적 자조 노력도 지원하게 하였다.

이 벤처는 성공적이었고 지속적으로 확장됨으로써 다른 은행으로부터도 프로젝트를 위한 자금을 끌어올 수 있게 되었다. 그리하여 1982년이 되었을 때 28,000명의 회원들이 확보되었다. 마침내 1983년 10월 1일에 그동안 시험적인 프로젝트 차원에서 이루어지던 이 일은 가난한 방글라데시 사람들을 위한 온전한 은행으로서의 면모를 갖추게 되었고 이름도 그라민 은행('마을 은행'이란 뜻)이란 이름으로 개명하여 운영되었다.

그러나 이 일도 다른 기업가들이 추진하는 일들과 마찬가지로 그 과정이 늘 순탄하지만은 않았다. 유누스와 그의 동료들은 폭력적인 급진 좌파 사람들로부터 보수적 성직자들에 이르기까지 많은 사람들로부터 위협이나 박해를 받았다. 특히 보수적 성직자들은 만약 여성들이 그라민 은행에서 돈을 빌린다면 죽을 때 무슬림식 매장[3]을 거부당하게 될 것이라고 협박을 하면서 돈을 빌리지 못하게 할 정도였다. 이러한 난관에도 불구하고 유누스와 그의 팀은 자신들의 비전을 포기 않고 지속시켰으며 마침내 2007년 7월에는 740만 명에게 63억 8천만 달러를 빌려주게 되었다. 2006년에 유누스와 그라민 은행은 이러한 노력들과 함께 전 세계에 유사한 프로그램을 추진하도록 고무시킨 점 등을 인정받아 노벨 평화상을 수상하게 되었다.

아쇼카네트워크(http://www.ashoka.org/)는 사회적 기업가들과 전 세계에서 추진하는 그들의 프로젝트에 대하여 지원하는 단체이다.

---

3) Muslim burial: 죽음은 끝이 아니며 부활할 때까지 잠을 자는 것이라는 내세에 대한 강한 종교적 믿음에 따라 화장을 금하고 사망 후 24시간 이내에 관이 없이 시신의 머리를 메카를 향하게 하되 봉분을 하지 않은 채 빠르게 매장하는 것이다. 간단하고 엄숙한 절차를 특징으로 한다.

그라민 은행은 오직 신용에 기반하여 개인들에게 마이크로크레딧 대출을 제공한다.

이 개인들은 소규모 사업을 꾸리기 위하여 자신들의 신용을 활용한다.

그들은 가치를 생산하기 시작한다.

그들은 자신들의 물건을 팔기 시작하고 이익을 내기 시작한다.

그들은 기꺼이 대출금을 이자와 함께 갚는다. 그리고 선순환이 다시 시작된다.

선기업가, 즉 젠트리프레뉴어란 자신의 벤처를 통하여 보다 열정적이고 목적지향적이며 창의적인 삶을 살고자 의식적인 결단을 내린 사람들이다.

블레이크 마이코스키
탐스사의 창업자 겸 CEO

선(禪)기업가 정신(Zentrepreneurism)이란 사업과 개인 생활에서 매일 경험할 수 있는 도전 상황에 제대로 대처하기 위해 전통적인 서구적 사고에 동양철학적 정신인 선(禪: zen) 정신을 통합하는 신기업가 정신의 한 형태로 등장한 것이다. 이것은 자신의 삶에서 새로운 방향과 목표를 경험하는 사람들과 보다 열정적이고 목적지향적이며 창의적인 삶을 살고자 의식적인 결단을 내린 사람들에게 공감을 불러일으키고 있다. 이 책을 읽는 독자들 중의 많은 분들이 바로 이와 같은 사람들일 것이다.

신발회사인 탐스(TOMS)사의 창시자인 블레이크 마이코스키(Blake Mycoskie)는 이러한 새로운 기업가 세대의 좋은 예이다. 이미 성공적인 작은 벤처들을 창업했던 그가 2006년에 아르헨티나를 휴가 차 방문했을 때 탐스에 대한 비전이 생겨났다. 그는 그곳에 머무는 동안에 필요한 아이들에게 신발을 나누어 주는 자선단체에서 일하는 한 미국인 여성을 만나게 되었다. 그는 때로는 혼자서, 또 때로는 자선단체 사람들과 여러 마을들을 돌아다니는 동안에 가난에 허덕이는 사람들의 모습을 보고 큰 충격을 받게 되었다. 그는 다음과 같이 말했다.

> "(나는 증언하건대) 번잡한 수도를 조금만 벗어나도 극심한 빈곤의 현장을 만날 수 있었습니다. 그러한 장면들이 나의 의식을 극적으로 깨웠습니다. 물론 나는 막연하게나마 세상 어느 곳에서는 맨발로 다니는 아이들이 있을 것이라고 생각은 하고 있었습니다. 하지만 이제 내 생애 처음으로 맨발의 결과로 발에 물집이 생기고 멍이 들고 세균에 감염이 된다는 사실을 목격하고 알게 되었습니다."

마이코스키는 신벤처에 대한 영감을 갖고 미국으로 돌아왔다. 그 영감은 곧 나중에 탐스(TOMS)라는 약자로 불리게 된 더 나은 미래를 위한 신발(Shoes for A Better Tomorrow)이라는 것이었다. 그는 영리 목적의 비즈니스를 고안하여 '원포원(One for One)' 비즈니스 모델을 구축하였다. 이것은 곧 '한 켤레를 위한 한 켤레'라고 부를 수 있는 것으로 회사가 신발 한 켤레를 판매할 때마다 신발 한 켤레를 불우한 아동에게 기부하도록 하는 것이었다. 탐스 신발은 그들의 미션을 지속시키고 이익도 창출하려면 확실한 매출이 있어야 하기에 세상 사람들에게 직접 호소함으로써 목적 달성을 하고자 고안된 회사이다. 현재 세계적으로 1000개가 넘는 가게에서 신발이 팔리고 있다. 2006년에 창업된 이 회사는 2013년에 이르기까지 정말 필요한 사람들에게 이미 천만 켤레가 넘는 신발을 기부하였다!

2009년에 마이코스키는 당시 미국 국무장관이었던 힐러리 클린턴으로부터 우수기업상(Award of Corporate Excellence: ACE)을 수여받았다. 미국 국무성이 만든 이 상은 세계적으로 사회적 책임, 혁신, 민주적 가치에 기여하는 회사에게 주어지는 상이다. 2010년에 탐스사는 '올해의 신발뉴스 브랜드상(Footwear News Brand of the Year)'이라는 영예로운 상을 수상하였다.

2011년에는 '원포원' 프로그램의 기부 범위에 안경을 포함시켰다. 그래서 안경이 하나 팔릴 때마다 회사에서는 안과적 의료시술, 처방, 수술이 필요한 사람들에게 도움을 주도록 하였다.

같은 해에 마이코스키는 『중요한 일을 시작하라(Start Something That Matters)』는 베스트셀러를 출간하였다. 그는 이 책에서 신세대 기업가 정신의 덕목에 대해서, 그리고 자신의 이익과 회사 자산을 사용함으로써 더 나은 세상을 도모하고자 하는 비즈니스 개념에 대하여 이야기하였다. 그는 탐스에서의 경험을 바탕으로 이러한 벤처가 가지는 무형의 혜택과 실제적인 혜택에 대해서뿐만 아니라 그것이 주는 이익에 대해서 잘 보여 주었다. 놀라울 것도 없이 당연하게도 그는 이 책이 판매되는 부수만큼 필요한 아동에게 아동용 책을 기부한다. 이 책의 수입금 중의 50%는 차세대 기업가들을 위한 기금으로 사용되었다. 그런데 그는 2012년 후반기에 그 50%라는 비율을 100%까지 늘렸다.

2014년에 마이코스키는 탐스 로스팅 컴퍼니(TOMS Roasting Co.)라는 커피 회사를 설립한다고 발표했는데, 이 회사는 르완다, 온두라스, 페루, 과테말라, 말라위와 같은 커피 생산국들과의 직접적인 교역을 통해 사들인 커피를 파는 회사이다. 이 회사는 커피 한 봉지가 팔릴 때마다 커피공급 국가의 국민 중에서 도움이 필요한 사람들에게 일주일 분의 식수를 기부하고자 하였다.[4)]

마이코스키는 해마다 '원포원' 제품을 추가해 나갈 것이라고 발표했다. 버진 그룹의 창업자 리처드 브랜슨의 'B팀' 멤버의 일원인 그는 탐스의 개념을 다른 분야에게로까지 확대하는 일에 도움을 줄 수 있는 파트너를 포춘 500대 기업들 중에서 찾고자 노력하고 있다.

사회적 기업인 탐스에서는 '원포원'이라는 정책을 통하여 세계의 많은 아동들을 위해 신발, 안경, 물과 함께 다른 혜택들을 제공하고 있다.

4) 구체적으로 12.99달러짜리 커피 원두 1팩을 구매할 경우에 빈곤국 빈민층에 일주일 분량의 식수 약 140*l* 가 제공되는데, 탐스는 2016년 현재까지 커피 판매를 통해 33만 5000주일 동안 사용할 분량의 식수를 빈곤 국가의 사람들에게 기부하였다.

선기업가 정신의 세 가지 보석

사회적 기업가 정신과 선(禪)기업가 정신은 새로운 기업가 모델을 반영하는데, 그것은 곧 기존의 '바텀라인 사고'[5]로부터 새로운 '혼합 바텀라인(blended bottorn line)'을 강조하는 사고로 방향을 전환하는 것을 말하며 다음과 같은 믿음에 기초하고 있다. 즉, 기업은 투자에 따른 위험을 감당하고 회사에 기여를 하는 주주들의 노력에 대해 합리적으로 보상하는 수익을 창출함으로써 사회적 선(善)을 이룩하고 지구 생태계에도 기여할 수 있고 또 기여해야 한다는 것이다.

홍미롭게도 겉으로는 무관해 보이는 동양의 '선(禪, Zen)' 개념과 신세대 기업가 간에는 생각 이상으로 깊은 관련성이 있다. 불교의 오랜 전통은 '삼보'[6]라고 하는 '세 가지 보석', 즉 법보, 불보(부처), 승보(승가)라는 세 가지를 중심으로 하고 있다.

선기업가 정신, 즉 젠트리프레뉴어십은 투자에 따른 위험을 감당하고 회사에 기여를 하는 주주들의 노력에 대해 합리적으로 보상해 줄 수 있는 수익을 창출함으로써 사회적 선(善)을 이룩하고 지구 생태계에도 기여하고자 하는 "혼합 바텀라인"를 채용한다.

- 법보(法寶)는 자신의 목적과 세상에서 있어야 할 자리를 찾고 추구해 나가는 것을 이른다. 이것은 자신의 목적을 이루고 진정하게 삶을 살아가는 것에 대한 것이다.
- 불보(佛寶), 즉 부처는 한 사람의 최고 수준의 잠재력을 완전히 개발하는 데 매진하는 것을 상징한다.
- 승보(僧寶), 즉 승가(僧伽)는 같은 목표(예를 들자면, 목표를 이루고, 가장 높은 수준의 잠재력을 이루는 것)를 향해 달려가는 동료, 멘토, 조력자, 협력자들로 이루어진 공동체를 말한다. 앞서의 무하메드 유누스의 '연대책임집단'은 기업가들의 승가에 해

5) bottom line thinking: '바텀라인'이란 비즈니스 분야에서 최종적인 순이익을 의미하기에 '바텀라인 사고'는 곧 순이익 또는 손익 계산만을 따지는 식의 사고를 말한다고 볼 수 있다. 다른 한편으로는 바텀라인은 '실리성'을 의미할 때도 있다.

6) 삼보(三寶)에서의 '보'는 보석을 말하지만 '귀중하다'를 뜻하기에 삼보는 '세 가지 귀중한 것' 또는 '세 가지 보석'으로 흔히 '불법승 삼보(佛法僧三寶)'라고도 말한다. 여기서 불(佛)은 깨우친 사람들인 부처를, 법(法)은 깨우친 사람들의 가르침을 각각 의미한다. 그리고 승(僧)은 깨우친 사람들의 가르침을 수행하는 이들, 즉 승가(僧伽, 승려) 또는 제자 집단을 통칭한다.

당하는 좋은 예라고 할 수 있다.

차세대 기업가들은 이와 같이 성공적 · 목적지향적인 사업이나 직업을 창출하기 원하는데 그 과정에서 사업을 통해 기여하고자 하는 앰비션과 미션(법보)을 개인 성장과 성취(불보)를 추구하는 열망과 함께 통합한다. 또한 그들은 같은 비전과 미션, 앰비션을 공유하는 사람들의 규합과 협업을 추구한다(승보). 즉, 차세대 기업가 정신에는 사람들이 속하여 살고 싶은 세상을 만드는 것이 포함된다.

선기업가

삼보

법보
성공적 · 목적지향적인 사업과 직업을 창출함

불보(부처)
개인 성장과 성취에 대한 열망

승보(승가)
같은 비전, 미션, 앰비션을 공유하는 사람들을 규합하고
협업하는 것을 추구함

사람들이 속하여 살고 싶은 세상 만들기를 위한 다섯 가지 핵심 사항

우리가 연구를 해 본 결과, '사람들이 속하여 살고 싶은 세상 만들기'는 불교의 '삼보' 개념을 약간 확장함으로써 다음의 다섯 가지 핵심 사항을 추구하는 것으로 나타났다.

- 개인적 그리고 영적으로 성장함
- 사회와 환경에 기여함
- 성공적이고 지속 가능한 벤처와 직업을 창출함
- 자신과 타인의 정서적 · 신체적 복지를 지원함
- 동료 사회와 함께 비전과 자원을 공유하며 새로운 가능성을 점화시킴

이러한 다섯 가지 핵심 사항은 다음과 같은 그림으로 요약될 수 있다.

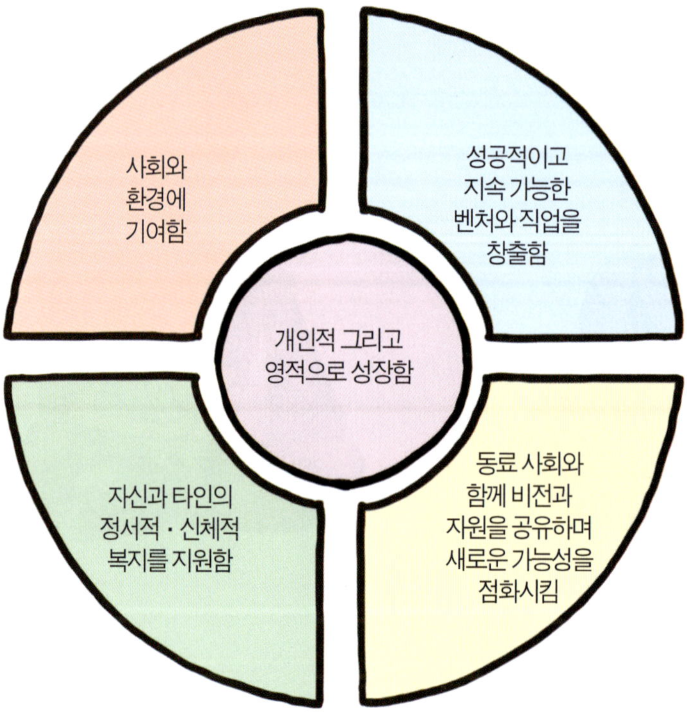

<예>

개인적 그리고 영적으로 성장함

"나는 기업가와 아버지로서 성장하고 더 건강한 세상을 만드는 일에 기여하고 싶다."

사회와 환경에 기여함

"사람들은 내 사업을 통해서 태양열 자동차를 타게 될 것이다. 이러한 자동차용 에너지는 깨끗하고 저렴할 것이다."

성공적이고 지속 가능한 벤처와 직업을 창출함

"우리는 개척자이기에 우리 앞에는 우리가 만들어 갈 큰 시장과 장기적인 혁신을 위한 기회들이 놓여 있다."

자신과 타인의 정서적 · 신체적 복지를 지원함

"리더로서 나는 나의 협력자들에게 성장의 기회를 제공할 것이고 그들이 기여할 수 있도록 격려할 것이다."

동료 사회와 함께 비전과 자원을 공유하며 새로운 가능성을 점화시킴

"우리는 다른 사람들과 지식과 아이디어를 공유함으로써 차이를 만들고 함께 번영해 나갈 수 있다."

차세대 기업가들 모방하기

이 책에서 제시되는 아이디어, 방법, 도구들은 특히 캘리포니아 실리콘밸리 출신의 많은 새로운 종(種)의 신세대 기업가들을 모방함으로써 시작되었다. 실리콘밸리의 성공적인 기업가들은 대부분 엄청난 진보, 기여, 위험이 있는 세상에서 사는 새로운 차원의 리더들을 대표한다. 이들은 조금씩 개선을 해 나가면서 경쟁에 뒤처지지 않기 위해 노력하는 그저 그런 CEO들이 아니다. 애플의 스티브 잡스나 테슬라 자동차의 엘런 머스크는 새로운 리더들의 좋은 예이다.

역사를 통하여 모든 기업가들에게 있어서 적용되는 성공을 위한 네 가지의 추진 기준은 '더 많이' '더 좋게' '더 빨리' '더 싸게'라는 것이었다. 하지만 신세대 기업가들은 그것에 더하여 지속적으로 '한계를 뛰어넘기 위하여' 분투하고 기존의 가능성을 확장함으로써 무엇인가 독특한 것을 창조하거나 '게임을 바꾸는' 혁신을 이루어 많은 사람에게 혜택을 주고 더 좋은 세상을 만들고자 하는 사람들이다.

그런데 많은 신벤처들의 실패가 보여 주듯이 기업 활동에는 높은 위험부담이 따른다. 이러한 위험에도 불구하고 기업가들이 추진하려는 일들이 매력적인 이유는 그것이 자기 자신과 다른 사람들에게 기하급수적인 보상을 되돌려 주기 때문이다. 즉, 보상과 수익은 위험을 상쇄할 뿐만 아니라 실제적인 성과로 직접 연결된다.

이 책은 신세대 기업가들 중에서 성공적인 리더들을 모방한 결과를 바탕으로 쓰여진 것이다. 그런데 그들은 자신의 꿈을 성취할 수 있는 성공적인 비즈니스를 창출함으로써 타인을 이롭게 할 뿐만 아니라 더 나은 세상을 만들어 내는 '게임을 바꾸는' 혁신을 이룩한 사람들이다.

SFM™이 가장 우선적으로 적용된 분야는 성공적인 기업가나 선기업가들이 보여 줬던 핵심 기술과 특징들이 무엇인지 알아보는 것이었다. 그 내용들의 많은 부분들이 다음에 이어질 장들에서 요약되어 소개될 것이다.

그 내용들은 다음과 같은 질문들을 중심으로 하여 관찰된 바와 직접적인 면담을 통하여 수집된 것이다.

1. 오늘날의 경제에서 성공을 위한 비전이 얼마나 중요한가? 당신의 비전은 무엇인가? 당신이 세상으로 새롭게 도입하고 싶은 것은 무엇이며 그 이유는 무엇인가?

2. 당신은 어떤 '리더'인가? 오늘날 경제에서의 당신의 비전, 미션, 앰비션 관점에서 성공을 위한 리더십의 역할은 무엇인가?

3. 현재의 사업 환경에서의 성공을 위하여 당신에게 동기부여를 하고 당신과 회사를 포지셔닝 하는 개인 및 회사의 가치관은 무엇인가?

4. 월트 디즈니가 성공할 수 있었던 핵심 이유는 그가 모든 부분에서 동일하게 '몽상가' '현실주의자' '비평가'가 될 수 있었기 때문이라는 이야기가 있다. 그렇다면 당신 회사의 성공 전략에 있어서는 이러한 세 가지가 각각 어느 정도로 역할을 하는가?

5. 당신은 기존의 전통적 조직과 구별될 만한 신세대 기업가로서 어떤 차이가 있는가? 당신은 기존 조직에게는 없는 어떤 장점을 갖고 있는가?

6. 당신은 당신의 비전과 진화하는 경제로 인해 발생한 변화 상황을 구현하기 위하여 당신의 비즈니스 관행과 모델을 어떻게 조정해 왔으며, 당신의 비즈니스 전략은 그러한 변화하는 경제 현실을 얼마나 잘 이용하는가?

SFM™의 과정은 앞의 장에서 확인된 성공 요인의 서로 다른 모든 수준에서의 특징, 스킬, '차이를 만드는 차이'를 찾아내기 위하여 적용되어 왔다.

7. 당신은 발생 가능한 역경에 대처하기 위하여 어떤 준비를 해 왔는가? 오늘날의 경제 환경에서는 경쟁도 치열하고 불확실성도 아주 많이 존재한다. 당신 스스로가 '게임을 바꾸는' 혁신을 이룰 수 있다고 확신한다면 그러한 확신의 근거는 무엇인가?

SFM 성공의 원™

우리는 앞의 질문들에 대하여 얻은 대답, 성공적인 기업가, 기업의 리더들을 관찰하고 연구한 결과에 기초하여 SFM **성공의 원**™(Circle of Success™)이라고 하는 모델을 하나 정립하게 되었다. 그리고 우리는 성공적인 벤처 창업자들은 관심의 초점을 다섯 개의 기초적인 차원 영역으로 나누어 골고루 집중한다는 사실을 알게 되었는데, 그것은 다음과 같다. 첫째, 그들 자신과 목표, 그들이 하고 있는 것에 대한 동기부여, 둘째, 고객, 제품과 서비스, 셋째, 투자자 및 주주, 넷째, 팀원 또는 직원, 다섯째, 전략적 파트너와 제휴사이다.

모든 종류의 유능한 기업가들이 자신의 벤처 사업에 있어서 살아남고 번영하기 위해서는 잠재 고객들에게 매력적인 좋은 제품과 서비스뿐만 아니라 그 이상의 것을 제공해 줄 필요가 있다. 그들은 팀원, 투자자, 협력사, 전략적 관계 등으로부터 충분히 지원을 받아야만 한다. 어떤 면에서 기업가의 성공의 원이라는 것은 불자(佛子)들이 자신들을 '승가'라고 부르는 것과 같은 것으로, 당신의 목적을 달성하고 최고의 잠재력을 성취할 수 있도록 돕는 지원 그룹이라고도 할 수 있다. 어느 성공한 기업가가 언급한 것과 같이, "당신은 당신 자신의 비전을 제대로 현실화할 수 있도록 하기 위해서 항상 모든 사람들(직원, 투자자, 고객, 파트너)과 함께 일해야 한다."

성공의 원™이 가르치는 원리에 근거할 때, 기업가와 비즈니스 리더가 효과적으로 일을 하기 위해서는 다음과 같은 다섯 가지의 일들을 수행함에 있어서 어느 한 영역의 일에 치우치지 않도록 시간 배분을 균형 있게 잘 할 필요가 있다.

1. 자기 자신을 벤처를 위한 자신의 목표 및 동기부여와 연결할 것
2. 고객을 위한 제품과 서비스를 개발하기 위하여 비전에서 끝나지 않고 행동으로 옮겨 가야 하며, 기업을 제대로 지원하기 위한 충분한 수익을 창출할 것. 즉, 충분한 '마

인드 셰어'[7])와 시장 점유율을 확보할 것

3. 벤처의 미션에 부합하고 또 그것에 헌신할 수 있는 유능한 팀원 그룹을 성장시킬 것이며 비즈니스가 성숙해 감에 따라 그들의 유능성을 계속 증진시킬 것
4. 벤처가 앰비션을 성취할 수 있도록 지원하기 위해 필요로 하는 펀드를 조성하고 기타 중요한 자원들을 확보할 것이며, 벤처의 성장과 주주를 위한 가치창조를 위해 필수적인 비즈니스 전략과 사회 기반 시설을 끊임없이 발전시킬 것
5. 자원을 레버리지[8])하고 가시성(可視性)을 증진함으로써 시장에서의 벤처 역할을 확대하기 위하여 핵심적인 전략적 파트너십과 윈윈 관계를 수립하도록 할 것

'성공의 원™'이라는 이름이 암시하듯이 우리는 이러한 다섯 가지 영역 간의 관계를 하나의 원으로 그린다. 이 원에서 볼 때 가운데 중앙에 있는 작은 원 영역은 자신의 목표와 동기가 자리 잡고 있고, 그 주변에는 고객/시장, 팀원/직원, 주주/투자자/ 파트너/제휴사라는 네 개의 사분면이 둘러싸고 있음을 알 수 있다.

이러한 다섯 개의 범주가 어떤 종류든 벤처를 창조하기 위해서는 본질적인 것으로 인식되어 왔기에 앞으로 알겠지만, 이들 각 범주 모두에 대해서 균형 있게 관심과 주의를 기울이는 것은 중차대한 일이다. 우리는 기존의 기업가뿐만 아니라 앞으로 더욱 유능한 기업가가 되기를 원하는 사람들을 대상으로 코칭을 할 때 SFM 성공의 원™이라고 하는 이러한 다섯 가지 영역을 성공적인 벤처 창업을 위한 필수적 요소로 활용하고 있다.

---

7) mind share: 고객이 특정 브랜드에 대해 지니고 있는 호감 또는 애착의 정도를 말한다. [용어 해설 참조]

8) leverage: 레버리지란 원래 지렛대를 의미한다. 그래서 비즈니스 상황에서 기업이 자사의 자본 사정이 여의치 못할 때 차입금 등 타인 자본을 끌어들여 마치 지렛대처럼 이용함으로써 자기 자본 이익률을 높이는 것을 말한다. 이와 같은 레버리지 효과를 지렛대 효과라고도 한다. [용어 해설 참조]

SFM 성공의 원™

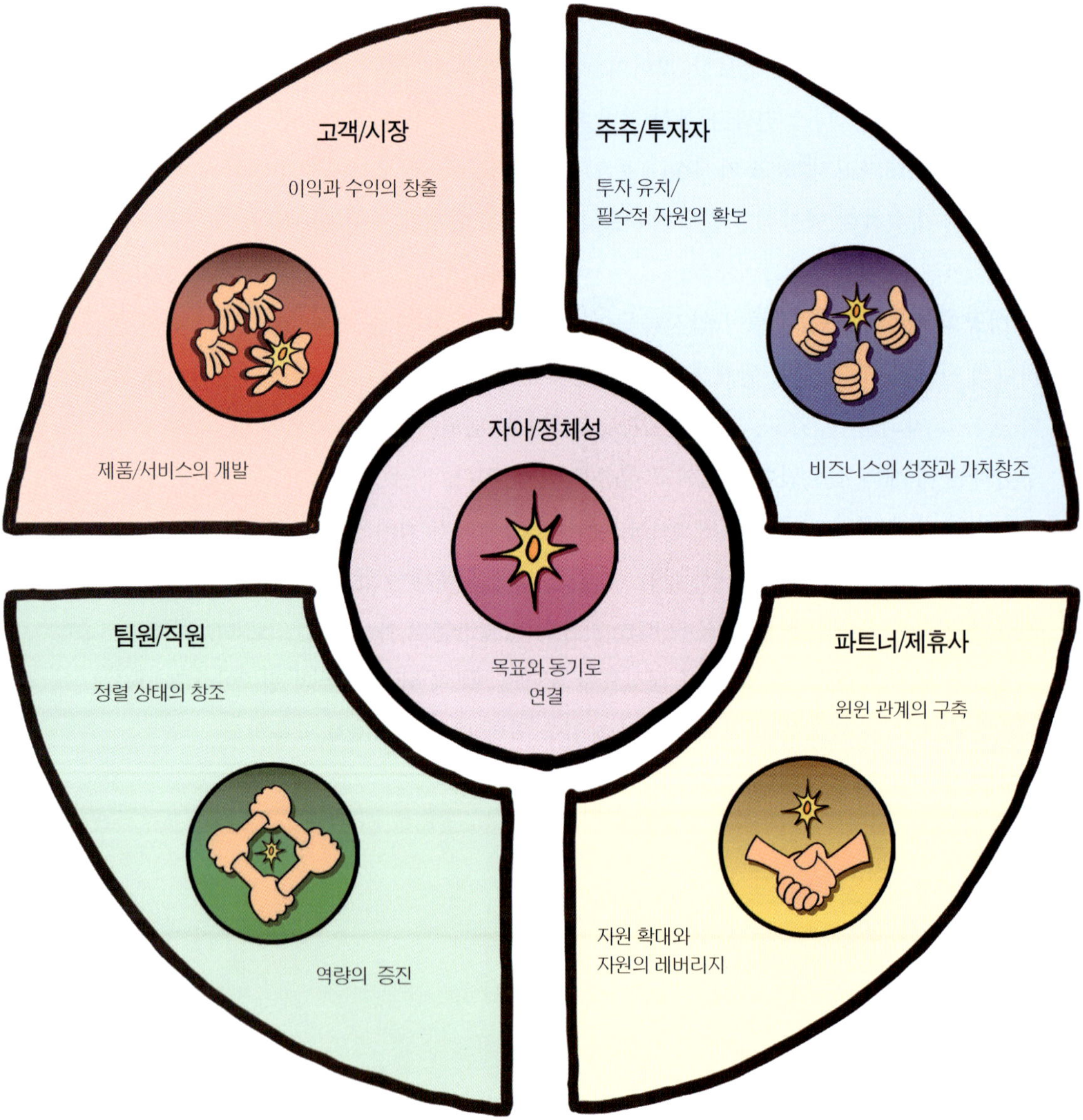
고객/시장
이익과 수익의 창출
제품/서비스의 개발
주주/투자자
투자 유치/
필수적 자원의 확보
비즈니스의 성장과 가치창조
자아/정체성
목표와 동기로
연결
팀원/직원
정렬 상태의 창조
역량의 증진
파트너/제휴사
윈윈 관계의 구축
자원 확대와
자원의 레버리지

SFM 성공의 원™과 사람들이 속하여 살고 싶은 세상 만들기를 위한 다섯 가지 핵심 사항

성공의 원™에 포함되는 다섯 개의 범주는 앞서 언급한 바 있는, 사람들이 속하고 싶어 하는 세상을 창조하기 위한 다섯 가지 핵심 사항과 중요한 관련성이 있다.

1. 자신과 자신의 열정을 연결하는 것은 개인적 그리고 영적으로 성장하는 것과 관련되는 것이다.
2. 고객을 위해 의미 있는 제품과 서비스를 개발하여 제공하는 것은 세상과 주변 환경에 기여하는 일차적인 방법이다.
3. 정렬되어 있고 헌신하는 유능한 팀을 성장시키기 위해서는 자신과 타인의 정서적 · 신체적 복지를 지원하는 것을 필요로 한다.
4. 자원을 확보하고 비즈니스를 성장시키며 주주에 대한 가치를 창출하는 것은 곧 성공적이고 지속 가능한 벤처와 직업을 창출하는 방법이다.
5. 파트너십과 윈윈 관계를 구축하는 것은 동료 사회와 함께 비전과 자원을 공유하고 새로운 가능성을 점화하는 것과 관련된다.

성공적인 벤처를 설립하는 것은 곧 '사람들이 속하고 싶어 하는 세상을 창조하는 것'이라는 점에 대한 직접적인 표현이라고 할 수 있다. 꿈이 현실이 되기 위해서는 그러한 세상이 **성공의 원™**에 포함되는 모든 영역을 골고루 챙겨야 한다. 이 책의 주된 목적 중의 하나는 기업가들이 그러한 세상을 창조할 수 있도록 돕고자 하는 것이다.

SFM 성공의 원™은 기업가들이 자신의 꿈을 이루는 삶을 살고 더 좋은 세상을 만들 수 있게 하는 성공적이고 지속 가능한 벤처를 설립하는 데 필수적인 기초 관심 영역을 다음과 같이 확인해 주고 있다.

- 자아/정체성
- 고객/시장
- 팀원/직원
- 주주/투자자
- 파트너/제휴사

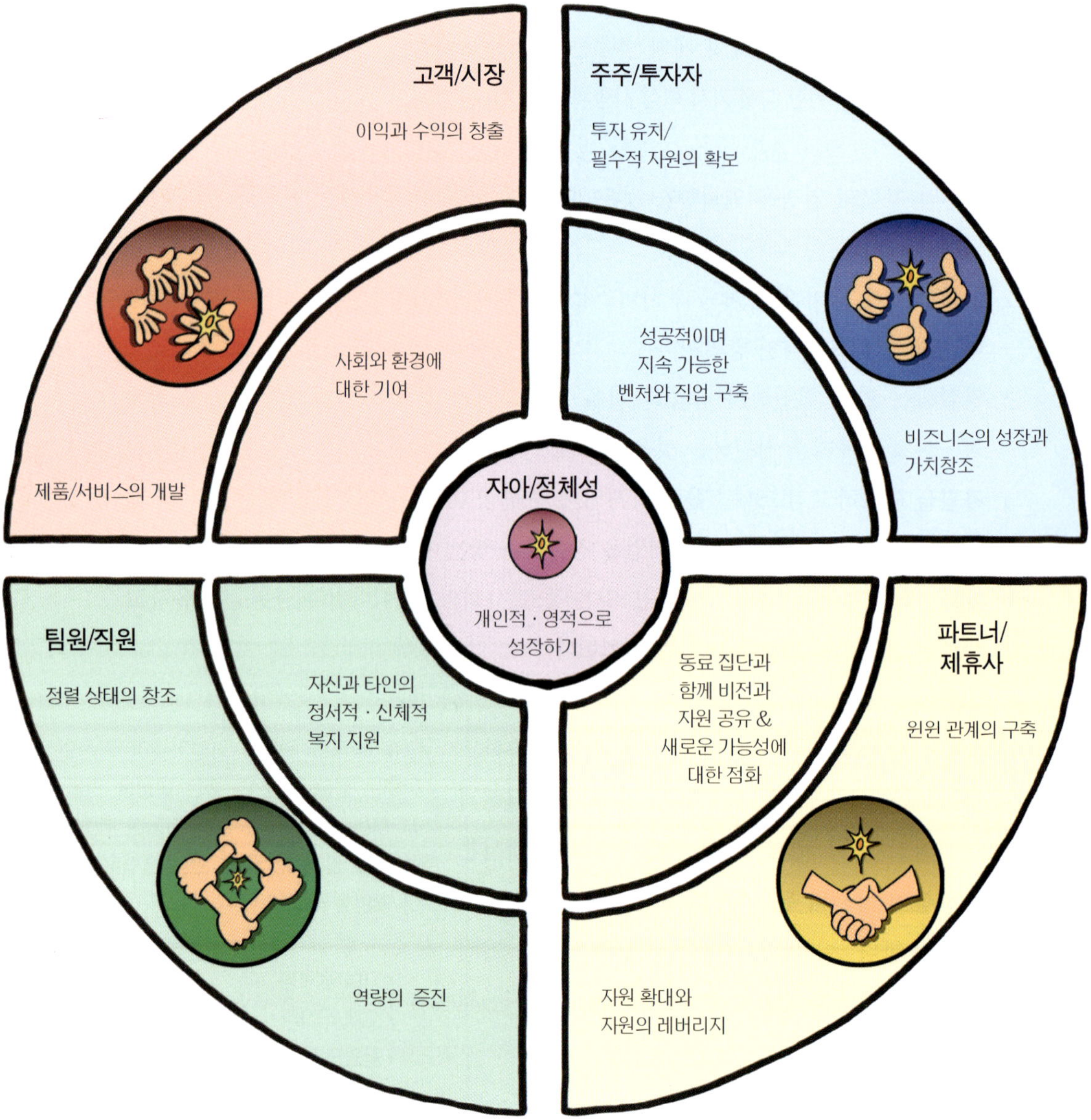

SFM 성공의 원™은 사람들이 속하고 싶은 세상 창조하기와 관련된
다섯 가지 핵심 사항을 위한 맥락을 제공한다.

열정, 비전, 미션, 앰비션, 역할을 SFM 성공의 원TM과 통합하기

사실상, 사람들이 속하고 싶은 세상을 창조하는 것은 기업가가 비전, 미션, 앰비션, 역할의 형태로 드러나는 자신의 열정을 **성공의 원**TM에 의해 규정되는 다음과 같은 제반 영역들에서 효과적으로 공유할 수 있는 능력에 달려 있다.

성공적인 기업가의 비전, 미션, 앰비션, 역할은 자신의 열정이 SFM 성공의 원TM에서 규정된 핵심 영역을 향하여 표출되어 나갈 때 비로소 모양을 갖추기 시작한다.

- 기업가의 비전은 기여를 하기 위해 고객을 향하여 표현되는 개인의 열정 및 시장과 함수 관계에 있다.
- 비전을 달성하기 위해 함께 일하는 팀원과 직원 간의 정렬 정도는 기업가가 벤처의 미션 형태로 자신의 열정을 그들과 소통하고 공유할 뿐만 아니라 그들의 복지를 지원하는 정도에 달려 있다.
- 성공적이고 지속 가능한 벤처를 설립하고 가치를 창조하기 위한 앰비션의 형태로 나타나는 기업가의 열정은 주주와 투자자로 하여금 자신의 자원을 제공하고 벤처에 참여함에 있어서 수반되는 위험 부담을 기꺼이 감수할 수 있도록 동기부여하는 것이다.
- 자신의 탁월성을 역할의 형태로 적용하고 자원을 레버리지 하는 동료들과의 윈윈 관계를 구축하기 위한 기업가의 열정은 효과적인 파트너십과 제휴관계를 위한 기반을 조성하는 것이 다.

앞으로 이 책에서 살펴보겠지만, 사람들이 속하고 싶은 세상을 창조하기 위한 다섯 가지 핵심 사항들 간의 정렬, 시너지와 케미스트리뿐만 아니라 **성공의 원**TM을 구성하는 다섯 가지 구성 요소들, 즉 기업가의 열정, 비전, 미션, 앰비션, 역할은 모두 기업의 성공을 위한 레시피에 있어서 중요한 재료가 된다.

이제 **성공의 원**TM에 속하는 다양한 요소들에 대해서, 그리고 그것이 어떻게 상호 결합됨으로써 성공적인 벤처가 가능하도록 할 것인지에 대해서 좀 더 상세히 살펴보도록 하자.

비전, 미션, 앰비션, 역할, SFM 성공의 원TM

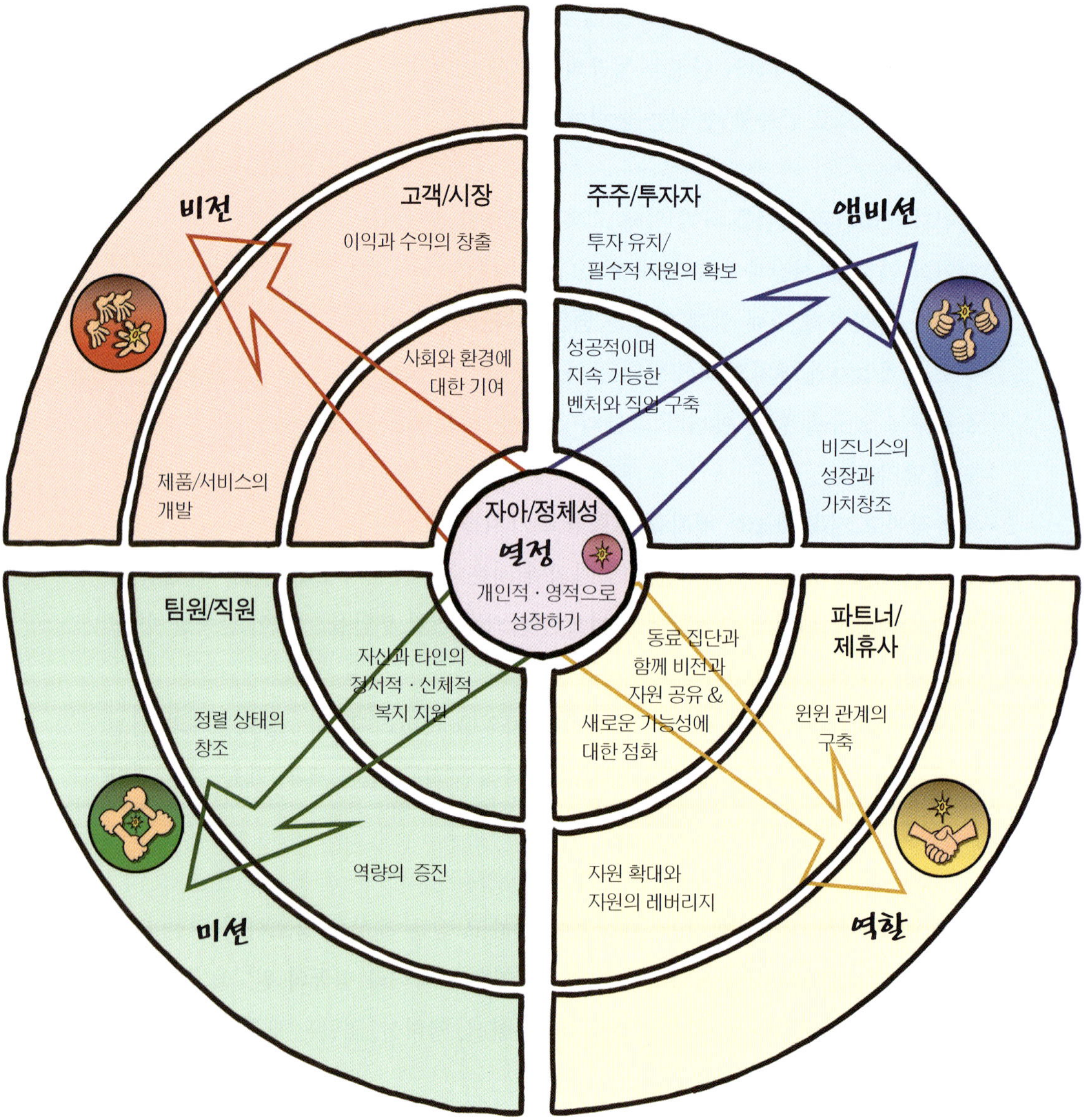

자아와 정체성

SFM 성공의 원™의 중앙에는 기업가의 정체성, 그의 개인적 열정과 목표에 대한 감각, 진정한 차이를 만드는 새로운 무엇을 창조하고자 하는 열망이 자리 잡고 있다.

성공의 원™을 둘러보는 여행에는 분명한 출발점이 있는데, 그것은 바로 당신 자신, 목적 의식, 개인적인 열정뿐만 아니라 그 열정을 하나의 프로젝트나 벤처의 형태로 구현하고자 하는 의도이다. 일 잘하는 기업가는 지금까지 자신이 누구인지, 자신이 추진하는 벤처의 목표가 무엇인지에 대해 잘 이해하고자 노력해 왔다. 신세대 기업가들은 무엇인가 기여하기를 원하는 것이 있기 때문에 신제품이나 서비스를 개발하는 일을 추구하기 시작한다. 그래서 자신이 해결하기 원하는 문제를 탐색하거나 어떤 일을 더 나은 방식으로 하는 꿈을 갖게 된다. 가장 크게 성공한 기업가들은 새롭고 다른 무엇을 창조하기 위한 열정과 열망을 갖는데, 그것은 '혁명적'일 뿐만 아니라 자신이 한 부분으로 속해 있는 더 큰 조직을 위해 긍정적인 방향으로 '게임을 바꿀' 정도로 새롭고 다른 것이기도 하다.

정체성/자아

목표와 동기로 연결됨

이러한 열정을 바탕으로 그들의 '에고'와 '소울'은 하나로 연합된다. 그런데 그 열정과 열정을 다하고자 하는 의지가 너무 강렬하여 오죽했으면 그들이 정신, 신체, 정서, 경제의 모든 면에서 탈진해 버리기도 한다. 리처드 브랜슨이 지적한 바와 같이 그 열정이란 것은 "인생을 충실하게 살기 원하는" 마음의 표현이다. 벤처는 창업주의 인간적인 노력의 한 형태로서 그의 정체성의 핵심을 가장 잘 드러내는 것이라고 할 수 있다. 또한 벤처는 창업주가 인간적으로나 영적으로 성장할 수 있게 하는 수단으로서의 역할도 한다. 기업가에게는 나름대로의 소명의식과 인간적인 열정이 있기에 위험을 감내하고 현실적인 많은 도전을 뚫고 일에 집중할 수 있게 된다. 그들은 그러한 열정을 바탕으로 과거에 꾸었던 꿈의 수준을 뛰어넘을 수 있게 되고 새로운 차원에서 더 큰 자신감과 스킬을 갖게 된다.

우리가 기업인들을 대상으로 연구한 것 중의 좋은 사례로 스트림씨어리(Stream Theory)

스티그 웨스터버그
스트림씨어리
창업자 겸 CEO

의 창업주이자 CEO였던 스티그 웨스터버그(Steig Westerberg)를 꼽을 수 있다. 그런데 이 회사는 실리콘밸리에 위치한 소프트웨어 회사로 광대역에서 소프트웨어가 실시간으로 스트리밍될 수 있도록 하는 회사이다. 그는 로펌의 컴퓨터 컨설턴트로 일하는 동안에 이 벤처에 대한 아이디어를 갖게 되었다. 그는 처음에 사람들이 컴퓨터와 관련하여 공통적으로 가지는 문제에 대해서 답을 줄 수 있는 글로벌 솔루션 프로그램을 개발하는 데 대한 열정을 가졌었다. 그는 우선 최대의 사람들에게 최고로 효과적인 솔루션을 제공할 수 있는 방법이 없을까에 대해서 즐겨 생각하곤 하였다. 그의 주된 업무는 로펌의 모든 컴퓨터를 대상으로 하드 드라이브에 최신 소프트웨어를 장착하는 것이었다.

그는 자신의 현안 문제를 해결하고자 노력함에 따라 차츰 하나의 열정을 갖게 되었는데, 그것은 곧 큰 회사의 모든 컴퓨터에 최신 소프트웨어를 배급할 수 있는 보다 나은 방법을 찾을 수 있고자 하는 것이었다. 당시로서는 오디오와 비디오 파일을 인터넷에 스트리밍하는 기술이 막 시작되고 있었지만 스트리밍 소프트웨어에 대해서는 아무도 생각을 하지 못하였다. 웨스터버그는 오직 중앙 서버 한 곳에서만 소프트웨어를 업데이트하면 되게 하면서 그 중앙 서버로부터 인터넷망에 스트리밍 소프트웨어를 업로드하는 계획에 대한 꿈을 꾸기 시작하였다. 그렇게 함으로써 그러한 최신 소프트웨어는 조직 전체의 개별 컴퓨터에게로 스트리밍되는 것이었다.

웨스터버그는 지속적으로 꿈을 꾸었다. 그 결과로 그의 비전은 어떤 종류의 소프트웨어라도 어떤 종류의 광대역 네트워크를 통해서든 세계 어느 곳에 있는 어떤 컴퓨터에게도 스트리밍 서비스를 제공할 수 있는 기술을 창조하는 단계로까지 확장되었다. 그는 그러한 자신의 아이디어가 당시로서는 혁명적인 것이었기에 게임을 바꿀 수 있는 혁신이 될 것이라고 믿었다.

웨스터버그는 자신의 비전을 벤처로 현실화시키는 동안에 자신의 집을 팔아서 회사 자금을 마련해야 하는 등의 문제로 파산 직전에까지 이르렀고 직원들에 대한 임금 체납 문제로 골머리를 앓는 일을 겪기도 하였다. 하지만 그는 꿈을 향한 열정을 포기하지 않고 자신의 일을 끝까지 지속함으로써 결국 당시로서는 세계 최첨단의 광대역 네트워크 공급자였던 일본의 소프트뱅크와 1,000만 달러의 계약을 성사시킬 수 있었다.

결과적으로 스트림씨어리의 '스트림플로우(Stream Flow)'라는 브랜드의 배급 플랫폼은 소프트뱅크, 첼로(Chello), 아이케이블(iCable)과 같은 주요 서비스 제공 회사들에 의해 게임과 응용 소프트웨어의 판매와 임대를 위한 플랫폼으로 사용되었다. 뿐만 아니라 그 플랫폼은 와이즈(Wyse), 시트릭스(Citrix), 마이크로소프트(Microsoft: MS) 등과 같은 기업 고객들과 라이선스 계약을 맺게 되었다. 그리고 스트림씨어리는 2004년에 태드폴 테크놀로지(Tadpole Technology)라는 회사에 판매되었고 그 결과로 케이레츠 포럼(Keiretsu Forum)이라는 엔젤 투자자 그룹에게 당시로서는 최대의 수익을 안겨 줄 수 있게 되었다.

스트림씨어리의 성공 이후에도 웨스터버그의 글로벌 솔루션에 대한 열정이 식지 않았기에 그는 결국, 클라우드 기반 게임과 응용 스트리밍을 시장에 들여놓은 회사인 스트림서브(StreamServ)를 공동창업하고 COO가 될 수 있었다. 스트림서브는 다시 게임스트리머(Game Streamer)라는 회사에 성공적으로 매각되었고 그는 그곳에서도 COO로서 일을 하였다. 게임스티리머사는 게임, 음악, 도서를 제공하는 클라우드 기반 서비스를 제공하는 기업 수준의 배급 플랫폼을 개발하였다.

웨스터버그의 기술로 인해서 소프트웨어가 수백만 명의 사람들에게 스트리밍될 수 있게 되었는데, 그 모든 일들은 혁명적인 글로벌 솔루션을 창조하고야 말겠다는 그의 강한 열망과 헌신으로부터 시작되었다.

여러 가지 이유로 기업가들 모두가 새로운 제품과 서비스 개발에 성공하고 해피엔딩을 맞는 것은 아니다. 공통된 이유들 중의 한 가지는 곧 그들이 인간적으로 자신의 벤처를 위한 열정과 비전을 제대로 연결시키고 정렬시키지 못했다는 것이다. 이러한 얘기를 하다 보면 과연 일과 관련한 진심, 그리고 자신이 하는 일에 대해서 가지는 열정이 얼마나 중요할 수 있는지에 대한 이슈가 부각된다. 시중에는 '취미나 열정을 쏟을 수 있는 일을 직업으로 삼도록 하라'는 말이 있다. 이 말은 곧 모든 기업가가 목표로 삼아야 할 것이 무엇인지에 대해서 쉽게 설명해 준다. 즉, 그것은 우리가 정말로 좋아하는 일, 재능을 갖되 혼신을 다해서 할 수 있는 일이 무엇인지 찾는 것이라고 할 수 있다. 웨스터버그는 다음과 같이 말했다. "꿈은 절대로 죽을 수 없는 것이며, 정말로 말 그대로 나의 일부에 해당하는 무엇이다. 그리고 그것은 내가 늘 생각하면서 지내는 대상이기도 하며, 내가 하는 모든 일에 스며들어 있는 것이다."

따라서 성공한 기업가들이 갖고 있는 주요 성공 요인은 곧 그들이 스스로 누구인지에 대해서, 신벤처를 창업하고 그 벤처를 통해서 고객에게 어떤 제품이나 서비스를 제공하고자 하는지에 대해서 확실하게 이해한다는 것이다. 이렇게 열정과 진리가 결합됨으로써 폭발적인 결과가 산출될 수 있으며 회사가 장기적인 성공을 이룩하고 번창할 수 있게 된다.

기업가의 열정은 전염성이 크며 **성공의 원**TM의 다른 모든 부분들에 대한 기초가 된다. 왜냐하면 기업가의 가장 중요한 활동은 다른 사람들을 자극하여 자신의 비전을 달성하는 일에 동참하도록 이끄는 것이기 때문이다. 사실, 그렇게 할 수 있다는 것은 모든 성공한 기업가들이 이미 갖고 있으면서 해 왔던 독특한 능력이다. 그러한 능력 속에는 마음을 개방함으로써 자신의 열정을 다른 사람들과 공유할 수 있는 능력이 포함되는 것은 물론, 자신의 비전을 뒷받침하고 그 비전의 실현가능성에 대한 확고한 신념과 함께 일을 추진시키기 위해 수립한 계획을 뒷받침할 수 있는 능력까지도 포함된다.

기업가는 개인적인 진심과 비전을 위한 열정이 보다 긴밀하게 정렬될수록 더 잘 견뎌내고 계속적으로 혁신하면서 많은 어려움 속에서도 실패를 두려워하지 않고 잘 헤쳐 나갈 수 있게 될 것이다.

또한 열정은 앞에 놓인 장애물을 단순히 장애물이 아닌, 미래를 위한 도약대로 볼 수 있도록 한다. 그래서 미래를 향해서 잘 적응하면서 처음보다 더 나은 새로운 아이디어를 찾아 나아갈 수 있게 한다. 예를 들어, 페이팔[9]을 공동으로 창업한 엘런 머스크와 다른 공동창업자들은 오늘날 스마트폰의 전신인 팜파일럿[10]을 위한 보안 소프트웨어를 개발하면서 회사를 시작하였다. 하지만 그들은 시장이 너무 작아서 자신들이 개발한 소프

---

9) PayPal: 인터넷을 이용한 결제 서비스로 1998년 12월에 캘리포니아에서 설립되었고 주로 미국에 보급되었는데, 거래를 하면서 신용카드 번호나 계좌 번호를 알리지 않아도 되기 때문에 보안에 안전하다는 특징이 있다.

10) Palm Pilot: 미국에서 최초로 상용화에 성공한 PDA로서 저렴한 가격, 휴대성, 실용성이 특징이다.

트웨어가 '게임을 바꿀' 수가 없다는 사실을 재빨리 깨달았다. 그래서 그들은 자신들의 아이디어를 계속 진화시켰고 그 과정에서 수많은 비즈니스 아이디어들을 바탕으로 시행착오를 거듭하는 가운데 결국에는 오늘날의 페이팔이라는 아이디어를 만나게 되었다.

성공의 원™의 중앙, 즉 자아 및 정체성과 관련한 또 다른 역동적인 측면은 '허용'이라는 것을 포함하는데, 그것은 곧 위험을 감수할 수 있도록 하는 허용, 성공할 수 있도록 하는 허용, 실패해도 좋다는 허용을 의미한다.

일단 기업가가 자신의 진심을 열정적인 태도로 추구하겠다는 인간적인 결심을 한다고 해도 당신 자신과 당신이 베풀 수 있는 능력에 의존하는 주변의 다른 사람들에게 있어서는 그 진심의 의미가 어떤 것인지에 대해 제대로 이해되어야 할 문제로 남아 있게 된다. 기업가가 당면하고 해결해야 하는 문제나 장애물 중의 가장 어려운 것은 어쩌면 자신으로부터, 배우자나 가족으로부터, 비즈니스 파트너나 직원으로부터 '허용'받는 것이라고 할 수 있다.

종국적으로는 자신의 자아에 대한 확실한 이해, 자신의 핵심 정체성에 대한 지식, 그리고 인간적인 열정이 **성공의 원**™에 있어서 가장 중요한 부분이 되는데, 그 열정은 그 열정에 따라 살고자 하는 의도 및 그 열정을 다른 사람들에게 이익이 되게 하는 것으로 전환하겠다는 의도와 결부된다.

우리는 앞으로 나올 장들을 통해서 여러분이 자신의 열정을 발견하고 심화시키며 그 열정을 주위의 사람들에게 드러내고자 하는 자신의 의도를 강화시킴으로써 여러분 자신의 성공의 원을 위한 강력한 중심을 구축하는 데 도움이 될 다양한 실습 사항과 방법들을 소개할 것이다.

정체성/열정의 예

"나는 비즈니스 우먼이지만 동시에 열정도 많기에 내 딸이 커 가는 모습을 보지 않고는 못 견디며 음악에 대한 열정 또한 크다."

고객과 시장

성공적인 벤처 창업에 있어서 기본적인 것은 기업가의 열정과 의도를 새로운 가능성에 대한 꿈이나 비전 창조를 위하여 고객과 시장의 니즈에 적용하는 것이다. 그것은 곧 열정을 비전으로 전환하는 것으로서 그 과정에서 기업가는 잠재적 고객들에게 이익을 주는 제품이나 서비스에 대한 아이디어를 생각해 내고 그들과의 윈윈 관계를 창출하게 된다.

인간적인 열정을 고객이나 시장의 중요한 니즈를 충족시킬 제품이나 서비스에 대한 비전에 적용시킨다는 것은 성공하는 기업가가 지속 가능한 비즈니스를 구축하기 위해서 기여를 하고 넉넉한 수익을 창출할 수 있는 중요한 수단이 된다.

잠재적 고객에 대해서 알고 이해하는 것과 그들의 중요한 니즈를 충족하는 제품이나 서비스를 창출하는 것은 모든 비즈니스 벤처들의 전형적인 '성배'[11]이다. 고객과 시장은 궁극적으로 벤처의 성공과 실패를 결정하는 수익을 제공해 준다. 실리콘밸리에서는 특정한 목적에 부합하거나 어떤 문제 해결에 도움 될 것 같이 보이기도 하는, 또는 기존과는 다른 새로운 접근방식을 창조하는 신기술을 발명한 기업가들의 사례가 무수히 많다. 그러나 만일 그들의 기술이나 제품을 아무도 사 주지 않고 오직 발명 당사자의 눈에만 좋게 보인다면 비즈니스는 성립하지 않을 것이며, 그 발명품들은 그냥 실험실에 방치되거나 발명가의 상상 속에서만 존재하는 것이 될 것이다. 바로 이 지점에서 이도 저도 아닌 애매한 중간 지역이 존재할 수 있기에 제품이 제대로 팔리기 위해서는 마케팅이 적절히 이루어지고 시장 출시 타이밍이 개선되며 디자인과 활용도가 개선되어야 한다. 성공적인 제품이나 서비스를 창출하는 것은 소비자를 제대로 이해하는 것에서부터 시작되며, 그들의 피드백을 받고 시장 수요에 대해서 보다 민감하게 인식하는 것으로부터 가능해진다.

따라서 기업가가 자신의 제품이나 서비스에 대한 시장의 수요를 깊이 있게 이해하는 것은 매우 중요하다. 이것은 단순한 주관적인 직관, 소비자들의 수용도와 전체적인 시장규모에 대한 애매한 평가 이상의 것을 요구한다. 이것은 광범위한 사항에 대한 집중

11) holy grail: '성스러운 술잔'을 뜻하는 이 말의 어원은 중세의 전설로서 그리스도가 최후의 만찬에서 썼다는 술잔(聖杯)을 의미한다.

과 조사를 필요로 한다. 그러한 일들은 지금까지 포커스 그룹,[12] 고객 인터뷰, 경쟁력 분석, 전통적인 시행착오 등 다양한 방식으로 이루어져 왔다. 사실, 이와 같은 방식들은 상당한 인내를 요구한다. 그래서 때때로 시장수요를 예측하는 것이 거의 불가능하여 많은 회사들이 아무도 찾지 않는 제품을 만들어 출시하느라 수백만 달러를 낭비하는 실수를 많이 저지르기도 한다. 예를 들자면, 1980년대 중반에 코카콜라에서 '뉴코크'[13]를 출시하려던 시도는 큰 실패로 끝나 버리자, 대중들이 실패한 '뉴코크'의 맛을 연상하지 못하도록 모든 코카콜라 깡통을 코카콜라 '클래식'이라고 불러야 할 정도가 되었던 적도 있었다.

고객/시장
이익의 창출
제품과 서비스의 개발

가장 성공적인 기업가들은 고객을 이해하는 일에 반복적으로 집중할 뿐만 아니라 고객이 '피부로 느끼는' 니즈는 물론, 표현되지 않고 인식도 되지 않고 있는 '잠재적' 수요에 대해서까지 적절히 대처할 줄 안다. ISP[14]로 큰 성공을 거두었던 회사인 넷제로(NetZero)의 창업파트너 로널드 버(Ronald Burr)와 마완 제비언(Marwan Zebian)의 사례를 참고해 보자. 1998년에 제비언은 비싸기로 유명한 슈퍼볼 광고를 라디오로 들으면서 고속도로를 달리고 있었다. 바로 그때 새로운 회사를 위한 핵심 아이디어

고객/비전의 예
"나는 자녀가 온갖 종류의 음악을 배우고 즐길 수 있도록 지원하는 가족들을 사회적 연결망을 통해서 볼 수 있다."

---

12) focus group: 시장 조사나 여론 조사를 위해 각 계층을 대표하도록 뽑은 소수의 사람들로 이루어진 그룹을 말한다.

13) New Coke: '새로운 코카콜라'라는 의미로, 1985년에 코카콜라가 출시했던 신제품의 이름이다. 당시에 경쟁사인 펩시콜라는 '펩시챌린지'를 통해서 브랜드 이름을 가린 채 소비자들에게 코카와 펩시 둘 중에서 어떤 콜라가 더 맛있는지를 물어보는 일종의 블라인드 테스트 행사를 시행했다. 이때 대다수가 펩시의 손을 들어 주었던 것에 위기감을 느낀 코카콜라는 새롭게 단맛을 더 내는 '뉴코크'를 통해 경쟁력 우위를 확보하고자 했으나 소비자들은 오히려 원래의 맛을 원했던 것으로 판명났다.

14) Internet Service Provider: 인터넷 서비스 제공자

를 떠올렸다. 그 당시에는 단지 전화회사 같은 곳에서 인터넷 서비스를 제공하였다. 사용자들은 수수료를 지불하고 특정 서비스 제공회사의 서비스를 받을 수 있었다. 하지만 제비언은 라디오와 광고를 듣는 것이 공짜인 것처럼 인터넷 접속도 공짜여야 한다고 생각하였다. 만약 그러한 시스템이 생긴다면 유저들의 인터넷 접속 정도와 활용도가 엄청나게 늘어나고 자유로워질 것이다. 그렇게 유저 숫자가 늘어난다면 TV나 라디오의 경우처럼 대형 광고주에게 판매하는 광고를 통하여 큰 돈을 벌 수 있을 것이다. 그리고 이것은 인터넷 서비스 분야에서 '게임을 바꾸는' 엄청난 아이디어가 될 것이다.

제비언은 자신의 아이디어를 그 아이디어가 잠재적으로 혁명적인 것이 될 것이라고 보았던 버와 공유하게 되었다. 그러나 이들 중에서 누구도 벤처의 성공에 매우 중요한 광고에 대해서는 알지 못했다.

버에 의하면, 그와 팀원들은 함께 '극한의 기획' 단계를 시작하였고 그 과정에서 광고 비즈니스를 제대로 이해하기 위해 몰입해야 했던 집중적인 시장조사를 실시하였다. 캘리포니아 출신인 버는 대학 학위도 없이 독학으로 공부한 소프트웨어 엔지니어로서 광고주들을 상대해 본 실제 경험이 전혀 없는 사람이었다. "우린 이쪽 업계에 아는 사람이 전혀 없었지만, 이쪽 경험이 있는 친구가 있었습니다. 누군가는 누군가를 알고 있기 마련이다 보니 우리는 나름대로 우리의 인맥을 활용하기 시작했죠."라고 버가 설명하였다. "우리 창업팀은 기업가적 집중력이 대단했습니다. 우리는 이 업계의 모든 측면에 대해서 깊이 생각을 하였습니다. 그리고 우리의 진정한 고객이 될 만한 광고주들을 대상으로 조사를 했습니다. 또한 우리는 몇 주간이나 메디슨가에 머물면서 회의를 하였고, 그 과정에서 그곳 광고 전문가들에게 우리 아이디어가 과연 제품성이 있을지에 대해서 물어보곤 하였습니다."

넷제로의 창업주들은 시장 수요를 제대로 이해하기 위한 연구에 몰두하였으며, 수익 창출을 위한 새로운 방법을 개발하기 위하여 소프트웨어 산업 내에서의 관련된 비스니스 모델을 찾기 시작하였다. 제비언이 가졌던 원래의 비전은 인터넷에의 무료접속 서비스와 할인 서비스를 제공하면서 광고 수익을 챙기는 것이었다. 물론 다른 인터넷 서비스 제공 회사들도 광고를 이용하기는 했다. 하지만 그들은 경쟁사들과는 달리 고객 서비스에 대해서도 요금을 부과하기로 결정하였다. 버는 다음과 같이 말했다. "ISP 회사 입장에서 고객 서비스 센터를 운영하는 비용은, 특히 그것은 7일/24시간 시스템으로 운영되어야 하기 때문에 회사가 가장 크게 부담해야 할 비용에 해당합니다. 그리고 그 비용은 몇 년이 지나면서 가격이 점차로 싸지게 된 전기통신 비용보다 더 비싼 것입니다. 그래서 우리는 소프트웨어 산업계의 전술을 따라 고객서비스에 대한 요금을 부과하기로 하였습니다."

마완 제비언

넷제로 공동창업자

넷제로의 극도로 치열한 기획과 폭넓은 시장조사, 그리고 그것에 더하여 관련 산업계(라디오와 소프트웨어)로부터 기발하게 비즈니스 모델을 빌려오는 방식은 새로운 형태의 ISP를 출범시켰는데, 그것은 마치 전혀 새롭게 등장했던 인터넷과 같았다. 넷제로의 이러한 모델은 곧바로 대박을 터뜨렸다. 1998년 가을에 회사가 론칭하여 서비스가 시작되고 단 9개월 만에 백만 명 이상의 가입자들이 확보되었다. 그리고 2000년 초반에 이르러서는 가입자의 숫자가 250만이나 되었다. "우리는 초기시장 진입자의 이점을 챙겼습니다."라고 버가 말하였다. 버와 그의 팀원들이 만든 기본 비즈니스 모델은 아직까지도 건재하면서 넷제로가 ISP 시장에서 핵심 경쟁력을 유지할 수 있게 하는 기반이 되고 있다.

로널드 버

넷제로 공동창업자

넷제로 창업주를 성공하게 만든 하나의 키는 곧 잠재적 고객의 관심사와 니즈(즉, 인터넷의 최종 유저와 광고주 모두)를 제대로 이해하고 고객들이 이미 자기들에게 중요한 이익과 혜택을 제공할 새로운 타입의 인터넷 서비스 모델을 기다리고 있다는 사실을 깨달았다는 점이다. 엘런 머스크의 테슬라 자동차, 리처드 브랜슨의 버진 익스프레스, 제프 베조스의 아마존, 무하메드 유누스의 마이크로크레딧과 블레이크 미코스키의 탐스와 같이 지금까지 우리가 언급했던 성공한 다른 기업가들과 마찬가지로, 소비자에 대한 깊은 이해와 그들에게 의미 있는 새로운 이익을 제공하겠다는 비전이 결합함으로써 게임을 바꾸는 결과가 산출될 수 있었다.

팀원과 직원

신벤처의 성공은 생성적 협동이 가능한 높은 성과를 내는 역량 있는 팀을 만들 수 있는 능력에 크게 달려 있다.

팀원/직원
정렬상태의 창출
역량의 증진

팀/미션의 예
"나의 미션은 팀원들의 마음을 움직이고 그들에게 많은 힘을 줄 것이다. 그 결과로 그들은 어린이에게 음악을 재미있고 협력적인 방법으로 가르칠 수 있게 하는 도구를 생산하고 판매하는 일을 잘 하게 될 것이다."

팀원과 직원들의 마음을 끌어들이고 고무시킬 수 있는 능력의 중요성은 과소평가될 수 없다. 이것은 회사가 설립되어 제대로 돌아갈 때까지 여러 가지 역할을 감당해야 하는 신규 스타트업 창업자들에게 특히나 그러하다. 스타트업 창업자들이 직면하는 주요한 도전 중의 하나는 그들 대부분은 필요한 만큼의 인력을 제대로 채용해서 쓸 수 없다는 것이다. 결과적으로 회사 창업자는 자기가 직접 일을 해내거나 몇몇 핵심 직원들로 하여금 아주 적은 보수로, 아니면 아예 무보수로 일을 하도록 유도해야만 한다. 어쩌면 그들은 실리콘밸리 같은 곳에서는 흔히 그러하듯이 스톡옵션과 같은 형태로 일정 지분의 회사 소유권 일부를 가질 수도 있다. 그러나 그 주식이란 것이 새로운 스타트업과 같은 곳에서는 별로 가치가 없기에 창업자는 자신의 꿈에 대해서 명확하게 설명함으로써 정말로 필요한 직원이나 팀원들에게 미래에 대한 확신과 함께 흥분하는 마음으로 동참하겠다는 마음을 가질 수 있도록 감동을 줄 수 있어야 한다.

신규 벤처의 궁극적인 성공은 역량 있는 팀을 만들 수 있을 때 가능하다. 높은 역량을 발휘하는 팀은 집단 지성(collective intelligence)의 특징을 잘 보여 준다. 일반적으로 지능 또는 지성(intelligence)은 자신이 살고 있는 세상과, 특히 도전이나 변화 앞에서 성공적으로 상호작용할 수 있는 능력으로 정의된다. 그렇다면 집단 지성은 집단 내의 개인들 간이나 다른 집합적인 생명계 간의 협조와 커뮤니케이션[예컨대, 생태계의 시너지와 회복탄력성(resilience), 높은 성과를 내는 팀, '대중의 지혜(wisdom of crowds)'와 같은 것으로부터 발생하는 공유된, 또는 집단적인 지성으로 정의될 수 있다.

비즈니스와 조직체에서의 이 집단 지성은 팀, 집단, 조직체 내의 사람들이 정렬되고 협응하는 방식으로 사고하고 행동할 수 있는 능력, 즉 공동의 미션과 비전을 공유하는 것과 관련된다. 수소와 산소가 만나서 제3의 물질인 물을 이루는 것처럼, 집단 지성은 각각 별개로 존재하던 개인을 응집력 있는 집단으로 전환시켜서 전체가 부분의 합보다 더 큰 것으로 존재하는 하나의 팀을 창조한다.

효능 있는 집단 지성의 과실은 **생성적 협동**(generative collaboration)이라고 할 수 있다. 생성적 협동의 개념 속에는 새롭고 놀라운 그 무엇, 그리고 집단 내의 사람들 개개인의 능력을 뛰어넘는 그 무엇을 창조하거나 생성하기 위해 함께 일하는 사람들이 포함된다. 팀 내의 각 개인은 생성적 협동을 통하여 자신의 능력을 최고도로 활용하고, 이미 자신 속에 있지만 깨닫지 못하고 있는 내적 자원을 찾아내어 사용할 수 있게 된다. 그들은 각자로부터 새로운 아이디어와 자원들을 이끌어 낸다. 그래서 전체로서의 집단의 수행 결과나 성과는 집단 내의 개인이 독립적으로 일을 한 것을 합한 것보다 훨씬 커지게 되는 것이다.

집단 지성과 생성적 협동을 창조하기 위해서는 사람에게 동기부여를 하는 것이 무엇인지에 대해서 충분히 이해하는 것이 아주 중요하다. 종국적으로 그것은 단지 돈이나 더 높은 지위를 보장해 주는 것만이 아니다. 동기부여 능력이 가장 큰 것은 곧 개인이 중요한 어떤 것의 일부가 되게 하고 성공하기 위해서 자신의 재능과 능력을 충분히 사용할 수 있음으로써 공동의 꿈을 실현할 수 있도록 하는 것이다. '임파워먼트'[15]라고 하는 이것은 곧 팀 내의 각 멤버들로 하여금 자신의 경험과 스킬들을 끄집어내어서 모든 팀원들이 열정적으로 추구할 가치가 있다고 동의하는 무엇을 창조할 수 있게 하도록 영감을 주고 고무하는 것을 말한다.

높은 성과를 내는 팀을 키워 내는 것은 **성공의 원**™의 한 부분으로서, 팀의 집단능력을 효과적으로 이끌어 내고 팀원들에게 바람직한 성과 달성을 위해 필수적인 영감을 주

15) empowerment: 한국어로 '힘 북돋우기'로 번역할 수 있으나 일반적으로 번역 없이 원어 그대로를 사용하는 경향이 있기에 이 책에서도 영어 발음 그대로를 사용하였다.

고자 하는 과정에서 기업가의 리더십 스킬이 가장 직접적으로 요구되는 부분이기도 하다. 우리는 수백 명의 성공적인 관리자들을 인터뷰한 결과를 바탕으로, 조직의 성과 달성이라는 차원에 초점을 둔 특징적인 리더십 행동과 자질들을 찾아내었는데, 그들 간의 조화는 성공을 위해 꼭 필요한 것이기도 하다.

정서 지능(emotional intelligence)은 기업가의 핵심적 리더십 스킬의 하나이다. 기업가는 팀원이나 직원의 입장에 서서 그들의 니즈와 욕구, 동기, 능력을 제대로 이해함으로써 진정한 리더가 될 수 있다. 리더는 공통의 목표를 달성할 수 있는 팀원의 능력을 끄집어내기 위하여 그들에게 코칭하는 것뿐만 아니라 영감을 주기도 하고 공유도 하며 궁극적으로는 임파워먼트까지도 한다. 이러한 모든 리더십 활동이 원만하게 이루어지기 위해서 기업가는 팀원들의 관점을 분명하게 이해해야 하며 그들로 하여금 공동의 미션과 비전을 향하여 나아갈 수 있도록 영감을 주고 정렬하게 해야 한다. 이러한 능력은 신벤처와 프로젝트를 위한 핵심 성공 요인의 또 다른 것이다.

만약 그렇게 하지 못하게 되면 중요한 부정적 결과가 생길 수 있다. 힘들게 이러한 교훈을 얻었던 어느 유명한 다국적 이동통신 대기업의 사례를 참고해 보자. 이 회사는 경쟁력을 잃지 않기 위해 고군분투하고 있었는데, 그 과정에서 시장의 아주 중요한 어느 부분을 위한 제품 개발의 필요성을 깨달았다. 그리고 선점 효과를 누리기 위해서는 재빨리 시장으로 진입해야 할 필요성도 느꼈다. 이 프로젝트가 너무 중요한 프로젝트이기에 회사의 최고 경영진은 신제품을 최대한 빨리 개발하기 위하여 1,000명으로 구성되는 팀을 만들었다. 하지만 나중에 밝혀진 놀랍고도 당혹스러운 사실은 다른 경쟁사가 더 짧은 시간에 더 싼 가격으로 더 나은 신제품, 아니 완전히 시장을 장악할 수 있는 제품을 단지 20명의 인력으로만 개발했다는 것이었다.

물론 이 대기업에게 던져진 심각한 질문은 곧 "겨우 20명의 직원이 1,000명의 성과를 그렇게 완벽하게 뛰어넘는 것이 어떻게 가능할 수 있는가?"라는 것이었다. '진정한 차이를 내는 차이'는 곧 우리가 집단 지성과 '생성적 협동'이라고 부르는 능력이었다. SFMTM의 관점에서 생각해 본다면 이 회사의 1,000명이나 되는 팀원들이 함께 어떤 식으로 일했는지에 대해서 어느 정도 힌트를 얻을 수 있을 것이다. 즉, 그들은 아마도 개별적으로 각각 고립상태에서 일을 했을 것임이 틀림없다. 그런 것을 '사일로 효과'[16]라고 하는데 이로 인해서 다양한 능력의 팀원들은 프로젝트 리더가 시키는 대로만 기계적으로 일을 하게 되고 그 리더 또한 부하직원들을 그냥 기계부품이나 컴퓨터 소프트웨어에 해당하는 존재로만 인식한다. 그 결과로 SFM™에서 '뇌와 연필' 리더십이라고 하는 현상이 생기게 되었다. 이런 상황에서는 일종의 '집합적(collected)' 지성이 작동하기에 기껏해야 '1 + 1 = 2'와 같은 성과밖에 만들지 못하게 된다.

반면에 20명의 사람들의 경우에는 프로젝트의 비전에 대하여 열정을 가진 사람이 리더의 역할을 맡았다. 이 리더는 오케스트라 지휘자처럼 팀을 운영하면서 팀원들에게 공동의 목표와 비전을 주입하였다. 그리고 팀원들은(마치 오케스트라의 단원들처럼) 계속해서 소통하고 상호작용할 수 있도록 격려받았는데, 그 결과로 그들은 서로를 자극하고 지지함으로써 각자의 역할에서 최고가 되도록 최선을 다할 수 있게끔 하였으며 매사에 고정관념에 사로잡히지 않고 자신의 일에서 탁월성을 발휘할 수 있게 하였다.

결론적으로 그들은 높은 수준의 생성적 협동을 이룩하였으며, 서로를 자극하고 지지함으로써 새로운 방식으로 나아가서 '1+1=3'과 같이 전례없는 무엇을 창조할 수 있었다. 그렇게 하기 위해서 그들에게 요구되었던 것은 비전을 공유하며 다중적인 관점을 통합하고 신뢰와 상호 존중에 바탕하여 강력한 '팀스피릿'을 창조할 수 있는 능력이었다.

주주와 투자자

주주는 프로젝트나 벤처와 관련하여 다음과 같은 개인이나 집단이 될 수 있다.

1. 결과의 품질에 중요한 영향을 줄 수 있는 자원이나 스킬을 보유하고 있음
2. 의사결정에 영향을 줌

16) Silos Effect: 이는 '부서 이기주의'를 의미한다. 원래 '사일로'는 곡식을 저장해 두는 원통형의 창고인데 조직 내의 부서들이 서로 담을 쌓고 상호 협력과 교류 없이 내부 이익만을 추구하는 모습을 비유해서 만들어진 용어이다.

주주는 회사가 성공하기 위하여 필요로 하는 중요한 자원을 갖고 있는 개인이나 집단이다.

주주/투자자

투자 유치
비즈니스 성장에 필요한 중요한
자원을 확보하고 가치를 창조함

주주/야망의 예:

"추가 자본을 확보함으로써 우리 상품은 전 세계로 잘 팔려 나갈 수 있다. 이 도구는 다른 여러 가지 악기와 음악이 아닌 다른 스킬에도 적용될 수 있다."

3. 의사결정의 결과와 의도된 결과로 인해 긍정적 또는 부정적으로 영향을 받음
4. 기대된 결과에 이르는 과정을 방해할 수도, 도움을 줄 수도 있음

주주라는 용어는 자신 소유의 땅임을 표시하기 위하여 경계선에 (목재) 말뚝을 세웠던 전통에서 나온 말로서, 그런 말뚝의 소유자임을 주장하는 사람들이라는 뜻이다. 하지만 이 말은 이제 회사의 지분을 상당한 비율로 소유한 사람이나 집단, 또는 그런 지분을 소유하지는 않지만 회사 운영으로 인해 영향받거나 회사 운영에 관심을 가진 개인이나 집단을 의미하는 것으로 진화되었다. 일반적으로는 주주라고 할 때는 회사가 성공하기 위하여 필요로 하는 중요한 자원을 갖고 있는 개인이나 집단을 의미한다고 할 수 있다.

투자자란 경제적인 수익을 얻기 위하여 벤처에 돈을 대는 특정한 형태의 주주를 말한다. 기술 스타트업의 투자자는 전형적으로 장기적인 이익을 챙기기 위해 가용할 수 있는 여분의 돈을 가진 사람들이다. 스타트업 자본 같은 것이 필요하지 않은 기성 조직들의 경우에는, 말 그대로 주식을 보유하고 있는 사람들이나 최고 경영자들을 의미할 수도 있다.

대부분의 기업가는 많은 시간을 파이낸싱을 확보하고 핵심 자원을 인수하는 문제에 집중하면서 소비한다. 물론 이러한 사실이 대부분의 유능한 기업가들에게 해당이 안 되는 것은 아니지만 그래도 그들은 **성공의 원**TM에 해당하는 다른 사람들에게 감동과 영감을 주는 스킬을 사용함으로써 그들이 필요로 하는 펀딩과 자원을 확보하고자 한다.

기업가가 잠재 고객, 팀원, 파트너들로부터의 관심과 지원을 얻어 낼 수 있는 능력을 많이 보일수록 잠재적 투자자와 주주들은 더 큰 매력을 느낄 수 있게 될 것이다.

그렇게 하기 위한 첫 시작은 자금이나 기타 중요한 자원을 대면서 그만큼의 반대 급부를 기대하는 투자자의 입장을 염두에 두면서 솔직히 회사가 그들에게 무엇을 되돌려 줄 수 있을 것인지에 대해서 생각해 보는 것이다. 이 과정을 옳게 진행하기 위해서 기업가는 특정한 투자자의 구체적인 특성들을 먼저 검토해야 한다. 이 투자자는 어떤 유형의 사람일까? 기관 투자자는 개인적으로 투자하는 엔젤 투자자와는 다른 시각이나 차원에서 투자에 임하는 것이 당연할 것이다.

기업가는 투자자가 무엇에 가치 부여를 하는지에 대해서 제대로 이해해야 한다. 즉, 투자자는 단순히 경제적인 이익만을 추구하는 사람인지 아니면 기업가가 하는 일이나 제품에 대해서 열정적인 관심을 갖고 기업의 성공을 위하여 다른 자원과 인맥도 투자하려는 마음이 있는지에 대해서 제대로 알 필요가 있다.

특히 후자의 경우는 벤처 초기 단계의 투기적인 세계에서 개인 지분의 자금을 내놓으면서 한번 '간을 보는' 엔젤 투자자의 전형적인 모습일 수 있다.

엔젤 투자자란 말은 뉴욕 브로드웨이의 극장가에서 생겼다. 자금난을 겪는 영화제작사들은 은행이나 다른 금융기관들로부터 대출을 제대로 받지 못할 경우에 대안 금융을 찾곤 했다. 이럴 때 마치 천국에서 내려온 천사와 같은 개인 투자자가 필요한 자금을 대줌으로써 무사히 작품 제작이 시작되곤 하였다.

그런데 자금난을 겪던 초창기의 할리우드 영화계에서는 천사가 재정 지원자 역할을 맡는 일이 생기게 되었다. 따라서 '천사'라는 용어는 이제 뉴욕에서 캘리포니아로 건너가는 결과로 이어졌다. 그리고 종국적으로는 그 용어가 실리콘밸리로 진입하게 되었고 오늘날에는 벤처의 초창기에 기하급수적인 수익을 되돌려 받을 수 있다

기업가가 자신의 벤처를 성공시키고 성장시키고자 하는 앰비션의 형태로 표현되는 열정이야말로 잠재적 주주에게 있어서 가장 매력적인 것이다.

기업가는 성공하기 위해서 단순히 자본만 투자할 것이 아니라 기업가가 하는 일이나 제품에 대해서 열정적인 관심을 갖고 기업의 성공을 위하여 다른 자원과 인맥도 투자하려는 마음이 있는 투자자와 주주가 필요하다.

엔젤 투자자는 높은 수준의 위험을 기꺼이 감내하고자 하면서 아주 가까이서 벤처의 성공을 위한 일에 관여하는 새로운 형태의 투자자들이다.

는 희망으로 소량의 자금을 투자하는 부유한 사람들을 일컫게 되었다. 이들은 때때로 회사에 고문이나 이사회의 일원으로 참여할 정도로 가까운 사이를 유지할 수도 있다. 그들의 이런 식의 참여로 인한 효과는 그들에게 주어지는 단순한 경제적인 반대급부를 뛰어넘어 그들의 경험, 인맥, 아이디어 자체가 기업에게 돌아가는 아주 큰 혜택으로 귀결될 수 있다. 지혜로운 스타트업 창업주들은 엔젤 투자자를 선호하는데, 그것은 그들이 회사를 돕는 일에 보다 많이 관여할 뿐만 아니라 회사가 그들의 인맥과 자원을 보다 쉽게 활용할 수 있게 될 것이기 때문이다.

기업가들이 회사의 비전과 특히 자신의 앰비션에 대하여 '피치'[17]를 할 때, 투자자가 꼭 듣기를 원하는 분명한 포인트가 있다. 투자자는 자신이 투자한 회사로부터 어떻게 돈을 벌거나 구체적인 가치를 어떻게 되돌려 받을 수 있을 것인지에 대해서 확실히 알고 싶어 한다. 일반적으로 투자자에게 투자의 대가로 되돌려 주는 데 필수적인 가치를 창출하게 되는 것은 결국 벤처가 앰비션을 달성하는 것이라고 할 수 있다. 그러니까 기업가가 실시하는 회사 앰비션에 대한 프레젠테이션에서는 회사 제품이나 서비스에 대한 상세한 설명뿐만 아니라 시장 규모와 충분한 시장 점유 확보에 대한 계획이 포함되어야 한다. 물론 이 경우에 투자자는 회사의 경영팀에 대한 구체적인 설명을 들을 뿐만 아니라 어째서 특히 그 팀이 적절하게 구성되어 있어서 회사의 앰비션을 달성할 수 있는 능력을 제대로 갖추고 있는지에 대해서 납득하기를 원한다.

따라서 회사가 투자를 받기 위해서 고려해야 할 중요한 요소는 곧 힘들게 번 돈을 풋내기 회사에 투자하는 모험을 감당함으로써 수반되는 투자자의 두려움과 염려뿐만 아니라 그들의 관점, 니즈와 열망, 가치관, 흥미들을 모두 제대로 이해해야 하는 것이다.

일단 기업가가 투자자의 관점을 이해한다면 그다음 성공 요인이 중요해지게 되는데 그것은 끈기이다. 넷제로의 전임 CEO 로널드 버가 이러한 끈기의 중요성에 대해서 잘 보여주는 예가 된다. 여러분도 기억하겠지만 앞서 소개되었던 공동창업자 마완 제비언은 고속도로를 운전하면서 고가의 슈퍼볼 광고 라디오를 듣고 공짜 ISP 서비스에 대한 아이디어를 떠올렸다. 그 아이디어의 핵심 내용은 운전자들이 뻥 뚫린 고속도로를 달리면서

17) pitch: (물건을 팔거나 사람을 설득하기 위해 하는) 권유나 주장, 홍보를 의미하는데 이 책의 p.411에 있는 "엘리베이터 피치"라는 내용에서 상세히 설명되고 있다.

공짜 라디오를 듣는 것과 같이 유저들이 인터넷에 공짜로 접속할 수 있어야 한다는 것, 그리고 일단 인터넷 유저의 숫자가 충분히 늘어날 때 대형 광고주에게 광고를 팔 수 있을 것이기에 회사는 돈을 벌 수 있다는 것이다.

회사가 투자를 받기 위해서 고려해야 할 중요한 요소는 투자자의 두려움과 염려뿐만 아니라 그들의 관점, 니즈와 열망, 가치관, 흥미들을 모두 제대로 이해해야 하는 것이다.

돌아보면 그 당시 인터넷 붐이 일던 시기에 설립되었던 많은 회사들에게는 앞선 비즈니스 모델이 그다지 먹히지 않았다. 많은 사람들은 인터넷 소프트웨어 유저들이 아주 많이 생길 것을 예상하면서 비현실적인 기대를 하였다. 실제로 이 분야 대부분의 회사들에게 있어서 유저들이 실제적으로 크게 늘지 않았다. 그 결과로 이러한 광고 모델은 별로 현실가능성이 없는 것으로 인식되었다. 비록 구글, 야후, 페이스북과 같은 일부의 회사들이 광고를 위주로 하는 업체였지만 말이다.

그럼에도 불구하고 로널드 버와 그의 팀은 계속 인내하는 가운데 적어도 37개의 투자자에게 거절을 당하기도 했지만 마침내 어느 한 투자자로부터 처음으로 200만 달러를 투자받을 수 있게 되었다.

넷제로는 빠른 속도로 유저의 숫자를 수백만 명으로 늘렸으며 결국에는 다른 7개 회사를 인수한 후에 인터넷 붐의 정점에 서게 되었다. 2005년이 되었을 때 회사의 시가총액은 수십억 달러가 되었다. 그리고 로널드 버를 포함한 네 명의 창업자들은 힘들게 일을 한 세월을 뒤로 하고 오래전에 은퇴를 해 버렸다.

파트너와 제휴사

신흥 성장 기업들의 역동적이고 불확실한 세계에서는 핵심적인 제휴사와 파트너십을 구축하는 것이 또 다른 중요한 성공 요인이다. 사실상, 당신이 누구를 알고, 또 어떤 사람과 인맥이 있는지의 문제는 당신의 기술이나 재정 상태와 마찬가지로 회사 가치를 평가하는 데 있어서 중요하다. 파트너십과 제휴관계는 일종의 윈윈 관

파트너십과 제휴관계는 성공의 원™에서 자주 다루어지지 않으면서도 아주 큰 차이를 낼 수 있는 부분이기도 하다. 기업가는 윈윈 관계를 창출하는 상호보완적인 역할을 이끌어 낼 방법을 찾음으로써 자원을 크게 레버리지하고 확대할 수 있게 된다.

파트너/제휴사
윈윈 관계의 수립
자원 확대와 자원의 레버리지

파트너/역할 사례:
"나는 주요 장난감 체인과 장난감이 어떻게 학습을 촉진할 수 있는지를 보여 주는 모델로 내 제품을 사용해도 좋다는 광고 계약에 합의를 하였다."

계로서 기업이 확장되고 자원을 레버리지하며 기업의 인지도를 높일 수 있게 한다. 파트너는 팀원이나 주주와는 구별되면서 그들보다는 벤처와의 관계가 조금 더 멀다고 할 수 있다. 그래서 벤처의 성공 여부는 파트너의 성공과는 직접 관련이 적다. 따라서 그들이 얻을 수 있는 혜택에 비해서 의존성과 위험성은 상대적으로 적다고 할 수 있다. 가장 성공적인 파트너십과 제휴관계는 잠재적 파트너가 각자의 자원들을 중심으로 효과적인 시너지를 창출하면서 서로를 보완하는 역할을 할 때 가능하다.

예를 들어, 전략적 제휴관계는 조직 간의 공식적(때로는 비공식적) 관계인데, 그와 같은 관계를 통하여 기업가는 기업 목표에 좀 더 빨리, 더 낮은 비용으로, 더 쉽게 도달하고 경쟁 우위를 확보하기 위해서 기술적인 일이나 비즈니스 활동을 조정하고 자원을 공유할 수 있게 된다. 또한 전략적 제휴관계는 회사가 소위 '개방형 혁신'을 더 잘 이룩하는 데 도움이 된다. 개방형 혁신은 본질적으로 '파트너와 함께 위험과 수익을 모두 공유함으로써 혁신을 달성하는 것'이라고 정의된다.

헨리 체스브로[18]에 의하면, "개방형 혁신은 회사가 기술적인 발전을 추구함에 있어서 내부 아이디어뿐만 아니라 외부의 아이디어를, 그리고 시장에 대해서도 내부 접근 경로와 외부 경로를 모두 활용할 수 있고 활용해야 한다고 가정하는 패러다임이다." 개방형 혁신 개념의 배경

18) Henry Chesbrough: 미국의 조직 이론가이며 UC버클리 대학교 교수. 그는 개방형 혁신이라고 할 수 있는 '오픈 이노베이션(open innovation)'이란 용어를 2003년에 처음으로 제시하면서 과거의 패쇄형 개발 방식과는 달리 이제는 기업이 필요로 하는 기술과 아이디어를 외부에서 조달하고 내부 자원을 외부와 공유하면서 새로운 제품이나 서비스를 만들어 낼 필요가 있음을 주장하였다.

이 되는 중심적인 논리는 광범하게 확산된 지식 세계에 있어서 회사가 성공하기 위해서는 더 이상 자체 연구 결과에만 의존해서는 안 된다는 것이다. 혁신에 필요한 지식과 자원은 자체 직원, 공급자, 고객, 경쟁사, 대학 안에 있다. 따라서 혁신을 가속화하고 자원을 레버리지하기 위해서는 회사가 다른 조직이나 회사들과 윈윈하는 파트너십과 제휴관계를 창출할 필요가 있다.

새로운 회사들은 스타트업 회사에게 자문과 다른 자원을 제공해 주는 전문가 그룹인 **자문위원회**를 설립함으로써 파트너십과 제휴관계를 구축하기도 한다. 위원회의 멤버들은 보통 스타트업의 성공에 필요한 특정 영역에서의 전문성이나 경험을 갖고 있기 마련이다. 사실, 성공적 자문위원회를 구축하기 위한 지침이 될 만한 원칙은 SFM **성공의 원**™의 각 사분면에 속하는 사람들을 대표하는 사람(투자자, 고객, 팀, 파트너)을 위원회에 확실하게 포함시켜야 한다는 것이다.

회사는 그것이 신생이든 오래되었든 상관없이 '모범 사례'[19]를 공유할 수 있는 다른 사람들과 관계형성을 함으로써 이익을 볼 수 있다. 모범 사례 비교는 비즈니스 사례나 행동단계를 공유하고 그것에 대해 토론하고 비교하는 과정뿐만 아니라 최고의 결과를 산출하는 사례를 찾는 과정을 포함한다. **모범 사례를 연구하는 그룹과 네트워크**(best practice groups and networks)는 회사의 전반적인 운영을 개선시킬 수 있는 사례들을 찾아내기 위하여 회사의 문제와 목표에 합치되는 것으로 채택된 것들을 비교한다. 사실, 모범 사례를 벤치마킹 기법과 묶어서 공유하게 되면 SFM™의 강력한 형식이 되면서 시너지와 새로운 아이디어를 효과적으로 창출하는 원천이 된다.

하지만 모범 사례 그룹과 네트워크를 구축할 때 업계 바깥에 있는 사람들과 조직을 참여시키는 것이 중요하다. 만약 같은 업계 내에서 모범 사례 공유가 이루어진다면 이는 서로가 기존에 이미 시행하고 있는 것들을 검증하는 꼴이 되므로 그다지 혁신적이라고 할 수 없을 것이다. 그리고 그것은 실수를 피하는 일에 도움이 될 뿐이다. 라디오 업계로부터 무료 서비스 모델을, 소프트웨어 업계로부터 고객서비스 요금 아이디어를 각

---

19) best practices: 우리나라에서는 영어 그대로 '베스트 프랙티스'라고도 불리는 이것은 경영 목적을 지속적이고 효과적으로 달성하기 위한 가장 성공적인 해결책이나 문제 해결 방법을 말하며, 모범 경영, 모범 실무, 최상의 업무수행방법, 최상의 접근방법 등으로 번역되기도 한다.

'개방형 혁신', 자문위원회, 모범 사례 네트워크는 파트너십의 가능한 유형의 예들이다.

각 채택한 넷제로의 사례와 같이 다른 업계로부터 모범사례를 공유하는 것은 '다른 업계에서 아이디어를 차용'하는 탁월한 방법이 될 수 있다.

파트너와 접속하는 것도 **성공의 원™**의 도전적인 영역의 하나가 될 수 있다는 점을 주목할 필요가 있다. 이 말은 사실인데 그것은 파트너 관계를 맺는 것이 어렵기 때문이 아니라 오히려 파트너십을 시작하기가 너무 쉽기 때문일 수 있다.

최상의 파트너십은 양쪽이 상보적인 역할을 수행하면서 상호협동을 통하여 확실한 이익을 얻고 파트너 관계를 맺지 않았을 때에 비하여 더 큰 혜택을 얻고 떠날 수 있을 때 가능해진다.

기업인들이 저지르는 가장 흔한 실수 중의 하나는 잘못된 사람들과 너무 빨리 파트너 관계를 맺는다는 것이다. 일단 파트너십이 맺어지면 그것을 되돌리는 것은 아주 어려우면서도 시간 소모가 많이 되는 일이다.

기업인들이 잘못된 사람들과 너무 빨리 파트너 관계를 쉽게 맺는 이유는 일단 자신의 이야기를 시작하면 그 이야기를 들어주는 사람들 앞에서 편안함을 느낄 수 있기 때문이다. 그런데 문제는 그러한 파트너십이 정말로 얼마나 도움이 될 것인지, 그리고 만약 나중에 그 관계가 방해가 된다면 어떻게 할 것인지이다.

흔히 초기 단계 회사의 기업가가 더 큰 전략적 기업 파트너의 관심을 끌게 될 때 함정에 빠지기 쉽다. 규모가 더 크고 신뢰도가 더 높은 회사로부터 인정을 받는다는 것은 특히 관심 표명과 함께 자금 지원과 관련한 제안까지 받게 될 수도 있으므로 크게 매력적일 수 있다. 하지만 전략적 파트너로부터 투자 제의를 너무 빨리 받아들이게 되면 단서 조항이 따라붙는 불리한 국면이 발생하게 된다.

이러한 일이 발생할 때의 최상의 시나리오에서는 전략적 파트너가 기업의 제품이나 서비스를 위한 시장 통로를 제공해 주거나 비즈니스 경영 의사결정을 기업가에게 완전히 맡긴다. 그러나 최악의 시나리오에서는 더 큰 기업 파트너가 전략적 투자를 제공함에 있어서 중요한 단서 조항을 제시하고 벤처회사가 그들이 의도하고 제시하는 방향으로 맞추고 집중해 주기를 기대하게 된다.

물론 최상의 파트너십은 양쪽이 상보적인 역할을 수행하면서 상호협동을 통하여 확실한 이익을 얻을 수 있을 때 가능해진다. 그들은 모두 파트너 관계를 맺지 않았을 때에 비하여 더 큰 혜택을 얻고 떠나게 된다. 그들은 윈윈 관계, 즉 서로가 승리하는 '승-승' 관계를 만들 수도 있지만 '승-패' 관계, 또는 최악의 경우에 '패-패' 관계를 만들 수도 있다(예를 들어, 협동에 소비된 시간과 비용의 낭비 때문에 양쪽 모두가 손해를 보는 관계가 될 수 있다).

앞의 장에서 설명되었듯이 역할은 각자의 '탁월성 영역'에 기초하여 수행될 때 가장 효과적이며 만족스럽다. 회사나 조직체도 그들 나름의 탁월성 영역을 가질 수 있다. 최상의 파트너십은 한 개인이나 조직의 탁월성 영역이 파트너의 서로 다른 탁월성 영역에 의해 보완되고 향상될 때 가능하다고 할 수 있다.

시장의 기회가 제한되어 있는 상황에서 특히 신뢰하는 파트너나 협력자와 공유하는 협조적인 비전은 현재의 시장 전망보다 더욱 탄탄하고 전망이 밝은 새로운 영역을 개발할 수 있게 해 준다. 이러한 윈윈 관계를 보여 주는 좋은 사례의 하나가 곧 플레전트 하와이언 홀리데이즈의 CEO인 에드 호건(Ed Hogan)의 경험이라고 할 수 있는데, 그 회사는 제2차 세계대전 종전 후에 퇴역군인이었던 호건에 의해 뉴저지의 플레전트에서 창립되었다. 그는 아주 적은 돈으로 여행사를 시작하였다. 하지만 그에게는 하와이라는 이국적인 장소로 여행하는 것에 대한 강한 열정이 있었다. 그는 자신의 많은 하와이 여행 경험과 자기 여행사 고객들의 조언들을 모두 종합했을 때 하와이가 인기 여행지로 급부상하고 있다는 사실을 깨달을 수 있었다. 그는 충분한 자금을 확보하여 퇴역 비행기를 구입해 개보수 작업을 하였고, 하와이로 직접 비행기를 몰면서 그곳으로 휴가 여행 가는 손님들을 모시기 시작하였다. 그러나 그는 비즈니스 규모가 더 크고 비용이 저렴한 대형 항공사와는 경쟁하기가 쉽지 않다는 사실을 곧 깨달았다. 다시 말해서, 비행기로 손님을 실어 나르는 형태의 여행서비스 사업은 자신의 '탁월성 영역'이 아니었다.

에드 호건

플레전트 하와이언 홀리데이즈 창업자 겸 CEO

이러한 상황이 결과적으로 더 큰 시장점유율을 확보하면서도 가격 경쟁력을 갖추는 사업을 하겠다는 비전과 앰비션을 갖도록 그를 이끌어 갔다. 그는 자신의 비즈니스를 키우기 위해서 보완적인 비즈니스 목표와 하와이 여행객들로부터의 수입을 증가시킬 수 있는 전문성을 가진 협력자의 도움이 필요하다는 사실을 깨달았다. 그 결과, 그는 엄선된 호텔과 파트너 관계를 수립하였고 단체 할인을 받기 위하여 단체예약 방들에 대

'휴가 패키지'의 선구자인 에드 호건은 이국적인 장소로의 여행에 대한 그의 열정을 발휘하여 연간 5억 달러짜리 비즈니스로 성장하게 된 윈윈 파트너십을 만들어 내었다.

다른 많은 성공적인 기업가들과 마찬가지로 호건 또한 그가 속한 공동체와 사회 전체에 그의 삶 속에서 누리고 있는 성공에 대한 감사의 표시로 '환원'을 하고자 하는 마음을 키워 왔다. 1988년에 호건과 그의 아내 린(Lynn)은 '호건가족 재단'이라는 기업가 정신을 고양하는 비영리단체를 만들었는데 이 단체는 교육적 · 시민의식적 · 인도주의적 프로그램들을 개발하고 운영함으로써 좀 더 생산적이고 공헌하는 사회로 발전시키려는 활동을 하고 있다. 이 재단은 설립 이후로 약 6,700만 달러를 교육 프로그램과 자선 프로그램에 투자하였다.

인도주의적 프로그램에는 호건 엔젤 비행 프로그램이 포함되어 있는데, 이것은 매년 25만 달러의 기부금으로 의료적 도움이 필요한 환자들에게 여행 서비스를 제공하기 위한 것이다.

해서 협상을 하였다. 이것은 곧 양측을 위한 윈윈에 해당하였다. 그렇게 함으로써 비록 개인당 마진은 얼마 되지 않았지만 전체 고객수가 증가함에 따라 전체 수익금 또한 기하급수적으로 늘어났다. 그는 항공료와 호텔 숙박비를 포함한 여행 패키지를 할인 가격으로 판매하였다. 이러한 파트너십 덕분에 그의 회사는 졸지에 수익성 있는 비즈니스로 도약하게 되었다. 마침내 그는 파트너들로부터 성장하는 그의 여행 제국으로 흡수하게 된 여러 호텔들을 매입하게 되었다.

그는 여행업계에서 '휴가 패키지(vacation package)'의 선구자로 국제적 명성을 얻게 되었다. 그의 비즈니스 기업은 지난 40년 동안에 극적으로 성장하여 영업 지역이 하와이뿐만 아니라 세계 각지로 확장되었고 이제는 매년 5억 달러가 넘는 영업 매출을 올리게 되었다. 그는 자신의 회사를 미국의 선두적 여행사인 남캘리포니아 미국자동차협회[20]에 수억 달러에 판매하였다.

호건은 여전히 자신의 열정을 간직하고 있으며 끊임없이 변화하는 세상에서 자신이 창업한 회사가 성장과 성공을 거듭해 왔듯이 여행업계의 저명인사로 계속하여 인정받고 있다. 그는 비영리 호건가족재단(The Hogan Family Foundation), 플레전트 여행사, 플레전트 항공기 리스 회사, 로얄 라하이나 개발회사, 로얄 라하이나 리조트, 로얄 코나 리조트의 회장을 맡고 있다.

만약 호건이 파트너 관계의 기술을 배우지 않았다면 그는 벌써 오래전에 경쟁자들에게 패배했거나 자신의 비즈니스를 키울 수 있는 기회를 갖지 못했을 것이다.

20) Southern California Automobile Association of America: AAA라는 전국 조직의 남캘리포니아 지역의 지부를 말한다. AAA는 흔히 '트리플 A'로 더 잘 알려진 미국의 대표적인, 자동차 여행과 관련한 다양한 서비스를 전문으로 하는 비영리 단체이며 회원제로 운영된다. 1902년 시카고에서 시작된 이 조직에는 최근 통계를 기준으로 미국과 캐나다에 걸쳐서 5억 5,600만 명의 회원이 가입하고 있는 것으로 알려져 있다.

SFM 성공의 원TM의 예

고객/시장

비전

"나는 사회적 네트워크의 힘을 이용하여 아이들이 모든 종류의 음악을 배우고 즐기도록 지원하는 가족들을 볼 수 있다."

주주/투자자

앰비션

"추가 자본을 확보함으로써 우리 상품은 전 세계로 잘 팔려 나갈 수 있다. 이 도구는 다른 여러 가지 악기와 음악이 아닌 다른 스킬에게도 적용될 수 있다."

팀원/직원

미션

"나의 미션은 팀원들의 마음을 움직이고 그들에게 많은 힘을 줄 것이다. 그 결과로 그들은 어린이에게 음악을 재미있고 협력적인 방법으로 가르칠 수 있게 하는 도구를 생산하고 판매하는 일을 잘 하게 될 것이다."

파트너/제휴사

역할

"나는 주요 장난감 체인과 장난감이 어떻게 학습을 촉진할 수 있는지를 보여 주는 모델로 내 제품을 사용해도 좋다는 광고 계약에 합의를 하였다."

자아 정체성

열정

"나는 비즈니스 우먼이면서 내 딸의 성장 과정을 바쁜 가운데서도 직접 보기 원하는 열정적인 엄마이다. 또한 나는 음악에 대해서도 열정이 많다."

맥락의 영향과 성공의 원™에서의 '혁신의 장'

에드 호건과 플레전트 하와이언 홀리데이즈, 마완 제비언 및 로널드 버와 넷제로, 스티그 웨스터버그와 스트림씨어리의 사례들은 **성공의 원**™과 관련한 또 다른 핵심 요인들을 부각시킨다. 이는 지금까지 우리가 언급한 엘런 머스크와 테슬라 자동차, 월트 디즈니와 그의 엔터테인먼트 제국, 리처드 브랜슨과 버진 엑스프레스, 제프 베조스와 아마존, 무하메드 유누스의 마이크로크레딧, 블레이크 마이코스키와 탐스 등과 같이 우리가 언급했었던 모든 기업인들과 그들의 회사들에서 이미 반영되었었다. 이는 더 큰 규모를 가진 사회적이고도 문화적인 '장(場, field)' 또는 '시대 정신(Zeitgeist)'이라는 것들과 관계되는데, 그 속에서 기업가와 그의 벤처가 활동하고 운영된다.

다른 모든 것들과 마찬가지로 신벤처의 성공은 주로 그들이 일부분을 이루고 있는 좀 더 큰 시스템에 적합한가에 의하여 결정된다. 이러한 더 큰 시스템의 진화 상태는 어떤 맥락을 규정하는데, 그 맥락 속에서 기업가의 열정과 의도는 **성공의 원**™의 여러 다른 사분면에 따라 서로 다른 모양을 띠게 된다. 이러한 더 큰 시스템의 상태는 하나의 장의 형태로 보여질 수 있는데, 그 장이란 것은 기술 개발뿐만 아니라 진화하는 사회경제적 역동성의 수준을 반영하는 것이다. 그러한 장은 **성공의 원**™을 구성하는 개인의 기존 니즈, 태도, 의견뿐만 아니라 그의 잠재되어 있거나 개발되고 있는 니즈와 태도들로 구성된다.

신벤처의 성공은 그 벤처가 속해 있는 더 큰 사회경제적 시스템에 얼마나 잘 기여하고 또 수용되어졌는지 그 결과에 따른 것이다.

기업가의 아이디어가 실현 가능하고 바람직한 것으로 인식될지 여부를 결정하는 것은 바로 이러한 더 큰 '가능성의 장'의 상태이다. 가장 성공적인 벤처는 정말로 획기적인 발전이나 '게임을 바꾸는' 무엇인가를 만들어 내는 벤처이다. 이것은 자신을 둘러싸고 있는 장 내에서 부상하는 트렌드 상의 '물마루'[21]를 잡을 수 있을 때 가능한

진화하는 기술 개발과 사람들의 니즈와 태도의 변화는 신제품과 아이디어의 실현가능성, 바람직함, 수용성을 결정짓는 일종의 '혁신의 장'을 형성한다.

21) 큰 파도 위의 제일 높은 곳, 봉우리를 지칭하는 순수 우리말로 파두(波頭), 수종(水宗)이라고도 한다.

일이다.

관심과 가능성의 더 큰 장에서 일어나는 중요한 발달 상황을 제대로 이해하고 추적할 수 있는 능력은 열망을 가진 기업가를 위한 주요 성공 요인이 된다. 이것은 장을 형성하기도 하고 다가오는 변화 트렌드에 맞추기 위해 소위 '미세신호 감지' 능력을 적용하기도 하는 보이지 않는 힘에 대해서 이해하는 것과 관계된다. 인터넷 사용의 급격한 증가 현상과 온라인 소매 사업자가 다른 주에 거주하는 온라인 고객에게 판매한 제품에 대해서는 영업세를 부과하지 않아도 된다는 취지로 내려진 법원의 판결이 결합되면서 그동안 닫혀 있었지만 이제 열려 버린 엄청난 잠재력을 인식하게 된 아마존 창업자 제프 베조스가 보여 준 능력은 위의 좋은 예가 될 것이다.

기업가는 성공하기 위해서 '혁신의 장' 내에서 새롭게 부상하는 트렌드와 기회를 감지하고 이용할 필요가 있다.

새로운 가능성과 '게임을 바꾸는' 잠재력은 항상 끊임없이 드러나고 있다. 기업인을 위한 핵심 성공 요인은 다음에 언제 어디서 이러한 게임을 바꿀 수 있는 발전이 일어날 것인가를 감지하고 예측하는 법을 아는 것이다.

IBM의 수석 기술매니저인 글렌 베이컨(Glenn C. Bacon)은 자신의 예언적인 논문인 '새로운 정보 패러다임을 형성하는 세력(Forces Shaping the New Information Paradigm)' (1985)에서 심리학자 에이브러햄 매슬로의 욕구 위계설을 사회적 · 경제적 발달의 방향에 영향을 미치는 근본적 세력의 하나로 제시하였다. 베이컨은 매슬로의 이론에 따를 때 인간에게 있어서 보다 상위의 고상한 욕구가 생기기 위해서는 기본적 욕구들이 먼저 충족되어야 한다고 설명하였다. 이러한 욕구의 위계가 기술 개발의 속도와 방향을 결정한다.

예를 들어, 인간의 생리적 생존을 위한 기본 욕구는 다른 무엇을 하기 전에 우선적으로 충족되어야 한다. 개인과 조직이 생존하기 위해서는 생존을 지원하는 근본적인 기제가 적절히 기능해야 한다. 일단 생존이 보장될 수 있다면 그 다음으로 안정과 안전에 대한 욕구가 생긴다. 즉, 단순히 생존하는 것만이 아니라 적대감이 없는 안전한 사회적 환경에 거할 수 있어야 한다는 것이다. 일단 환경의 안전이 충족된다면 그다음 수준에서는 사회적 연결을 이룩하고 소속감을 성취하고자 하는 쪽으로의 관심이 생기게 된다. 그 위의 수준에서는 집단을 뛰어넘어 독특하고 보다 자율적인 위치에 이르고 자기 존중감을

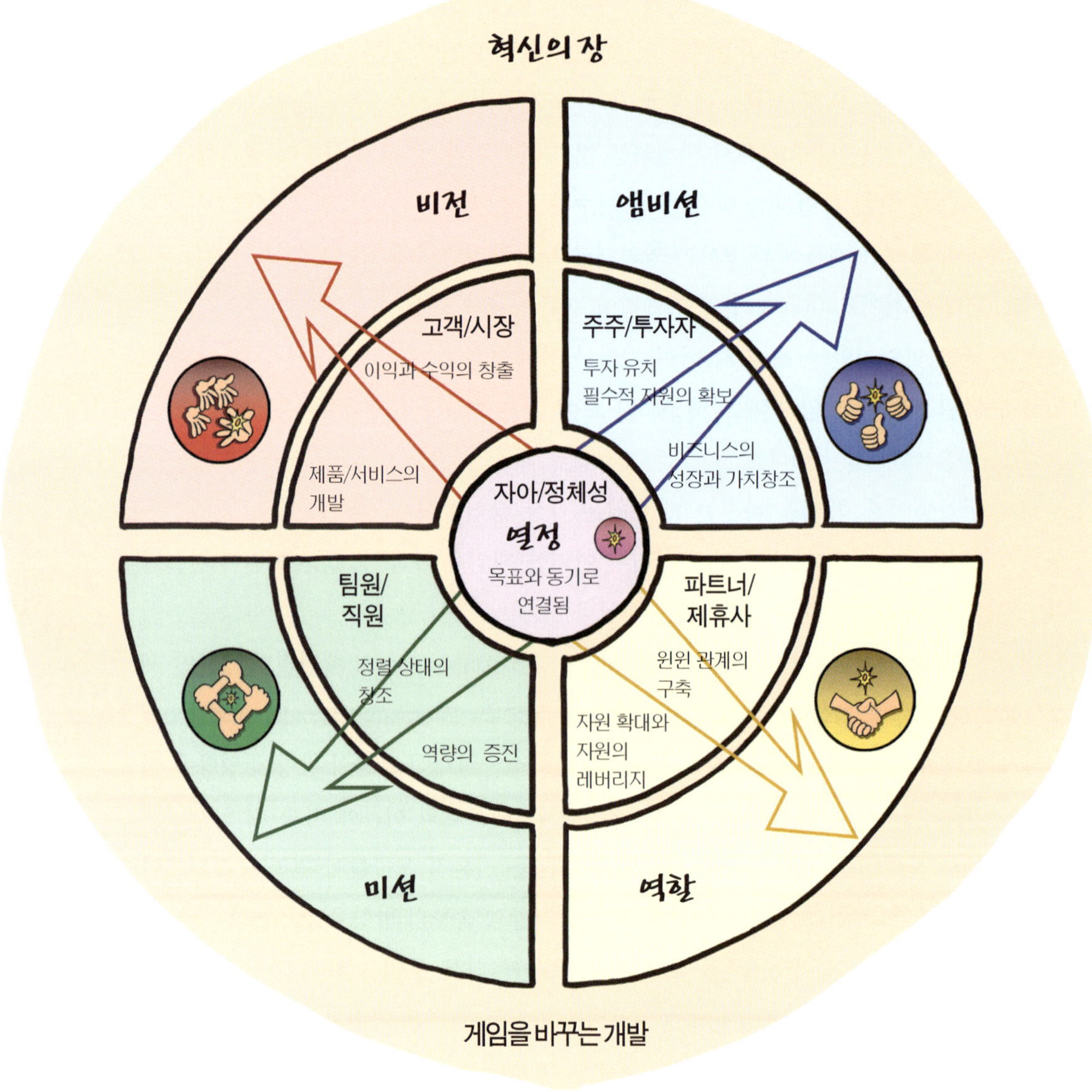

벤처가 속해 있는 더 큰 사회경제적 맥락이나 "혁신의 장"을 위해
"게임을 바꿀" 정도의 기여를 하는 벤처야말로 가장 성공하는 기업가 벤처이다.

충족하고자 한다. 욕구의 마지막 수준은 바로 자아실현에 대한 욕구를 갖는 수준이라고 할 수 있다. 이 수준에서 인간은 자기충족적이며 고도로 자율적인 존재가 된다. 그는 공동체와 협력을 하지만 독창성이나 자율성을 유지하게 된다.

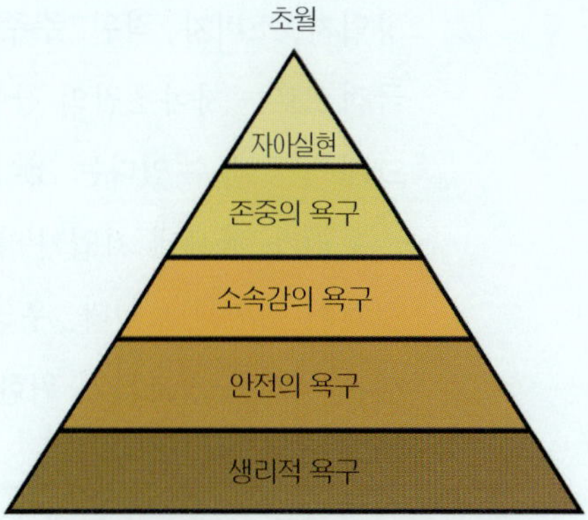

에이브러햄 매슬로의 욕구 위계 피라미드

매슬로의 욕구 위계 이론은 인간의 보다 상위의 고상한 욕구가 생기기 이전에 먼저 기본적 욕구가 충족되어야 한다는 것이다. 이러한 욕구의 서열은 '혁신의 장' 내에서의 발달의 방향에 핵심적인 영향력을 발휘한다. 더욱 새로운 발달은 보다 높은 수준의 욕구를 충족하는 방향으로 나아가는 경향이 있다.

매슬로는 말년에 개정된 이론에서, 개인을 뛰어넘는 무엇을 경험하고 그것과 연합하며 그것에 기여하는 자기초월(self-transcendence)이라고 하는 수준을 첨가하였다. 이것은 일상적인 인간의 의식 수준을 뛰어넘어 '더 큰 전체'이자 '최상의 진리'(그 이름을 무엇이라고 부르든)와의 합일을 경험하고자 하는 열망에서 생긴다. 그것은 또한 다른 사람들이 자아실현을 할 수 있도록 돕고자 하는 열망과도 연결된다. 이러한 설명은 앞의 장에서 '홀론'이 되는 것이라고 설명했던 내용과 일맥상통하는 것이다. 그 상태에서는 에고와 소울이 조화를 이루며 자신의 존재를 스스로 독립된 전체이기도 하지만 동시에 더 큰 무엇의 부분이기도 한 것으로 인식하게 된다.

베이컨에 따르면 기술의 발달과 그것을 동반하는 제품과 서비스는 지금까지 인간에게 솔루션을 제공해 왔는데 그 결과로 매슬로의 욕구 위계가 꾸준히 올라가게 되었다. 베이컨은 스마트폰, 테블릿, 소셜미디어와 같은 기술의 발달을 예상하면서 이미 30년 전에 매슬로의 최상위 욕구에 이르고자 하는 이러한 기세를 지원할 수 있는 기술 개발과 신벤처야말로 미래의 승자가 될 수 있을 것이라고 하였다.[22] 베이컨이 암시하는 바는 곧

22) 저자 주: 본 저자는 최근의 논문 「IT의 산업시대가 끝남에 따라 인본주의자의 시대가 시작된다」에서 베이컨의 예언을 지지하였다. 이 논문에서 저자는 "IT는 반도체를 길들이고 수많은 0과 1에게 순서를 정해 줌으로써 정보 내용이 효과적이고도 정확하게 표로 작성될 수 있는 기능을 수행하였다."라는 점을 지적하였다. IT가 처음에 개발되었을 때는, 예컨대 기록 보관, 데이터베이스, 시스템 조정기능 등과 같이 기본적인 생존과 안전의 욕구를 충족시켰다. 논문에 따르면 "IT는 단순히 많은 숫자를 처리하고 논문의 검색어를 처리하고 리포트를 프린트하는 등의 기능 이상을 수행하는 능력을 가져야 한다. 새로운 IT 문제는 사람, 정서, 조금

창업자, 소비자, 직원, 주주, 파트너를 위하여 소속감, 존중감, 자아실현뿐만 아니라 궁극적으로는 자아초월의 경험을 할 수 있는 기회를 점차로 많이 제공하는 벤처는 점점 더 크게 성공할 수 있다는 것이다.

우리가 '차세대 기업가'라고 부르는 사람들이 관심의 초점을 두고 있는 곳이 바로 이것임이 분명해 보인다. 우리가 앞에서 설명한 바 있는 '선기업가 정신'과 우리가 속하고 싶은 세계를 창조하기 위한 다섯 가지 핵심 요소는 매슬로의 '자아실현'과 '자기초월'이라는 것과 관련된다.

리처드 브랜슨이 인생에서의 그의 흥미는 "삶을 충실하게 살고 싶다는 견지에서 거대하고 분명히 성취 불가능할 것 같은 도전을 설정하고 그것을 뛰어넘으려고 노력하는 것으로부터 나온다."라고 한 말은 바로 자아실현을 위한 열망의 분명한 표현이다.

테슬라 자동차의 창업주 엘런 머스크가 말했듯이 "어떤 질문을 해야 할지를 더 잘 이해하고 더 큰 집합적 깨달음을 구하고자 하는 노력을 하기 위해 인간 의식의 범위와 규모를 증가시키려는" 열망은 이러한 트렌드를 분명히 표현한 것이다. 머스크가 회사에서 보유하고 있는 모든 특허를 회사 외부조직에 모두 공개하기로 한 것은 일종의 자기초월의 구체적인 예이다. 머스크는 "테슬라 자동차는 지속 가능한 교통수단의 도래를 가속화시키기 위해 창립되었다. 만일 우리가 반드시 생겨날 전기 자동차의 발명에 대한 길을 열면서도 우리 뒤에 있는 다른 사람들을 떨쳐내기 위하여 지적 재산권이란 지뢰를 심어 둔다면 우리는 그러한 목적에 정반대가 되는 방식으로 행동하고 있는 것이다."라고 말했다.

무하메드 유누스의 마이크로크레딧의 개발, 블레이크 마이코스키의 탐스를 위한 '원 포원' 비즈니스 모델은 자기초월을 향한 기업가의 트렌드의 예이자 낮은 욕구 수준에 있는 사람들로 하여금 보다 높은 수준으로 나아갈 수 있도록 지원할 뿐만 아니라 자아실현

덜 정지되고 덜 논리적이며 덜 완벽한 자원들을 포함한다." 논문은 계속하여 기술 개발자들이 단순히 기술적인 스킬을 다루기보다는 인간의 마음이 어떻게 작동하고 어떻게 느끼고 생각하는지에 대한 보다 깊은 지식을 가져야 한다고 주장한다. 또한 이 새로운 시대의 기업가들은 다음을 필요로 한다고 주장한다. (1) 디자인 스킬(예로서, 어떻게 색깔, 정서와 같은 것이 행동을 촉발하는가), (2) 사회/인문 스킬(사회적 통찰, 인간행동에 대한 지식), (3) 번역과 이전(移轉) 기술. 이러한 내용은 SFMTM에 대한 연구를 통해서 우리가 발견했던 정보들과 꽤나 일치한다.

까지 할 수 있게 도움을 주고자 하는 열망의 또 다른 예이다. 사실상, '원포원' 전략은 전혀 다른 사람들의 신체적 욕구를 충족시키기 위해 일단의 소비자 그룹에게 존중의 욕구를 충족시켜 주는 것이다.

다른 사람들이 자아실현을 할 수 있도록 지원하는 이런 트렌드는 소비자에게만 국한하지 않는다. 예컨대, 스타벅스 커피 회사는 직원들이 대학 과정을 마칠 수 있도록 대신하여 학비를 부담하는 프로그램을 시작하였다. 그 경우에 직원은 졸업 후에도 회사에 계속 근무해야 한다는 어떠한 의무도 부담하지 않는다.

기업가가 성공할 수 있도록 돕고 벤처의 팀원들을 지원하며 소비자들에게 의미 있는 혜택을 제공함으로써 함께 성장하고 환원하기를 원하는 엔젤 투자자들은 이러한 트렌드의 또 다른 예이다.

벤처, 팀원, 주주, 파트너, 소비자들이 모두 자아실현을 향하여 서로를 지원할 때 그것은 강력한 혁신의 장을 창조한다. 앞으로 이 책을 읽다 보면 알 수 있겠지만 이런 점에서 캘리포니아의 실리콘밸리는 특히 강력한 혁신의 장을 발전시켜 왔다.

필수 다양성의 법칙과 혁신의 장

베이컨이 그의 글에서 제기했듯이 장의 발전에 영향을 미치는 세력을 형성하는 또 다른 주요한 것으로 '폭발적으로 증가하는 다양성(exploding variety)'의 세력을 꼽을 수 있다. 시스템 이론가인 로스 애쉬비(Ross Ashby)의 필수 다양성의 법칙(Law of Requisite Variety)에 의하면 어떤 시스템의 구성원이든지 성공적인 적응, 성취, 생존을 위해서는 최소한의 유연성을 갖추어야 한다고 한다. 유연성의 총량은 시스템의 나머지 영역에서 구성원이 보여 주는 다양성에 비례한다. 맥락이 단순하고 안정적이면 그렇게 많은 다양성이나 유연성이 필요 없을 것이다. 하지만 상황이 역동적이고 복잡해지면 많은 유연성과 다양성이 필요해진다.

필수 다양성의 법칙이 말해 주는 한 가지 암시는 우리가 (비즈니스, 체육, 건강, 기타 어떤 영역에서든) 항상 어떤 목표나 성과를 반드시 이룩하고자 한다면 시스템 내의 잠재적 다양성의 정도에 비례하여 그 목표에 이르는 활용 가능한 옵션의 수를 증가시킬 필요가 있다. 만약 환경이 변하게 된다면, 예전과 똑같은 것을 하면서 똑같은 결과를 기대할 수 없을 것이다.

사실, 조직 컨설턴트이자 시스템 이론가인 스태포드 비어(Stafford Beer)는 자신의 저서 『자유를 설계하기(Designing Freedom)』(1974)에서 필수 다양성의 법칙을 '자연의 법칙'으로 인식하면서 사회적 시스템의 지배적 법칙이라고 불렀다.

그는 우리의 자유를 향한 깊은 열망은 필수 다양성의 법칙의 표현이라고 지적하면서 현대 세계가 당면하는 도전 중의 하나는 계속 증가하는 (문화, 기술, 조직, 사회 차원의) 온갖 종류의 다양성 상황에 우리가 어떻게 제대로 대처할 수 있을 것이냐에 대한 것이란 점을 모두가 깨달아야 한다고 하였다.

필수 다양성의 법칙에 의하면, 비즈니스 오너, 소비자, 팀원, 주주, 파트너들에게 좀 더 많은 유연성, 선택의 여유, 자유를 안겨 주는 기술, 제품, 서비스, 비즈니스 모델들은 잠재적인 게임을 바꾸는 사람, 즉 '게임 체인저(game changer)'가 될 수 있을 것이며 차후에는 자연스럽게 지배적인 위치로 진화해 가게 된다.

이에 대한 좋은 예가 곧 브라이언 체스키(Brian Chesky)와 에어비앤비(Airbnb)인데, 이것은 여행지에서 잠시 머물 수 있는 숙소를 찾는 사람들과 그 지역에서 잠시 이용가능한 여분의 침실이나 기타 다른 유형의 주거 시설을 가진 사람들을 서로 연결함으로써 도움을 주는 인터넷 서비스이다. 에어비앤비의 비전은 2008년에 생겨났는데, 당시에 공동창업자인 체스키와 조 게비아(Joe Gebbia)는 샌프란시스코에서 룸메이트로 생활을 하고 있었다. 두 사람은 로드아일랜드에서 대학을 졸업한 이후에 샌프란시스코 지역으로 이사를 와서 산업디자인 분야의 일자리를 찾고 있었다. 하지만 그들은 곧 실직상태가 되었고 돈이 필요하게 되었다. 때마침 그 도시에서 산업디자인 전시회가 열리게 되면서 지역의 많은 호텔들이 밀려오는 손님들로 예약이 꽉 차게 되었다. 바로 그때 아이디어가 떠올랐다. 그들은 호텔을 구하려고 애쓰는 사람들에게 자기네 집을 빌려준다면 제법 돈을 벌 수 있을 것이라고 생각하였다. 그래서 곧바로 그들은 세 개의 에어베드를 구입하였고 '에어베드[23]와 아침식사(Air Bed & Breakfast)'라는 웹사이트를 열고 광고를 시작하였다. 이것이 에어비앤비가 시작된 계기였다.

이러한 일이 있었던 것은 공교롭게도 소위 '공유 경제(sharing economy)'가 붐을 일으키기 시작할 시기와 맞물렸다. 이베이[24]와 크레이그 리스트[25]와 같은 회사들이 주도하는 속에서 자전거나 자동차, 심지어 강아지까지도 임시로 빌릴 수 있는 서비스들이 생겨나기 시작했다. 체스키와 그의 파트너들은 이러한 트렌드가 계속해서 확대될 것이라고 믿었다. 그들은 침대나 아파트를 빌리면 어떨까, 아니면 심지어 북유럽의 아일랜드에 있는 성(城)을 빌리기 위하여 인터넷을 사용하면 어떨 것인가에 대한 생각까지 하게 된다. 그들은 위험을 감내하고 웹사이트의 게시 목록의 범위를 확대하기 시작했다. 사실, 그들은 처음에 회사의 철학이나 아이디어 자체가 새로웠고 '공유 서비스(sharing services)'라는 영역이 아직은 검증되지 않았기에 어려움을 겪기도 하였다. 하지만 체스키와 그의 팀은 자신들의 아이디어가 이제 때를 만났다고 믿었기에 자신들의 미션을 계속 밀고 나갔다.

에어비앤비는 오늘날 60만 개 이상의 게시 리스트를 보유하면서 숙소를 구하는 여행객들에게 기존의 호텔 서비스보다 훨씬 많은 유연성, 선택의 여유, 자유를 제공하고 있다. 그리고 일시적으로 자신의 주거지를 임대하고자 하는 오너들에게도 똑같은 자유와 다양성을 제공하고 있다. 그것은 또한 매슬로의 다양한 욕구들을 충족시킨다. 에어비앤비는 여행객들에게 생리적 욕구의 충족을 위하여 머무를 수 있는 공간을 제공하는 것에

23) air bed: 평소에는 접은 상태의 작은 형태로 보관하다가 필요할 때 공기를 주입하면 매트리스가 되는 간이 침대. 'AirBnB'는 주거 공간의 여유가 있는 일반 가정집에서 평소에는 사용하지 않는 에어베드를 여행객에게 침대 대용으로 제공함은 물론, 아침식사까지 제공하는 서비스 비즈니스로 집 주인은 여유공간을 활용함으로써 돈을 벌고 여행객은 저렴하게 숙박문제를 해결하는 혜택을 볼 수 있다.

24) EBay: 미국의 다국적 인터넷 C2C(소비자 간 상거래) 기업으로 세계 최대의 오픈 마켓이며 각종 전자제품, 의류 등을 사고팔 수 있는 곳이다. 1995년에 캘리포니아 실리콘밸리에서 피에르 오미디야르(Pierre Omidyar)에 의해 설립되었으며 닷컴 버블의 성공적인 스토리로 잘 알려진 회사이다.

25) Craig's List: 세계적인 온라인 생활정보 사이트. 크레이그 뉴마크(Craig Newmark)가 1995년에 시작한 것으로 무엇이든 구할 수 있는 커뮤니티 시장으로 미국에서만 6,000만 명 이상의 사람들이 이용하는 것으로 알려져 있다. 이베이가 모든 주요 상거래와 관련한 '메이저리그 경매시장'의 왕이라면 크레이그 리스트는 지역기반 상거래라는 '마이너리그의 왕'이라고 할 수 있다. 실제로 10년 전만 하더라도 미국에서 10만 달러 이상의 가치를 지닌 온라인 시장은 이베이와 크레이그 리스트 두 곳뿐이었다.

더하여 그들로 하여금 공동체와 협조하되 자신의 스타일과 기호에 따라 행동할 수 있게 함으로써 더 큰 자율성을 허용한다. 에어비앤비는 안전의 욕구 수준을 아주 중요하게 생각하기에 보험제도를 실시하였고 100명이 넘는 직원들은 고객의 신뢰와 안전에 온전히 투신해 오고 있다.

호텔과 여행업계에서는 '파괴적(disruptive)' 혁신으로 알려진 에어비앤비는 2014년도 기준으로 약 100억 달러 정도의 기업가치를 인정받고 있으며 전 세계 192개국에서 임대 리스트가 등록되어 있다. 평균적으로 매일 약 5만 명에서 6만 명 정도가 에어비앤비를 이용하고 있다. 체스키가 보유한 이 회사의 지분은 32세 나이의 그를 세계에서 가장 젊은 억만 장자 중의 한 사람으로 등극시켰다. 그는 자신의 비전과 서비스에 대해 너무나도 큰 열정을 가진 나머지 그 자신 역시 아직도 에어비앤비를 이용하고 있으며 2010년 이후로는 자신의 주택을 소유한 바가 없다.

결론적으로 매슬로의 상위 수준의 욕구를 충족하는 혁신은 우리에게 좀 더 많은 유연성, 다양성, 자유를 허용함으로써 우리 자신이 독립적인 전체와 홀론이 될 수 있도록 하기에 결과적으로 '게임 체인저'로 계속 남게 할 것이다.

물론 어떤 개인이나 집단, 산업도 매슬로의 욕구 위계 측면에서 봤을 때 각각 다른 수준에 있을 것이고, 바람직한 결과에 지속적 · 성공적으로 도달하기 위해서 요구되는 유연

아이들에게 음악을 가르치려고 하는 나의 시스템은 유연하다. 그리고 그것은 다른 악기들에도 잘 적용된다. 이 시스템은 아이들이 공동체 안에서 악기를 잘 배우도록 돕기 때문에 그들의 소속감의 욕구를 지원할 뿐만 아니라 다른 수준의 기능도 숙달할 수 있도록 하기에 그들의 존중의 욕구가 충족될 수 있도록 할 것이다.

성, 선택, 자유의 정도도 서로 다를 것이다. 이러한 논리는 **성공의 원**™의 서로 다른 부분을 이루는 소비자, 팀원, 주주, 파트너 등에게도 똑같이 적용될 것이다. 그리고 동시에 좀 더 큰 혁신의 장이 계속해서 진화함에 따라서 그들의 욕구도 진화할 것이다. 우리가 그들의 욕구 자체뿐만 아니라 진화하는 더 큰 시스템의 장이 그들에게 부과하는 욕구를 더 잘 예상할수록 '게임을 바꾸는' 기회와 성공을 지속시킬 수 있는 기회는 증가할 것이다.

이 책에서 앞으로 나올 내용을 읽어 감에 따라 다음과 같은 질문에 대해서 끊임없이 생각해 볼 필요가 있다. "당신은 매슬로 위계상 더 높은 수준의 욕구들을 어떻게 점진적으로 자신의 비전, 미션, 앰비션, 역할 속으로 통합해 나갈 수 있을 것인가?" "당신의 아이디어와 벤처는 소비자, 팀원, 주주, 파트너에게 더 큰 유연성, 선택, 자유를 제공하기 위하여 어떻게 기여할 것인가?"

성공 요인 사례: 파워셋의 바니 펠

"세상을 바꿔라. 그리고 그와 동시에 부자가 되어라"

바니 펠(Barney Pell)은 우리가 이 책에서 공부해 왔던 차세대 기업가의 상징과도 같은 존재이다. 그의 사례는 강력하고 효과적인 **성공의 원**™을 어떻게 구축할 것인지에 대한 것뿐만 아니라, 그 과정에서 수반될 도전들에 대한 분명한 예를 보여 주고 있다. 펠은 캘리포니아의 로스앤젤레스에서 1960년대의 문화 혁명에 대해 구체적인 태도들을 보였던 싱글맘 밑에서 자랐다. 그는 "엄마가 스무 살이 되었을 때 내가 태어났어요. 엄마는 독립적인 영혼의 소유자였기에 혼자서 나를 키우겠다는 선택을 했죠."라고 설명하였다. 그의 엄마는 동유럽 출신 유대인의 외동딸로 조국을 탈출하여 미국으로 건너왔다. 그는 "생각이 현실을 창조하며 마음에 품고 있는 어떤 것도 성취될 수 있다는 믿음에 해당하는 초긍정적인 태도"를 가르쳐 준 조부모와 많은 시간을 함께 보냈다. 펠은 어린 시절에 재능이 많은 아이로 보였기에 그러한 재능을 '좋은 일을 위하여' 사용하라는 말도 많이 들었다. 그래서 그는 어릴 때부터 이 세상에는 그가 해야 할 주요 역할이 있다는 사실을

바니 펠

파워셋의 공동창업자 겸 CEO
문익스프레스 로코모비의 공동창업자
싱귤래리티 대학교 협동창시자

열정

정체성/자아

바니 펠의 배움에 대한 평생의 열정이 성공의 원 중심에 있다.

알았다. "그러나 난 그 역할이 무엇인지 몰랐었죠."라고 그는 말했다. 결과적으로 그는 "나는 내 모든 능력을 모두 개발함으로써 언젠가 내가 맡을 역할이 어떤 것이 될지 알 때 그에 대한 준비가 되어 있는 사람이 되도록 하겠다."라고 마음을 먹게 되었다.

펠은 "정말로 배우기를 좋아했어요."라고 설명하였다. "비록 물질적으로는 풍요롭지 않았지만 나는 사랑을 많이 받았다는 사실을 알았습니다. 그래서 나는 너무 감사한 마음을 가졌고 또 어떤 것도 잃을 수 없을 것이라고 생각했습니다. 바로 그러한 이유로 나는 기꺼이 '위험 감수자'가 되었습니다. 나는 물질적인 사람이 아니었습니다. 나에게는 건강과 친구, 그리고 그 외의 것도 있다고 느꼈습니다. 그리고 세상에는 항상 배울 것이 있다고 느꼈었습니다."

펠은 모든 종류의 게임을 하기를 좋아했다. 예를 들어, 유년 시절에 체스(서양 장기)를 두기 시작하였으며 청소년 시절에 토너먼트에 출전하기도 하였다. 이러한 경험들로 인해 그는 학습능력을 최적화하는 일에 매력을 느끼게 되었다. 나중에 그는 과학소설과 인공지능 분야에 대해 크게 관심을 갖게 되었다. 그는 "나는 무엇이 지능인지, 그것이 어디에서 오는지, 우리가 어떤 방식으로 생각을 하며 어떻게 함으로써 생각을 더 잘할 수 있게 되는지에 대해서 많이 생각하게 되었습니다."라고 말했다.

펠은 그의 엄마가 영성을 추구하는 사람이었기에 그 자신도 어릴 때부터 여러 형태의 영적 전통을 섭렵하였고 그 결과로 그는 유대교도와 거듭난 크리스천[26]이 되었으며 구루 마하라쥐 지,[27] 로드 크리슈나[28]와 같은 종교 단체와 시나논[29] 등의

26) Born Again Christian: 기독교에서는 누구나 육체적으로는 죄인으로 태어나지만 예수를 믿음으로써 영적으로 다시 태어날 수 있는데 그렇게 다시 태어나는 것을 '거듭난다'고 말한다. 따라서 진정으로 예수를 믿고 거듭난 기독교인을 '거듭난 크리스천'이라고 할 수 있다.

27) Guru Maharaj Ji: 나이지리아의 영적 지도자로 완전한 살아 있는 신이라고 주장하며 '검은 예수'라고 불리기도 한다. 그는 모든 병을 치료하고 모든 문제를 해결할 수 있는 권능이 있다고 말한다.

28) lord Krishna: 힌두교 신화에 나오는 중요한 신 크리슈나를 높여서 부르는 이름이다.

29) Synanon: 마약상습자의 갱생·지도를 하는 미국의 사설 단체로 1958년에 Charles Dederich Sr.(1913~1997)에 의해 캘리포니아 산타 모니카에서 설립되었다. 이 단체는 공동노동, 공동생활, 상담 등의 방법을

단체에도 참여하였다. 그리고 그는 "이 모든 것들을 섭렵하고서는 단 하나의 진리만이 존재한다고 생각할 수 없게 됩니다."라고 말했다. 그는 오히려 이러한 과정을 통하여 그 자신이 자기보다 더 큰 어떤 것의 한 부분이 되는 느낌을 갖게 되었다. 물론 그는 언젠가는 그것에게 공헌을 하게 될 것이겠지만.

펠은 13세에 실바 마인드 컨트롤법[30]이란 책을 읽으면서 성과를 시각화하는 방법에 대해서 확실하게 배웠다. 그는 "나는 나만의 방식을 개발하게 되었습니다."라고 설명하였다. "이완된 상태로 들어가서 잠잠한 상태를 유지하면서 지금 내가 있는 곳을 시각화하고 내가 가장 중요하게 생각하는 성과를 모든 감각양식들(시각, 청각, 느낌 등)을 통해 시각화합니다. 그리고는 내 가족, 지역사회, 내가 살고 있는 세계에 대해서도 같은 요령으로 시각화합니다."라고 말했다. 펠은 그의 목표와 바람직한 성과를 이렇게 시각화하는 습관은 지속적인 인생 성공의 패턴을 구축하기 위한 기반이 된다고 믿는다.

펠은 "나에게는 어린 시절부터 장기적인 성공전략이 있었습니다. 나는 디딤돌 전략을 개발했습니다. 나는 성공이 일련의 발걸음들로 이루어진다는 사실을 깨달았습니다."라고 지적하였다. 그는 그러한 전력을 자신의 교육에 먼저 적용하였다. 그리고 그는 "나는 학교의 상장 케이스에 있는 상들 중에서 가능성이 있는 상들을 바라보면서 내가 타고 싶은 상을 선택하곤 하였습니다."라고 말했다. 그런데 고등학교 시절에 스탠퍼드 대학교에 입학한 어느 여학생이 교실에 들어와서 하는 이야기를 그는 들었다. 계속해서 그는 말하기를 "우리 가족 중에는 어느 누구도 대학에 들어간 사람이 없었습니다. 그래서 나는 스탠퍼드에 들어가기 위해 어떻게 해야 하는지에 대해서 물어봤는데, 그녀는 '평균 4.0을 받아야 하고 학생회장이 되어야 하며 그 외에도 과외활동도 많이 해야 하고 자원봉사

펠이 고요하고 이완된 상태로 들어가서 그 자신 스스로와 가족, 지역사회, 세계를 위한 성과를 시각화해 왔던 습관은 일종의 COACH 상태를 개발하고 자신의 위치를 '홀론'으로 인식할 수 있게 한 예가 된다.

펠은 NASA에서 큰 그림을 볼 수 있고 시스템 수준의 사고를 적용할 수 있는 능력을 보임으로써 자신의 '탁월성 영역'을 발견할 수 있게 되었다.

통해 마약중독자의 갱생을 도모하며 1970년대 이후에는 종교화되기도 하였다.

30) Silva Mind Control Method: 미국의 호세 실바(Jose Silva, 1914~1999)가 1966년에 창안하여 세계적으로 널리 보급된 일종의 명상법

활동 같은 것도 많이 해야 한다.'고 대답하였습니다. 그래서 나는 그대로 하였습니다." 실제로 펠은 스탠퍼드로부터 입학허가서를 받을 수 있었다. 그리고 그곳을 졸업한 후에는 영국의 케임브리지 대학교로 가서 대학원 과정을 이수한 결과, 게임, 전략과 학습 영역에 초점을 둔 인공지능 전공으로 박사 학위(Ph.D.)를 수여받았다.

펠의 게임과 학습 전략에 대한 연구는 일반적인 게임을 위한 인공지능의 새로운 분야를 활짝 열게 되었다. 그는 게임에 대한 사전 정보 없이도 어떤 게임이든지 배우기 시작하고 익숙해질 수 있는 프로그램을 개발하였다. 그는 자신의 연구를 통하여 "나는 인류에게 하나의 선물을 만들 수 있게 되었으며 뇌가 어떻게 작동하는지를 이해할 수 있게 되었습니다."라고 말했다.

펠은 박사학위를 취득한 이후에 샌프란시스코 베이 에어리어에 있는 NASA, 즉 미항공우주국 에임스 리서치센터(NASA Ames Research Center)에서 일하기 시작하였다. 그는 비전을 품고 큰 그림을 볼 수 있고 시스템 수준의 사고법을 적용할 수 있는 능력을 발휘함으로써 재빠르게 두각을 나타내기 시작하였다. 비록 그는 리서치센터 전체에서 가장 나이가 어린 사람이긴 했지만 결국에는 85명이나 되는 첨단기술 연구 조직을 맡아서 관리를 하였고 심(深)우주를 탐험하기 위한 자율 비행 제어 기술을 개발하였다. 그곳에서 그가 이룬 업적은 심우주에서의 최초의 인공지능 비행 시스템(심우주 1 미션), 우주에서의 최초의 구두 대화 시스템, 화성 탐사 로버 미션(Mars Exploration Rovers mission)에 대한 지원 등이 포함된다.

펠은 성공적인 연구 업적으로 인하여 인공 지능 분야에서 유명인이 되었다. 그래서 그는 많은 국제 콘퍼런스의 기조연설에 초청되었으며 많은 선도적인 학회지에 논문을 게재하기도 하였다. 일반적으로 이 정도 되는 것만 해도 연구자로서 가질 수 있는 최고의 열망일 수 있기에 그 자신도 처음에는 계속해서 이렇게 살아간다면 많은 위험도 없고 노력을 하지 않아도 성공적일 수 있을 것이라고 생각하였다. "하지만 그것은 나 자신을 성장시키지 못할 것입니다."라고 그는 지적하였다. 더구나 펠은 '마음의 생각이 가지는 힘은 온 세상을 움직일 수 있다.'라는 사실을 인식하고 있었다.

펠은 세상에 영향을 줄 수 있으면서도 자신과 친구들을 위해 경제적인 성공을 만들어줄 수 있는 회사를 창업한다는 아이디어를 좋아하였다. 그러나 그는 스스로 준비가 되어 있지 않다고 느꼈다. 그는 "나는 이베이가 나오기 전에 이미 이베이에 대한 아이디어를 갖고 있었습니다."라고 말했다. 그리고 그의 많은 비즈니스 아이디어의 사례에 대해서 설명하였다. "그러나 나는 훨씬 더 큰 회사가 그런 일을 하기에 나보다 보다 더 좋은 위치에 있다고 계속해서 생각했습니다. 마치 체스를 할 때처럼 당신은 늘 상대가 더 잘 한다고 가정해야 합니다."

비록 펠은 기술 분야에서는 확실한 강자였지만, 사업 경험은 없었다. 그래서 그가 만약 사업을 파트너와 함께 동업으로 시작한다면 CEO 자리를 맡길 수 있는 '사업하는 사람'을 찾아야 할 필요가 있었다. '하지만 그렇게 하는 것은 오히려 많은 위험을 혼합하는 것'이라고 그는 생각하였다. 그래서 그는 대신에 자기 자신이 '사업하는 사람'이 되기로 마음먹었다. 그가 전략에 대해 관심이 많다는 점을 생각한다면 그것은 상당히 자연스러운 절차라고 볼 수 있다. 펠은 자신의 뜻을 실현하기 위하여 NASA의 연구원으로서의 경력을 일단 보류하고 언젠가 자신만의 사업을 시작하기 위한 준비를 위하여 무엇인가 배우기로 결정하였다.

펠은 NASA를 떠나서 자기 친구의 초기 단계 스타트업인 스톡마스터닷컴(StockMaster.com)이라는 회사에서 전략 및 사업개발 담당 부사장으로 합류하게 되었다. 그는 "스타트업이 환상적인 이유는 사람들이 끼어 들어가서 직접 일을 해 봄으로써 배울 수 있다는 것입니다."라고 지적하였다. 펠에게 있어서 부사장으로서의 그 일은 '실무 MBA'와 같은 것이었다. 그 벤처회사는 2년 사이에 직원이 5명에서 50명이 될 정도로 성장하고 성공하였다. 그리고 종국에는 2000년 3월에 회사를 매각하게 되었다.

펠의 성장을 향한 욕구와 남다른 것을 만들어내고자 하는 야심은 NASA를 떠나서 세상에 영향을 주고 그 자신과 그의 친구들에게 경제적인 성공을 가져다줄 사업을 시작하는 길을 찾게 만들었다.

비전

고객/시장

바니 펠은 배움과 인공지능에 대한 열정으로 무장하여 다른 사람들에게 혜택을 줄 만한 것을 창조할 수 있는 방법을 찾아보기 시작하였다.

"자신의 배움에 대한 열정과 인공지능에 대한 열정에 힘입어 펠은 다른 사람들을 이롭게 하는 것을 만들 방법을 찾기 시작했다. "대부분의 사람들의 마음은 제한되어 있다. 그들은 앞으로도 세상이 똑같을 것이거나 약간 정도만 달라질 것이라고 생각한다. 그래서 미래에 모든 가능성이 열려지고 있음에도 대기업들조차도 오늘날의 현실에 갇혀 있다 보니 다가오는 기회를 보지 못한다. 나는 많은 가능성들을 볼 수 있다."

펠은 아직까지도 자신만의 회사를 시작할 준비가 되어 있지 않은 상태에서 다른 스타트업인 '휘즈뱅! 연구소(WhizBang! Labs)'라는 첨단 자연언어 및 검색 엔진 기술을 개발하는 회사에 합류하게 되었다. 이 회사는 닷밤[31)]과 9/11 시장 붕괴[32)]라는 덫에 빠지게 되었다. 펠은 2002년이 되어서야 이러한 어려움에서 벗어난 후에 회사를 시작하고 싶어 했고 그동안 많은 것을 배운 상태이기도 했지만 이번에는 재난처럼 보이는 시장 환경이 장애물로 등장하였다. 그래서 펠은 NASA로 돌아가기로 결정하였고 이번에는 좀 더 큰 조직을 이끄는 역할을 맡으면서 다음에 다시 경기가 되살아 날 때 자신에게 도움이 될 기술과 인맥을 확보하는 일에 매달렸다.

2004년이 되어서 경제와 기술 시장은 개선되어 가고 있었으며 펠은 벤처 캐피탈 회사에서 '레지던스 기업가'[33)]로 일하면서 투자자의 관점에서 세계가 어떻게 보이는지 배우고자 하였다. 하지만 그는 자신의 생각에 기초하여 무엇이라도 시작할 수 있을지를 알아보기 위하여 자신의 아이디어를 시험해 보기도 하였다.

펠의 배움과 인공지능에 대한 열정은 여전히 그 자신 속에서 살아 있었기에 그는 자신의 열정을 다른 사람들을 이롭게 할 수 있는 일을 만드는 데 적용할 방법을 찾아보았다. 그는 가능성의 분야를 탐색하는 동안에 '무어의 법칙'[34)], 즉 컴퓨터의 처리 능력은 18개월마다 두 배가 늘어난다는 사실에 착안함으로써 현재 컴퓨터의 처리 능력은 앞으로 10년 안에 100배로 늘어날 것이라고 예측할 수 있게 되었다. 펠에 의하면, "대부분의 사람들의 마음은 제한되어 있습니다. 그들은 앞으로 세상이 그대로 있거나 약간 정도만 변할 것으로 생각합니다. 이렇게 볼 때 컴퓨터와 관련한 미래의 변화 가능성은 무궁무

---

31) dot bomb: 지난 1990년대 말 '신경제'의 개척자로 칭송받으며 우후죽순처럼 생겨났던 실리콘밸리의 인터넷 기업(닷컴회사)들은 2000년을 전후하여 무더기로 문을 닫았다. 이를 두고 닷컴 회사들이 폭탄(bomb)을 맞았다는 뜻의 '닷밤'이라는 신조어가 생겨났는데, 버블 붕괴라는 의미로도 사용되고 있다.

32) 9/11 market crash: 2001년 9월 11일 뉴욕의 세계무역센터에 대한 테러로 인한 주식시장의 붕괴

33) entrepreneur in residence: 벤처캐피탈회사에서 주로 임시직이거나 정규직이 아닌 조건으로 참여하는데, 사업 경험은 없지만 새로운 아이디어를 가진 사람 또는 새롭게 벤처를 시작하려는 사람이 회사 경영에 함께 참여하면서 기업의 현실을 직접 경험하고 자신의 아이디어를 실험하고 회사 발전에도 기여하면서 경영 현실을 배울 수 있다.

34) Moore's law: 반도체 집적회로의 성능이 18개월마다 2배로 증가한다는 법칙인데, 인텔의 공동설립자 고든 무어(Gordon Moore)가 경험적인 관찰에 바탕을 두고 1965년에 발표한 것이다.

진하게 열려 있다고 볼 수 있는데, 사실상 대기업조차도 현재만 바라보고 있기 때문에 앞으로 벌어질 일들에 대해서 제대로 감지하지 못하고 있습니다. 하지만 나는 많은 가능성을 볼 수 있습니다."

펠은 '잠재적으로 차기 구글'이 될 수도 있는 자연언어 검색 엔진을 구현하기 시작하였다. 그 아이디어는 '어떤 사람이 사용하는 의미 수준에 맞추어' 검색할 수 있게 하는 것이었다. 달리 말하자면, 당신은 일상생활에서 질문을 할 때 그 대상이 교사든, 사서든, 가게 점원이든 그 어떤 사람이든 그것에 맞게 질문할 수 있게 해 주는 것이다. 펠은 대학에서 프로토타입[35] 연구에 매달렸었는데 그 당시에는 충분한 기술 진보가 이루어지지 못했기에 이 분야를 떠났다가 20년이 지난 후에, 즉 기술 진보가 좀 더 이루어졌을 때 다시 이 분야로 돌아왔다. 이제 그는 이런 종류의 개발을 위한 적절한 기회가 왔다는 직관을 갖게 되었다. 하지만 그는 잠재적인 주주들을 설득하여 자기에게 지원을 해 줄 수 있도록 하는 일에 오히려 더 많은 어려움을 겪었다.

비전

고객/시장

바니 펠은 '사람이 사용하는 의미 수준에 일치하는' 자연언어 검색 엔진을 구현하기 시작하였다.

앰비션

주주/투자자

바니 펠은 자신만의 비전과 아이디어를 게임을 바꾸는 검색 엔진의 형태로 개발함으로써 '대화형 컴퓨팅'의 시대를 열 수 있을 뿐만 아니라 잠재적으로 '제2의 구글'이 될 수 있다는 사실을 깨달았다.

그는 컴퓨터에서 혁신적인 자연언어 처리 시스템 응용 기법을 개발한 어느 재미있는 회사를 찾아내었다. 그래서 자신이 일하는 벤처 캐피털 회사에게 투자를 하도록 하려고 노력했지만 결국 회사는 거절하였다. 그 후에도 몇 번을 시도한 끝에 실망으로 끝나자 결국 벤처가 갈 곳이 없다는 사실을 깨달았다. 결국 그는 기회를 잃었다고 생각했다. 그리고 자신의 프

35) prototype: 원래의 형태 또는 전형적인 예, 기초 또는 표준을 의미한다. 시제품이 나오기 전의 제품의 원형으로 개발 검증과 양산 검증을 거쳐야 시제품이 될 수 있는데, '정보 시스템의 미완성 버전 또는 중요한 기능들이 포함되어 있는 시스템의 초기 모델'을 말하기도 한다.

로젝트를 제대로 성사시키기 위해서 정말로 많이 노력했기 때문에 많은 실망만을 경험하게 되었다. 바로 이 시점에서 그는 자신이 직접 나서서 회사를 시작해 보면 어떨까에 대해서 생각하기 시작하였다. 그는 대학 시절의 경험을 이용하여 자연언어를 인식할 수 있는 프로토타입을 만들었다. 그는 역경을 기회로 바꿀 수 있다는 사실을 깨닫게 되고, 자기의 아이디어를 '게임을 바꾸는' 검색 엔진의 형태로 개발함으로써 '대화형 컴퓨팅' 시대를 열게 되었다.

이러한 일로 인해 펠은 그의 비전과 앰비션이 좀 더 커져야 한다는 통찰을 얻게 되었다. 그는 벤처 캐피털 회사에서 일한 경험을 통하여 벤처 캐피털리스트들은 엄청난 돈이 되는 곳에 투자하려고 한다는 사실을 깨닫게 되었다. 그래서 그는 '아이디어는 무조건 엄청나게 커야 합니다.'라고 말했다. "그 사람들은 만약 아이디어가 정말로 큰 것이라면 큰 위험도 기꺼이 감수하려 할 것입니다." 펠은 이러한 관점을 기업가로서의 자신의 위치에서 받아들이면서 '내가 정말로 해야 할 일은 투자자를 위한 정말로 큰 기회를 만들어 내는 것이다. 이런 것들은 아마도 위험이 매우 높긴 하겠지만 '게임 체인저'가 될 것이기에 이것을 통하여 세상을 바꾸고 동시에 큰 돈을 벌 수도 있다.'라고 생각하였다. 그는 또한 '벤처 캐피털리스트들은 자신들이 투자하는 돈의 액수와는 무관하게 똑같은 비율의 지분을 원할 것이므로 나는 좀 더 많은 돈을 요구하는 편이 낫겠다.'라는 사실도 깨달았다. '자연언어 구글'을 만드는 것은 이러한 처방에 딱 들어맞는 것으로 보였다. 이제 그의 모든 이력과 정체성이 갑자기 그 기회에 맞추어서 유도되어 온 것으로 보였다.

펠은 의사결정 이론과 인공 지능에 대한 연구를 통하여 배운 것들을 적용함으로써 '하지 말아야 할 이유 리스트'를 만들기 시작하였다. 그는 "이 회사를 하지 말아야 할 이유 열 가지 리스트를 결국 작성하게 되었습니다. 그리고 하나씩 검토해 나가기 시작하면서 하나씩 없애 나갔습니다."라고 하였다. 예컨대, 한 가지 리스트 내용은, 그 자신이 예전에 자기 회사를 시작해 본 경험이 없는 솔로 기업인이며 회사를 시작하려면 많은 돈이 필요하다는 것이었다. "그러나 나는 그때 내가 인공 지능의 전문가이며 확실히 회사를 시작하는 데 참여했기에 이로써 나의 여정은 끝이 났습니다." 리스트에는 "만약 구글이 이것을 하면 어떻게 될까?"라는 것도 있었다. 그는 '이것은 내가 예전에 경험했던 두려움이었다.'라는 사실을 깨달았다. 그 두려움은 곧 더 큰 회사가 자신의 아이디어를 실행하기에 자신보다 더 나은 위치에 있다는 것이었다. 그래서 그는 생각하였다. "그 두려움에 맞서기로 하고 '만약 그들이 실제로 그렇게 하면?'이라고 가정해 보았더니 오히려 그것은 그들이 내 아이디어를 입증해 주는 것이 되므로 결국 내가 '거인을 움직였다.'고 할 수 있다는 생각이 들었습니다. 결국 세상은 더 좋은 곳이라는 생각, 그것이 내게 가장 중요하였습니다." 그리고 그는 '만약 당신이 그렇게 하지 않더라도 더 좋은 일이다.'라고 까지 생각했다. 또한 그는 더 좋은 세상을 만드는 것은 바로 아이디어의 힘이라고 생각하였다. 그 밖에도 그는 검색 기술을 놓고 경쟁할 다른 큰 회사들도 있을 것인데 '험악한 전투 속에서 다른 회사들은 내가 가진 것을 차지하려고 필사적이 될 것'이라고 생각하였다.

그는 궁극적으로 '위로 올라갈 일은 있을지라도 내려갈 일은 이제 거의 없을 것'이라고 결론지었다. 그리고 최악의 경우에는 투자한 것 이상으로 뽑을 수 있는 멋진 팀과 기술을 조합하면 된다고 생각하였다.

펠은 이러한 깨달음으로 인하여 '정렬된 멋진 느낌(wonderful feeling of alignment)'을 갖게 되었다. 그는 마침내 자신이 여기에서 해야 할 일을 찾게 되었다. 모든 것은 완벽하게 정렬되었다. "나는 너무도 선명한 비전을 갖게 되었고 세상에 긍정적으로 영향을 미칠 수 있는 나 개인의 정체성과도 잘 연결되었습니다. 나로서는 이 기회가 너무도 의미 있었기에 세상으로 나가서 최고의 팀이 될 사람들을 고용할 수 있었습니다. 나는 누구나 찾고 있던 바로 그런 기회를 가진 채 투자자들을 찾아 나설 수 있었습니다. 나는 나의 인간적인 열정을 바탕으로 가장 위대한 회사를 만들 수 있었습니다. 비록 그것이 25년이 걸렸

앰비션

주주/투자자

바니 펠은 자신의 비전과 야망을 적용함으로써 '투자자를 위한 엄청난 기회'를 창조할 수 있으며 비록 그 기회는 위험 부담이 높지만 '게임체인저'가 될 수 있고 세상을 바꾸는 동시에 큰 돈을 벌 수도 있게 하는 것이라는 사실을 깨달았다.

"나는 너무도 선명한, 그리고 세상에 긍정적인 영향을 미칠 만한 개인의 정체성과 연결된 비전을 갖고 있었습니다. 나로서는 이 기회가 너무도 의미 있었기에 세상에 나가서 최고의 팀이 될 사람들을 고용할 수 있었습니다. 나는 누구나 찾고 있던 바로 그런 기회를 가진 채 투자자들을 찾아 나설 수 있었습니다. 나는 나의 인간적인 열정을 바탕으로 가장 위대한 회사를 만들 수 있었습니다. 비록 그것이 25년이 걸렸을지라도, 그것은 어차피 내가 하고 싶은 일을 하는 것이었기에 나에게는 전혀 문제가 되지 않았습니다."

미션

팀원/직원

바니 펠은 그냥 끌어 모으려는 목적으로 사람들을 고용하기 시작하였고 돌수프 우화를 비유로 사용하면서 각각의 새로운 사람이 기회를 더욱더 강하게 만들었다는 점을 강조하였다.

미션

팀원/직원

바니 펠은 표준을 높게 설정하고 탁월성의 문화를 창조하였다. 그리고 "우리는 무엇을 필요로 하는가?" "누가 최고인가?"에 대해서 끊임없이 물어보면서 "사람은 자기가 하는 일을 대표하는 사람이므로 우리가 채용하는 사람들은 누구나 자기가 하는 일을 잘 해야 한다."고 강조하였다.

을지라도, 그것은 어차피 내가 하고 싶은 일을 하는 것이었기에 나에게는 전혀 문제가 되지 않았습니다."

펠은 그 회사의 이름을 파워셋(Powerset)이라고 하였고 이미 앞선 고급 수준의 자연언어 소프트웨어 알고리즘을 개발하는 데 성공한 다른 회사들을 찾아서 함께 '가장 유리한 시작'을 하겠다고 마음먹었다. 그는 세계에서 가장 유명한 연구센터에 해당하는 SRI, 즉 스탠퍼드 리서치 연구소(the Stanford Research Institute)와 제록스 파크(Palo Alto Research Center: PARC)의 연구원들과 이야기를 나누러 갔다. 그는 제록스 파크의 사람들은 비슷한 일을 30년이나 해 왔으나 그 모든 것을 어떻게 조합해야 할지를 아직 모르고 있다는 사실을 알게 되었다. 그래서 펠은 30년 동안 연구해 왔던 그 기술에 대한 권리, 즉 라이선스를 자신의 벤처에게 제공해 달라고 제안하였다. 그는 "나는 다른 자원이라고는 없는 사람이었는데…."라고 하면서 웃었다. 그들은 "왜 우리가 이것을 (아무 것도 없는) 당신에게 줘야 합니까?"라고 물었다. 이에 그는 스스로 자신이 가진 미션과 비전 의식이 너무도 잘 정렬되었기에 다음과 같이 대답하였다. "당신네들이 이런 일을 하려면 나 같은 사람이 되어야 하며 나의 역사를 가져야 합니다. 왜냐하면 그 속에는 필요한 모든 것들이 있기 때문입니다. 그렇지 않으면 제대로 성공하기 어려울 것입니다."

"나는 그들에게 독점적 라이선스를 얻고자 했는데, 왜냐하면 그것 없이는 위험 부담이 너무 컸기 때문이었습니다."라고 펠은 설명하였다. "그러나 그들의 입장에서도 나에게 독점적 라이선스를 준다는 것은 너무 큰 위험이었습니다. 그것은 계란과 닭 중에서 어느 것이 먼저냐의 상황이었습니다." 펠에게는 열정과 내적 일관성이 있었기에 투자를 얻기 위해서라도 6개월 옵션을 조건으로 협상에 나섰다. 만약 그가 6개월 동안에 적당한 금액의 자본금을 끌어올 수 있다면 그들은 그의 조건들에 합의하려 하였다. 결과적으로 총 18개월이 걸린 후에 계약은 성사되었다. "그때까지 나는 총 1,200만 달러를 유치하였고 25명의 팀을 꾸렸습니다."라고 그는 말했다.

펠은 일단 옵션 조건을 확보하게 되었을 때 '그냥 끌어 모으려는 목적으로 사람들을 고용하기 시작하였다.' 그는 잠재적 팀원들에게 "내가 만약 제록스 파크 쪽과의 계약이 완성되면 멋진 일이 될 것이겠지만 나의 비상 계획이야말로 더욱 멋진 것입니다."라고 설명을 하였다. 그는 계속해서 "이것은 만약의 문제가 아니라 누가, 그리고 언제의 문제입니다. 아이디어는 성공할 수밖에 없어요. 우리가 지금 하면 안 될까요?"라고 물었다. 펠은 돌(石) 수프[36] 우화를 비유해 가면서 각각의 새로운 사람이 기회를 더욱 더 강하게 만들었음을 지적하였다. "이 회사는 역사상 가장 위대한 회사가 될 기회를 가지고 있습니다. 별을 겨냥해서 쏘세요. 비록 거기에 미치지 못한다고 해도 달은 맞출 수 있을 것입니다."라고 하면서 잠재적 팀원들에게 자신 있게 말하곤 하였다. 펠은 표준을 높게 설정하고 탁월성의 문화를 창조하였다. 그는 팀에 동참한 직원들에게 "우리는 무엇을 필요로 하는가?" "누가 최고인가?"에 대해서 끊임없이 답을 찾아보라고 하였다. 그

역할

파트너/제휴사

바니 펠은 핵심적 파트너십을 구축하는 과정에서 많은 응용력을 높일 인프라를 제공하는 공급자로서의 파워셋의 역할을 잘 이용할 수 있었다.

역할

파트너/제휴사

그는 스타트업 PR 회사에게 "우리는 당신들이 제대로 된 회사를 만들 수 있게 할 아주 큰 일을 하고 있는데 우리와 함께 6개월간 무료로 일해 줬으면 좋겠다."라고 말했다. 그의 말은 옳았다!

36) Stone Soup: 배가 고팠던 빈털터리의 여행객이 꾀를 내어 돌 하나로 수프를 끓이면서 사람들을 속여 순차적으로 다양한 양념과 식재료들을 조금씩 갖고 와서 수프에 첨가하게 하고 마지막에는 돌을 제거한 후에 모두가 맛있게 식사를 할 수 있었다는 우화. 이 우화에는 여러 사람들이 약간씩만 기여했을 뿐인데 결과적으로는 모두가 큰 손해가 없는 상태에서 조리된 수프를 잘 먹을 수 있게 되었다는 교훈이 담겨 있다.

리고 "사람은 자기가 하는 일을 대표하는 사람이므로 우리가 채용하는 사람들은 누구나 자기가 하는 일을 잘 해야 합니다."라고 강조하였다.

제록스 파크와의 계약조건이 정리되고 팀이 자리를 잡아감에 따라 펠은 엔젤 투자를 받을 수 있게 되었다. 비록 제록스 파크와의 기술사용 계약이 아직도 서명되지 않은 상태였지만 그에게는 이미 훌륭한 팀이 구성된 상황이었다. 그리고 제록스 파크와의 계약이 아직 성사되지 않았다고 해도 이 벤처는 가치가 있을 것이란 점이 분명하였다. 펠은 "우리가 어쨌든 분명히 큰 일을 해낼 것이었습니다. 제록스 파크 기술이 보여 줄 가능성은 대단하지만 나의 비상계획도 멋졌습니다."라고 말하였다.

이제는 엔젤 투자가 확보되었고 펠의 팀은 제자리를 잡았으며 제록스 파크와의 협조관계도 잘 되었다. 그래서 미래는 그가 예상했던 것과 같이 흘러가기 시작했다. 펠은 자신과 팀이 하고 있는 일에 대하여 세상에 알릴 메시지를 마련하는 일에 집중하였다. 그는 '준잠행'이라고 스스로 칭했던 전략을 개발하였다. 일반적으로 이와 같은 초기 단계의 벤처들은 기술에 대한 기밀이 누설될지도 모른다는 염려 때문에 자기들이 하는 일에 대해서 비밀로 하기 마련이지만 펠은 세상에 자신의 비전을 알리고 그가 대단한 일을 하고 있다는 사실을 공개함으로써 필요한 온갖 재능, 지원, 파트너십을 확보할 수 있을 것이라고 믿었다. 그는 인공지능과 검색 엔진을 활용하는 것과 관련한 일을 하고 있다는 사실을 사람들에게 공개했지만 자연언어를 사용하는 것에 대해서는 구체적으로 밝히지 않았다.

펠은 마침내 1년 안에 파크의 일등 과학자인 론 캐플런(Ron Kaplan)을 이사로 영입하여 '수석 과학자'로 임명하였다. 그리고 야후의 일등 검색 엔진 아키텍트[37)]와 같은 기타 핵심 인력들을 채용함으로써 벤처에 관계된 모든 분야에서 '가장 똑똑한 최고'에 해당하는 인재들로 팀을 규합하였다. 그는 또한 핵심적인 자원에 접근할 수 있기 위하여 핵심적인 파트너십과 제휴관계를 구축하였다. 그는 다음과 같이 말했다. "예컨대, 우리는 PR 회사가 필요했기에 어느 스타트업 회사로 찾아가서 '우리는 당신들이 제대로 된 회사를 만들 수 있게 할 아주 큰 일을 하고 있는데 우리와 함께 6개월간 무료로 일해 줬으면 좋

37) architect: 컴퓨터 소프트웨어의 전체적인 구조를 이해하여 소프트웨어를 설계할 수 있는 능력을 소유한 사람으로서 설계자란 의미를 갖고 있다.

겠다.'고 말했습니다." 그들은 승낙을 하였다. 그런데 사실상, 그들은 파워셋과의 파트너십 덕분에 결국 성공적 PR회사를 론칭할 수 있게 되었다.

또 다른 의미 있는 파트너십은 자연언어 검색 기능에 없어서는 안 될 규모의 가변적 데이터 인프라(scalable data infrastructure)를 개발했던 오픈 소스 프로젝트[38] 하둡[39]과의 파트너십이었다. 그리고 제프 베조스와 아마존과도 파트너관계를 수립하였고 클라우드 컴퓨팅[40]과 '크라우드 소스'[41] 플랫폼 분야에서는 '포스터 아이'[42]가 되었다.

이 모든 것은 펠로 하여금 첫 번째 벤처 캐피털 라운드[43]에서 1,200만 달러의 투자금을 확보할 수 있게 하였고 자신의 벤처에 믿을 수 없을 만큼의 힘을 실어 주었다. 하지만 부작용도 생겼다. 펠이 지적한 대로 그러한 일로 인해서 반대 급부로 똑같이 믿을 수 없을 정도의 과도한 악선전에 시달리게 되었다. 그러한 악선전은 언제라도 있을 수 있는 것이지만 그것으로 인해 자칫 무너질 수도 있다.

그래서 그는 말했다. "나는 겸손해지려고 노력했고 내가 세상을 돕기 위하여 하고 있는 일에 집중하려 했습니다. 그와 동시에 사람들은 누구나 자기가 하고 있는 일이 대단하다고 생각하는 자만심에 빠지기 쉽습니다. 물론 자신이 하고 있는 일에 대한 강한 믿음이 필요하지만 때때로 지나친 열정이 교만으로 나타날 수도 있습니다." 펠은 항상 파

38) open source project: 컴퓨터 용어로 대규모 데이터 세트를 효율적으로 처리하는 데 사용할 수 있는 공개 소프트웨어를 말하며, 오픈 소스 커뮤니티는 새로운 기술을 배울 수 있는 개방된 공간이자 새로운 사람을 만날 수 있는 장이기도 하다.

39) Hadoop: 대규모 데이터를 저장하고 분석하는 데에 사용되는 오픈 소스 분산 처리 시스템으로 2006년에 Doug Cutting과 Mike Cafarella에 의해 창안되었는데, '하둡'이란 이름은 창안자 Cutting의 아들 장난감인 노란 코끼리의 이름에서 유래한 것이다.

40) cloud computing: 공공의 인터넷상에 있는 컴퓨터 자원을 사용자가 원하는 형태로 임대하여 소비하고 그 소비한 만큼을 사용료로 지불하는 컴퓨팅 서비스. 여기서 구름을 의미하는 클라우드는 컴퓨터 통신망이 구름과 같은 것에 싸여 안이 보이지 않고 일반 사용자는 이 복잡한 내부를 굳이 알 필요도 없이 어디에서나 구름 속으로 손을 집어넣어 자기가 원하는 작업을 할 수 있다는 것을 뜻한다. 인터넷이 연결된 어디에서나 동일한 체험을 보장해 주는 것이라고 할 수 있다.

41) crowd source: 문제 해결책을 위하여 전문가 대신에 아웃소싱하는 외부의 비전문가인 고객과 대중을 말한다. 기업 활동의 전 과정에 소비자 또는 대중이 참여할 수 있도록 일부를 개방하고 참여자의 기여로 기업 활동 능력이 향상되면 그 수익을 참여자와 공유하는 방법인 크라우드 소싱에서 나온 용어이다.

42) poster child: (특정 자질 · 활동을 나타내는) 전형으로 여겨지는 인물을 유머스럽게 표현한 용어. 일반적으로는 (특정한 질병 · 문제 등을 가진 아동들에 대한 도움을 구하는) 포스터에 나오는 아동을 말하기도 한다.

43) venture capital round: 벤처 기업이 캐피털리스트나 투자자로부터 투자를 유치받기 위한 방식을 말한다.

워셋이 '차기 구글'이 될 것이라고 공개적으로 주장하지 않으려고 조심하였다. 다만, 현재 자기들이 하고 있는 일이 그가 강하게 믿고 있듯이 "인터넷 검색의 미래가 될 수 있을 것"이라고는 말했다. 그러나 2007년 1월에 『뉴욕타임즈』는 비즈니스 면의 첫째 면에 '차기 구글을 찾아서'라는 제목의 기사를 펠과 파워셋의 다른 공동창업자들의 사진과 함께 커버스토리의 일부로 게재하였다. "이 일로 인해서 특히 구글에서 우리가 알았던 사람들로부터 상당한 반발이 있었지요."

'별을 겨냥해서 쏘기'라는 전략은 또한 상당한 정도의 압박감도 조성하였다. 펠은 "우리가 하고자 했던 일은 아주 복잡하게 얽혀 있었습니다. 그리고 우리에게는 정말로 일을 잘 할 수 있는 능력이 있을지에 대한 의문은 여전히 있었습니다."라고 말했다. 한동안 회사는 인건비와 운영경비로 매월 100만 달러의 돈을 '불태우고' 있었다. 더구나 비록 펠이 최고의 팀을 꾸렸고 어느 누구보다도 자연언어 알고리즘을 적용하는 방법을 많이 발견하였지만 회사는 여전히 결과물을 생산하지 못했다. 그래서 그는 "우리는 실제로 한 번도 제대로 된 성과를, 시제품의 형태로라도 보여 주지 못했습니다."라고 고백하였다.

압박감이 증대함에 따라 회사에 대한 회의감도 함께 늘어났다. 이로써 펠에게는 새로운 리더십의 도전이라는 문제가 등장하였다. "처음에 기대했던 것보다 더 많은 시간이 걸리는 이런 현실에서, 그리고 사람들이 '모든 진행 속도가 너무 느리다거나 아예 회사가 돌아가지 않는다.'고 불평을 하는 상황에서 우리는 어떻게 열정과 신념을 계속 지켜 갈 수 있을까요?" "비록 나는 아주 긍정적인 사람이었지만 어쩌면 우리가 비현실적이면서 주변의 모든 반대 의견들에 대해서 귀를 기울이지 않았을지도 모른다는 점에 대해서 진지하게 생각해야 했지요." 악선전과 압박감이 증대함에 따라 일부 팀원은 앰비션을 적게 가져도 되는 일을 하겠다고 회사를 그만두고 싶어 하였다.

악선전과 압박감은 펠과 그의 주주들에게 새로운 도전으로 작용하였다. 그런 가운데 파워셋의 이사 한 사람은 펠이 2008년으로 예상되었던 '시장 붕괴' 이전에 임금을 최대로 많이 인상해야 한다고 주장하였다. 또한 1990년대 후반의 인터넷 버블[44]이 붕괴했을

44) internet bubble: 닷컴 버블(dot-com bubble)과 동의어로 쓰이면서 '인터넷 거품' 현상의 의미를 가지는데, 특히 1990년대 후반부터 2000년까지 주로 인터넷 관련기업의 주가가 폭등한 현상을 말한다. p. 16의 각주

때도 비슷한 상황이 발생하였다. 그래서 결국 펠은 첫 투자 라운드에서 1,200만 달러어치의 벤처 캐피털 라운드를 마친 후에 2개월 내에 2,500만 달러의 추가 투자금을 유치하기 위하여 노력하였다. 그것은 큰 도전이었기에 펠은 팀원들로부터 거리를 두고 모든 시간을 투자자들과 함께 보내고 있었다.

뿐만 아니라 펠의 파워셋 공동 창업자이자 COO였던 사람은 그렇게 많은 추가 자금을 더 투자받는 것에 대해서 호의적이지 않기에 회사에 대한 더 높은 가치 평가를 요구하였다. 그리고 펠과 공동 창업자 간에는 긴장 관계가 점차 높아지기 시작했고 팀으로부터도 반향이 일어났다. "당신이 비전에 대해서 의문을 가질 때 문제는 생기게 되어 있지요."라고 펠은 말했다. "만약 당신이 하는 일이 잘 될 것이라고 믿는다면 벤처는 놀랄 정도로 가치가 있지만, 믿지 않는다면 아무 가치가 없을 것입니다."

이제 펠은 지쳤고 많은 압박감과 함께 추가 투자금 유치를 위한 일에 정신을 너무 집중한 나머지 수면장애까지 겪게 되었다. 그는 스스로도 더 큰 긴장과 불안정 상태를 경험하기 시작하였다. 그는 또 'CEO를 새로 찾아보고 그 사람으로 교체'할지에 대해서도 생각하기 시작하였다.

펠이 투자자를 찾아가서 자신이 생각하는 바에 대해서 이야기를 했을 때 뜻밖에도 투자자들은 "투자를 하겠지만 다른 CEO에게는 아닙니다."라고 말했다. 그들은 아마도 펠이 물러날 것이라고 생각했던 것 같았다. "투자자들의 눈에는 새로운 CEO를 물색한다는 것은 그 회사가 아무런 쓸모가 없음을 뜻하는 것으로 보였다."라는 것이 펠의 설명이었다. 그는 투자자들에

펠의 이른 성공으로 인해 생긴 악선전과 압박감은 그에게 리더십에 대한 도전으로 작용하였다. "처음에 기대했던 것보다 더 많은 시간이 걸리는 이런 현실에서, 그리고 사람들이 '모든 진행 속도가 너무 느리다거나 아예 회사가 돌아가지 않는다.'고 불평을 하는 상황에서 우리는 어떻게 열정과 신념을 계속 지켜갈 수 있을까요?"

펠이 쏟은 투자 유치를 위한 노력은 그로 하여금 팀으로부터 멀어지게도 했다.

그의 공동 창업자와의 갈등은 리더십 위기를 낳았다. "당신이 비전에 대해서 의문을 가질 때 문제는 생기게 되어 있지요." "만약 당신이 하는 일이 잘 될 것이라고 믿는다면 벤처는 놀랄 정도로 가치가 있지만, 믿지 않는다면 아무 가치가 전혀 없을 것입니다."

펠은 MS가 회사를 잠재적으로 인수하는 것이 회사와 비전을 다음 단계로 끌고 갈 수 있는 좋은 옵션이 될 것이라고 생각했기에 그쪽으로 초점을 돌렸다.

5번에서 소개된 내용을 참조하라.

펠은 그의 팀의 미션을 '가능한 한 최고의 자연어 검색'을 만드는 것에서 '구글에 비교하여 더 우수한 사용자 경험'으로 바꾸었다.

게 스스로에 대한 자신감을 갖지 못하고 있는 모습을 보였던 것이다.

펠은 새로운 CEO를 영입하여 공동 창업자를 교체하겠다는 자신의 생각에서 한발 물러서면서 이제는 즉각적으로 투자 유치 문제에 집중하기 위해 마음을 바꾸었다. 그는 예전에 MS와의 대화를 통하여 그들이 잠재적으로 파워셋을 인수하는 문제에 대해서 논의한 적이 있었다. 그런데 그는 오히려 이러한 안건이 회사와 비전을 다음 단계로 끌고 갈 수 있는 좋은 옵션이 될 것이라고 생각하게 되었다. "나는 그들에게 '우리는 우리 자신이 갖고 있는 것을 제대로 보여 줄 수 있기 위해서 100일 정도의 평가 시간이 필요하다.'라고 말했지요." 펠은 이제 '백일의 행군'이라고 이름 불렀던 일에 집중하기로 마음을 먹었다.

첫 번째 단계는 그의 팀의 우선순위를 재조정하는 것이었다. "나는 내가 일을 잘못 판단해 왔고 그로 인해서 잘못된 확신을 갖게 되었다는 사실을 깨달았습니다. 우리는 정말로 좀 더 유저중심이 되어 있는지 테스트 받아 봐야 할 것 같았습니다." 펠은 팀의 미션을 '가능한 한 최고의 자연언어 검색'에서 '구글과 비교하여 더 우수한 사용자 경험'으로 바꾸었다. 그는 팀에게 위키피디아[45]와 같은 온라인 지식 소스를 검색하는 것에 집중하고 '구글보다 더 잘하라'고 지시하였다. 테스트라고 하는 것은, 만약 유저가 특정 문장을 입력하게 되면 검색 결과는 단지 키워드가 아닌 똑같은 문장이 나오는 페이지가 뜨는지를 보는 것이었다.

구글은 키워드 검색 형식을 사용하면서 사람들이 인터넷에서 무엇인가를 찾으려고 할 때 인위적인 생각을 하도록 하였다. 펠은 이러한 현상을 설명하는 용어로 '키워드어(keywordese)'라는 말을 만들어 냈다. 그는 키워드를 사용하는 것과 자연언어를 사용하는 것의 차이점에 대하여 설명하기 위해서 외국을 방문할 때 사용하는 상용회화책을 비유로 들곤 하였다. 예를 들면, 우리가 일본을 여행할 때 상용 회화책 한 권을 들고 간다면 제한적으로 선정된 표현만 접하게 된다. 만일 이 회화책이 유일하게 참고할 정보일 경우, 일본에 갈 때면 "안녕하세요" "안녕히 계세요" "감사합니다" "화장실이 어디죠?"라

45) Wikipedia: '위키백과'라고 하며 위키를 이용하여 전 세계 사람들이 함께 만들어 가는 웹 기반의 다언어 백과사전

는 말들만 배워야 하겠다고 생각할 것이다. 그러나 현실은 그렇지 않기 때문에 만약 모든 일본어나 표현법들을 익힐 수 있다면 일본여행 경험이 훨씬 더 풍성해질 수 있게 될 것이다.

펠은 어떤 경우에는 우리가 검색을 할 때 키워드로만 할 때도 있다는 사실을 알고 있었다. 그래서 새로운 솔루션은 키워드를 사용하는 경우에는 구글과 같이 작동할 수도 있어야 하겠지만 직접 사람에게 질문할 때처럼 문장으로 검색을 해도 좋은 결과를 얻을 수 있게 되어야 할 필요가 있었다.

펠은 앞에서 언급한 바와 같이 온갖 종류의 악선전과 압박감이 유발시켰고 자신의 신념, 효율성, 명석함을 방해했던 스트레스 수준을 감소시키기 위하여 스스로 '선(禪)전사'[46]라고 칭했던 어프로치를 이용하였다. 이것은 특정한 결과에 집착하는 마음을 내려놓고 현재 순간에 사는 것을 포함하는데, 그것은 곧 최선의 자기가 되는 것을 말한다.

바니 펠은 그가 '선(禪)전사'라고 칭했던 어프로치를 채택하였다. 그것은 곧 특정 결과에 대한 집착을 내려놓고 현재 순간에 사는 것, 즉 최선의 자기가 되는 것을 포함한다.

결과적으로 펠의 '백일의 행군'은 성공을 거두었고 그는 파워셋을 창업한 지 3년이 지나지 않은 시점에 회사를 MS에 1억 달러 이상의 금액으로 매각하게 되었다. 펠은 "비록 우리가 미래를 소유할 기회를 놓쳤다고 할지라도 좋은 소득이 있었고 모두가 잘해 주었습니다."라고 말했다. 그리고 그 자신은 수백만 달러의 부자가 되었다. 이 회사의 기술과 프레임워크의 일부는 MS와 야후가 사용하는 '빙(Bing)' 검색 엔진에 통합되었으며 구글에게도 채택되었다. 파워셋이 개발한 기술은 많은 핵심적인 분야에서 유저의 경험을 크게 변화시켰고 업계에 폭넓은 영향을 미쳤다. 예를 들자면, 구글 검색팀은 이제 '지식팀'이라고 불린다. 또한 파워셋의 기술은 아이폰과 아이패드에서 사용되는 애플의 시리(Siri) 음성 안내 시스템의 기반이 되었다.

펠은 검색 전략가로서, 그리고 MS의 '빙' 웹 검색 엔진의 전도사로서 MS에 몇 년간 더

46) Zen warrior: 불교의 선(禪) 정신으로 무장한 전사(戰士) 또는 군사를 의미한다.

펠이 팀의 미션에 다시 초점을 두게 된 것은 성공적이었다. 그리고 그는 결국 파워셋을 MS에게 창업한 지 3년이 지나지 않은 시점에 1억 달러 이상의 금액에 매각할 수 있었다.

머물렀고 나중에는 '빙'의 로컬/모바일 검색팀의 아키텍트 및 개발 매니저가 되었다. 오늘날 그는 엔젤 투자자, 기술 및 제품 전략가로서뿐만 아니라 현역 기업가로 일하고 있다. "나는 선진 기술과 빅 아이디어를 인간의 삶을 바꾸는 실제 응용분야와 시장에 도입하는 것을 돕기 좋아합니다."라고 펠은 말했다.

펠은 현재 로코모비라는 모바일 파킹 상거래 스타트업 회사이자 파킹 업계에 디지털 혁신이라는 주요 트렌드를 도입하고 있는 로코모비(LocoMobi)의 공동 창업자이자 회장이자 최고 전략 책임자(Chief strategy officer)이다. 그는 달 여행과 탐사를 목적으로 개인적으로 투자하여 설립된 문익스프레스[47](Moon Express)의 공동 창업자이자 부회장이자 최고 전략 책임자이기도 하다. "우리는 최초로 달에 착륙하는 민간 기업이 되어 지구 궤도 너머의 상업적 우주활동을 할 수 있는 새로운 길을 만드는 일을 돕기를 원합니다."라고 펠은 말했다. 그는 최첨단 기술 영역의 현재 및 미래의 지도자를 교육하는 일을 목표로 하는 싱귤래리티 대학교[48]의 협동 창립자이면서 이사를 맡고 있다. 뿐만 아니라 그는 온라인 비즈니스 네트워킹 사이트인 링크드인[49]을 포함하는 여러 회사에서 자문위원을 맡고 있다.

바니 펠의 성공의 원TM

파워셋과 함께했던 바니 펠의 여정은 효과적인 **성공의 원**TM을 만드는 선기업가의 고

---

47) Moon Express(MoonEx): 2010년 실리콘밸리 기업가인 Naveen Jain과 국제우주대학 설립자인 Robert D. Richards, 우주 전문가 바니 펠 등이 공동설립한 문익스프레스는 원래 로봇을 이용한 과학 탐사에 목표를 뒀다가 상업적인 영역으로 범위를 넓혔다.

48) Singularity University: 과학과 기술을 바탕으로 미래를 예측하고 그에 대한 해결책을 연구하기 위하여 2008년 실리콘밸리에 설립된 교육 기관으로 학력인정이 되는 4년제 정규 과정이 아니어서 여름 학기 10주 동안의 과정으로 운영됨. NASA, 구글, 노키아 등이 후원하고 있다.

49) LinkdIn: SNS의 하나로서 페이스북 등의 일반적인 소셜 네트워크와는 달리 특정 업계 사람들이 서로 구인/구직, 동종 업계 사람의 정보 등을 파악할 수 있게 하는 서비스로 2002년에 창업되었지만 2016년에 MS에 인수되었다.

전적인 예를 보여 주고 있다. 그것은 또한 차세대 기업가가 직면할 수 있는 도전과 함정들을 잘 보여 주고 있기도 하다.

펠의 이야기는 우리가 앞에서 설명했던 선기업가 정신의 세 가지 보석을 중심으로 다음과 같이 분명하게 모여 있음을 알 수 있다.

1. 세상에서 자신의 목표와 설 자리를 추구함(법보)
2. 자신의 잠재력을 완전히 개발하는 데 매진함(불보)
3. 같은 목표를 향하여 정렬된 사람들, 즉 동료, 멘토,조력자, 협조자들의 공동체에 참여함(승보)

그것은 또한 사람들이 속하고 싶어 하는 세상을 창조하기 위한 다섯 가지의 핵심에 대한 좋은 예이기도 하다. 즉, 펠의 개인적 그리고 영적으로 성장하고자 하는 욕구와 세상에 무엇이라도 기여하려는 욕구가 성공적인 벤처를 만들게 된 기반이었다. 여기에 동료 사회와 함께 비전과 자원을 공유하는 것이 포함되어 있다. 펠의 경험은 또한 자기와 타인의 정서적 · 신체적 복지를 보장하기 위한 노력이 중요함을 잘 보여 주고 있다.

펠의 **성공의 원**™을 잘 생각해 보면, 그 핵심에는 배움과 인공지능에 대한 열정, 그리고 세상에서 자신이 해야 할 역할이 있다는 신념이 있었다. 나중에 이러한 것은 '선전사'로서의 정체성을 채택할 수 있는 그의 능력에 의하여 지지되었는데, 그 내용은 특정 결과에 대한 마음의 집착을 내려놓고 현재 순간에 살며 최선의 자기가 되는 것과 같은 것이다.

펠은 그가 '혁신의 장'이 '대화형 컴퓨팅'이라는 게임을 바꿀 가능성을 지지할 정도로 진화했다는 사실을 알았을 때 자신의 열정을 비전 쪽으로 쏟았다. 그는 인터넷 사용자의 세계가 확산되고 컴퓨팅 파워가 기하급수적으로 성장하는 현실에 초점을 두면서 유저들이 마치 다른 사람들과 대화하듯이 자신의 컴퓨터와 상호작용을 할 수 있게 하는 자연언어 검색 엔진 기능을 구체화하기 시작하였다.

펠은 그렇게 큰 비전은 그 정도로 큰 앰비션과 균형을 이룰 수 있어야 투자자와 다른

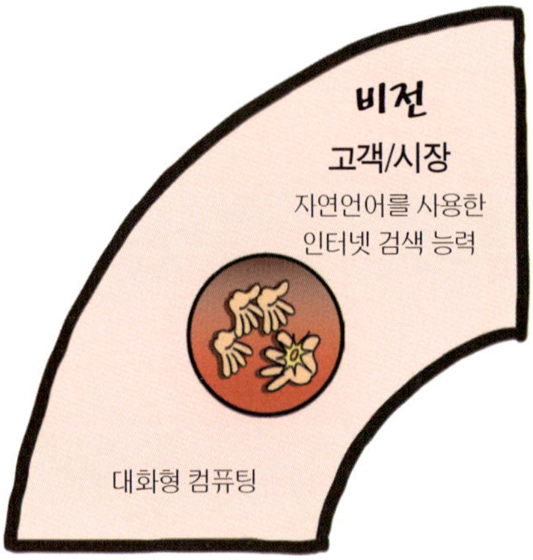

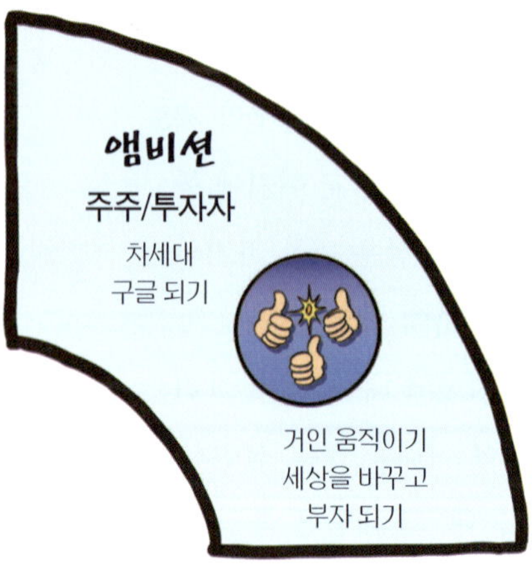

주주들의 마음을 끌어들일 수 있게 될 것이라는 사실을 깨달았다. 펠은 그러한 비전을 이룩한다는 것은 곧 파워셋을 '잠재적으로 차기 구글'이 되게 할 수 있다고 생각하였다. 그러한 아이디어는 '세상을 바꿈과 함께 동시에 돈도 많이 벌 수 있게' 할 수 있다. 아니면 최소한 '거인을 움직이고' '엄청난 기술'을 낳게 할 수도 있다.

펠은 충분히 큰 비전과 앰비션을 갖고 투자자와 주주를 찾아 나서기 시작할 수 있었다. 주주 중의 하나는 제록스 파크였는데, 이 회사는 이미 펠이 가지고 있는 비전과 앰비션을 이루기 위해서 필요한 소프트웨어 기술의 대부분을 개발해 둔 상태였다. 그는 자신이 가진 비전의 명확성과 인간적인 열정 및 일관성을 바탕으로 독점적 라이선스 획득을 위한 옵션 조항과 관련한 협상에 나설 수 있었다. 그런데 그 라이선스는 투자자를 찾아가서 투자금을 유치하는 데 꼭 필요한 자원이었다.

또한 그것은 돈도 생산품도 없는 그로 하여금 밖으로 나가서 뛰어난 팀원을 끌어 모을 수 있게 해 주었다. 이제 펠은 또다시 자신의 비전의 명확성, 인간적 열정, 일관성을 바탕으로 비전을 실행하는 데 필요한 재능 있는 젊은이들을 팀원으로 끌어들이고 그들로 하여금 '별을 겨냥해서 쏘기'라고 격려할 수 있었다. 그는 팀원들에게는 "우리는 무엇을 필요로 하는가?" "누가 최고인가?"라는 물음에 대한 답을 찾게 하고, 각 새 팀원들에게는 "누구나 자기가 하는 일을 잘 해야 합니다."라고 끊임없이 격려함으로써 탁월성의 문화를 창조하려고 노력했다.

펠은 '백일의 행군' 동안의 위기의 순간에도 자신의 미션을 '웹에서의 최고의 자연언어 검색'에서 새롭게 범위를 좀 더 좁혀서 '위키피디아에서의 최고의 자연언어 검색'이 되게 성공적으로 재정렬할 수 있었다.

펠은 또한 파워셋의 역할을 자연언어 능력의 공급자로 생각하고 그 역할을 이용함으로써 PR회사, 하둡, 아마존과 같은 회사들과의 핵심 파트너십이나 제휴 관계를 수립하여 PR, 규모가변적 데이터 인프라, 클라우드 컴퓨팅과 같은 자원들을 레버리지 할 수 있었다.

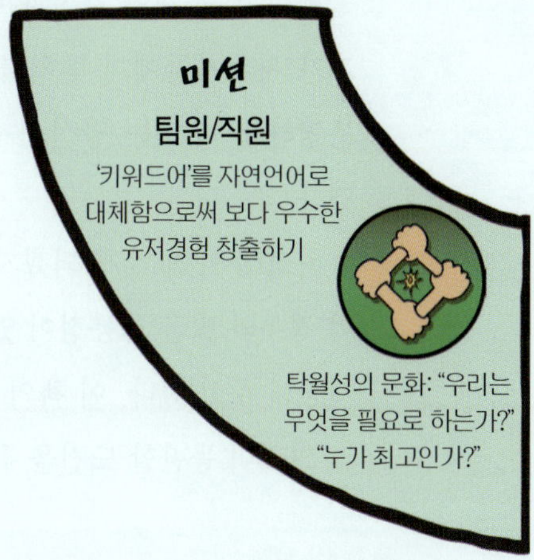

펠의 경험은 **성공의 원**™을 효과적으로 관리해야 한다는 도전에 대해서도 잘 보여 주고 있다. 예컨대, 열정은 오만의 잠재적 그림자를 품을 수 있다. 앰비션은 악선전의 그림자를 끌어들일 수 있다. '별을 겨냥해서 쏘기'라는 말은 압박감과 회의감을 갖게 할 수 있다. 이처럼 좋은 것도 오히려 나쁜 것으로 만들 수 있는 자연발생적인 힘에 맞서고 그 둘 간의 균형을 잘 유지할 수 있기 위해서는 강력한 신념, 특별한 스킬, 인간적인 자원들이 필요하다. 이것은 깊은 목표의식과의 정렬이 중요할 수밖에 없는 이유 중의 하나가 된다. 펠이 깨달았듯이 '자신이 가진 비전에 대해서 의문을 갖기 시작할 때 문제가 발생한다.'

펠이 파워셋과 함께했던 여정은 **성공의 원**™의 각 부분들에 대해서 균형 있는 관심을 두어야 하는 것의 중요성을 잘 보여 주고 있기도 하다. 펠이 겪었던 가장 큰 위기의 시간은 자신이 팀으로부터 멀어져 있으며, 보다 많은 재정지원을 받기 위해서 온통 투자자들과 시간을 보내고 있다는 사실을 알았을 때 찾아왔다. 따라서 균형 유지하기는 모든 기업가들이 항상 명심하고 챙겨야 하는 도전의 과제가 된다.

펠의 스토리에서 얻을 수 있는 또 다른 교훈은 신체적 및 정서적 안정을 유지하는 것의 중요성이다. 그가 '지치고 잠을 잘 못 잤을 때' 고난의 시간이 찾아왔다. 그러므로 자기 자신과 팀을 제대로 돌보는 것은, 특히 압박감과 회의감 생기기 시작할 때 특히 중요하다.

펠의 예는 개인 자신과 비전에 대한 자신감의 중요성을 잘 보여 주는 것이기도 하다. 그가 투자자들에게 벤처를 위하여 CEO를 교체할 생각을 하고 있다고 했을 때 그들은 분명하게 "우리는 당신에게 투자를 하는 것이지 다른 CEO에게가 아니다."라고 지적하였다.

비교해 보면 알게 되겠지만 효과적인 차세대 기업가를 위한 성공에 이르는 경로는 펠의 경우와 많은 공통점이 있다. 그의 경험은 많은 것을 만들어 갈 좋은 템플릿, 즉 기반을 제공해 주고 있다. 이 책의 앞으로 나올 섹션들에서는 당신 자신의 **성공의 원**™을 구축하고 그것이 동반할 도전을 취급하는 데 도움을 줄 실습과 연습 사항들이 제시될 것이다.

바니 펠의 성공의 원™

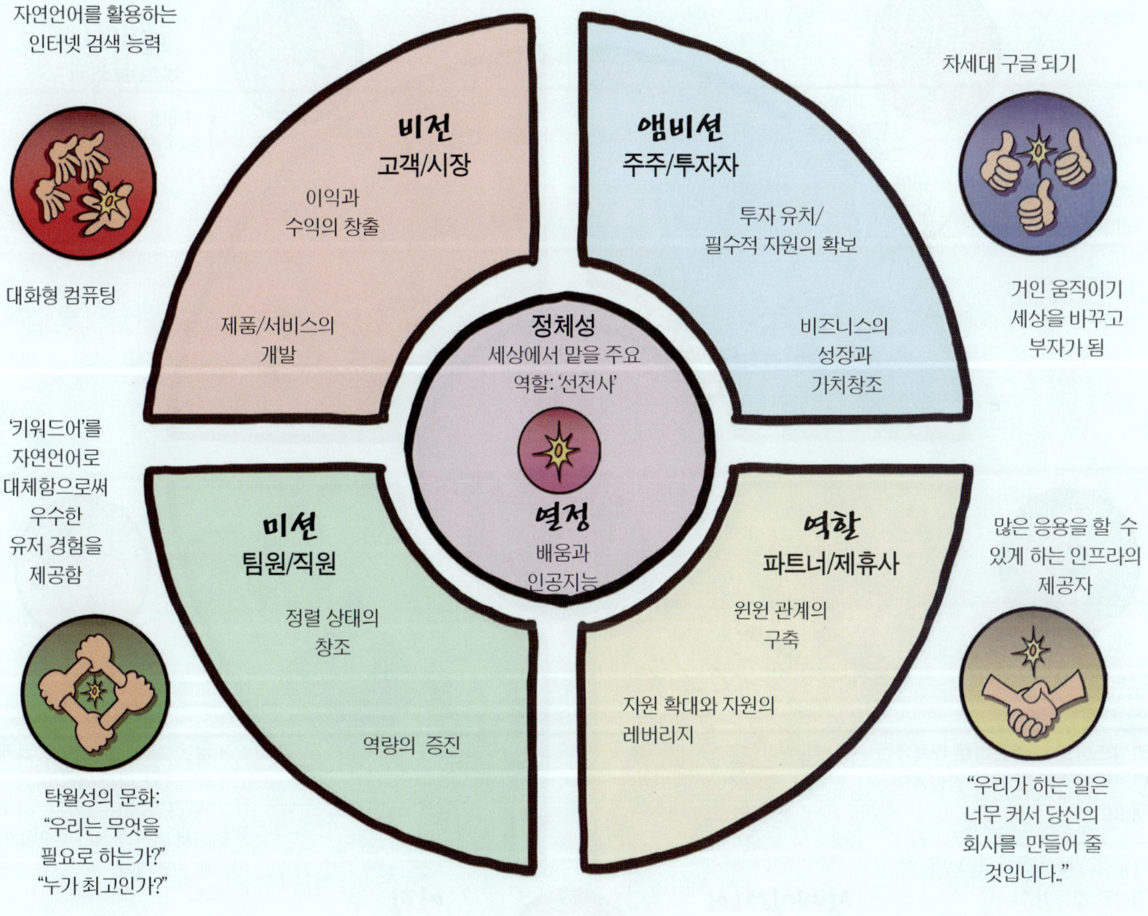
자연언어를 활용하는
인터넷 검색 능력
대화형 컴퓨팅
'키워드어'를
자연언어로
대체함으로써
우수한
유저 경험을
제공함
탁월성의 문화:
"우리는 무엇을
필요로 하는가?"
"누가 최고인가?"
비전
고객/시장
이익과
수익의 창출
제품/서비스의
개발
앰비션
주주/투자자
투자 유치/
필수적 자원의 확보
비즈니스의
성장과
가치창조
정체성
세상에서 맡을 주요
역할: '선전사'
열정
배움과
인공지능
미션
팀원/직원
정렬 상태의
창조
역량의 증진
역할
파트너/제휴사
윈윈 관계의
구축
자원 확대와 자원의
레버리지
차세대 구글 되기
거인 움직이기
세상을 바꾸고
부자가 됨
많은 응용을 할 수
있게 하는 인프라의
제공자
"우리가 하는 일은
너무 커서 당신의
회사를 만들어 줄
것입니다."

바니 펠의 바니 성공의 원™

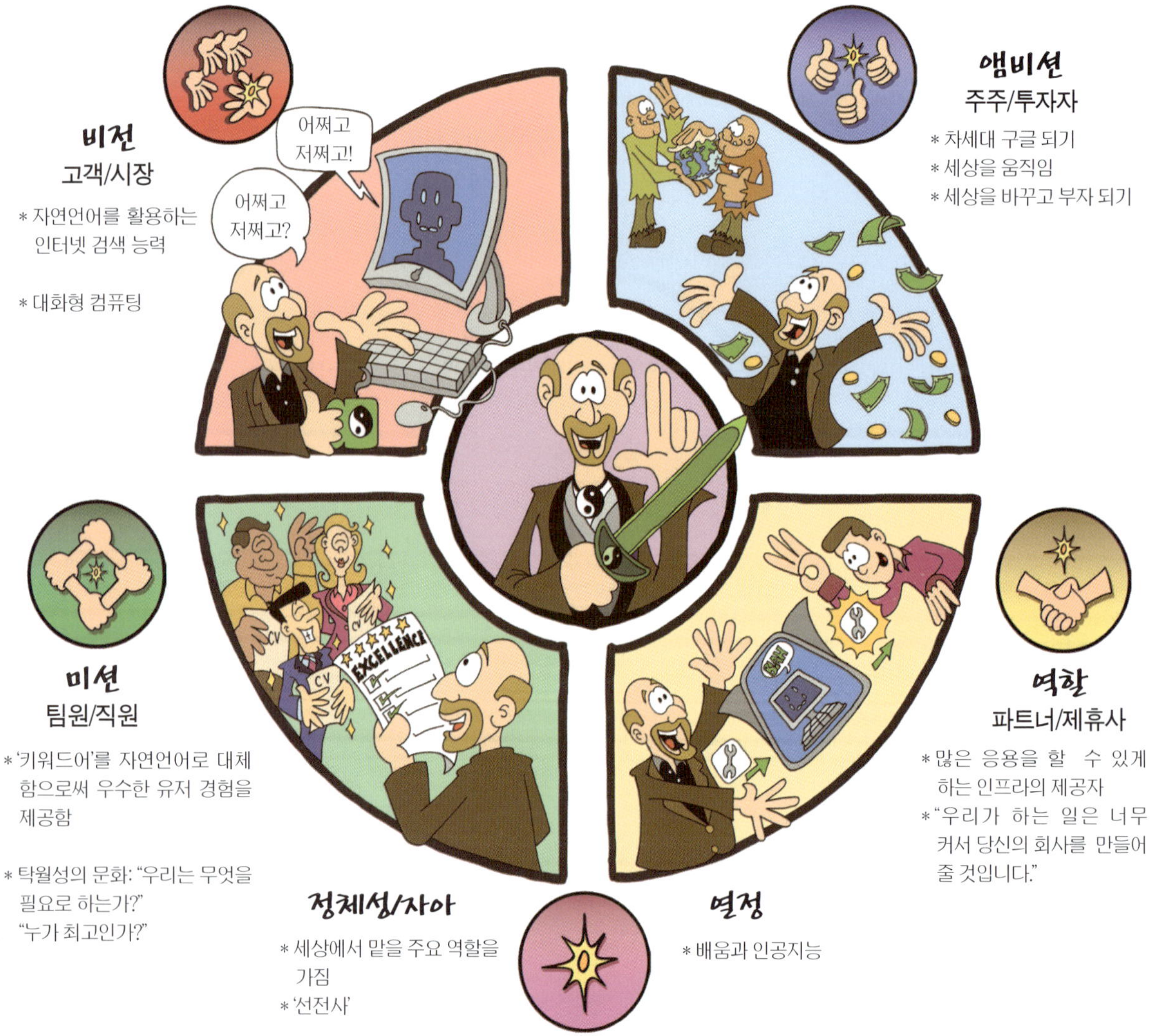
비전
고객/시장
* 자연언어를 활용하는 인터넷 검색 능력
* 대화형 컴퓨팅
어쩌고 저쩌고!
어쩌고 저쩌고?
앰비션
주주/투자자
* 차세대 구글 되기
* 세상을 움직임
* 세상을 바꾸고 부자 되기
미션
팀원/직원
* '키워드어'를 자연언어로 대체함으로써 우수한 유저 경험을 제공함
* 탁월성의 문화: "우리는 무엇을 필요로 하는가?" "누가 최고인가?"
EXCELLENCE
CV
역할
파트너/제휴사
* 많은 응용을 할 수 있게 하는 인프라의 제공자
* "우리가 하는 일은 너무 커서 당신의 회사를 만들어 줄 것입니다."
정체성/자아
* 세상에서 맡을 주요 역할을 가짐
* '선전사'
열정
* 배움과 인공지능

성공 요인 사례:
IBM의 사무엘 팔미사노

"퇴사할 때는 처음에 입사했을 때보다 더 멋지게 떠나라"

SFM 성공의 원™은 스타트업에게 적용되는 것과 마찬가지로 큰 회사의 기업활동에도 적용된다. 2002년에 사무엘 팔미사노(Samuel J. Palmisano)는 전설적인 루 거스트너(Lou Gerstner)로부터 IBM의 수장자리를 넘겨받았다. 거스트너는 1993년에 이 회사를 맡은 이래로 회사가 망할 위험에서 구해 내었고 자립경영의 궤도 위로 되돌려 놓았다. 팔미사노가 IBM의 CEO이자 회장으로 2012년 초에 은퇴하던 때에 이 회사는 주식 한 주당 수익이 연간 21%나 되는 기록적인 성장률을 달성하고 있었으며 시가총액은 2,180억 달러로 증가하였다.

사무엘 팔미사노

IBM 회장 겸 CEO(2002~2012)

이러한 괄목할 만한 성장의 뒷이야기는 SFM의 적용 사례를 잘 보여 준다.

팔미사노에 따르면 그를 이끌어 가는 가이드 프레임(guiding frame)은 다음과 같은 네 가지 질문으로 요약될 수 있다.

- 왜 어떤 사람은 당신과 함께 돈을 쓰려고 할까? - 당신의 독특한 면은 무엇인가?
- 왜 어떤 사람은 당신을 위해서 일을 할까?
- 왜 어떤 사람은 당신과 함께 돈을 투자할까?
- 왜 세상 사람들은 자신들이 정해 놓은 곳 - 즉 자기네 나라에서만 당신이 사업을 할 수 있도록 허용할까?

비전-고객

왜 어떤 사람은 당신과 함께 돈을 쓰려고 할까 - 당신의 독특한 면은 무엇인가?

미션-팀원

왜 어떤 사람은 당신을 위해서 일을 할까?

앰비션-주주

왜 어떤 사람은 당신과 함께 돈을 투자할까?

역할-파트너

왜 세상 사람들은 자신들이 정해 놓은 곳-즉 자기네 나라에서만 당신이 사업을 할 수 있도록 허용할까?

이러한 질문들이 어떤 방식으로 SFM의 **성공의 원™**의 각각의 사분면에 연결되는지를 보는 것은 쉽다. 첫 번째 질문은 고객 및 시장과 관련되며, 두 번째는 팀원과 직원, 그리고 세 번째는 파트너십과 제휴사, 마지막은 분명히 주주 및 투자자와 관련된다.

팔미사노에게 이러한 네 가지 질문은 생각을 집중하게 하고 회사가 안전 지대를 뛰어넘도록 자극하며 IBM이 다시 한 번 세계적인 수준의 회사가 될 수 있도록 만드는 방식이었다. "당신은 탁월성 있게 비즈니스를 잘 하기 위해서 앞선 네 가지 질문에 대해 대답해야 합니다."라고 팔미사노는 강조하였다.

팔미사노는 CEO직을 맡기 전에 IBM의 **성공의 원™**의 중심으로 빠져들면서 IBM의 뿌리와 유산을 찾아가고 있었다. 그는 회사의 문서들을 꼼꼼히 살피는 가운데 창업주 토머스 왓슨(Thomas Watson Sr.)의 연설문과 메모들을 읽었고 그의 아들이자 전임 회장이었던 토머스 J. 왓슨 2세(Thomas J. Watson, Jr.)와 정기적으로 오찬을 하고 있었다. 그는 왓슨 가문은 IBM을 컴퓨터를 파는 것 이상의 일을 하는 회사라고 규정했다는 사실을 알게 되었다. 그들은 회사는 사회적인 도전들을 해결하기 위하여 해야 할 중요한 역할을 맡고 있다고 믿었다. 팔미사노는 이러한 신념이 아주 깊은 영감을 주었다는 사실을 깨달았다.

팔미사노가 회사의 정체성에 대한 이러한 깊은 지식을 가지는 것과 함께 길잡이 역할을 하는 네 가지 질문으로 무장이 됨에 따라 회사를 향한 새로운 비전이 생겨나기 시작하였다. 그는 회사가 다른 경쟁사로서는 도저히 따라올 수 없는 방식으로 고객의 니즈에 맞춘 완벽한 솔루션을 제공할 수 있다는 것을 최대의 장점으로 생각하였다.

회사의 비전이 이렇게 새롭게 설정됨에 따라 초점은 고객에게 단지 컴퓨터와 소프트웨어를 판매하는 것에서 마케팅, 제품 구매, 제조 등의 상황에서 발생하는 비즈니스상의 문제 해결을 위해 기술을 이용할 수 있도록 도와주는 쪽으로 강조점의 방향이 바뀌게 되었다. 그리고 혁신의 초점 또한 서비스와 소프트웨어 쪽으로 옮겨졌다. 그런데 이 소프트웨어는 주로 데이터 센터로부터 온갖 종류의 기기들로 연결되는 인터넷을 통해 전달되는데, 이러한 것은 오늘날 '클라우드 컴퓨팅'이라는 것의 전신에 해당한다.

팔미사노는 IBM의 연구개발 예산을 20% 늘려서 연간 60억 달러 정도가 되게 하면서 연구, 특수한 스킬, 고도화된 기술을 결합하는 '스마터 플래닛 사업'을 시작하였다. 그 사업의 아이디어는 이러했다. "당신은 독특하게 포지셔닝을 할 수 있는 곳으로 가되 그곳에서 IBM의 통합가치를 이용하라." 그것은 후에 세계적으로 2,000여 개의 프로젝트로 성장하여 유틸리티 그리드,[50] 교통관리, 음식배달, 수자원 보전, 헬스 케어를 위한 보다 효율적인 시스템을 창조할 수 있는 컴퓨터 지능을 적용하였다.

팔미사노는 회사의 주된 미션인 '소비자 솔루션'에 집중하기 위해서 이제는 회사가 PC 및 디스크 드라이브 판매와 같은 전통적인 판매를 중단해야 한다는 사실을 깨달았다. IBM은 소비자 제품에 초점을 두는 대신에 특정 산업에 대한 전문성을 키우기 위하여 새롭게 비즈니스 컨설팅 회사인 프라이스워터하우스쿠퍼스 컨설팅사[51]를 매입하였다.

소비자용 제품을 포기한다는 것은 회사에게 있어서 새로운 정체성을 공표하는 것이었다. 이것은 IBM이 세계 최대의 정보기술 회사가 아니라는 것을 의미하기도 했다.

이것은 또한 IBM의 기존의 조직 구조에 대한 변혁을 의미했는데, 그동안에는 같은 회사 내에서도 제품 간 및 부서 간에 서로 협력적이지 못하고 오히려 경쟁적인 관계에서 독립적으로 움직였다고 볼 수 있다. 그래서 팔미사노는 회사가 새로운 비전을 달성하기 위해서는 '범세계적 협동'에 초점을 둔 '글로벌 통합기업'으로 혁신될 필

비전 – 고객

'다른 경쟁사로서는 따라올 수 없는 방식으로 고객의 니즈에 맞춘 솔루션 제공하기'

역할 – 파트너/제휴사

'스마트 플래닛 사업'

---

49) utility grids: 발전기에서 생산된 전기를 장거리를 거쳐서 소비자에게로 보내는 상업적 배전시스템

50) PricewaterhouseCoopers Consulting: 1998년에 기존의 쿠퍼스&라이브랜드사(Coopers & Lybrand)가 또 다른 회사인 프라이스워커하우스를 합병하면서 만들어진 이 회사는 영국 런던에 있는 매출액 기준 세계 최대의 전문컨설팅 서비스 회사이며 다국적 회계 감사 기업이다. 2002년에 IBM이 인수하여 현재에 이르고 있으며 한국의 삼일회계법인이 이 회사와 제휴관계에 있다.

미션 – 팀원/직원

"당신들은 세상을 바꾸고 노벨상 경쟁도 할 수 있다."

앰비션 – 주주/투자자

"퇴사할 때 입사 때보다 더 멋지게 떠나라."

요가 있다는 사실을 절감하였다. 그래서 'IBM의 소프트웨어 자산, 하드웨어 자산, 지적 재산권을 맞춤형으로 제공할 수 있는 고객 중심의, 민첩한 회사 구조'가 될 필요가 있었다.

팔미사노는 또한 IBM의 명령과 통제 문화가 회사의 새로운 비전과 미션에 더 이상 맞지 않다는 것도 알게 되었다. 170여 국가의 44만 명의 직원들이 상명하달식이 될 수는 없을 것이며, IBM에게는 전 세계 고객들의 다양한 니즈를 충족시켜 주기 위하여 수천 명의 리더들이 협조적으로 운영하는 리더십의 문화가 필요하다는 점을 깨달았다. 그는 사람들에게 동기부여를 하고 또 행동에 대한 방향을 알려주기 위해서 명령보다는 공유된 가치가 필요하다는 사실을 이해하였다.

팔미사노는 IBM의 기업 집행 위원회를 폐지하고 300명의 전체 회사의 최고위 임원들을 대상으로 앞서 소개되었던 '네 가지 질문 프레임'을 발표하였다. 그는 새로운 비전과 미션을 달성하기 위한 IBM의 가치가 무엇이어야 할지를 정하기 위하여 전체 직원들이 참여하는 72시간의 '밸류잼(Value Jam)'[52]이라는 대규모 온라인 기반의 상호 작용 프로그램을 가동하였다.

그와 같은 집단적인 협력 작업을 통하여 다음과 같은

---

51) Value Jam: 이것은 일종의 온라인 브레인스토밍 세션에 해당하는 것으로 IBM에서 시작된 이벤트의 이름이면서 궁극적으로는 '가치가 무엇인지'에 대한 '잼'이라고 할 수 있다. 사무엘 팔미사노는 직원들의 적극적 참여와 의견을 반영하지 않고 만들어지는 조직의 핵심 가치는 경영자 혼자만 외치는 슬로건에 지나지 않는다는 신념을 갖고 있었기에 2003년 7월 23일 회사 내부 전산망을 통해 IBM의 핵심 가치 정립에 직원들의 참여가 얼마나 중요한지 설명하면서 그들의 동참을 호소하였다. 그리고 7월 29일부터 8월 1일까지 72시간 동안 '새로운 IBM의 핵심 가치가 무엇이 돼야 하는가'에 대한 생각을 공유하는 밸류잼을 실시하였다. 그 결과, 그 당시 임직원 32만 명 중 70% 이상이 참여하였으며 1만 개가 넘는 아이디어가 채택됨으로써 IBM의 새로운 핵심 가치가 수립될 수 있었다.

세 개의 핵심 원칙이 도출되었다.

- 모든 고객의 성공을 위한 헌신
- 우리 회사와 세계를 위해 중요한 혁신
- 모든 관계에서의 신뢰와 개인적인 책임

그때 이후로 이러한 가치들은 조직 전체의 의사결정을 가이드하는 힘이 되었고 고유한 협동적 조직구조의 창출을 지원하였으며 보다 거대한 집단 지성을 위한 잠재력을 이끌어 내었다. 이러한 가치들은 젊은이들과 잠재적인 신입직원들에게 울림을 주기도 하였다. 예를 들면, 2011년에 IBM 연구소로부터 취업제의를 받았던 후보자들의 87%가 실제로 회사에 입사하게 되었다. 팔미사노는 "여러분들은 세상을 바꿀 수 있으며 노벨상에도 도전할 수 있습니다."(IBM의 5명의 노벨상 수상자들을 언급하면서)라고 말하였다.

아마도 팔미사노의 리더십 능력의 가장 중요한 성공 요인은 자신보다 더 큰 무엇에 대한 미션에 대한 그의 헌신이었다고 할 수 있을 것이다. 언젠가 그가 말했다. "CEO는 브랜드가 아닙니다! CEO는 당신에 대한 것도 아닙니다. 당신은 그냥 멋진 회사에 몸담고 있는 임시 봉사자이기 때문에 퇴사할 때는 처음에 입사했을 때보다 더 멋지게 떠날 수 있어야 합니다." 이것이 바로 팔미사노가 했던 것 바로 그것이다. 즉, 그는 **성공의 원**™의 모든 차원들을 포괄하면서 성공 요인의 모든 수준들, 즉 비전, 미션, 정체성, 가치, 신념, 능력, 행동, 그리고 고객과 그들의 니즈를 포함하는 진화하는 환경을 정렬시켰다.

우리는 팔미사노의 **성공의 원**™을 다음과 같은 방식으로 정리해 볼 수 있다.

중심에 있는 것은 팔미사노의 '멋진 회사의 임시 봉사자'라는 정체성이며 '사회 문제 해결'을 위한 열정이라는 의미심장한 IBM의 유산과 정렬된 것이었다.

이러한 열정이 "왜 어떤 사람은 당신과 함께 돈을 쓰려고 할까—당신의 독특한 면은 무엇인가?"라는 질문을 통하여 외부의 소비자와 시장으로 방향을 잡을 때 마케팅, 구매, 제조 등의 비즈니스 문제들을 해결하기 위한 기술을 이용하는, 고객을 위한 완벽한 맞춤형 솔루션을 제공하겠다는 새로운 비전이 등장하게 되었다.

자신의 팀과 직원들과 관련하여 그가 던진 질문 "왜 어떤 사람은 당신을 위해서 일을

열정 – 정체성/자아
'멋진 회사의 임시봉사자'

할까?"는 팔미사노로 하여금 "여러분들은 세상을 바꿀 수 있으며 노벨상에도 도전할 수 있습니다."라는 말을 할 수 있게까지 하였다. 그리고 집단적인 협동 작업을 통한 그의 '밸류잼'의 결과에서 반영되었던 회사 미션의 핵심 요소들을 도출할 수 있게 되었는데, 그것은 곧 모든 고객의 성공을 위한 헌신, 신뢰와 개인적인 책임, 그리고 특별히 '회사와 세계를 위해 중요한 혁신'과 같은 것이었다. 그는 자신의 미션을 지원할 수 있는 쪽으로 회사를 재구조화하였다.

팔미사노는 왜 세상 사람들은 자신들이 정해 놓은 곳 – 즉 자기네 나라에서만 당신이 사업을 할 수 있도록 허용할까? 라는 질문을 통하여 '스마터 플래닛 사업'과 연구, 특수한 스킬, 고도화된 기술과의 결합이라고 하는 IBM의 역할을 이끌어 내었다. 팔미사노는 유틸리티 그리드, 교통 관리, 음식 배달, 수자원 보전, 헬스 케어를 위한 보다 효율적인 시스템을 창조하기 위하여 파트너십과 제휴 관계를 수립하였다.

팔미사노는 투자자와 주주와 관련해서는 "왜 어떤 사람은 당신에게 돈을 투자할까?" 라는 질문을 던졌다. 그리고 "퇴사할 때는 처음에 입사했을 때보다 더 멋지게 떠날 수 있도록" 하고자 했던 그의 앰비션과 기여는 너무도 매력적이었음에 의심의 여지가 없었다. 그리고 결국 그는 그것을 성취하였다.

사무엘 팔미사노의 성공의 원™

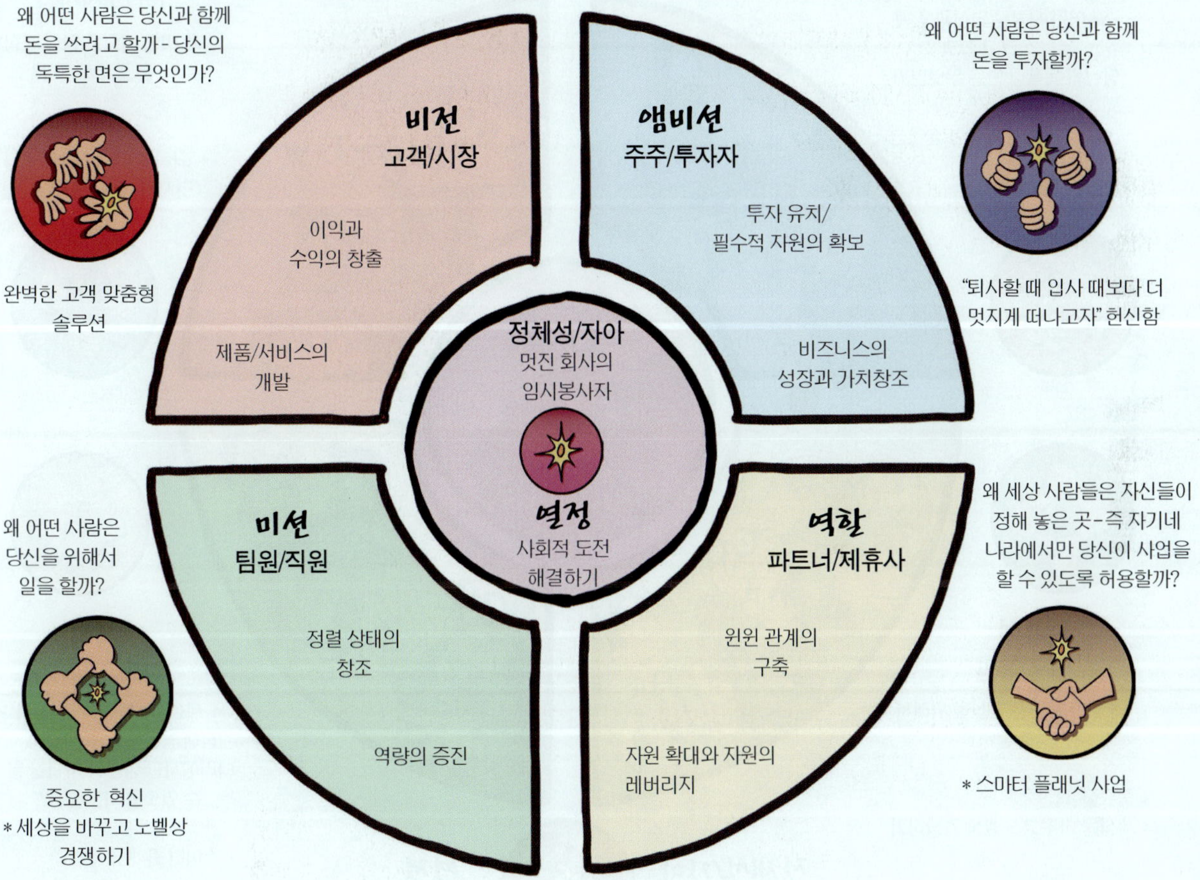

사무엘 팔미사노의 성공의 원TM

비전

고객/시장

왜 어떤 사람은 당신과 함께 돈을 쓰려고 할까? 당신의 독특한 면은 무엇인가?

* 완벽한 고객 맞춤형 솔루션

앰비션

주주/투자자

왜 어떤 사람은 당신과 함께 돈을 투자할까?

* "퇴사할 때 입사 때보다 더 멋지게 떠나고자" 헌신함

미션

팀원/직원

왜 어떤 사람은 당신을 위해서 일을 할까?

* 중요한 혁신
* 세상을 바꾸고 노벨상 경쟁하기

역할

파트너/제휴사

왜 세상 사람들은 자신들이 정해 놓은 곳 - 즉 자기네 나라에서만 당신이 사업을 할 수 있도록 허용할까?

* '스마터 플래닛 사업'

정체성/자아

멋진 회사의 임시 봉사자

열정

사회적 도전 해결하기

결론: 자신의 성공의 원™ 시작하기

SFM **성공의 원**™은 비즈니스 리더나 기업인들이 효과적으로 회사나 벤처를 성장시키기 위하여 반드시 익혀야 할 기본적인 관점들을 보여 준다. 각각의 관점은 서로 똑같이 중요하지만 자아를 이해하고 그것을 벤처의 비전 및 미션과 맞추어 정렬시킨다는 것은 기업인들에게 비즈니스를 지속시키고 배우며 성장하고 발전할 수 있게 하는 엔진이다. 일단 그 엔진이 충분히 가열되어 제 경로를 찾으면 성공의 경로에 있는 원 가까이로 행진하는 것을 더 이상 멈출 수 없게 된다.

이어질 다음 장들의 내용에서 우리는 **성공의 원**™을 어떻게 적용함으로써 '성공인 되기' '미래 창조하기' '파이를 더 크게 만들기' '불가능을 해내고 무에서 유 창조하기'가 가능할 수 있을지를 보여 주는 다양한 원리 연습 및 실습 사항들을 소개할 것이다.

당신 자신의 **성공의 원**™의 초안을 작성하기 위해서 먼저 앞서 소개되었던 에고와 소울 워크시트를 검토해 보면서 답을 생각해 보라.

- 당신은 누구이며 당신은 무엇에 대해 열정이 있는가? 만약 당신이 지금 정말로 꿈에 따라 살고 있고 좀 더 나은 세상을 창조하고 있는 중이라면 어떤 종류의 일을 하고 있을 것 같은가?
- 당신의 비전은 무엇이며 당신에게 혜택을 입을 잠재적 소비자/고객은 누구일까? 어떤 종류의 사람들이 당신의 비전을 표현할 제품이나 서비스에 대해 관심을 가장 크게 가질 것인가?
- 당신의 미션은 무엇인가? 이 프로젝트에 참여하는 당신의 팀원이나 동료들은 누구인가(또는 누가 될 수 있는가)? 당신의 미션을 실현하고 당신의 비전을 지원하기 위하여 어떤 다른 사람들이 더 참여할 필요가 있을 것인가?
- 당신의 앰비션은 무엇인가? 누가 당신의 벤처에 대한 투자에 관심이 있거나 관심 가질 가능성이 있는가? 당신이 성공하기 위해 필요한 자금이나 핵심 자원들을 누가 제공해 줄 필요가 있을까? 당신이 당신의 야망을 달성함으로써 과연 누가 긍정적으로든 부정적으로든 영향받을 수 있을까?

- 당신의 파트너는 누구인가(또는 누가 될 수 있는가)? 당신의 역할은 무엇이며 당신은 누구와 더불어 잠재적 제휴관계를 맺을 수 있을까? 누가 당신의 벤처, 제품, 서비스의 가치를 자신의 가치와 연결함으로써 높이는 데 도움을 줄 수 있을까?

다음 페이지에 나오는 그림을 이용하여 당신의 **성공의 원**™을 완성해 보라. 당신의 비전, 미션, 앰비션, 역할을 제대로 표현하기 위해서는 먼저 목록에 꼭 포함시켜야 할 필요가 있는 핵심적인 사람과 역할에 대해서 미리 생각해 보라.

그것은 팔미사노의 가이드 질문들에 대해서 생각해 보게 하는 데 가치 있는 실습 문제가 될 수도 있다.

- "왜 어떤 사람은 당신과 함께 돈을 쓰려고 할까 — 당신의 독특한 면은 무엇인가?"
- "왜 어떤 사람은 당신을 위해서 일을 할까?"
- "왜 어떤 개인이나 집단은 당신과 함께 파트너가 되거나 제휴 관계를 맺고 싶어 할까?"
- "왜 어떤 사람은 당신과 함께 돈이나 다른 자원들을 투자할까?"

우리는 이 책의 나머지 부분 전체를 통하여 이러한 질문들에 대해서 보다 깊이 있게 탐색할 것이며 이 근본적인 모델이나 지도 위에서 답을 찾고 완성시켜 나갈 것이다. 하지만 다음의 장에서는 원의 중심, 즉 당신 자신에 대해서, 그리고 성공인이 된다는 것이 무엇을 의미하는지에 대해서 집중적으로 살펴볼 것이다.

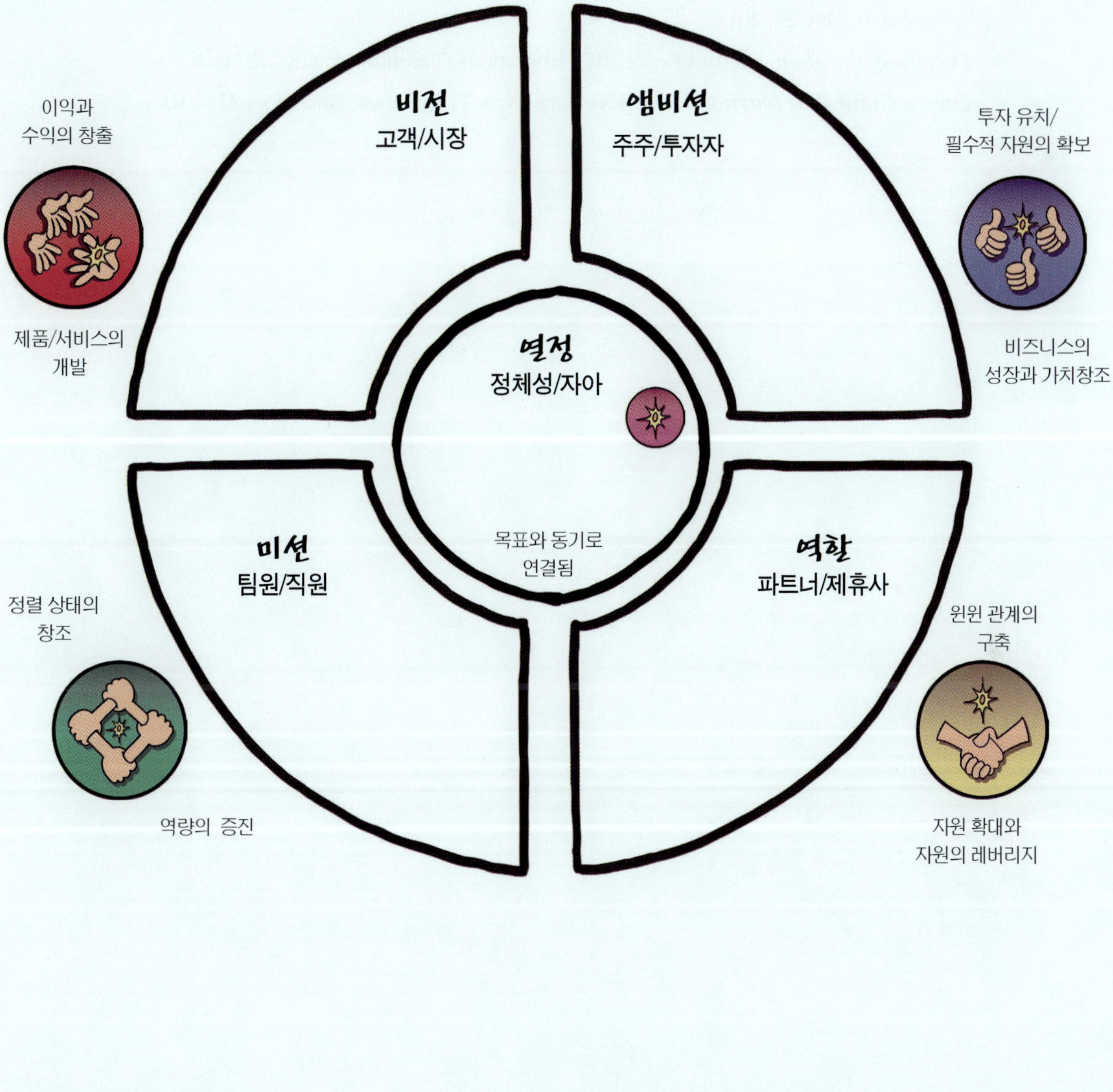
비전
고객/시장
앰비션
주주/투자자
열정
정체성/자아
미션
팀원/직원
역할
파트너/제휴사
목표와 동기로
연결됨
이익과
수익의 창출
제품/서비스의
개발
투자 유치/
필수적 자원의 확보
비즈니스의
성장과 가치창조
정렬 상태의
창조
역량의 증진
윈윈 관계의
구축
자원 확대와
자원의 레버리지

참고문헌과 자료

Forces Shaping the New Information Paradigm, Glenn C. Bacon, 1985.

As IT's Industrial Age Ends the Humanist Era Begins, Brian Sommer, Software & Services Safari, May 23, 2014.

Designing Freedom, Stafford Beer, CBC Publications, Toronto, Ontario, 1974.

Even a Giant Can Learn to Run, Steve Lohr, New York Times, December 31, 2011.

Becoming
a Success

제3장

성공인 되기

우리의 가장 깊은 두려움은 우리가 무력하다는 것이 아니다. 우리의 가장 깊은 두려움은 우리가 측량할 수 없을 정도로 강하다는 것이다. 우리를 가장 두렵게 하는 것은 우리의 어두움이 아니라 우리의 빛이다. 우리는 스스로에게 묻는다. "도대체 나는 누구이기에 이렇게 멋지고 화려하고 매혹적이며 재능이 넘치는 것일까?" 그런데 도대체 왜 당신은 자신이 이렇게 눈부신 존재가 못 된다고 생각하는가? 당신의 소심함은 세상에 유익하지 않다. 남에게 잘난 척하는 것으로 비칠까 봐 자신의 재능을 숨기고 스스로 움츠러드는 것은 전혀 올바른 태도가 아니다. 우리는 자기 안에 있는 영광을 드러내기 위해 태어났다. 그것은 우리 안에만 있는 것이 아니라 모든 사람 안에 있다. 우리가 자신의 빛을 빛나게 할 때, 우리는 무의식적으로 다른 사람들도 똑같이 하도록 허락하는 것이다. 우리가 두려움에서 해방될 때, 우리의 존재는 자동적으로 다른 사람들을 해방시킨다.

『사랑의 기적』

매리앤 윌리엄슨*

* Marianne Williamson(1952~): 미국의 영적 지도자이며 베스트셀러 저자이자 강연가

피드백 받기
기회 창조
실패
극복
실습
실습
실습
윈윈 결과의
제안
후원 얻고
해주기
준비하기
GO GIRL!
당신의 열정
표현하기
ANTONIO MEZA

성공이란 무엇인가?

이 책의 핵심 주제는 '성공'의 개념이다. SFM^{TM}과 SFM 성공의 원^{TM}은 '성공 이룩하기'라는 개념에 분명히 초점을 두고 있다. 이와 같은 주제에 대해서 집중을 하다 보면 자연스럽게 '성공이란 정확하게 무엇이며 성공인이 된다는 것은 무엇을 의미할까?'라는 질문을 하게 된다.

'성공'이란 당신이 원하는 결과가 어떤 것이든 상관없이 그 결과에 이를 수 있는 능력과 관계된다.

언어학적으로 '성공'이란 단어는 '올라가다' '쫓아가다'는 뜻을 가진 라틴어 succedere에서 유래하고 있다. 그리고 이 라틴어 단어의 뿌리는 sub('아래쪽' '근처' '가까이')와 cedere('가다')의 조합이다. 따라서 이 단어는 곧 '성공'이란 당신이 원하는 어떤 것을 향하여 가는 것에 대한 것임을 암시한다. 메리암 웹스터(Merriam-Webster) 사전은 성공이란 '잘 되는 것(to turn out well)' '바라는 것이나 결실을 얻는 것(to attain a desired object or end)'으로 정의된다.

'성공인 되기'라는 것은 곧 바라는 목표(goal)에 도달하는 데 필수적인 동기, 스킬, 자원들을 개발하는 것과 관계된다.

이런 관점에서 본다면 성공이란 객관적인 단일 척도가 아니다. 그것은 당신이 원하는 결과가 어떤 것이든 상관없이 그 결과에 이를 수 있는 능력과 관계된다. '성공적'이라는 느낌을 느끼거나 '성공인'이 되기 위해서 반드시 백만장자가 되어야 할 필요는 없다. 본질적으로 '성공인 되기'라는 것은 곧 바라는 목표(goal)에 도달하는 데 필수적인 동기, 스킬, 자원들을 개발하는 것과 관계된다.

목표는 여러 가지 다른 수준에서 표현될 수 있다.

앞에서 말한 목표는 이미 제1장에서 확인되었던 성공 요인의 여러 수준과 비슷하게도 다음과 같은 여러 수준들 중의 어느 하나를 중심으로 하고 있다.

한 수준에서 성공할 수는 있지만 다른 수준에서는 그렇지 못할 수도 있고 동시에 여러 가지 수준에서 성공적일 수도 있다.

- 환경: 세상에서 어떤 것을 생산하는 것 또는 물질적 대상을 소유하는 것(예: 교량 건설하기, 큰 집 소유하기)
- 행동: 당신이 하고 싶어 하는 것을 하기 또는 육체적 도전에 직

기업적인 성공은 이러한 많은 수준들을 아우른다.

면하기(예: 여행하기, 에베레스트 등반하기)

- 능력: 특정한 스킬을 개발하기 또는 적용하기(예: 음악 연주하기, 창조적이기)
- 신념과 가치: 자신의 원칙과 철학에 따라 행동하거나 살아가기(예: 라이프 스타일 확립하기, 어떤 윤리적 입장 옹호하기)
- 정체성: 특정한 종류의 사람이 되기, 소명을 완수하기(예: '리더' 되기, '기업가' 되기)
- 비전과 목적: 기부하기, '사람들이 속하기 원하는 세상 창조하기'(예: 특정 서비스, 기술, 비즈니스 모델을 진두지휘하거나 개혁하기)

그러므로 어떤 사람이 한 수준에서는 성공할 수 있지만 다른 수준에서는 성공하지 못할 수도 있다. 또는 여러 수준에서 동시에 성공할 수도 있다. 기업적 성공을 예로 든다면 특히 미션, 비전, 목표와 같은 여러 가지의 수준들을 아우른다.

우리 시대의 돈으로 가장 성공한 두 사람인 마이크로소프트(MS)의 창업자인 빌 게이츠와 (20세기의 가장 성공적인 투자자로 널리 알려진) 워렌 버핏은 그들의 재산 대부분을 자선단체에 기부하기로 결정하였다. 구체적으로 게이츠는 자신의 재산 95%를 자선단체에 기부하기로 최종적으로 약속하였으며, 버핏은 자신의 생애 동안이나 사후에 재산의 99%를 박애 사업에 쓰일 수 있도록 기부하겠다고 하였다. 그리고 그들은 함께 '더 기빙 플레지'[1]라는 단체를 만들었는데 이것은 돈으로 성공한 사람들이 자신들의 재산을 최소한 절반 이상 사회에 환원하겠다고 약속하도록 영향을 미쳤다. 기부자 명단에는 비즈니스계의 큰손 래리 엘리슨[2], 영화 제작자 조지 루카스[3], CNN 창업자 테드 터너, 소셜 미디어의 실력자 마크 저커버그[4]가 포함되어 있다. 그러한 예들은 '에고' 차원의 성공에 비교되는 '소울' 차원의 최고 중요성을 잘 반영하고 있다. 돈과 소유물을 축적하 고 자기

1) the Giving Pledge: 빌 게이츠와 워렌 버핏이 만든 자선단체 이름. 재산의 절반 이상을 기부하겠다고 밝힌 세계 억만장자들의 기부 선언이기도 하고 노블레스 오블리주의 실천운동이기도 한 이것은 그들의 기부금을 바탕으로 자선사업을 하는 단체이기도 하다. 2016년 8월 현재 155명이 가입한 것으로 파악되고 있다.

2) Larry Ellison: 오라클의 설립자이자 CEO로 2014년 기준 세계 5위의 부자이며 '실리콘밸리의 악동'으로 불릴 만큼 사치스러운 생활과 기행으로 잘 알려져 있다.

3) George Lucas: 미국의 영화 제작자이자 기업가로 〈스타워즈〉와 〈인디아나 존스〉 프랜차이즈의 창작자로 가장 유명하며 루카스필름과 인더스트리얼 라이트 & 매직의 설립자이기도 하다.

4) Mark Zuckerberg: 페이스북의 공동설립자이자 회장 겸 CEO

자신만을 위해 소비하는 것을 통해서 느끼는 행복과 만족감은 한계가 있다. 퍼센트로 표시되는 비율, 즉 게이츠와 버핏의 경우에서 같이 각각 '최소한 절반', 95%, 99%라는 것은 기여, 서비스, 동정심 등과 같은 '소울' 차원과 관련되는 활동에 투여되는 가치의 비중을 나타내는 훌륭한 지표가 된다는 점은 흥미로운 사실이다.

물론 우리가 마음을 활짝 열고 자신의 소울에 귀 기울이거나 꿈에 따라 살기 위해서 굳이 억만장자가 되기를 기다려야 할 필요는 없다. 나는 지금까지 나의 클라이언트들이 '돈을 많이 벌고 나서 나의 삶을 살겠다.'라는 생각의 덫에 빠지는 것을 여러 번 보아 왔다.

돈을 번다는 것은 곧 마음을 닫고 이기적이며 인색한 사람이 된다는 것을 반드시 의미하는 것은 아니다. 탐스의 창업자 블레이크 마이코스키는 타인을 위한 동정심에 의해 움직였던 기업가 부류를 보여 주는 좋은 예가 된다. 사실, 신세대 기업가를 위한 성공에 있어서 핵심이 되는 것은 곧 에고와 소울 간의 균형을 유지하는 것이다.

실리콘밸리 기업가들에게 해당하는 '성공'에 대한 정형화된 정의는 투자자로부터 많은 투자금을 유치받아 자신의 아이디어를 바탕으로 대박 상품을 개발함으로써 사업체를 잘 키우고 번성하여 백만장자나 억만장자가 되며, 마지막에는 '출구 전략'을 잘 구사하여 주식시장에 상장함으로써 기업을 공개하거나 더 큰 기업에게 인수되도록 하는 것이라고 할 수 있다. 물론 그와 같은 일종의 상투적인 설명은 사실 이쪽 세계의 상황을 전체가 아니라 일부만을 반영한다고 볼 수 있다. 따라서 이번 장에서는 기

마이크로소프트 창업자 빌 게이츠는 자신의 재산 95%를 자선 사업에 기부하겠다고 서약하였다.

업적 성공의 다른 측면들에 대해서 좀 더 깊이 있게 살펴보고자 한다.

윈윈 결과

SFM의 견지에서 볼 때 기업적 성공은 '제로섬' 결과와는 반대로 '윈윈' 결과를 생산해야 한다. 제로섬 결과는 어느 한 사람이나 한쪽이, 무엇을 포기하거나 잃어야 하는(-1) 상대편을 희생시키면서 이기는(+1) 상호작용을 말한다.

기업적 '성공'은 당신과 당신의 성공의 원™을 구성하는 상대편과의 사이에서 호혜적인 성과를 창출해 내는 결과이다.

윈윈 결과는 관계된 사람들 모두에게 상호혜택이 돌아가게 한다. 이것은 기업적 성공을 위해서 SFM **성공의 원**™을 구성하는 모든 사람이나 조직에게 상호혜택이 돌아가게 하는 결과를 창출하는 것을 의미한다.

큰 성공은 보통 일련의 작은 성공으로 이루어진다. 자금을 끌어들이는 것은 회사의 초기 단계에서는 중요한 성공 요인이 될 수 있다. 그와 비슷하게 영업을 통한 수입을 창출하는 것, 팀원들을 확보하는 것, 의미 있는 파트너십을 구축하는 것, 꿈을 실현하여 열매를 거두는 것들은 모두 중요한 성공 요인이 될 수 있다. 기업가로서 성공인이 된다는 것에는 SFM **성공의 원**™의 각 사분면과 관련한 일련의 상호 연관된 윈윈 결과를 산출하는 것과 같은 것이 포함될 수 있다.

투자자로부터 큰 액수의 투자금을 유치하고서 지출만 하는 가운데 투자자에게는 아무런 혜택을 환원하지 않는 기업가는 제로섬 결과의 예를 잘 보여 준다. 이와 비슷하게 스스로를 위해서는 큰 돈을 벌었던 기업가가 성공을 위해 함께 일하고 도움을 주었던 팀원들에게 아무런 혜택을 환원하지 않는다면 그것 또한 제로섬 승리라고 할 수 있다.

성공의 원™이 여러 가지 요소가 조합되는 것이기에 그러한 각 요소와 관련해서 위와 비슷한 예가 생길 수 있다. 만약 기업가와 투자자는 이익을 보는 데 반해서 제품의 나쁜 품질이나 소비자 지원제도의 미비와 같은 문제로 소비자가 손해를 본다면 그것을 제로섬 결과라고 할 수 있을 것이다. 대형 투자업체 골드만삭스의 시니어 애널리스트인

제로섬 결과는 어느 한 사람이나 한쪽이, 무엇을 포기하거나 잃어야 하는(-1) 상대편을 희생시키면서 이기는(+1) 상호작용을 말한다. 그 결과는 서로를 제로를 만들기에 결국 계약이 취소된다.

그레그 스미스[5]는 2012년 봄에 큰 파문을 일으켰다. 예를 들어, 당시에 그는 '파생 상품 관련 회의를 할 때 고객을 어떻게 도울 수 있는지에 대해서는 단 1분도 할애하지 않고 고객에게 얼마나 많은 돈을 벌 수 있는지에 대해서만 집중 논의한다.'라는 식의 발언과 함께 양심 고백을 하였다. 그런데 일부 분석가들은 골드만삭스의 그와 같은 경영 태도는 2000년대와 2010년대 초기의 글로벌 경제 위기와 관련된다고 주장하고 있다.

우리가 연구를 위해서 모방하였던 사람들은 **성공의 원**™의 여러 부분들과 관련하여 모두 분명한 윈윈 성공을 이룩할 수 있었다.

투자자와 주주의 차원에서 기업가가 성공한다는 것은 벤처의 지속과 비즈니스의 성장을 위해 필수적인 자본을 성공적으로 끌어들이는 것이라고 할 수 있다. 그리고 투자자에게 있어서의 성공은 곧 기업가가 벤처의 가치를 올림으로써 투자금에 대한 수익을 안은 투자자가 '출구'를 찾아 나갈 수 있게 하는 능력에서 온다고 할 수 있다.

소비자와 시장의 차원과 관련한 기업가의 성공은 수입을 얻고 시장점유율을 확보하는 것이다. 그리고 고객의 입장에서의 성공은 곧 유익한 제품이나 서비스를 구매하는 것이다.

팀원 및 직원의 차원과 관련한 기업가의 성공은 조직이나 프로젝트의 미션을 달성하고 자립적인 벤처가 될 수 있도록 자신의 스킬을 적용하는 인력의 기여와 지원을 확보하는 것이다. 팀원에게 있어서의 성공은 자신의 역량을 증진하고 회사의 성공에 기여하겠다는 의식을 드높이는 것이라고 할 수 있다. 물론 팀원들은 그러한 노력에 대해서 금전적 보상을 받는 것이다. 비록 스타트업에 있어서는 보상이 거의 없거나 아예 없을 수도

5) Greg Smith: 영국 런던에서 근무했던 그는 2012년 3월, 골드만삭스가 클라이언트를 '멍청이'라고 부르면서 돈만 벌려고 하는 회사로 전락했다는 기고문을『뉴욕타임즈』에 폭로하고 회사를 사임함으로써 미국 월가를 발칵 뒤집어 놓았다.

윈윈 결과는 상황에 관계된 모든 사람에게 상호혜택을 만들어 낸다.

있지만 말이다.

파트너와 제휴사의 차원과 관련한 기업가와 파트너의 성공은 본질적으로 동일한데 그것은 상호혜택이 가능한 방식으로 자원을 레버리지 할 수 있는 능력이다.

그러므로 기업적 '성공'은 **성공의 원**™을 구성하는 한 사람과 다른 사람들 사이에서와 성공의 원에 포함되는 서로 다른 집단들 사이에서 호혜적인 성과를 창출하는 결과에 해당한다. 앞서 바니 펠과 파워셋의 사례에서 살펴보았듯이 이런 일들은 늘 쉬운 것이 아니다. 소비자와 주주, 또는 주주와 팀원들 각각의 입장에서 서로에게 이익이 되는 것이 무엇일지와 관련하여 갈등이 있을 수 있다.

성공과 '자아'

'성공인 되기'나 '성공인'이라는 개념은 정체성 수준에서의 목표를 암시한다. 우리로 하여금 스스로 성공적이라고 인식하거나 '성공인'이라고 생각하게 하는 것은 무엇일까? 내가 상당한 기간 동안 이러한 질문들에 대해서 여러 가지로 많은 생각을 했던 것은 이것이야말로 SFM™이 궁극적으로 추구하는 것이기 때문이다.

분명한 것은 돈과 소유라는 것이 반드시 내적 성공의 주된 척도가 될 수는 없다는 것이다. 사실, 나는 성공한 사람들은 돈을 목적 자체로 보기보다는 목적을 위한 수단으로 여긴다는 사실을 깨달았다. 예를 들어, '부(富)'에 대한 정의 한 가지는 '자원에의 접근'이라고 할 수 있다. 이것은 SFM™의 원리를 파악하는 데 아주 중요하다. 때때로 비즈니스 수준에서 볼 때 핵심적 파트너나 헌신하는 팀원은 '돈이 살 수 없는' 자원을 제공해 줄 수 있다. 물론 개인적인 수준에서도 이러한 정의는 내적 부자를 개인적 자원의 개발과 표현으로 연결시킨다.

'부'라는 것은 내 · 외적으로 '자원에의 접근'이라고 정의될 수 있다.

우리가 연구해 본 결과로 다음과 같은 결론 한 가지를 얻을 수 있었는데, 그것은 곧 '자아'와 '정체성' 수준에서 볼 때 당신이 감사와 관대한 마음을 갖고 있는 한 모든 생활의 영역에서 성공한 사람이라고 할 수 있다는 것이다. 성공한 사람들은 자신이 갖고 있는 것에 대해서 감사함과 동시에 타인들과 관대하게 공유할 줄 안다. 게이츠와 버핏의 '기빙 플레지' 운동은 이러한 원리를 잘 보여 주는 위대한 예이다.

실제로 많은 돈을 갖고 있지만 스스로 성공했다고 생각하지 않는 사람들은 많다. 그러한 이유는 자기의 재산에 대해서 당연하게 생각하거나 자신은 그러한 재산을 가질 자격이 없다고 생각하기 때문일 수도 있으며, 어느 순간에 자기의 재산을 모두 잃어버릴 것 같은 두려움을 항상 느끼기 때문일 수도 있다. ('죽어버리면 돈은 아무 의미가 없으므로 돈은 지금 즐겁게 써야 한다.'라는 속담이 있듯이 말이다.)

따라서 감사는 중요한 덕목인데, 왜냐하면 비록 당신이 기부할 만큼 재산이 많다고 할지라도 그 재산에 대해 감사함을 느끼지 않는다면 스스로는 가치 있는 재산으로 생각하지 않기 때문이다. 이를 다르게 설명한다면, 만약에 당신이 자신이 가진 것에 대해서 가치부여를 하지 않는다면 자신이 그만한 것을 갖고 있다는 것에 대해서 감사한 마음을 갖지 않을 것이며, 그래서 결국엔 스스로 성공했다고 느끼지 못하게 될 것이다.

관대함도 중요한데, 그 이유는 만약 당신이 자신의 소유에 대해서 감사한 마음을 갖고 있으면서도 그것을 하나도 빠짐없이 끝까지 지켜야 한다고 믿는다면 중독의 경우와 비슷하게 끝없이 더 많이 갖기 위해 걱정하게 될 것이기 때문이다. 성공한 사람들은 자신이 필요로 하는 것에 대해서는 충분히 가졌다고 믿기에 사회에 환원할 수 있다고 생각한다.

성공한 사람들은 자신이 갖고 있는 부에 대해서(어떠한 부에 대해서든) 감사함과 동시에 타인들과 관대하게 공유할 줄 안다.

이러한 것에 대한 여러분 개인의 경험을 알아보기 위해서 당신의 삶에서의 성공 영역과 관련하여 제시되는 다음과 같은 문장을 검토해 보자.

나는 내가 갖고 있는 다음과 같은 것에 대해서 감사하게 생각한다.

____

나는 충분히 갖고 있기 때문에 다음과 같은 것을 타인에게 관대하게 나누어 줄 수 있다.

____

'돈' '시간' '지식' '에너지' '힘' '창의성' '지원' '사랑'과 같이 여러 가지 수준의 것들을 다양하게 생각해 보라.

당신이 앞선 두 문장을 어떤 내용으로 완성하든 그러한 내용은 여러 가지 차원에서 당신의 **성공의 원**™의 중심을 위한 핵심 자원이 된다. 앞선 두 문장에 있어서 당신이 포함시키기를 바라지만 확실하게 포함시킬 수 없는 것이 있다면 그것은 앞으로 좀 더 성공을 해야 할 영역의 것을 표시한다고 할 수 있다.

풍요의 '정신'

나는 내가 진행하는 세미나와 코칭에서 스스로 성공인이 되지 못하도록 발목을 잡는 제한적 사고와 신념이 자신 속에 깊이 각인된 상태에서 도움을 요청하러 오는 사람들을 가끔 만나곤 한다. 예를 들어, 많은 사람들은 성공하고 풍요한 삶을 사는 것은 곧 이기적이라는 식의 믿음을 갖도록 교육받고 성장해 왔다. 그래서 그런 삶은 이타적인 삶을 살거나 남을 돕고자 하는 목적의식을 갖는 것과는 거리가 멀다고 생각하게 된다. 하지만 오늘날 현대 세계에 만연한 어두운 그림자를 만들어 내는 빈곤, 탐욕, 폭력, 결핍과 같은 것들은 오히려 여러 가지 면으로 건강한 성공과 풍요의 결핍을 보여 주는 것이라고 할 수 있다.

많은 사람들은 성공하고 풍요한 삶을 사는 것은 곧 이기적이라는 식의 믿음을 갖도록 교육받고 성장해 왔다. 그래서 그런 삶은 이타적인 삶을 살거나 남을 돕고자 하는 목적의식을 갖는 것과는 거리가 멀다고 생각하게 된다.

이런 관점에서 볼 때 윈윈 성공과 번영은 비전과 목표의식을 갖는 것과 충돌한다고 할 수 없다. 오히려 비전과 목표의식을 지원하는 것이면서 그 비전과 목표의 결과로 생겨나는 산물이기도 하다.

웹스터 사전에 따르면 **풍요**(prosperity)라는 것은 "'성공하는 것' 또는 '번영하는 것'의 조건; '활력차고 건강한 성장 상태'"이다. 이 단어는 '위하여(for, in favor of)'나 '향하여(toward)'의 뜻을 가지는 라틴어의 pro와 '희망'을 의미하는 spero가 결합된 것에서 유래한다. 따라서 풍요란 '희망을 위하여'를 의미한다.[6)]

SFM™의 관점에서 볼 때 환경적 빈곤은 흔히 제한적 신념과 낮은 자아존중감으로부터 생겨난 '결핍된 세계관'[7)]의 결과이다. 이런 조건 때문에 우리는 바로 눈앞에 있는 기회들을 제대로 못 보거나 살리지 못하게 된다. 바니 펠이 '다른 더 큰 회사가 나보다 더 나은 위치에 있다.'고 계속 생각함으로써 자신의 초기 비즈니스 아이디어를 제대로 추구하지 못하고 물러서려고 했던 것은 좋은 예가 된다. 결핍된 세계관을 갖게 될 때 우리는 주변에 엄청난 부와 자원들이 가득 차 있을 때라 하더라도 결핍감을 느끼게 된다.

SFM™의 관점에서 볼 때 외적인 빈곤은 흔히 제한적 신념과 낮은 자아존중감으로부터 생겨난 '결핍된 세계관'의 결과이다.

SFM™의 미션 중의 한 가지는 사람들에게 건강한 풍요에 이르는 인간적인 경로를 창조하고 그들의 세계관을 풍부하게 만드는 데 필요한 도구, 스킬, 신념을 제공하고자 하는 것이다. 따라서 우리의 목적은 다음과 같은 방식으로 당신과 다른 사람 안에 있는 풍요를 촉진시키고 지원할 수 있는 능력을 개발시켜 줌으로써 당신의 '성공인 되기'가 가능하도록 돕고자 하는 것이다.

SFM™의 미션 중의 한 가지는 사람들에게 건강한 풍요에 이르는 인간적인 경로를 창조하고 그들의 세계관을 풍부하게 만드는 데 필요한 도구, 스킬, 신념을 제공하고자 하는 것인데, 그것은 곧 당신과 다른 사람 안에 있는 풍요를 촉진시키고 지원할 수 있는 능력을 개발시켜 줌으로써 당신의 '성공인 되기'가 가능하도록 돕고자 하는 것이다.

1. 모든 종류의 성공한 사람들이 모방해 왔던 풍요를 창조하는 신념과 가치 학습하기

---

6) 저자 주: 희망을 뜻하는 영어 단어 'hope'는 고대 영어인 'hop'에서 유래했는데, 그것은 (습지나 늪과 같은) 못 쓰는 땅이나 황무지로 둘러싸인 비옥한 계곡이나 분지를 의미한다. 엉덩이를 의미하는 'hip'와 같은 단어도 'hop'에 근원을 두고 있다. 예를 들어, 여성의 엉덩이뼈는 분만 시에 신생아가 움직일 수 있는 구멍을 만든다. 그리고 이것은 뼈로 둘러싸인 일종의 비옥한 분지에 해당한다. 이것은 기업가의 성공을 위한 강력한 은유이자 비유로서의 메타포가 된다. 즉, 그 성공이란 겉보기에는 아무 쓸모없는 황무지 같은 땅 너머에 있는 비옥하고 가치가 큰 무엇을 발견하거나 창조하는 것이다.

7) model of the world: 본문에서 '세계관'이라고 번역된 이 개념은 원래 NLP에서 '세상 모형'이라는 의미로 널리 사용되고 있는 것이다. 이것은 각 개인이 자신이 살고 있는 세계나 세상에 대하여 인식하고 지각하는 주관적인 관점을 말한다. 본문에서처럼 '결핍된 세계관'이라고 한다면 그것은 일종의 부정적인 세계관이며 스스로를 제한하여 자신감을 갖지 못하는 불건강한 세계관을 말한다고 볼 수 있다. 반대적 개념은 '풍요한 세계관'이라고 할 수 있겠는데 그것은 긍정적인 세계관이자 자신감으로 가득 찬 건강한 세계관이라고 할 수 있을 것이다.

2. 인간적인 성공과 풍요를 가로막는 제한적 신념을 확인하고 변화시킴으로써 당신의 현재 한계를 뛰어넘을 수 있게 하는 능력 개선하기
3. 당신의 진정한 목표를 확인하고, 예를 들어 당신이 정말 추구하고 원하는 것이 무엇인지 결정할 수 있는 법을 배움으로써 무의미한 목표를 향한 무익하고 불필요한 노력 제거하기
4. 당신의 평생의 미션, 비전, 목표를 발견하기 위한 기회 갖기
5. 당신의 모든 행동을 자신의 인생 미션에 맞추어 정렬시킬 수 있도록 하는 힘을 주고 당신이 자유롭게 당신의 목표를 향하여 의식적이고도 열정적으로 행동할 수 있도록 하기
6. 결핍 대신에 풍요의 차원에서 행동하고 윈윈하는 상호작용과 관계 창조하기
7. 당신의 자아존중감을 증진시키며 타인에 대한 당신의 가치 이해하기
8. 혼란에서부터 성공과 풍요를 산출하는 각성으로 진화하며 '빈곤 의식'을 생성적 풍요 '정신'과 생성적이며 윈윈하는 협동으로 바꾸기

이번 장, 즉 '성공인 되기'에서 우리는 당신의 인간적인 목적, 미션, 비전, 목표를 명료화할 뿐만 아니라 여러 가지 다양한 수준에서 풍요와 만족을 달성하기 위한 키를 찾아내는 데 필요한 포맷과 도구들에 대해서 탐색해 보게 될 것이다.

'성공인 되기'에 이르는 단계

1. 모든 종류의 성공한 사람들이 모방해 왔던 풍요를 창조하는 신념과 가치 학습하기

2. 인간적인 성공과 풍요를 가로막는 제한적 신념을 확인하고 변화시킴으로써 당신의 현재 한계를 뛰어넘을 수 있게 하는 능력 개선하기

3. 당신의 진정한 목표를 확인하고, 예를 들어 당신이 정말 추구하고 원하는 것이 무엇인지 결정하는 법을 배움으로써 무의미한 목표를 향한 무익하고 불필요한 노력 제거하기

4. 당신의 평생의 미션, 비전, 목표를 발견하기 위한 기회 갖기

5. 당신의 모든 행동을 자신의 인생 미션에 맞추어 정렬시킬 수 있도록 하는 힘을 주고 당신이 자유롭게 당신의 목표를 향하여 의식적이고 열정적으로 행동할 수 있도록 하기

6. 결핍 대신에 풍요의 차원에서 행동하고 윈윈하는 상호작용과 관계 창조하기

7. 당신의 자아존중감을 증진시키며 타인에 대한 당신의 가치 이해하기

8. 혼란에서부터 성공과 풍요를 산출하는 각성으로 진화하며 '빈곤 의식'을 생성적 풍요의 '정신'과 생성적이며 윈윈하는 협동으로 바꾸기

당신 자신과 당신의 꿈에 충실하기

〈루키〉라는 미국 영화가 있다. 메이저리그 투수를 꿈꾸던 노장 야구 선수의 실화를 바탕으로 한 영화이다. 그는 기회를 잡지 못했던 것에 대하여 좌절감을 느끼며 지내고 있었다. 군인이었던 아버지를 따라 여기저기 이사를 다녔고, 야구에 흥미를 느끼는 아들을 하찮게 치부하며 비난만 일삼은 아버지 때문에 그의 꿈은 유년기에 수년간 좌절되었다. 마침내 가족들이 텍사스에 정착하게 되었을 때 그는 팔에 부상을 입었고 프로야구 구단에 입단하여 그의 꿈을 이룰 수 있는 경기를 못하게 되었다.

힘든 시기에 버티고 당신을 신뢰하는 다른 사람들을 끌어당기고 비전을 위한 당신의 열정을 공유하며 비전을 실현할 수 있도록 당신을 지원하는 것은 바로 명확한 비전과 강한 개인적 확신이다.

그는 고등학교 교사로 부임하게 되었고 그곳에서 야구 코치를 맡게 되었다. 그리고 제자 선수들에게 시즌 챔피언십에서 우승하면 자신도 메이저리그에 도전하겠다고 약속했다. 그의 팔은 부상에서 회복된 지 오래였고, 놀랍게도 그는 예전보다 훨씬 빠른 공을 던질 수 있었다. 그는 다른 선수들보다 훨씬 나이가 많았음에도 불구하고 경기를 잘했다. 그는 메이저리그 야구팀을 위한 마이너리그 선수 명단에 배정을 받았다. 그 자리를 받아들인다는 것은 안정된 직업인 고등학교 교사를 그만둔다는 의미와 동시에 마이너리그 선수는 박봉이기 때문에 메이저리그에 입성할 때까지 월급도 줄어든다는 의미였다.

그는 아버지에게 협상안을 고려하면서 자신의 꿈을 향해 가야 할지 말아야 할지를 물어보자, 아버지는 "원하는 것을 언제나 가질 수는 없다." "정답은 네가 안다."면서 그에게 꿈을 잊고 집으로 돌아가 원래의 직업으로 복귀하라고 권했다. 하지만 금전적으로 좋지 않은 상황이었음에도 그는 아내의 지지를 받으며 자기 자신을 믿기로 결심하였다. 그는 마이너리그에서 경기를 뛰기 시작했는데, 급료는 낮았고 메이저리그에서 연락이 오지 않았기에 곧 좌절하게 되었다. 그는 가족이 너무도 그리웠다. 여러 달에 걸쳐서 가족과 떨어져 지냈다는 사실은 그를 정신적으로나 감정적으로 심하게 소모시켰다.

그럼에도 불구하고 그의 어린 아들은 아빠가 원하는 프로 구단에서 선수로 뛰게 될 때까지 계속 노력해서 메이저리그 투수라는 꿈을 이루기를 바랐다. 그는 텍사스 홈구장에서 첫 게임을 하게 되었다. 그의 옛날 동료 선수들과 그를 응원하는 고향 사람들 모두가 경기를 관람했고 그의 아버지도 예상 외로 경기 후에 모습을 드러내어 축하해 주었다. 그는 아버지에게 승전 경기의 공을 건네며 마침내 자신의 꿈에 관심을 가져줘서 감사드린다고 했다.

이 이야기는 SFM 성공의 원™의 중심의 중요성을 잘 묘사한다. 힘든 시기에 자신에 대한 비전과 강한 신념이 없다면 기업가가 되는 과정에서 필수적인 위험 요소를 감당하기가 어렵다. 지지를 받지 못할 때(어린 야구선수와 그의 아버지와 같은 상황)라도 사람들이 계속 버틸 수 있도록 해 주고 당신을 믿어 주는 다른 사람들(그의 고교 야구팀 선수들, 부인, 그리고 아들)을 끌어당기고 비전을 위한 당신의 열정을 공유하며 자신의 비전을 실현할 수 있게 스스로를 도울 수 있도록 지원하는 것은 명확한 비전과 강한 개인적 확신이다.

위험 감수하기와 실패에 직면하기

성공인이 되고 효과적인 기업가가 되기 위해서는 익숙한 영역에서 벗어나서 위험을 감수하는 능력이 요구된다. 그것은 곧 미지의 미래 영역으로 나아가는 것, 즉 본질적으로 '위험스러운' 행동을 포함하며 동시에 실패의 가능성도 포함한다.

앞에서의 〈루키〉 이야기처럼 기업가는 항상 자신의 목표에 바로 도달하지는 않는다. 최초의 컴퓨터용 디지털 카메라를 개발했던 팀을 거느렸고, 커넥틱스 코포레이션[8]의 전임 부사장 겸 총괄지배인인 돈 피켄스(Don Pickens)는 다음과 같이 주장하였다.

돈 피켄스

어번디자인 온라인사의 CEO 겸 공동창업자. 커넥틱스 코포레이션 하드웨어 담당 부사장. 퀵캠 브랜드를 4천만 달러 규모로 키웠는데, 그 브랜드는 후에 로지텍으로 매각되었다. 마이크로소프트사의 MS오피스 프로그램의 그룹제품매니저로서 3억 달러 규모의 매킨토시 응용 비즈니스와 파워포인트 개발을 총괄하였다.

> 당신이 첫 번째 시도에서 잘못했다면 다시 돌아가세요. 당신이 세 번째 시도까지도 제대로 하지 못했다면 여러 번 더 시도하세요. 그 자체로 잘못된 건 아무것도 없습니다. 오히려 문제는 당신이 첫 시도에 일을 망쳤을 때 많은 사람들이 "넌 잘못했어, 그러니까 다른 것을 해야 돼."라고 말하는 것입니다. 사

8) Connectix Corporaton: 1988년에 설립된 소프트웨어 및 하드웨어 회사로 2003년에 폐업하였다.

실, 힘든 부분은 당신이 맞게 한 부분이 무엇인지와 잘못한 부분에서 무엇을 배웠는지를 제대로 이해하는 것입니다. [우리가 커넥틱스 퀵캠[9)]을 처음 개발할 당시에] 우리는 고객들에게 말할 수 있는 유일한 사람들이었습니다. 왜냐하면 우리의 차세대 제품은 다른 모든 사람들보다 이미 2세대나 앞서 있었기 때문이었습니다.

성공을 위해서는 때때로 실수로부터 배우고 부정적인 반응 앞에서도 끈질김을 가져야 한다.

피켄스의 요점은 성공을 위해서는 때때로 실수로부터 배우고 부정적인 반응 앞에서도 끈질김을 유지해야 한다는 것이다. 앞 장에서 예를 들었던 바니 펠, 스티그 웨스터버그, 로널드 버를 떠올려 보라. 그들은 성공에 도달하기 위해서 때때로 엄청나게 보이는 장애물에 직면했을 때라도 끈질김을 필요로 했다. 로널드 버가 서른 번을 거절당했을 때, "이제 그만 하는 게 어때? 이젠 안 될 것이 확실하잖아? 그러니 실패를 받아들여. 세상에, 서른 번이나 거절당했잖아."라고 그에게 말하기는 쉬웠을 것이다. 로널드 버는 서른 일곱 번째 시도를 하기 전까지도 그에게 필요한 투자를 받지 못했었다. 만약 그가 서른 여섯 번의 시도 후에 포기를 했었더라면 아마 자신이 이룬 환상적인 성공을 결코 이룩하지 못했을 것이다.

앞의 내용과 비슷하게 세계적으로 가장 큰 업적을 쌓은 사람들 중의 일부는 항상 처음부터 성공했던 것이 아니란 점과 그들은 자신의 삶에 있어서 어느 면에서는 무능하거나 '실패자'로 인식된 적이 있었다는 사실을 알게 되면 재미있다.

유명한 실패담

• 20세기 가장 위대한 천재로 꼽히는 알버트 아인슈타인은 학교에서 뛰어난 학생이 아니었고(어느 한 교사는 그에게 '평생에 아무것도 못할 거야'라고 했음), 세 살이 되어서야 겨우 말할 수 있었다. 그가 대학을 졸업했을 때 자신이 원했던 교사직 대신에 특허청 직원으로 취직해야만 했는데, 그것은 교사들이 아무도 그에게 교직을 추천해 주

9) Connectix QuickCam: 1994년에 커넥틱스사에서 처음 개발되었던 컴퓨터용 비디오 카메라

지 않았기 때문이었다.

- 위대한 과학자 아이작 뉴턴도 초등학교 시절에 '가망 없음'으로 평가될 정도로 형편없었다.
- 명석했던 발명왕 토머스 에디슨이 어렸을 때 그의 교사는 "너무 멍청해서 아무것도 배우지 못한다."라고 하였고 '쾌활한 성격'이 장점으로 발휘될 만한 분야로 가라고 충고했다.

성공한 사람들은 항상 처음부터 성공하지 않았다. 세계적으로 가장 큰 업적을 쌓은 사람들 중의 일부는 자신의 삶에 있어서 어느 면에서는 무능하거나 '실패자'로 인식된 적이 있었다.

- 독일의 작곡가 베토벤의 음악 교사는 그에게 "작곡가로서는 가망이 없다."라고 말했다.
- 유명 아동문학가 테오도르 수스 가이젤[10]의 첫 번째 책은 스물세 군데의 출판사에서 거부당했다. 하지만 스물네 번째 출판사는 6백만 부를 팔았다.
- 미국의 소설가 루이자 메이 올컷(Louisa May Alcott)의 가족은 그녀에게 작가보다는 시녀나 재봉사와 같은 직업을 가지라고 했지만 그녀가 쓴『작은 아씨들』은 125년이 지난 지금도 여전히 인기가 있다.
- 유명 배우 해리슨 포드는 영화제작자 조지 루카스를 만나기 전에 두 곳의 영화사에서 해고당했다. 그랬던 그는 고전영화인 〈청춘 낙서〉, 〈스타워즈〉, 〈레이더스〉에 출연했다.
- 신문 편집장은 엔터테인먼트의 거장 월트 디즈니를 해고했다. '그는 창의력이 부족하고 아무 생각이 없다.'가 이유였다. 디즈니는 불후의 엔터테인먼트 제국을 설립하기 전 세 번이나 망했다.
- 근대 백화점의 아버지 중의 한 사람으로 인정받는 F. W. 울워스(Woolworth)는 스물한 살 때 포목점에서 일했다. 그러나 사장은 그에게 '물건 파는 재주가 없다.'라고 하면서 손님 접대를 못하게 하였다.
- 미국의 유명한 메이시 백화점의 창업자인 R. H. 메이시(Macy)는 뉴욕에서 가게가 성공하기 전에 일곱 번이나 장사에 실패했다.
- 슈퍼스타 농구 선수인 마이클 조던은 고교 농구팀에서 잘렸다. 보스턴 셀틱스팀 명예의 전당에 오른 스타 밥 코지도 마찬가지였다.

10) Theodor Seuss Geisel(1904~1991): 필명은 닥터 수스(Dr. Seuss)로 미국의 작가이자 만화가

- 역대 최고 홈런 타자 중 한 명이자 위대한 야구선수 베이브 루스는 1,300번이나 삼진아웃을 당했다.
- 영국 수상 윈스턴 처칠의 리더십 능력은 제2차 세계대전 중 독일군과의 전쟁에서 영국의 승리를 이끌어 낸 가장 중요한 요소로 평가받고 있다. 하지만 그는 6학년 때 유급을 하고 또다시 유급했다. 왜냐하면 진급 시험을 제대로 치지 못했기 때문이다.
- 미국의 16대 대통령이자 노예해방으로 유명한 에이브러햄 링컨은 두 번이나 사업에 실패하였으며, 미국 대통령으로 선출되기 전에 6개 주와 총선에서 패배하였다.
- 토크쇼의 여왕 오프라 윈프리는 미시시피 주 시골 지역에서 사는 가난한 10대 미혼모에게서 태어났고 이후에는 밀워키 시내에서 자랐다. 그녀는 아홉 살 때 강간당했고 열네 살에 임신했다. 그녀는 첫 번째 방송직에서 해고당했을 때 "TV에 적합하지 않다."라는 말을 들었다. 그녀는 끈질긴 노력을 하였고 32세에 백만장자가 되었으며, 세계 역사상 첫 번째 흑인 여성 억만장자가 되었다. 2014년에 그녀의 순자산은 29억 달러를 넘어섰다.
- 『해리 포터(Harry Potter)』의 작가 J. K. 롤링은 비서로 일하던 런던의 사무실에서 '백일몽'에 잘 빠진다는 이유로 해고당했고 첫 번째 책을 출간하기 전까지 사회보장 연금으로 살아야만 했다. 이 기간에 롤링은 우울증 진단을 받았고 자살을 기도했었다. 『해리 포터』는 현재 150억 달러의 세계적 브랜드 가치가 있다. 해리 포터 시리즈는 역사적으로 가장 빨리 팔리는 책의 기록을 계속해서 깨고 있다.

우리가 주변의 반대에도 불구하고 끈질기게 헤쳐 나가고 내면의 장애와 '그림자'를 변혁시키며 분명한 실패로부터 무엇인가를 배울 수 있는 것은 바로 우리의 비전, 우리 자신을 초월하는 무엇과의 연결됨, 그리고 우리의 비전과 우리 자신에 대한 강한 믿음 때문이었다.

무엇이 이 사람들의 '실패'를 성공으로 변화시켰을까?

우리는 우리의 연구를 기초로 하여 다음과 같이 결론지을 수 있었다. 그들이 주변의 반대에도 불구하고 끈질기게 헤쳐 나가고 내면의 장애와 '그림자'를 변혁시키며 분명한 실패로부터 무엇인가를 배울 수 있는 것은 바로 그들의 비전, 그들 자신을 초월하는 무엇과의 연결됨, 그리고 그들의 비전과 그들 자신에 대한 강한 믿음 때문이었다.

유명한
실패자들
백일몽 때문에
해고됨
J. K. 롤링
"그는 평생 아무것도
못할 거야."
$E=mc^2$
알버트 아인슈타인
6회의 주 선거와
2회의 총선에서
패배함
에이브러햄 링컨
고교 농구
팀에서
짤렸음
마이클 조던
"그는 작곡가로서
가망이 없어."
베토벤
두 개의
영화사에서
해고됨
해리슨 포드
"그녀는 TV에
맞지 않아."
오프라 윈프리
"너는 하녀처럼
일해야 해."
루이자 메이 올컷

'실패'를 피드백으로 인식하기

'실패란 없다. 오직 피드백만 있다.'라는 말은 성공한 기업가 정신의 핵심 전제 중 하나이다. 이와 유사한 것으로 '실수란 없다. 오직 결과만 있을 뿐이다.'라는 문구도 있다. 이 문장들은 목표에 도달하기 위한 시도들의 결과가 전혀 다른 방향으로 해석될 수 있다는 뜻을 함축하고 있다.

우리가 얻고자 하는 특정 성과가 어떤 성질의 것이냐에 따라 그것을 성취하는 데는 다소간의 시간이 걸릴 수 있다. 많은 경우에 즉각적으로 드러난 결과가 반드시 우리의 궁극의 성공이 아닐 수도 있다. 즉, 오히려 그 성공은 계속적인 피드백의 작용으로 이루어진다고 할 수 있다.

성공하는 기업가는 실수와 실패로부터 재빨리 배우고 그 실수와 실패를 긍정적인 무언가로 바꿀 줄 안다.

피드백과 유연성의 힘에 관한 재미있는 일화로 기업가 정신을 가진 젊은 식료잡화점 직원의 이야기가 있다. 그는 매우 성실하고 열심히 일하는 젊은이였다. 사장은 그를 승진 후보자로 유심히 관찰하고 있었다. 그러던 어느 날, 아주 고약해 보이는 노인 손님이 농산물 코너에 있는 그 젊은이에게 다가와서 상추 반 다발만 판매할 수 없겠냐고 막무가내로 요구하였다. 가게에서는 상추 반 다발을 팔지 않는다고 몇 번이나 침착하게 설명했지만, 계속된 노인의 괴롭힘에 지친 그 젊은이는 사장에게 물어보겠다고 했다.

그 젊은 점원이 가게 뒤로 가서 사장에게 말했다. "여기 있는 어떤 멍청이가 상추 반 단만 사겠다고 한단 말이에요." 점원은 그런 말을 입 밖으로 내뱉자마자 그 노인이 자기를 뒤따라 와서 자기가 하는 말을 모두 듣고 있었다는 사실을 눈치 챘다. 그는 직관적으로 '피드백 vs 실패' 원칙을 적용하였다. 그래서 점원은 돌아서서 노인에게 정중한 태도로 말했다. "… 그런데… 다행히 저 상냥한 신사분께서 나머지 다른 반 다발을 사시겠다고 하시니 손님은 반 다발을 사실 수 있겠군요."

그 노인이 떠난 후에 사장은 어쩌면 황당해질 상황을 풀어 낸 젊은이의 능력을 칭찬하면서 "난 말이야…. 지금까지 오랜 시간 동안 자네를 눈여겨보고 있었네. 오늘 이 사건을 해결하는 방식이 매우 인상 깊었어. 그래서 하는 말인데, 캐나다에서 새로 개장하려는 가게에서 관리책임자로 일해 보는 것이 어떻겠나?"라고 말했다.

그 젊은이는 잠깐 생각하더니 "제가 과연 캐나다에서 지낼 수 있을지 잘 모르겠어요. 창녀와 하키 선수들만 있다는 얘기를 들었거든요."라고 했다. 그러자 사장이 갑자기 화를 내며 "자네 무슨 소리를 하는 거야? 내 집사람이 캐나다 출신이란 말이야!"라고 소리쳤다. 그러자 그 젊은이는 순진한 표정과 미소를 띠면서 천연덕스럽게 물었다. "아, 그러신가요? … 그런데 사모님은 어떤 팀에서 뛰셨나요?"

이 이야기의 요점은 기업가는 실수와 실패로부터 재빨리 배우고 그 실수와 실패를 긍정적인 무언가로 바꾸는 방식으로 피드백을 활용할 수 있다는 것이다. 이것은 '준비, 조준, 발사'나 '과정 진행 도중에 이루어지는 교정'과 같은 것으로 알려져 있다. 일의 진행을 위해 필수적인 피드백을 얻기 위해서는 때때로 효과가 없을지도 모른다고 여겨지는 방법을 사용해 볼 필요가 있다.

좋은 예시로 매우 복잡한 3차원 이미지 장치를 개발한 QD테크놀로지의 로웰 노블(Lowell Noble)이 있다. 그는 실리콘밸리의 성공한 발명가이다. 이미지 장치를 만드는 데 수년이 걸렸으며 수없이 많은 회수를 통해 개선 작업을 반복하였지만 장치는 제대로 작동하지 않았다. 그는 성공하기까지 거의 5만 번 가까이 실험을 해야 했는데 그것은 곧 최종적으로 성공하기까지 49,999번의 '실패'를 했다는 것을 의미한다고 주장하였다. 그는 나중에 나와의 인터뷰[참조 - 나의 저서 『몽상가들의 도구(Tools for Dreamers)』(1991, pp. 166-185)]에서 "그 길을 거쳐 오면서 마주친 수많은 실패에도 불구하고 어떻게 그 일을 계속할 수 있었나요?"라는 질문에 대하여, 처음에는 질문의 의도를 쉽게 파악하지 못하는 것 같더니 이내 "그런 것들을 실패라고 생각하지 않아서 그랬던 거 같아요."라고 대답하였다. 사실, 장치 개발의 한 단계에서는 제대로 작동하지 않았던 무언가가 때때로 다른 단계에서는 유용한 해결책이 되었다.

또 다른 예는 발명가 체스터 칼슨[11]의 이야기인데 그는 제로그라피를 발명한 사람이다. 그는 한 인터뷰에서 최초의 건식(乾式: dry) 복사기인 제로그라피를 만드는 과정에

11) Chester Carlson(1906~1968): 미국의 발명가, 물리학자, 특허 변호사로 일하는 동안인 1938년에 제로그래피(xerography)라는 건식 전자 사진 복사의 한 방식을 발명하였다. 1906년에 창업한 미국의 제록스(Xerox Corporation)라는 회사 이름은 체스터 칼슨이 개발한 제로그래피로 인해 널리 알려지게 되었다.

제로그라피를 발명한 체스터 칼슨은 성공하기 위해서 실패를 통한 피드백을 필요로 했다.

서 그다음 단계에서 해야 할 일이 어떤 것인지 알기 위해 필요한 피드백을 얻고자 뻔히 작동하지 않을 것이라고 예상되는 기계를 만들어야만 했다고 하였다. 이 경우에 우리는 그가 최종적으로 성공에 이르기 위해서 이전보다 '더 대단한 실패'를 해야만 했음을 알 수 있다.

쌍둥이 우화

'실패'와 '피드백'은 같은 것이라고 인식할 수 있는 우리의 능력에 대해 설명하기 위해, 때때로 나는 한 명은 비관적이고 다른 한 명은 낙관적인 일란성 쌍둥이의 우화를 사용한다. 그들은 일란성이면서도 엉덩이가 서로 붙은 '샴쌍둥이'이기도 하였다. 그래서 그들은 매우 정확하게 매일매일 똑같은 외부 세계를 경험했다.

상상해 본다면 그들의 출산은 쉽지 않았을 것이며, 힘든 신생아 초기를 지나면서 점점 나아졌을 것이다. 그러나 걷기를 배우기 시작했을 때 그들은 또 다른 어려움에 맞닥뜨려야 했다. 그런데도 결국엔 그 문제를 해결했고 삶은 점점 더 나아졌다. 물론 학교에 다니면서 또 다른 시련이 있었다. 급우들로부터 조롱을 받았고 이상한 시선을 견뎌야만 했다. 이런 일이 반복되었지만 그들은 결국 안정되었고 점점 더 나아졌다. 더 어려운 상황은 10대가 되고 새로운 골치 아픈 시기와 맞붙게 되면서 벌어졌다.

비관적인 한 명은 "이봐, 이럴 줄 알았어. 난 이런 인생이야. 모든 일들이 어렵게 시작됐고 항상 다시 나빠지며 끝났어. 우리가 태어났을 때도 힘들었지. 그리고 잠시 동안 나아지는가 싶더니 걷기 시작하면서 다시 나빠졌어. 항상 나쁘게 끝이 나잖아. 그런 후에는 잠시 동안 아주 약간 좋아졌지만 학교에 다니기 시작하면서 다시 또 더 나빠졌었어. 난 이런 인생이란 말이야. 모든 것이 항상 괴롭게 끝나. 최근에 꽤 좋은 시절을 보내고 있지만 마지막에는 그렇지 않을 거야. 모든 것이 나쁘게 시작되었고 나쁘게 끝날 거야. 그게 내 인생이야."

하지만 낙천적인 한 명은 다른 관점으로 표현했다. "지금은 모든 것이 나빠. 하지만 잠시 기다려 봐, 다시 좋아질 거야. 나쁜 일 다음에는 항상 좋은 일이 생겼어. 내 인생은 이래. 우리가 태어났을 때는 힘들었어, 하지만 더 좋게 끝났었지. 좋은 일은 항상 나쁜 일에서 나오지. 그리고 걸음마에 도전할 때조차도 그건 전부 훈련이었고 다시 점점 더 좋아졌어. 그리고 학교를 다니기 시작했을 때는 힘들었지만 곧 좋아졌어. 항상 좋게 끝나지. 지금은 전부가 힘들게 생각되겠지만 잠깐만 기다려 봐. 괜찮아질 거야. 이게 지나온 내 인생이니까 난 확신해. 좋은 일은 항상 나쁜 일 뒤에 생겼어."

그 쌍둥이는 살아가면서 정확히 같은 '사실'을 경험하면서도 반대의 해석을 한다. 그러면 '누가 거짓말쟁이인가?'라는 이 재미있는 질문을 곰곰이 생각해 보라. 둘 다 진실을 얘기하고 있는가, 아닌가? 그들이 얘기하고 있는 것은 정반대이다.

확실한 점은 두 명은 모두 자신의 진실을 얘기하고 있다는 것이다. 같은 '사실'이 다르게 해석되고 다른 의미로 받아들여질 수 있다. 이것이 우리의 신념 시스템이 작동하는 방식 중 하나이다. 그들은 우리 경험에 '종지부를 찍는' 법을 알려 준다. 비관적인 쌍둥이는 좋은 경험 뒤에 '쉼표'를 삽입하였다가 나쁜 일 뒤에는 '감탄사'를 찍고 끝을 낸다. 하지만 낙천적인 쌍둥이는 반대로 나쁜 경험 뒤에 '쉼표'를 넣고 좋은 일들 뒤에는 '감탄사'를 찍는다.

성공한 사람들은 미래에 대한 강한 긍정적 신념을 가지면서 기회를 강조하고 잘 이용하기 위해 자신의 경험 뒤에 마침표를 찍을 뿐만 아니라 도전의 기간을 효과적으로 견뎌 낼 줄도 안다.

이것은 세상을 서로 다르게 표현된 지도로 창조할 수 있는 방법이다. 또한 실패를 '피드백'으로 바꿀 수 있는 방법을 제공하는 중요한 통찰력이다. 성공한 사람들은 미래에 대한 강한 긍정적 신념을 가지면서 기회를 강조하고 잘 이용하기 위해서 자신의 경험 뒤에 마침표를 찍을 뿐만 아니라 도전의 기간을 효과적으로 견뎌 낼 줄도 안다.

사람들은 누구나 실수를 할 수 있다. 하지만 그것은 불평을 시작하기 전까지는 '실패'

가 아니다. 그런데 일이 잘못된 것과 관련하여 남을 원망하거나 상황 탓을 하는 불평을 하는 순간, 우리는 '실패'를 받아들이면서 잘못된 결과에 대해서 남들이 책임이 있다고 생각하면서 우리 자신의 능력이나 책임성을 양보하게 된다. 물론 우리가 이미 주어진 현실을 통제할 수도 없고 다른 사람들의 행동을 내 마음대로 결정할 수도 없지만 삶의 도전 앞에서 가능한 한 마음의 힘을 갖고 긍정적으로 반응하기를 선택할 수는 있다.

이런 것을 효과적이고 지속적으로 하기 위해서 우리는 스스로 자신을 믿고 나아가야 한다. 그리고 그 과정에서 우리 안의 위대함을 알아보고 그것을 발휘하도록 일깨워 주는 사람을 만나야만 한다. 즉, 우리는 '후원자'를 찾아야 한다. 그것이 성공으로 가는 황금 열쇠 중 하나이다.

지지와 후원 찾기

후원(sponsorship)은 다른 사람이 행동하고 성장하며 탁월성을 발휘하도록 공간을 만들어 주는 것을 포함한다. 후원자는 맥락, 인맥, 자원(재정적 자원이 포함될 수도 있음)을 제공함으로써 피후원 그룹이나 개인이 자신의 능력과 기술에 집중하고 그것을 최대로 발전시키고 활용할 수 있도록 해 준다.

> 사람은 다른 사람들에 의해서 인식되고 인정되기 전까지는 아직 완전히 존재한다고 할 수 없다.
>
> – 알베르 카뮈

후원은 사람이나 그룹에 이미 존재하고 있지만 최대 능력으로 나타나지 않은 무언가를 향상시키기 위한 약속과 관련된다. 특정한 프로그램이나 연구 과제를 '후원하는' 기관은 필요한 자원을 공급함으로써 그 프로그램이나 과제를 향상시킨다. 세미나나 워크숍을 '후원하는' 단체는 필요한 홍보나 장소를 제공하는데 이는 워크숍 지도자의 아이디어나 적극성을 보여 주고 다른 사람들이 그 아이디어나 적극성의 혜택을 받을 수 있도록 상황을 만들어 내기 위함이다. 최고 경영자가 과제나 새로운 계획을 '후원'한다는 것은 그것이 회사의 정체성과 미션을 위해 중요한 것이라고 인정하고 허락할 때이다. 이런 관점에서 보면 후원은 다른 사람이 적절하게 일을 잘 수행하고 성장하며 탁월성을 발휘할 수 있게 맥락을 창조해 주는 것을 포함한다.

다음의 예들이 의미하는 바는 흔히 주주는 '후원자'이기도 하다는 것이다. 바니 펠의 투자자들이 그에게 "우리는 다른 CEO가 아니라 당신에게 투자했다."라고 말했을 때 그 말은 곧 그들은 개인으로서의 그에게 믿음을 주었던 상태였음을 명확히 하고 있다. 무하메드 유누스의 '연대 책임 그룹'은 사람들이 다른 사람을 믿고 지지하는 상호 후원의 예이다.

오늘날 '후원'의 개념이 여러 사람들에게 주로 상업적인 함축적 의미로 옮겨왔지만 원래 '후원자(sponsor)'라는 용어는 라틴어 spondere(약속하다)에서 유래되었고 다른 '사람의 영적 복지를 책임지는 사람'의 뜻으로 쓰였는데 배우자를 뜻하는 영어 spouse의 어원도 같다.

우리의 후원자는 우리를 믿으면서 우리가 중요한 사람이라는 사실을 깨닫게 할 뿐 아니라 우리가 남다른 능력을 발휘할 수 있는 사람이라는 사실을 우리에게 보여 준다.

우리는 후원의 의미를 상업적 형태로 사용할 때는 소문자를 사용하는 'sponsorship'이라는 단어를 사용한다. 하지만 정체성 수준에서 타인의 핵심 특징에 대해서 인식하고 인정하는 차원에서는 대문자로 'Sponsorship'을 사용한다. 이런 식의 후원은 다른 사람들 안에 있는 잠재능력을 찾아내어 지지하며 옹호함으로써 그것이 충분히 발휘될 수 있도록 하는 것을 포함한다.

개인에 대한 후원자는 그 사람을 믿고 그가 중요한 사람이라는 사실을 깨닫게 할 뿐 아니라 그가 남다른 능력을 발휘할 수 있는 사람이라는 점을 그에게 보여 준다. 그러므로 후원의 과정은 주로 몇 가지 핵심 메시지를 전달하는 커뮤니케이션(언어 및 비언어적)을 통해 표현된다. 이러한 메시지들은 다음과 같은 아주 기본적인 방식으로 그 개인을 인정해 주는 형태로 표현된다.

당신은 존재한다. 나는 당신을 지켜보고 있다.
당신은 가치 있다.
당신은 중요하다/특별하다/당신만의 독특성을 갖고 있다.
당신은 남에게 기여할 중요한 무엇을 갖고 있다.
당신은 여기서 환영을 받는다. 당신은 여기 사람이다.

"당신은 존재합니다. 나는 당신을 지켜보고 있습니다.
당신은 가치 있고 특별하며 독특성이 있는 사람입니다.
당신에게는 남에게 기여할 중요한 무엇이 있습니다.
당신은 여기서 환영 받고 있습니다.
당신은 여기 사람입니다."

다음은 흔히 다음과 같은 활력신념(empowering beliefs)에 수반되는 기초적인 정체성 메시지들이다.

당신이 성공하는 것은 가능하다.
당신은 성공할 수 있다.
당신은 성공할 자격이 있다.

확실히 이런 메시지의 의도는 다른 사람에게 무조건적으로 존중받고 있다는 느낌, 소속감, 남에게 기여하며 성공하고자 하는 열망을 고취하고자 하는 것이다. 이런 메시지가 주는 영향력은 일반적으로 꽤나 큼과 함께 긍정적인 정서반응을 이끌어 낸다.

예를 들어, 사람들은 다른 사람이 자기를 지켜보고 있다는 사실을 인지하게 되면 안전감과 인정감을 함께 느끼게 된다. 그렇게 되면 다른 사람들의 관심을 끌기 위해서 억지로 어떤 무엇을 해야 한다고 생각하지 않게 된다. 그 결과로 안도감과 함께 편안함을 느끼게 된다.

사람들은 자신이 존재하고 있으며 심신의 일치감을 느끼면서 자신의 존재가 위협받는다고 느끼지 않을 때 중심이 잡혀 있고 평화를 경험하게 된다.

자신이 남다른 독특성을 갖고 있다고 인정받으면 그의 자연적 창의성을 발휘하게 할 독특성을 표현하고자 하는 자연스러운 열망과 경향성이 발휘된다. 물론 남다른 독특성, 중요성, 특별성이 있다고 해서 반드시 남들보다 더 훌륭하다거나 우수하다는 것을 의미하지는 않는다는 점을 기억할 필요가 있다. 독특성은 다른 모든 사람들과 구별되는 그만의 특별한 정체성을 당사자에게 부여한다.

어떤 사람이 남에게 기여할 만한 무엇을 갖고 있다고 인정해 주게 되면 그에게 엄청난 동기와 열정을 불러일으키게 된다.

누구든 어떤 집단으로부터 환영받고 있다고 믿는 사람은 평안함을 느낄 뿐 아니라 그 집단에 대한 충성심을 갖게 된다. 이와 마찬가지로 소속감을 갖게 될 때 집단에 대한 헌신과 책임감을 갖게 된다.

후원은 조직 환경에서 흔히 무시된다. 후원이 이루어지지 않고 있는 회사에 들어가 보면 확실히 알 수 있다. 실제로 그 회사에는 아무도 존재하지 않는 것같이 느껴진다. 직원 자신들이 관심과 가치부여를 받지 못하며 실제로 기여하는 바가 없고(또는 자신의 기여가 인정받지 못하고) 쉽게 자리 교체가 이루어지며 제대로 소속할 곳이 없다고 느끼게 된다면 그러한 기분은 성과에 영향을 미치게 된다. 그러나 사람들이 후원을 받는다고 느끼면 존재감을 느끼고 동기부여되며 충성스럽고 창조적인 사람이 될 뿐만 아니라 기대 이상으로 일을 잘하게 된다.

"당신이 성공하는 것은 가능합니다.
당신은 성공할 수 있습니다.
당신은 성공할 가치가 있습니다."

'엔젤 투자자'는 흔히 신벤처를 시작하기 원하는 기업가를 위해 일종의 후원자 역할을 한다. 그들은 기업가와 그의 비전을 믿으면서 자신의 인맥과 전문성을 활용함으로써 회사의 성공을 후원하는 '부가가치'를 가진 투자자이기도 하다.

실리콘밸리의 스타트업을 위하여 후원자들은 재정적인 형태와 인간적인 형태 등 두 가지 모두의 형태로 도움을 주는 '엔젤' 투자자로 등장한다. 엔젤 투자자는 실리콘밸리와 세계 도처의 기술 센터에 나타난 새로운 종의 투자자들이다. 새로운 회사의 초기단계에서는 주로 벤처캐피털 투자가 잘 이루어지지만 엔젤 투자자들도 때때로 그러한 새로운 회사에 투자를 함으로써 '자금지원의 갭'을 메우는 역할을 한다. 비즈니스 엔젤들도 가끔 자신들의 자본을 스타트업에 투자하는데, 이 경우에 비교적 적지만 의미 있는 캐피털 투자를 함으로써 반대급부로 회사 내에서 에쿼티 포지션[12]을 차지할 수 있다. 또한 엔젤 투자자들은 때때로 '부가가치'를 가진 투자자 역할을 하는데, 왜냐하면 자신의 인맥과 전문성을 활용함으로써 회사 성공을 후원해 주기 때문이다. 즉, 그들은 스타트업에게 단순히 자금뿐만 아니라 조언이나 비즈니스 관계와 같은 차원에서도 기여를 한다.

12) Equity Position: 제3투자자가 주식을 구매함으로써 투자하는 방식을 나타낸다.

당신의 동맹 규합하기

당신의 후원자와 동맹이 누구인지 알아내는 것은 중요하다. 그들은 당신과 당신의 비전을 믿고 당신의 잠재력을 인정하는 사람들이다.

당신은 당신의 후원자나 동맹임을 상기시켜 줄 수 있는 상징, 이미지, 목표물을 선택하거나 찾아낼 수 있다. 그리고 그것을 일터에 가까이 두면서 당신을 바라보고 인정해 주는 그들을 상기할 수 있도록 하라.

아프리카의 토고라는 나라에서의 일이다. 어느 여인이 임신을 하게 되었는데 모든 친구들이 장차 태어날 '아이의 노래'가 될 노래를 찾으러 그녀를 숲으로 데려갔다. 친구들은 숲에 가서 함께 조용히 앉았다. 그리고 어디선가 어떤 중얼거림의 소리가 천천히 들리기 시작했다. 노래는 마치 자연의 소리처럼 천천히 들려왔다. 어느덧 시간이 가면서 소리가 점차로 커지기 시작하였다. 아기가 태어났을 때 사람들은 그를 세상으로 불러들이고 이름을 부르기 위하여 이 노래를 불렀다. 이 노래는 신생아에게는 부드럽게 들렸지만 사람들은 그가 조금씩 성장하고 강해지며 성인이 됨에 따라 보다 힘있게 노래를 불렀다. 그가 힘든 일을 겪고, 실수를 하고 남의 물건을 훔치고 공동체의 규율을 어기는 일을 할 때면 온 주민들이 그가 자기 자신을 돌아볼 수 있도록 그 노래를 불렀다. 그리고 마지막에 그가 죽을 때 노래는 부드러워지는데, 그의 영혼이 몸을 떠날 때까지 더욱더 부드러워진다. 그리고 노래를 다시 부를 일이 없어지게 된다.

우리의 후원자들은 '우리의 노래를 부르는' 사람들과 같다. 당신 자신의 후원자를 찾기 위하여 잠시 시간을 내어서 당신의 삶에서 누가 '당신의 노래를 불렀던' 사람에 해당하는지 생각해 보라. 긍정적인 방식으로 당신의 자기감을 지원해 주었고 당신에게 당신이 누구인지 일깨웠던, 그리고 스스로가 망각했을 때 당신 자신으로 되돌아오게 했던 사람들을 떠올려 보라. 그래서 당신의 '동맹들'이 당신 주변을 감싸고 있다고 느껴 보라.

당신에게 그러한 후원자나 동맹임을 상기시켜 줄 수 있는 개인적인 상징, 이미지, 목표물 또는 '앵커'를 하나 마련하거나 찾아보라. 그런 것을 늘 간직하거나 사무실이나 일터에 가까이 두면서 당신의 눈에 늘 보이게 하라. 그래서 당신을 바라보면서 당신을 인정해 주는 그 사람들을 마음으로 상기할 수 있도록 하라. 물론 스스로가 '셀프후원'을 할 수도 있다. 그 경우에는 자신 내의 핵심적 본질을 앙양하고 보호하는 법을 배울 수 있게 될 것이다.

요약하자면 기업가는 자기의 비전을 믿고 그 비전을 믿어 주는 다른 사람들과 함께 일하는 것이 중요하다. 돈 피켄스는 다음과 같이 말했다. "당신은 당신 편이 되어 줄 사람들이 누구인지 알아내고 그들과 함께 일을 해야 합니다. 왜냐하면 그들 외의 나머지 사람들은 당신에게 도움이 되지 않을 수 있기 때문입니다."

불확실성 다루기와 '운' 얻기

우리의 역동적인 세상에서 성공인이 되는 과정에서의 어려움 중 하나는 세상은 불확실성으로 가득 찼다는 점이다. 물론 그것은 우리가 어떤 식으로 인식하고 접근하느냐에 따라서 문제가 될 수도, 기회가 될 수도 있다. 예컨대, 엔터테인먼트의 거인 월트 디즈니(전형적인 자수성가한 기업가)는 다음과 같이 말했다.

> 내 비즈니스는 엄청난 모험과 끝나지 않은 발견의 여정이었으면서 컬러, 사운드, 모션 영역에서의 탐색이었다. 바로 그래서 나는 이 비즈니스를 좋아했다. 이 세계는 모퉁이를 지나면 늘 무엇인가 더 크고 더 흥분되는 일이 기다린다는 확실성과 그 외의 모든 것에 대한 불확실성이 공존하는 곳이다.

오늘날의 신벤처를 이끄는 비전을 가진 예지력 있는 리더(visionary leader)들은 비슷한 관점을 갖고 있다. 실리콘밸리의 오랜 기업가인 스티브 아팀[13]은 다음과 같이 말했다.

13) Steve Artim: 무선 · 센서 기술을 활용해 건물 내 위치기반 서비스를 제공하는 업체인 미국의 와이어리스웍스(Wireless Werx)의 사장 겸 CEO

불확실성은 우리들에게는 기회입니다. 그 불확실성이 앞으로 어떻게 될지는 아무도 모릅니다. 아무도 미래를 열어 갈 기술에 대해서 자신할 수 없습니다. 그런데 바로 그 점에서 우리와 같은 작은 회사들이 오히려 덕을 볼 수 있습니다. 우리는 가장 스마트하고 똑똑한 사람들을 이끌고 있습니다.

신벤처를 둘러싼 이러한 모든 불확실성과 예측 불가능성이 있기에 성공하는 사람들은 '운'이 있어서 그렇다고 생각하기가 쉬울지 모른다. 사실, 그들은 운 좋게도 바로 그 시간에 그 장소에 있었다고 말할 수 있다. 의심의 여지없이 많은 성공하는 기업가는 운과 관련한 그러한 평가에 동의할 것이다. 만약 성공한 사람들에게 그 성공의 주된 요인에 대해서 질문을 한다면 아마도 "사실, 운이 좋았어요."라는 답을 들을 수 있을 경우가 많을 것이다. 실제로 신벤처를 시작함에 있어서 운은 부정할 수 없는 성공 요인임에 틀림없다.

그런데 의문은 '운의 기회를 증가시킬 수 있는 방법'이 있을까라는 점이다. "운은 준비와 기회가 만나는 것이다."라는 말이 있다. 토머스 제퍼슨의 경우를 예로 들면 그는 스스로 "아주 운이 좋은 사람"이었다고 고백하였다. 하지만 "열심히 일할수록 운도 더 좋았다."라는 그의 말에도 귀를 기울일 필요가 있다. 이와 비슷하게 위대한 골프선수인 아놀드 파머 또한 그가 이룩했던 수많은 승리는 운 때문이었다는 점을 인정하였지만 "연습을 많이 할수록 운도 더 많이 따랐다."라는 말도 하였다.

이러한 말들이 암시하는 바는 곧 우리가 스스로를 운 좋은 사람으로 반드시 '만들' 수는 없지만 기회를 잘 이용할 수 있는 위치에 서게 할 수는 있다는 것이다. '허드슨강의 기적'의 주인공인 체슬리 설렌버거 기장을 예로 든다면, 그가 '기적'의 착륙을 가능하게 했던 핵심 요소는 바로 오랜 기간의 준비는 물론 경험, 교육, 훈련이라는 은행에 불입했던 정기예금이었다고 주장하였다.

준비와 연습의 중요성

위대한 그리스 철학자인 아리스토텔레스는 "우리는 반복적으로 행하는 행동의 산물이지만 탁월성은 행동이 아니라 습관이다."라고 주장하였다. 말콤 글래드웰[14]은 그의 책 『아웃라이어』에서 '1만 시간의 법칙'에 대해서 언급하였다. 그는 여러 분야의 전문가들과 탁월한 업적들을 연구한 심리학자 앤더스 에릭슨(2006)의 연구 결과들을 인용하면서 "특정 분야에서 진정한 전문가가 되기 위해서는 1만 시간가량의 연습이 필요하다."라고 말했다.

'운'은 준비와 기회가 만나는 것이다.

"나의 모든 성공은 운 덕분이다. 하지만 재미있는 것은 열심히 일할수록 운도 더 좋았다는 사실이다."

– 토머스 제퍼슨

'아웃라이어'는 평균적인 경험의 아웃사이드, 즉 바깥에 있는 것이나 현상을 설명하는 과학 용어이다. 글래드웰은 자신의 저서에서 아웃라이어들, 즉 평균적인 일반인들 이상의 업적을 낸 비범한 사람들에게 초점을 맞추었다. 그는 그러한 대단한 성취를 이룩하기 위해서는 연습의 형태로 수많은 시간의 투자가 필요하다고 주장하였다. 그는 비틀즈, 빌 게이츠, 로버트 오펜하이머(미국의 이론물리학자로 핵무기 개발의 책임자)와 같은 다양한 사람들의 사례를 통해 그들이 성공을 위해서 어떻게 '1만 시간의 법칙'을 따랐는지를 잘 보여 주었다.

영국의 전설적인 록밴드인 비틀즈의 경우를 예로 들자면 그들은 1960~1964년 동안에 독일의 함부르크에서 1,200회 이상, 즉 1만 시간 이상의 라이브 공연을 했는데 그러

---

14) Malcolm Gladwell(1963~): 잉글랜드에서 태어난 캐나다의 저널리스트이자 작가, 강연가이다. 한국어로도 번역된 저서 『아웃라이어(Outliers: The Story of Success)』로 유명한 그는 이 책에서 플로리다 주립대학교의 심리학 교수 Anders Ericsson 박사의 '1만 시간'에 대한 연구 결과를 인용하였다.

한 결과는 '1만 시간의 법칙'을 충족시켰다. 글래드웰은 비틀즈가 공연하느라 보낸 시간들은 모두 그들의 재능을 발전시킨 결과가 되었다고 주장하였다. "그래서 그들이 함부르크에서 영국으로 돌아왔을 때 '그들은 어느 누구와도 다른' 음악가가 되어 있었다."

비틀즈!
지금까지 8,545시간 동안 공연을 해왔는데….
그래도 계속 가는 거야!

빌 게이츠는 13세의 나이였던 1968년에 고등학교 컴퓨터실에 출입하면서 1만 시간 이상 동안 컴퓨터와 함께 프로그래밍 작업을 했을 때 이미 1만 시간의 법칙을 충족시켰다. 그는 『아웃라이어』 책을 위한 한 인터뷰에서 당시로서는 드물게도 그렇게 독특하게 컴퓨터를 접할 수 있었던 것이 자신의 성공에 있어서 힘이 되었다고 주장하였다.

어느 분야에서든 탁월성과 높은 역량을 위한 기초는 바로 많은 연습으로부터 시작된다는 사실은 분명해 보인다. 그리고 1만 시간이라는 것이 많은 시간인 것처럼 보이지만 우리가 정말로 우리의 비전, 미션, 앰비션을 추구할 때는 충분히 투자할 만한 가치가 있는 시간이기도 하다. 연습과 이와 같은 종류의 준비는 단순히 아무 생각이 없는 것도 기계적인 반복도 아니라는 점을 기억할 필요가 있다. 설렌버거가 지적했듯이 연습은 '경험, 교육, 훈련'으로 구성되는 것이다.

운 요소 양성하기

글래드웰은 준비와 연습의 중요성에 대한 자신의 주장을 보완하는 차원에서 비범하고 성공한 사람들이 이룩한 성취와 업적은 그들이 가진 스킬과 경험만큼이나 환경 및 사회적 맥락에 의해서도 영향받을 수 있다는 점을 지적하기도 하였다. 글래드웰(2008)은 성공을 위해서는 단지 개인적인 지능, 앰비션, 정력적 활동, 근면 이상의 것이 요구된다고 하면서 "우리가 공동체로서 각 개인에게 기여하는 것이 우리가 우리 자신을 위해서 하는 것만큼이나 중요하다."라고 결론지었다. 이러한 논리는 준비와 기회가 서로 만나는 접점을 부각시킨다.

우리 모두는 확실히 연습과 준비에 대해 선택의 문제이며 우리가 통제할 수 있는 것이라고 인식하는 반면에, 기회는 오히려 운의 문제이며 우리의 능력 범위 밖에 있는 것으로 생각하는 것 같다. 그런데 바로 이 점이 정말로 성공한 기업가를 그 외의 다른 사람들과 구분 짓는 영역의 하나이다.

기업가들은 늘 기회를 살피기 때문에 때때로 다른 사람들이 미처 보지 못하는 기회를 발견하곤 한다. 이런 현상은 두 명의 신발 세일즈맨에 대한 옛 이야기에 잘 나타나 있다. 두 명의 세일즈맨이 외국 시골지역 내의 신발시장 확대를 위해 파견되었다. 그들이 도착했을 때 그 지역 주민들은 주로 샌들을 신고 다닌다는 사실을 알았다. 첫 번째 세일즈맨은 본사로 메시지를 전했다. "운이 안 좋아요. 여기는 아무도 신발을 신지 않아요. 빈손으로 돌아갈 것 같아 걱정이에요." 하지만 천부적 기업가에 해당하는 다른 한 세일즈맨은 본사에 다른 메시지를 보냈다. "운이 좋아요. 보낼 수 있을 만큼 많이 보내 주세요. 여기는 아무도 신발이 없어요." 이 이야기는 우리가 어떤 상황을 기회로 인식한다는 것은 곧 그 상황을 바라보는 방식과 관련이 있다는 사실을 시사한다.

코미디 영화 〈덤 앤 더머(Dumb and Dumber)〉에 배우 짐 캐리가 출연한 장면이 있는데, 그는 유치한 유머이긴 하지만 어떻게 마음가짐을 가져야 기회를 알아볼 수 있는 역량에 영향을 주는지에 대해 생생히 묘사하고 있다. 영화가 끝날 무렵에 '바보(dumb)'와 '더 바보(dumber)'인 파트너 두 주인공이 돈을 바람에 다 날리고 차는 잃어버리고 난 후

"운이 안 좋아요. 여기는 아무도 신발을 신지 않아요."

"운이 좋아요. 보낼 수 있을 만큼 많이 보내 주세요.
여기는 아무도 신발이 없어요."

에 고속도로를 따라 걷고 있었다. 한 명이 다른 한 명에게 아주 맥없이 말했다. “믿기지가 않아. 우리가 언제 이런 휴식 시간을 가질 수 있을까?”

갑자기 하와이 비키니 투어라고 쓰인 배너 광고를 붙인 버스가 달리던 도로 위에서 정지하자 아름다운 비키니를 입은 한 무리의 여성들이 버스에서 내렸다. 그중의 한 명이 “안녕하세요. 우리는 전국 비키니 대회에 출전하러 가는 중인데 시합 전에 몸에 오일을 발라 줄 두 명의 남자를 구하고 있어요.”라고 말했다.

그때 그곳에 있던 두 명의 젊은이는 믿기지 않는다는 표정으로 서로를 쳐다보았다. 그리고 한 명이 말했다 “다행이네요. 저 아래쪽 길 너머로 5km 정도를 가면 마을이 있어요. 그곳에서 두 명 정도를 반드시 구할 수 있을 것입니다.” 여성들은 그런 사람들을 구할 수 있다는 말에 잠시 반가웠지만 다시 5km나 길을 더 가야 했기에 실망을 하면서 버스로 되돌아갔다. 그리고 곧 버스는 가던 길을 향해 막 출발하기 시작하였다.

바로 그 순간 ‘더 바보’가 친구에게 “이봐, 저 마을에 두 명의 행운아가 있단 말이지?” 라고 말했다. 그리고 갑자기 깜짝 놀라더니 “잠깐만”이라고 소리쳤다. “너 지금 무슨 짓을 했는지 알아? 너는 어쩌면 그렇게 멍청할 수가 있어?”

그는 버스를 뒤따라가는 동안에 버스가 멈출 때까지 문을 쾅쾅 쳤다. 문이 열리고 아름다운 여성들이 다시 나왔다. “제 친구를 용서해 주세요.”라고 하면서 “저 친구가 좀 모자란 녀석이죠.” 그는 의기양양하게 싱글거리고 “사실, 마을은 저쪽 길이에요.”라고 하면서 손으로 반대방향을 가리켰다. 어안이 벙벙해진 여성들은 버스를 다시 탔고 버스는 다시 출발하였다.

우리의 ‘운 요소’는 우리의 인생관과 태도와 크게 관련이 있다.

꽉 막힌 생각과 인식의 한계로 인해 바로 앞에 있는 기회를 제대로 볼 수 없게 하는 무의식 속의 지각적 여과장치가 만들어질 수 있다.

그 두 명의 남자는 길 따라 내려가는 버스를 지켜보면서, 한 명이 친구에게 말했다. “와우! 두 명의 행운아들은 몇 달간 저 여자들에게 둘러싸여 드라이브를 즐기겠는걸.” 다른 한 명이 대답했다. “언젠가는 우리도 그런 휴가가 있을 거야. 눈 똑바로 뜨고 있어야겠어.”

이 영화는 문자 그대로 코미디 영화이기에 대충 의도적으로 웃기는 내용으로 되어 있지만 사람들이 갖고 있는 꽉 막힌 생각과 인식의 한계로 인해 무의식 속의 지각적 여과장치(perceptual filters)가 어떻게 만들어지는지를 잘 보여 주고 있다. 사실상, 우리는 바로 그 여과 장치 때문에 바로 앞에 있는 기회를 제대로 볼 수 없게 되는 것이다.

리처드 와이즈먼(Richard Wiseman) 박사는 『운 요소(The Luck Factor)』(2003)라는 저서에서 성공한 사람들은 종종 자신의 성공이 '운'의 결과라고 여기는 반면에 그 반대의 사람들은 자신의 상황을 '불운'의 결과로 생각한다고 주장하였다. 그는 '운' 현상이 개인의 인생관과 태도와 크게 관련이 있다는 사실에 주목하면서 연구를 시작하였다. 예를 들어, 그는 스스로 '운이 있다'고 여기는 사람들과 '불운하다'고 생각하는 사람들을 인터뷰하였으며 그와 함께 실험도 실시하였다.

그는 자신의 사무실로 향하는 길의 인도 옆쪽에 20파운드 지폐를 던져 두었다. 분명히 드러난 바로는 돈을 발견한 사람들은 대부분 자신을 '운이 있다'고 여기던 사람이었지만 돈을 발견하지 못한 사람들은 대부분 자신을 '운이 없다'고 생각했던 사람들이었다. 사실, 두 부류의 사람 모두에게 같은 기회가 주어졌었다. 다만, '운이 없다'고 한 사람들은 자신들의 지각적 여과 장치 때문에 기회를 놓쳤던 것이다.

와이즈먼 박사는 '운 요소'에 대한 연구의 결론으로, 기회를 만듦으로써 운을 개선시키기 위한 다음의 네 가지 팁을 제안하였다.

1. 기회를 극대화하라: 기회를 창조하고 기회에 주목하며 기회를 쫓아 행동하라. '운이 있는' 사람들은 이완되어 있으며 새로운 것에 개방적이고 친구나 동료들과 폭넓은 인간관계를 유지하고 있다. 와이즈먼 박사는 다음과 같이 권고한다. 길에서 만나는 사람들과 이야기를 나누라. 그리고 당신을 지지하고 당신에게 새로운 기회를 알려 줄 수 있는 사람들로 이루어지는 운 네트워크(network of luck)를 창조하기 위한 방법으로 오래된 지인들과의 관계를 지속하라.

2. 본능에 귀 기울여라: 직관은 모든 사람들이 가지고 있는 것이지만, '운이 있는' 사람들은 직관을 좀 더 신뢰하는 경향이 있다. 그들은 본인의 직관을 믿을 뿐만 아니라 그것을 북돋고자 한다. 직관은 때때로 미묘한 단서의 결과이거나 '약한 신호'이기에 무의식적으로 알아차리고 받아들이게 된다.

당신의 '운 요소'를 증진시키기 위해 채택할 수 있는 여러 가지 실습사항들이 있다.

3. 운이 따르기를 기대하라: 기대는 우리의 행동을 유도한다. '운이 있는' 사람들은 일이 잘 풀리지 않을 때도 인내하며 견디기에 좀 더 성공하는 것 같다. 그들은 상호작용하는 사람들로부터 좋은 결과를 기대하기 때문에 더 나은 관계를 만든다. 긍정적 결과에 대한 기대는 위험을 감수할 명목을 계속 유지하게 해 준다. 만약 당신 자신이 결코 성공하지 못할 것이라고 믿는다면 당신은 노력조차 하지 않을 것이다.

4. 밝은 면을 보고 불운을 행운으로 바꾸라: 긍정적 관점은 무엇이든 행운으로 느끼도록 해 준다. 운이 있는 사람에게도 마찬가지로 나쁜 일들이 일어난다. 그러나 그들은 긍정적인 결과가 생기기를 기대하고 그 방향으로 행동한다. 그들은 부정적인 것을 곱씹지 않고 어떤 상황에서든 긍정적인 것을 찾는다. 만약 당신이 오늘 아침에 발을 헛디뎠다면 최소한 발목이 부러지지는 않았다. 당신에게 일어난 모든 나쁜 일들을 불행이라고 탓하지 않을 때 당신은 하고 있는 것을 개선시킬 방법들을 더 많이 찾을 수 있을 것이다. 이것이 '실패를 피드백으로' 바꾸는 원칙이다.

당신의 운 요소 증진하기

기회를 따르고 '운 네트워크'를 창조함으로써 기회를 극대화하라

운이 따르기를 기대하라

본능에 귀 기울여라

밝은 면을 보고 실패를 피드백으로 바꿈으로써 '불운'을 '행운'으로 바꿔라

"우리의 많은 꿈들은 처음에는 불가능할 것같이 보이지만 그다음에는 있을 법하지 않고 결국에는 피할 수 없게 된다."

- 크리스토퍼 리브[15]

"사람들은 결국에는 자신이 목표로 하는 것만 맞추어 명중시키게 된다."

- 헨리 데이비드 소로[16]

이 네 가지 원칙에 대한 좋은 예를 하나 들자면, 나의 한 독일 지인이 몇 년 전에 들려주었던 이야기가 있다. 그는 빌 클린턴 전 미국 대통령을 매우 존경하는 독일 기업가를 친구로 두고 있었다. 그런데 어느 날 그 친구는 클린턴과 함께 저녁 식사를 했으면 좋겠다는 꿈을 갖게 되었다. 물론 그에겐 클린턴에게 저녁 식사를 같이 하자고 연락할 방법이 없었지만 워싱턴 D.C.에 있는 백악관에 클린턴이 살고 있다는 것은 알았다. 그래서 그는 백악관에 전화를 했다. 그것은 조지 W. 부시가 대통령 임기를 막 시작했을 2000년대 초반의 일이었다. 백악관의 전화 교환원은 말했다. "클린턴 전 대통령께서는 더 이상 이곳에 살지 않으십니다. 그리고 새 주소지를 남기지도 않으셨습니다. 사실, 그런 일은 저희의 소관업무가 아니기에 연락할 방법도 모릅니다."

그 기업가는 클린턴과의 저녁 식사를 너무나 간절히 원하였기에 그에게 연락할 수 있는 다른 방법을 찾아야겠다고 생각했다. 그는 클린턴이 세계 각지에서 강연을 하고 있음을 알았고 그 경우에 통역이 필요할 것이라고 생각하게 되었다. 그래서 별로 크지 않은 통역가 모임을 생각해 냈다. 그는 또한 통역가를 친구로 둔 사람을 알고 있었다. 그 통역가는 클린턴의 연설을 통역했던 통역가를 알고 있는 또 다른 통역가를 아는 어떤 사람과 연락이 되게 해 줬다. 이 사람이 클린턴을 후원하는 단체에 바로 연결을 해 줬다. 그 기업가는 이 단체에 연락을 했고 그곳에서 클린턴 강연 계약 대리업체에 연락이 닿게 해줬다.

그는 강연 계약 대리업체에게 전화를 하여 클린턴과 저녁 식사를 같이 하고 싶다는 자신의 꿈에 대해서 설명을 했다. 그때 업체의 직원은 "클린턴 전 대통령께서는 낯선 사람들과 저녁 식사를 하지 않습니다만 그래도 그가 연설을 할 수 있게 후원하고 싶다면 가격은 25만 달러를 지불하시면 됩니다. 따라서 당신은 그 돈에 대해 지불 약속을 해야 하겠지만 그래도 클린턴 전 대통령께서 실제로 연설에 응하실지는 장담하지 못합니다."라고 했다.

---

15) Christopher Reeve(1952~2004): 미국의 영화배우 겸 영화감독으로 영화 〈슈퍼맨〉의 주연으로 유명하다.
16) Henry David Thoreau(1817~1862): 미국의 철학자, 시인, 수필가로 『월든』으로 유명하다.

그 기업가는 클린턴과 저녁 식사를 같이 하고 싶은 꿈에 대해서 깊이 생각했지만 최종적으로 모험을 한번 해 볼 가치가 있다고 마음먹었다. 그리고 만약 자신이 클린턴을 후원하게 되면 그와 함께 저녁 식사를 할 수 있는 좋은 기회가 생길 수 있을 것이라고 생각을 하였다. 물론 당시에 그는 25만 달러도, 그런 강연회를 열 만한 능력도 없었다.

그러나 그는 자신의 마음과 직관에 따라 독일 강연회를 후원하기로 마음먹고 그 일을 함께 도모할 파트너를 찾기 시작했다. 그가 미국의 전직 대통령 빌 클린턴을 초청하여 이벤트를 개최할 것이라고 사람들에게 열정적으로 말하였을 때 다행히도 많은 사람들이 꽤 관심을 보였을 뿐만 아니라 자신의 인맥을 통하여 계약금을 위한 돈을 마련하는 데 도움을 줄 만한 몇 명의 사람들도 구할 수 있었다.

이미 밝혀진 바와 같이 당시에 수백 명의 사람들이 그 이벤트에 등록을 했다. 그 많은 사람들 때문에 클린턴은 거절할 수가 없었고 행복하게 독일로 여행을 떠났다. 마침내 그 기업가는 실질적으로 5만 달러의 이득을 챙겼고 클린턴과 매우 즐겁게 저녁 식사를 했음은 물론이었다.

이 이야기가 말해 주는 것은 사람이 어떤 일에 대해서 적극적이고 낙관적으로 나설 때, 그 일이 생기기를 기다리기만 하고 소극적일 때보다 기회를 더 많이 만들 수 있다는 것이다. 그 기업가는 클린턴과의 접촉을 위한 시도를 시작한 때부터 이벤트를 개최할 때까지 '운 네트워크'를 제대로 적용하였다. 전직 대통령과의 첫 접촉을 이루어 낸 것은 '인맥의 6단계 법칙'[17]으로 알려진 원칙을 입증한다. 이 원칙은 우리의 행성에 있는 누군가가 이 행성의 또 다른 누군가와 단지 6단계의 관계만 떨어져 있다고 설명한다. 즉, 그들이 아는 어떤 사람은 선택된 어떤 누군가를 아는 어떤 사람을 알고, 그 사람이 아는 어떤 사람이 그 사람을 알고 … 등등을 가리킨다. 그래서 '친구의 친구'라는 식으로 연결고리가 만들어질 수 있고 평균 잡아 6단계 안에서 어떤 두 명이 연결된다. 물론 어떤 사람들은 다른 사람들보다 더 많은 연결을 해야 한다. 연결의 수를 증가시킬수록 인맥의 단계는 줄어든다. 나의 독일 지인의 기업가 친구는 클린턴과 함께 하는

기회는 당신이 다른 사람들과 적극적인 소통을 할 때 생긴다.

17) six degrees of separation: 개인, 집단, 사회의 관계를 네트워크로 파악하는 개념으로 세상 사람들은 여섯 다리만 건너면 모두가 연결된다는 이론이다.

저녁 식사의 꿈을 이루려고 자신의 마음과 직관을 따라갔다. 단지 돈을 벌려고 한 것이 아니라 위험 부담이 있었지만 자신의 꿈을 이루기 위해서였다. 비록 합리적이지는 않을지라도 이 기업가는 이 꿈을 진정으로 신뢰하고 믿었다는 것이 확실하다.

이 기업가는 실현될 수도 있다는 확신을 갖고 위험 부담을 감수했다. 당신은 기업가가 마련했던 강연회가 성공적이었던 것에 대해 그냥 '운' 때문이었다고 말할지도 모른다. 그는 바로 그 시간에 그 장소에 있었던 바로 그 사람이었다. 그러나 만약에 그가 위험 부담을 감수하지 않고 자신의 꿈을 향해 끈질기게 나아가지 않았다면 그런 기회는 절대 오지 않았을 것이다. 그는 스스로 '그 일을 실현할 수 있는 방법을 찾을 수' 있을 것이라는 믿음을 갖고 있었다.

그는 끝이나 도전단계가 흐지부지되도록 두거나 겉모양만 '실패'가 피드백이 되게 두지 않았음이 분명하다. 그는 한 가지 방법이 효과가 없었을 때 다른 방법을 시도했다. 당신이 행동을 취할 때 새로운 길과 가능성이 열린다. 다른 사람들과 적극적으로 소통을 할 때 기회가 생긴다. 많은 기업가들은 일이 제대로 풀리지 않아 모든 것을 포기하고 싶을 때가 있음을 안다. 하지만 바로 다음날에 자신들과 모든 계획을 함께 이루는 데 필요한 바로 그 사람을 알고 있는 어떤 사람을 아는 누군가를 길에서 우연히 만나게 될 수도 있다.

다음은 또 다른 성공 요인 사례들이다. 이는 성공한 기업가들이 어떻게 불확실성을 처리하고 장애물을 극복하며 알아채지 못한 기회를 발견하고 분명한 실패를 긍정적 결과로 바꿈으로써 결과적으로 그들의 운을 증가시키고 성공하게 되었는지를 잘 보여준다.

성공 요인 사례:
타이덜 웨이브 기술사의 마크 피츠패트릭

"당신 자신을 향상시키기 위한 걸음을 내딛고 계속 기회를 찾아라"

마크 피츠패트릭(Mark Fizpatrick)은 성공한 실리콘밸리 기업가의 전형적인 이미지와는 별로 어울리지 않는 사람이다. 그는 투지가 넘치고 열정적이며 모든 것을 소모해 가면서 성공하지는 않았다. 그는 매력적이고 목소리가 부드러우며 약간 내성적이다. 그런데도 그의 성공 스토리는 SFM **성공의 원**™ 중심의 중요성에 대해서 확실히 보여 주고 있다.

마크 피츠패트릭
타이덜 웨이브 테크놀로지사
창업자

그는 실리콘밸리에서 클라이언트 서버용 하드웨어 & 소프트웨어에 대한 영업 및 마케팅 분야에서 경력을 시작하였으며 데이터 제너럴 코퍼레이션(Data General Corporation), 넥스트 컴퓨터(NeXT Computer, Inc.)와 같은 유명한 기술회사들과 일을 하였다. 그는 1990년대 초까지 선마이크로시스템스사(Sun Microsystems)에서 영업사원을 맡기도 하였다.

열정
정체성/자아
마크 피츠패트릭은 자신을 '어떤 일을 조금 더 낫게 개선하기를 원하는 사람'이라고 보았다.

그는 역시 영업사원이었던 부친의 뒤를 그대로 따르면서 자신의 경력을 쌓았다. 그는 맡은 바 일을 잘했지만 어떤 부분에서는 만족스럽지 못했다. 영화 〈루키〉에 나오는 남자가 초반부에 말한 것처럼 그는 자신의 열정을 좇아가거나 자신의 잠재력을 완전히 펼칠 수 있다는 느낌이 없었다. 그는 왠지 자신에게는 영업사원보다 더 큰 소명이 있을 것 같았다.

그러나 그는 스티브 잡스와 같은 다른 기업가들의 성

공 이야기와는 달리 변화를 위한 원대하고 명확한 비전을 갖지 못했다. 그의 비전은 오히려 영업직 이외의 분야에서 무엇인가 더 좋은 일이 있을 것이며 자신은 단지 영업사원 이상의 사람으로서 세상에 더 많이 공헌할 수 있을 것이라는 믿음에서 생기게 되었다. 그는 다음과 같이 설명하였다.

나는 내 자신이 타고난 기업가라고 생각하지 않습니다.-단지 무언가를 바꾸기를 정말 원했고 더 새롭고 더 나은 방법을 찾기를 원하는 사람입니다. 나는 나에 대해서 단지 어떤 일을 조금 더 낫게 개선하기를 원하며 다른 사람보다 열 걸음이 아니라 그냥 한두 걸음 정도만 앞서 나가서 그 일이 제대로 진행되는지 보고자 하는 사람으로 생각합니다. 그리고 나는 문제가 있을 때 그냥 '그 모델을 바꾸자.'라고 말만 하는 것이 아니라 실제로 행동을 하는 유형의 사람이라고 할 수 있습니다.

피츠패트릭은 진짜로 특별한 계획 없이 자기 자신을 개발하기 위한 수업을 듣기 시작했고 **성공의 원**™ 중심을 키웠다. 그는 말했다.

당신이 어떤 것을 확실하게 만들 수는 없습니다. 그러나 당신이 늘 열성적이라면 성공의 확률을 올리기 위해 무엇인가를 할 수는 있습니다. 당신의 비전은 당신이 기회들을 놓치지 않고 알아채도록 집중시킵니다. 성공을 위해서 당신 자신을 향상시키고 기회를 계속 찾도록 걸음을 옮겨가야 합니다.

그는 앞으로 기업가가 되려고 생각하는 사람들이 개발할 필요가 있는 기술과 자원의 형태에 대하여 다음과 같이 권하였다.

당신이 기업가가 되기로 결심했다면 당신 자신을 바로 세워야 [기업적 상황에서] 성공할 수 있습니다. 당신은 자신의 언어, 논리적 스킬, 사람들과의 명확한 의사소통을 지배해야 합니다. 정말로 당신이 자신의 비즈니스를 시작하고자 한다면 특히 분명한 커뮤니케이션 능력과 함께 좋지 않은 상황에서도 자신을 그 상황과 분리하여 정서적으로 초연할 수 있는 능력이 꼭 필요합니다.

피츠패트릭은 끊임없이 고객들을 만났기 때문에 그들이 원하고 필요로 하는 것이 무엇인지 물어보았다. 그 결과, 예를 들어 컴퓨터 시스템 중의 하나가 작동이 안 되어 자료가 없어지는 상황과 관련된 불만이 계속 있어 왔다는 사실을 알게 되었다. 그런데 만약 어린이 병동에 있는 컴퓨터 시스템이 꺼져 버린다면 환자들의 목숨이 위태로워질 수 있다. 이런 고객들은 필수적인 파일들을 즉각적이고 지속적으로 백업되게 하는 방법을 간절히 원했는데, 그것은 '장애 극복 기능'[18]으로 알려져 있다. 문제는 기존의 방법들은 비싸고 복잡했으며 전혀 효과적이지 못했다.

비전
소비자/시장

피츠패트릭의 비전은 필수적인 파일들을 즉각적이고 지속적으로 백업되게 하는 방법을 알고 싶어 하는 소비자들로부터 생겨났다.

어느 날 그는 여러 통의 제품 구매 관련 전화에 응답을 한 후 그 문제에 대해 언급을 했던 어느 엔지니어를 만났는데, 그는 그 일을 가능하게 하는 혁신적인 시스템 소프트웨어를 지금까지 사용해 왔었다고 주장했다. 피츠패트릭은 기회를 세심히 살펴보면서 그 가능성을 알아차리고는 해결책을 개발하기 위한 제안서를 준비하여 곧바로 최고 경영진을 찾아갔다.

그의 제안은 최고 경영진에 의해 거절당했다. 이미 예전에 그런 형태의 해결책을 개발하려고 시도한 적이 있지만 실패했다는 게 이유였다. 그리고 그가 제안한 그 일에 집착하지 말라는 책망도 들었다.

피츠패트릭은 다음과 같이 설명하였다.

> 전통적인 회사에서는 당신에게 특정 직책이 주어지면 그 직책에 맞는 일만 해야 합니다. 그런데 만약 더 큰 회사에서 마케팅 담당자 역할이나 제품개발 프로젝트의 리더 역할을 할 기회를 준다면 더 많은 일을 할 수도 있을 것입니다. 그래서 고객을 만나러 가거나 세일즈

18) fail over: 컴퓨터 서버, 시스템, 네트워크 등의 이상 때문에 작동이 정지되면 예비 장치가 자동으로 대체 작동하는 기능을 의미하며 시스템 대체 작동 또는 장애 조치라고도 한다.

담당자들뿐만 아니라 현장 엔지니어들과 얘기를 나눌 수도 있고 다음 분기나 지금부터 2/4분기 또는 3/4분기 후에 팔 수 있을 제품에 대한 현장 감각을 가질 수도 있게 될 것입니다. 만약 그들이 '이것'만 가지고 있다면 그들은 '이' 비즈니스를 접고 후속 사업을 해야 할 것입니다.

그러나 당신은 회사에서 일하면서 역할이 X로 한정되어 있지만 당신이 진정으로 하고 싶은 일을 하기 위해서는 X, Y, Z가 될 필요가 있고 너무 바빠서 꼼짝하기 어려워지기 때문에 결과적으로 회사 내의 다른 부서 사람들에게 짜증나게 할 수도 있습니다. 또한 상사는 당신에게 세 명의 역할을 하라고 시키지 않았기 때문에 세 명 역할을 하느라 바쁜 당신에게 화를 낼 수도 있을 것이며 당신은 그냥 당신 일 한 가지나 잘하기를 바랍니다. 즉, 한 가지 일에 집중하여 획기적인 실적을 올리기를 바랄 것입니다.

피츠패트릭은 끊임없는 '제품 개선'에 대한 열정이 워낙 깊었기에 포기하지 않았다. 그래서 엔지니어들에게 프로그램 개발을 계속하라고 격려하였다. 소프트웨어가 개발됨에 따라 그는 중요한 무엇인가를 했다는 것을 깨달았다. 그는 고객들과 만나면서 꾸준히 제품을 개선하고 품질을 향상시켰으며 약간의 대출과 자신의 개인 자금으로 벤처에 필요한 비용을 충당하였다.

피츠패트릭은 그 프로젝트를 계속 진행하기 위해서는 전력을 다해야 한다는 사실을 어느 시점에서 깨달았다. 이것은 바로 그의 '진실의 순간'이었다. 그가 다음과 같이 말했다.

앰비션
주주/투자자

피츠패트릭은 '만약 어떤 일이 성공할 가능성이 있다고 느낀다면 최선을 다해 그 일에 뛰어들어야 한다.'고 느꼈다. 그리고 그는 소비자들과 만나면서 꾸준히 제품을 개선하고 품질을 향상시켰으며 약간의 대출과 자신의 개인 자금으로 벤처에 필요한 비용을 충당하였다.

만약 당신이 어떤 일이 성공할 가능성이 있다고 느낀다면 최선을 다해 그 일에 뛰어들어야 합니다. 어쩌면 당신에게 12명의 자녀가 있다는 등의 이유 때문에 인생이 그러한 가능성을 허락하지 않을지도 모릅니다. 그러나 만약에 당신에게 12명이나 되는 자녀가 있다고 하더라도 괜찮을 수 있습니다. 사실, 나는 잘 모릅니다. 그러나 당신이 그 기회를 잡지 않는다면 더 후회할 것입니다. 그래서 발걸음을 돌릴 것입니다. 물론 나이 역시 걸림돌이 될 수 있습니다. 그러나 당신이 일단 기회를 잡았다면 그것을 향해 돌진해야 할 것입니다.

미션

팀원/직원

피츠패트릭과 팀원은 고객들을 위한 '최상의 가능한 해결책'을 창출하기 위해 노력하였다.

피츠패트릭은 자신과 성공의 원™ 중심을 개발시키기 위해 앞으로 더 나아갔다. 그리고 추가적으로 그 자신을 영적 차원으로 개발하고 영적 시각에 머물 필요도 있었다. 그리고 다음과 같이 말했다. "나에게 있어서 큰 일은 기도였습니다. 그리고 흔들리지 않는 중심을 잡고 모든 면을 모두 고려하고 챙겨야 했습니다." 그렇게 하는 것은 그가 위험에 직면하고 도전에 맞서기 위해 필요한 내적 자원을 찾을 필요가 있을 때 특히 아주 중요하게 작용하였다. 그의 거대한 자기초월적인 영적 집중력으로 인해서 그는 어려움에 잘 대처할 수 있었다. "비록 아주 나쁘게 보일 수도 있는 일도 실제로는 그렇게 나쁘지가 않았습니다. 그게 바로 큰 것이었습니다."라고 그는 말했다.

역할

파트너/제휴사

피츠패트릭은 '기회를 세심히 살펴보는' 일에 집중하였기에 인맥을 활용하고 후속 비즈니스를 창출하게 되었다.

1993년에 피츠패트릭은 도약을 하였고 당시에 퍼스트워치(FirstWatch)라는 이름으로 불렸던 제품을 시장에 내놓기 위해서 기술자와 함께 타이덜 웨이브 테크놀로지사를 공동창업하였다. 그리고 그에게 있어서 핵심 단계는 바로 첫 번째 고객을 확보하는 것이었다. 또다시 피츠패트릭은 그의 고객지식을 활용하고 선두 고객을 접촉함으로써 이익을 창출하기 시작하였다.

성공한 기업가들의 비전은 잠재적 고객에 대한 '제2차적 입장'을 통하여 고객의 니즈에 대해 깊이 이해를 하게 될 때 생겨난다. 즉, 타인의 입장에 서서 그들의 현실적인 욕구나 잠재적 욕구를 이해하는 능력이 필요하다는 것이다. 피츠패트릭은 다음과 같이 말했다.

> 우리의 비전은 진정한 고객의 니즈에 집중되어 있었기에 우리는 특정 제품에 대한 니즈가 있음을 알았습니다. 그래서 우리는 우리의 비전을 그 니즈에 적용하였고 고객의 많은 피드백을 통하여 끊임없이 비전을 업그레이드시켰습니다. 왜냐하면 우리는 제품에 반한 열성 고객 없이는 그 제품의 가치는 없을 것이며 시간을 낭비하는 것일 수도 있음을 알았기 때문입니다.

> 나는 고객들은 자신이 필요한 것이 무엇인지에 대해서 우리가 생각하는 정도 이상으로 잘 알고 있다고 확신합니다. 하지만 우리는 그렇게 똑똑하지 못했습니다. 우리는 바로 그러한 고객들과 함께 일함으로써 그들을 위한 최상의 가능한 해결책을 제시할 수 있을 것입니다. 그들은 오늘 문제가 생기면 바로 오늘 그 문제가 해결되기를 바랍니다. 우리는 절대로 내일을 기다리고 있을 수 없습니다. 우리가 니즈를 보았고 고객이 니즈를 가졌다면 우리는 그러한 니즈를 충족시키기 위해 최선을 다할 뿐이었습니다.

퍼스트워치는 비교적 짧은 기간에 세계적인 인지도를 얻었고 시장을 선점하는 데 성공할 수 있었다. 그런데 아이러니하게도 역시나 가장 큰 고객은 선마이크로시스템스사였다.

1995년에 타이덜 웨이브 테크놀로지사는 주식거래를 통하여 베리타스 소프트웨어(VERITAS Software)에 의해 5억 달러 이상의 자산 가치를 인정받으면서 인수되었다. 그래서 피츠패트릭은 졸지에 백만장자가 되었음은 말할 필요가 없다.

그때부터 피츠패트릭은 실리콘밸리 지역에 머무르면서 '엔젤 투자자'와 기술 자문역으로 활동하였다. 그는 '한두 단계'를 뛰어넘으면서 어떤 것이 효과가 있는지 알아보는 식으로 일을 '개선'한다는 자신의 소명을 달성하기 위해 계속 노력을 하고 있으며 다른 사람들이 자신의 비전을 실현할 수 있게 돕는 일을 즐겁게 하고 있다. 그는 현재 특허 받은 데이터 교환 회사 유나이트(YOUnite)의 공동 창업자이자 경력관리 관련 스타트업인 블루칩엑스크사(BlueChip Exec)의 CTO이다.

마크 피츠패트릭의 성공의 원™

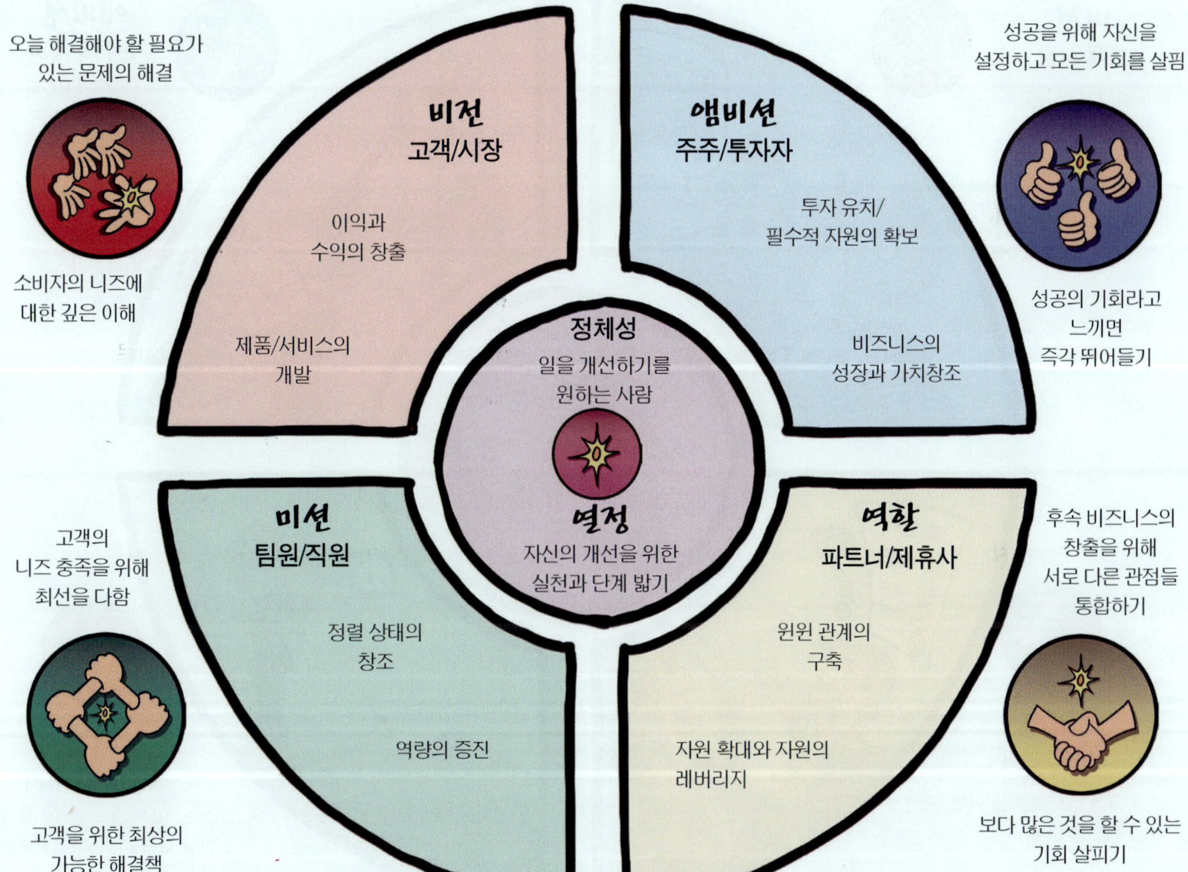

마크 피츠패트릭의 성공의 원TM

마크 피츠패트릭에 따르면, 성공적인 기업가가 되기 위해서는 '다음에 어떤 일을 하든 그 일에서 성공하기 위해 스스로를 준비하는 모든 기회를 놓치지 않는 것'이 중요하다.

마크 피츠패트릭의 이야기에서 알 수 있듯이, 역동적인 기업 환경에서 성공을 보장할 수는 없겠지만 잠재적 기업가에게 자신들을 위해 생겨나는 기회를 가장 유리하게 활용하도록 확실하게 준비시켜 줄 수 있는 핵심 내적 스킬과 행동 스킬은 있다. 그래서 피츠패트릭은 다음과 같이 말했다.

> 만일 당신이 지금 원하는 것을 갖지 못한다 하더라도 최소한 다음 기회에 성공하기 위해 자신을 준비시키는 것은 할 수 있을 것입니다. 나는 당신이 다음과 같은 마음을 가질 때 그러한 기회가 자연스레 올 것이라고 생각합니다. "나는 지금의 내 안락한 직장을 떠날 것이다. 나는 일종의 기업가적 감각으로 이 기회를 잡을 것이다." 당신은 다음에 어떤 일을 하든 그 일에서 성공하기 위해 스스로를 준비하는 모든 기회를 놓치지 말아야 할 것입니다.

마크 피츠패트릭에 따르면 성공적인 기업가가 되기 위해서는 "다음에 어떤 일을 하든 그 일에서 성공하기 위해 스스로를 준비하는 모든 기회를 놓치지 않는 것"이 중요하다.

이런 관점에서 볼 때 성공인이 된다는 것은 당구 게임을 하는 것과 약간 비슷하다. 성공은 당구 게임에 있어서 지금 공을 치면서 다음에 칠 공의 위치를 만드는 능력에 달려 있다. 성공은 '기회를 인식하면서 놓치지 않고' '자신을 개선하고 기회를 계속 찾아'가기 위해 필요한 단계를 하나씩 거쳐 나갈 때 찾아온다.

성공 요인 사례: 신디엄 테크놀로지스의 신다나 터카트

초라한 시작에서…

신다나 터카트
신디엄 테크놀로지스

신다나 터카트(Cindana Turkatte)는 농장에서 태어나고 자랐다. 그녀는 투자금 천만 달러로 시작한 여러 성공한 스타트업에서 일하며 성장했다. 그녀의 성공을 위한 경로는 여러 가지 면에서 피츠패트릭과는 달랐지만, 그 과정 역시 SFM 성공의 원™과 SFM 원칙을 잘 구현했음을 보여 주고 있다.

터카트는 스스로 가족 유대감이 강한 집안 출신이며 부모님으로부터 많은 지지를 받았다는 점을 기업가로서 성공할 수 있었던 주요한 요인으로 꼽았다. 캘리포니아의 농장에서 자랐던 그녀의 첫 번째 기업적 프로젝트는 바로 꽃을 파는 것이었다. "우리는 조그만 땅을 가지고 있었어요. 그래서 자녀들이 각각 땅을 한 조각씩 받았고 그 땅을 관리해야만 했어요."라고 회상하였다. 그녀가 12세에서 17세가 될 때까지 가족 농장의 자기 땅에서 꽃을 재배하였는데, 처음에는 그 꽃들을 지역 꽃집에 판매하였지만 나중에는 샌프란시스코 꽃시장에 판매할 수 있게 되었다.

터카트는 천부적으로 수학적 재능이 있었기에 학교 선생님에게도 지지를 받았다. 그녀는 "나는 고등학교 시절에 나 자신을 극한으로 내몰도록 용기를 준 훌륭한 선생님이 있었습니다."라고 말했다. 그녀의 기업가적 흥미는 그녀를 풍부한 경험의 집합체로 만들었다. "나는 재봉사일을 했었는데 전문적으로 내 옷들을 만들어서 전시하기도 했습니다."라고 회상하였다. 그녀는 "나는 비록 시작은 미약하였으나 아주 폭넓은 경력을 쌓았습니다."라고 말했다.

그녀는 예리한 지성과 폭넓은 지식으로 무장된 뛰어난 학문적 배경을 갖고 있었기에 스탠퍼드 대학교와 (최고의 군사학교인) 웨스트 포인트로부터 입학허가를 받았다. 그녀는 "내가 만약 웨스트 포인트에 입학했더라면 아마도 그 학교를 다니는 첫 번째 여성이 될 수 있었고, 또 만약 그랬더라면 학교 시스템에 충격을 주었을 것이라고 생각했습니다."라면서 웃었다. 그런데 그녀의 꿈은 13세 이후로 스탠퍼드로 가는 것이었다.

결국 그녀는 스탠퍼드에 입학하였고 자신의 방값과 책값을 해결하기 위해 주당 30시간씩 일을 하기도 했다. 그러한 과정을 거치면서 화학 공학의 학사와 고분자 화학의 석사학위를 취득하였으며 역시 스탠퍼드에서 미국 화학 엔지니어 연구소의 회장으로도 선출되었다.

터카트는 시카고의 웨스팅 하우스사에서 판매직으로 전문 경력을 시작했다. 그녀는 빠른 속도로 성장했고 23세의 나이에 백만 달러의 첫 수주를 이루었다. 그녀는 자신이

'무엇이든 할 수 있다.'는 신다나 터카트의 신념은 그녀가 연속적인 성공을 할 수 있게 하는 원동력이 되었는데, 그녀는 드레스 숍에서부터 시작하여 실리콘밸리의 기술회사의 사장과 CEO로서 수백만 달러의 투자금을 유치할 수 있을 정도로 큰 성공을 거두었다.

열정

정체성/자아

터카트의 자신에 대한 믿음, 창의력, '탈고정관념'에 대한 열정이 있었기에 그녀는 **성공의 원™**의 튼튼한 중심을 만들 수 있었다.

일했던 공장이 문을 닫았을 때 영업부장직을 맡으면서 시카고의 텍사스 인스트루먼트사로 전직을 하였다. 그녀는 그곳에서 성과를 내었기에 새 상품을 개발하는 직책으로 승진했다. 그리고 '소비자 의회'라는 부서를 설립하여 텍사스 인스트루먼트사의 차세대 제품 개발을 위하여 식품 및 제약업계의 소비자들을 끌어들여 연구하였다.

그녀는 27세의 나이에 영국인과 결혼해서 영국으로 이사를 가면서 인생의 전환기를 맞았다. 그녀는 "나는 주변으로부터 비즈니스를 위해서라면 결혼쯤은 포기해야 한다는 말을 많이 들어왔지만 그럴 때마다 나는 뭐든지 할 수 있다고 하면서 남편을 따라 영국으로 옮겨 갔어요."라고 회상하였다.

터카트는 영국에서 시간 낭비 없이 곧바로 기업활동을 재개하였고 동시에 두 개의 회사, 즉 드레스숍과 하이테크 컨설팅 회사를 경영하였다. 그녀는 "나로서는 그렇게 하다 보니 자연스레 스타트업 열풍 세계로 끼어들게 되었어요."라고 인정하였다.

그녀는 몇 년 후에 영업직 사원으로 선마이크로시스템스사에 취직을 하였고 그곳에서 시장개발 파트를 맡아 '선유럽'을 통한 유럽시장 개척의 간접적 채널을 구축하였다. "내가 비즈니스 세계에 정말로 깊이 빠져들었던 때가 바로 그때였어요."라고 그녀는 말했다.

터카트는 1994년에 이르기까지 텔레콤 세계와 '사랑'에 빠졌다. 그녀는 노텔(Nortel)로 옮겨서 새로운 비즈니스의 책임자가 되었다. 그녀는 그 회사에서 많은 프로그램들을 관리하면서 광전자 공학 분야의 새로운 제품을 개발하여 론칭했는데, 그것은 후에 업계의 표준이 되었다.

터카트는 1999년에 다시 실리콘밸리로 돌아왔고 많은 벤처 기반의 신생 기술 회사들을 론칭하는 일에 관여하게 되었으며 그 과정에서 신벤처가 자리 잡고 론칭되도록 하는 일, 신규로 직원을 채용하며 자금을 유치하는 일들을 도왔다. 그리고 그녀는 나중에 벤처 캐피털리스트 회사인 KPCB로 자리를 옮기고 그곳에서 마케팅 담당 부사장으로 일하면서 큰 업적을 쌓았고 회사가 선두 기업이 될 수 있도록 기여하였다. 그녀는 특히 두 번째 파이낸싱 라운드에서 5,300만 달러의 투자금을 유치하였으며 제품 포트폴리오 확장을 위한 무대를 마련하였다.

앰비션
주주/투자자
터카트는 신디움 테크놀로지스로부터 사장 겸 CEO로 발탁되었는데, 그 이유는 성공 가능한 시장으로 재빨리 진입하고 투자금에 대한 긍정적 회수를 할 수 있는 능력 때문이었다.

성공의 패턴

확실히 터카트의 성취는 단지 한두 번의 '운'이 아니라 오히려 일관적이며 진화하는 성공 패턴을 잘 보여 주고 있다. 그것은 오히려 위쪽으로 휘감고 올라가는 나선형과 같은 것으로 위로 올라갈수록 그녀가 이룩한 성공의 범위는 더 증가하였다. 그녀의 그런 성공 패턴은 피츠패트릭의 공식을 따름으로써 가능할 수 있었는데, 그 공식은 곧 자신의 열정을 따름과 함께 비전에 바탕하여 '기회를 인식하되 놓치지 않고' 동시에 '개선을 위한 단계'를 끊임없이 밟아 나가는 것이다.

터카트의 성공 경로를 보게 되면 그녀가 SFM **성공의 원**^{TM}의 핵심 요인들에 대해 분명하게 인식을 함과 동시에 그러한 요인들에 제대로 초점을 맞추었음을 알 수 있다. 아마 그러한 사실은 그녀가 가장 도전적으로 경영했던 벤처들 중의 하나에서 가장 잘 드러나고 있다.

2001년에 어느 벤처 캐피털 그룹은 터카트를 그들의 포트폴리오 회사 중의 한 회사인 신디엄 테크놀로지스의 사장 겸 CEO로 발탁했는데, 그 회사는 차세대 초고속 광학 통신을 만들고자 하는 비전을 가졌던 네 명의 교수들에 의해 시작된 화합물 반도체 회사였다.

터카트는 자신의 배경과 IP[19] 지식으로 인해 발탁되었지만, 그녀의 미션은 제2라운드 벤처 펀딩을 제대로 확보하기 위해서 회사의 방향을 연구와 개발에서 비즈니스 쪽으로 옮기고 시장에 팔리는 제품을 생산하는 것이었다. 이와 같은 전환의 핵심은 더 이상 기존의 연구와 개발 중심의 조직이 아니라 제품과 소비자를 중심으로 하는 조직 경영을 중시한다는 것이었다.

하지만 터카트 앞에는 또 다른 예상 밖의 큰 도전이 기다리고 있었는데 그것은 2001년에서 2002년 사이에 광학 통신 시장의 붕괴였다. 이는 곧 그녀는 회사의 경영을 완전히 재평가해야 하며 회사는 성공 가능한 시장으로 재빨리 진입해야 한다는 점을 의미하였다.

창업자들이 처음에는 그러한 현실을 부정했다. 터카트는 그들에게 지금까지 세상에서 최고라고 여겼던 것도 앞으로 2~5년 이내에 더 이상 가치가 없어지게 될 것이란 점을 받아들이도록 해야 했다. 그래서 그들에게 "근시안적으로 보지 말고 고정관념에서 벗어나야만 합니다."라고 말했다.

터카트는 그러한 상황을 모든 분야에 걸쳐서 기회로 보았다. 그녀는 하이엔드 마케팅[20], 물리학, 화학, 컴퓨터 과학을 통합하는 다면적인 엔지니어링 분야에 대한 이해를 필요로 했다. 그리고 그녀는 "나 자신은 해낼 수 있다는 점을 알았지만 거의 대부분의 사람들은 해낼 줄 모릅니다."라고 말했다. 그녀는 비즈니스를 재출발시키기 위해서 개인적으로 모든 소비자, 파트너, 자재공급자, 마케팅 커뮤니케이션과 함께 법률 문제와 특허권까지 관리하였다.

터카트가 첫 단계로 했던 것은 테크놀로지를 위한 다른 용도에 대해서 생각하도록 도움을 주는 파트너를 찾는 것이었다. 돌파구는 휴대 단말기의 라디오 주파수를 위한 새로운 칩의 필요성을 확인하는 중에 생겼다. 그녀는 불안정한 광학 시장을 재빠르게 벗어나 무선 단말기 칩 시장으로 상품의 방향을 틀었다. 그리고 이를 위해 자신을 포함한 팀원들에게 차세대 휴대전화를 위한 새로운 칩 세트 장비에 대한 교육을 하였다. 또한 디자인에서의 공학적 우수성과 미래의 제조 가능성을 확보하기 위하여 팀의 기술적 전문성에 투자를 하였다. 그녀는 기업가적 리더십을 위해서는 "팀은 할 수 있다는 존중과

19) Internet Protocol: 인터넷상의 한 컴퓨터에서 다른 컴퓨터로의 데이터 송신에 사용되는 프로토콜
20) high-end marketing: 극소수의 최상류층을 겨냥한 고급 브랜드 판매활동

역할

파트너/제휴사

터카트는 새로운 제품 개발을 위한 아이디어를 얻는 데 도움이 될 파트너십을 구축하고 활용할 줄 알았다.

미션

팀원/직원

터카트는 자신을 포함하여 팀원들에게 새로운 필요 조건들에 대해 교육하였고 "팀은 할 수 있다는 존중과 인정"을 보여 주었다.

인정"을 보여 주는 것이 필요하다고 말했다.

터카트의 창의력과 팀이 보여 준 능력의 결과로 그녀는 적극적인 소비자들의 욕구에 부합하는 뛰어난 첫 번째 상품을 출시하였다. 그녀는 회사 분위기를 완전히 바꾸었다. 투자자들은 그러한 회사의 움직임을 가까운 장래에 그들의 투자금에 대한 수익이 늘어날 수 있게 하는 긍정적인 신호로 인식하게 되었다. 결과적으로 그녀는 2003년 4월에 제2차 투자 라운드를 마감시켰다.

주요한 성공 요인

재난이 될 뻔한 상황을 성공 스토리로 바꾼 터카트의 이야기는 그녀의 능력이 다음과 같은 성공의 원의 모든 차원을 아우를 수 있을 정도로 뛰어났다는 점을 잘 보여 주고 있다.

1. 열정도 따르고 자기 자신과 미션에 대한 믿음을 따름
2. 고객의 니즈를 이해하고 회사가 비즈니스로서 수익을 낼 수 있도록 만들어 줄 의미 있는 제품을 개발할 수 있게 틈새시장을 찾아냄
3. 윈윈 관계와 자원을 레버리지 할 수 있는 파트너와의 관계를 찾아내고 구축함
4. 팀의 능력을 확장시키고 그들의 역량과 전문성에 투자하며 그들이 공동 목표를 향해 함께 일할 수 있도록 함

5. 투자자들이 수익을 얻을 수 있게 하고 차기 라운드 에서 필요한 자금을 확보할 수 있게 함

터카트는 이러한 핵심 성공 요인들에 대해서 반추하면서 이 모든 것은 사람들이 보여 주는 '자신들이 하고 있는 일에 대한 헌신과 공감'과 더불어 시작한다고 주장한다. 그녀는 계속 말한다. "당신은 포기할 수 없습니다. 당신은 자신이 하고 있는 일에 대한 믿음을 가져야만 합니다. 자신이 하고 있는 일에 믿음이 없다면 당신은 다른 일을 해야 합니다."

터카트는 말한다. "사람들은 스스로 원해서 기업가가 됩니다. 어느 누구도 기업가가 되라고 말하지 않아요. 근본적으로 기업가로 사는 사람은 일하기 위해서 살아요. 그들은 월급 때문에 살지 않지요. 그들은 뭔가에 기여하기 위해 살지요. 우리 모두는 그렇게 하고요. 그리고 즐기지 않으면 그렇게 하지 않습니다."

터카트에게 있어서 고객과 관련한 당신의 노력의 결과를 봄으로써 즐거움이 찾아온다. "나는 모든 사람에게 늘 말합니다. 어떤 사람이 당신의 제품을 유용하게 사용할 때 진정한 만족이 오며, 당신이 제공한 도구들 덕분에 그들이 알지 못했던 무언가를 성취한 것에 대한 만족이라고요."

터카트는 다음과 같이 회상했다. "나는 노텔에서의 일을 결코 잊지 못해요. 내가 모두에게 늘 하던 얘기가 있어요. '우리가 개발한 첫 번째 광학 네크워크가 우리 광학 증폭기에서 작동하면 너무 즐거워서 폴짝폴짝 뛰게 될 것'인데, 그것은 굉장한 만족감을 주기 때문이지요."

"그래서 나는 토목 기사가 되기를 원했을 것이라고 생각합니다."라고 터카트는 첨언

터카트는 다음과 같이 말했다. "당신은 자신이 하고 있는 일에 대한 믿음을 가져야만 합니다. 자신이 하고 있는 일에 믿음이 없다면 당신은 다른 일을 해야 합니다."

터카트는 계속하여 다음과 같이 말했다. "사람들은 스스로 원해서 기업가가 됩니다. 그들은 월급 때문에 살지 않지요. 그들은 뭔가에 기여하기 위해서 살지요."

비전

고객/시장

터카트의 성공 패턴의 핵심은 소비자에게 가치를 부여하는 것이다. 그녀가 지적하듯이 "당신의 일은 그들이 무엇을 하고 있으며 또 그들이 앞으로 일을 좀 더 잘하고 성과를 더 올리기 위해서 무엇을 필요로 하는지를 제대로 알아내는 것이다. 그들을 지금보다 더 향상시킬 수 있는 해결책은 무엇일까?"

하였다. "사람들이 운전을 하여 처음으로 다리를 건널 때 큰 만족감을 느낄 수 있지요. 모든 신제품도 그와 같아요. 그래서 나는 사람들에게 주식을 상장하든 다른 회사에게 인수되든 그것은 중요하지 않다고 말해 줍니다. 정말로 중요한 것은 그들의 아이디어가 열매를 맺고 현실이 되는 거예요. 사람들로 하여금 그것에 집중하게 하는 것이야말로 어떤 회사의 성공에서도 정말로 핵심이 됩니다."

터카트는 성공적인 제품 아이디어를 찾고 큰 성과를 만들기 위해서는 소비자들에게 그들이 중요하다고 생각하는 것이 무엇인지를 알아보는 것이 필요하다고 믿고 있다. 그녀는 "그냥 물어보지 마세요. 당신이 상대의 의견을 듣고 싶어한다는 사실을 보이도록 하세요."라고 조언한다. 예를 들면, 소비자들 앞에서 노트에 받아쓰는 것은 그에 대한 존중심을 보여 주는 것이다. 소비자들의 니즈를 이해하기 위해서는 곧 당신 자신이 그들의 입장이 되어 볼 필요가 있다. 그녀는 "당신이 제2차적 입장, 즉 상대편 입장에 서 보지 않는다면 어떤 것도 성취할 수 없습니다."라고 주장한다. 우리는 이 책의 뒷부분에서 이 기술에 대해 좀 더 상세히 다룰 것이다.

터카트는 "소비자들은 자신들이 무엇을 원하는지 전혀 알지 못합니다."라고 설명한다. "그들이 무엇을 하고 있으며 또 그들이 앞으로 일을 좀 더 잘하고 성과를 올리기 위해서는 무엇을 필요로 하는지를 제대로 알아내는 것이 당신이 해야 할 일입니다. 그들을 지금보다 더 향상시킬 수 있는 해결책은 무엇일까요?"

적절한 지원을 얻는 것이 터카트가 믿고 있는 성공의 또 다른 핵심이다. 그것이 있음으로 해서 아이디어와 제품이 결실을 맺고 현실화되도록 하는 것이 가능하기 때문이다. "지금까지 사람들은 맹목적인 고집으로 성공을 해 올 수 있었지만 그것이 성공을 보장하지는 않습니다. 당신이 정말 최고로 잘하는 것이 무엇이며 다른 사람들은 못하는데 당신은 잘할 수 있는 것이 무엇인지를 아는 것과 도움이 필요할 때를 인정하는 것이 보다 중요하지요."

터카트에 따르면 기업가가 성공하기 위해서는 '자신들이 아는 것이 무엇이며 모르는 것이 무엇인지를 받아들일' 필요가 있다. 때때로 기업가들의 가장 큰 과제는 자신들이 도움을 필요로 한다는 점을 인정하는 것이다. 그녀는 "기업가들은 자신의 아이디어를 사랑하고 자기 자신을 사랑하는 자존심이 대단합니다. 그래서 가끔은 [그들은 도움이 필요하다는 점을 인정하는 것이 가장 어려운 일이지요. 그러나 이것이 핵심입니다."

터카트는 "기업가들은 지나치게 내면적으로 집중을 잘합니다."라고 설명한다. 이것은 **성공의 원**™의 핵심 요인들로부터 자신을 단절시킬 수 있다. "그래서 벤처 캐피털리스트들은 기업가들에게 바깥으로 눈을 돌려 경쟁상대를 찾아보게 하지요."라고 그녀는 강조한다. "실제로 모든 기업가들은 '우리에게는 경쟁 상대가 없어'라고 말할 것이기 때문입니다."

터카트는 성공하기 위해서는 '끌어당김'이 있도록 하는 것이 중요하며 존중받는 타인들로부터 타당성을 인정받도록 해야 한다고 했다.

터카트에 따르면 "기업가들은 어려운 상황을 겪을 때 함께 이야기를 나누고 그 어려움을 긍정적인 것으로 전환하도록 도와주는 코칭을 필요로 한다."

타인으로부터 타당성을 인정받는 것은 파트너를 찾는 것이 중요할 수 있는 영역이다. 터카트는 "당신이 매우 좋은 아이디어를 가지고 있다고 해도 다른 사람을 끌어들이지 못하면 아무것에도 쓸모가 없지요."라고 설명하면서 "끌어들인다는 것은 곧 아이디어가 단순한 당신의 의견이 아니라 타당성이 있는 것으로 인정받는 것입니다."라고 덧붙인다. 그녀는 계속하여 "다른 사람에게 존중받고 있는 사람들로부터 당신의 아이디어가 타당하다는 인정을 받는다는 것은 중요합니다."라고 말했다. 따라서 당신은 '그렇게 타당성을 인정하는, 존중받는 사람이나 그런 그룹의 사람들을 주변에 두도록' 해야 한다.

터카트는 앞서의 마크 피츠패트릭과 비슷하게, 효과적인 커뮤니케이션은 중대한 성공 요인으로서 그 중요성이 큼을 강조하였다. 그녀는 "기업가들은 스스로 대단한 아이디어가 있다는 점을 알고 있지만, 그것을 다른 사람에게 제대로 발표하지 않습니다."라고 말했다. 그녀는 사람들 앞에 설 수 있는 자신감을 갖는 것은 중요하다고 말했다. "당신이 자신의 생각을 어떻게 말하느냐 하는 것은 중요합니다. 열망을 갖고 그 생각을 발표해 보십시오."

바로 이런 점들은 기업가가 코칭과 멘토링의 형태로 지원받아야 할 필요성을 불러일으킨다. 그래서 터카트는 멘토링 없이 임원직에 오를 수 있는 사람은 아무도 없다고 주장하면서 기업가들은 어려운 상황을 겪을 때 함께 이야기를 나누고 그 어려움을 긍정적인 것으로 전환하도록 도와주는 코칭을 필요로 한다고 했다. 그녀의 말에 따르면, 성공하는 기업가들은 "대화 없이 곧바로 결론으로 뛰어들지 않습니다." 그리고 그녀는 모든 대화는 윈윈의 형태로 끝이 날 필요가 있다고 말하였다.

기업가로서 여성의 역할

터카트의 성공 스토리 중에 추가할 중요한 요인은 그녀가 여성이라는 사실이다. 그녀의 말에 따르면, 테크놀로지 산업계에서 이사이자 기업가로서의 여성의 역할에 대해서 생각해 봤을 때 "여성은 분명히 기업가가 될 수 있지만 그래도 남성들에 비해서 훨씬 더 많은 격려를 필요로 합니다. 그러므로 승리 요인들을 강화하는 것이 핵심이 되지요."

터카트는 남성과 여성 간에는 자연적 차이가 있다고 주장하면서 "남성들은 목표를 설정하고 그 목표에 이르기 위해서 필요한 것들을 하지요. 그리고 남성은 승리를 좋아하며 승리를 위해서라면 반칙을 포함하여 어떤 것이든 합니다."라고 하였다. 사실, 남성은 승리에 실패한다면 "체면을 잃을" 수 있다.

터카트는 기업가가 되기를 원하는 여성들에게 "다른 사람들은 하지 못하지만 당신이 할 수 있는 것에 집중하세요."라고 조언한다.

터카트는 그런 진취성은 여성에게는 없다고 하면서 여성의 장점은 흔히 '양육과 멀티태스킹 능력'이라고 말했다. 여성의 그러한 능력은 승리에의 의지만큼이나 중요하고 강력한 성공 요인이 된다고 보았다. 그리고 그녀는 "다른 사람들이 하지 못하지만 당신은 할 수 있는 것에 초점을 맞추세요. 많은 여성들이 가내수공업에서 성공하고 있잖아요."라고 조언한다.

그녀는 "남자처럼 굴려고 하지 말고 동시에 소외감도 느끼지 마세요. 여성의 강점은 양육과 멀티태스킹 능력이잖아요."라고 말한다.

터카트는 남성을 적이나 경쟁자로 바라봐서는 안 된다고 생각하였고 남성은 여성의 참여를 높이 평가한다는 사실을 믿었다. 그리고 '여성의 참여는 건강한 것'이라는 사실을 인정하였다. 터카트는 기업가가 되려는 여성들에게 "남자처럼 굴려고 하지 말고 동시에 소외감도 느끼지 마세요."라고 충고한다.

기업가가 되려는 사람들에게 주는 터카트의 조언은 "폭넓게 경험하고 계속하여 배우며 성장하되 정체하지 마세요."라는 것이다.

결론

2003년 이후로, 신다나 터카트는 자신의 이름을 딴 회사 신다나 주식회사(Cindana, Inc.)를 운영해 오고 있었는데, 이 회사는 텔레커뮤니케이션스 캐리어 네트워크(Telecommunications Carrier Network)에게 새 제품과 서비스를 소개하는 데 주력하였다.

대단히 성공한 많은 다른 기업가처럼, 터카트는 다른 기업가들을 지원하기 위한 열정도 갖고 있다. 그녀는 2004년 1월에 케이레츠 포럼(Keiretsu Forum)이라는 엔젤 투자자 그룹에 합류하였다. 그녀는 "엔젤은 사람에게 투자하기 때문에 진정한 투자를 하는 것"이라고 말했다. 또한 "그들은 기업가가 자신의 꿈을 진정으로 성취하기"를 바란다고도 하였다. 적절한 투자는 기업가로 하여금 "다른 사람들은 하지 못하지만 당신이 할 수 있는 것에 집중하되 나머지는 모두 사들이도록" 한다.

기업가와 엔젤 투자자가 되려는 사람들에게 터카트는 "폭넓게 경험하고 계속하여 배우고 성장하되 정체하지 마세요."라고 조언했는데, 이러한 조언은 자신의 성공 스토리를 반영하고 있음이 분명하다.

신다나 터카트의 성공의 원™

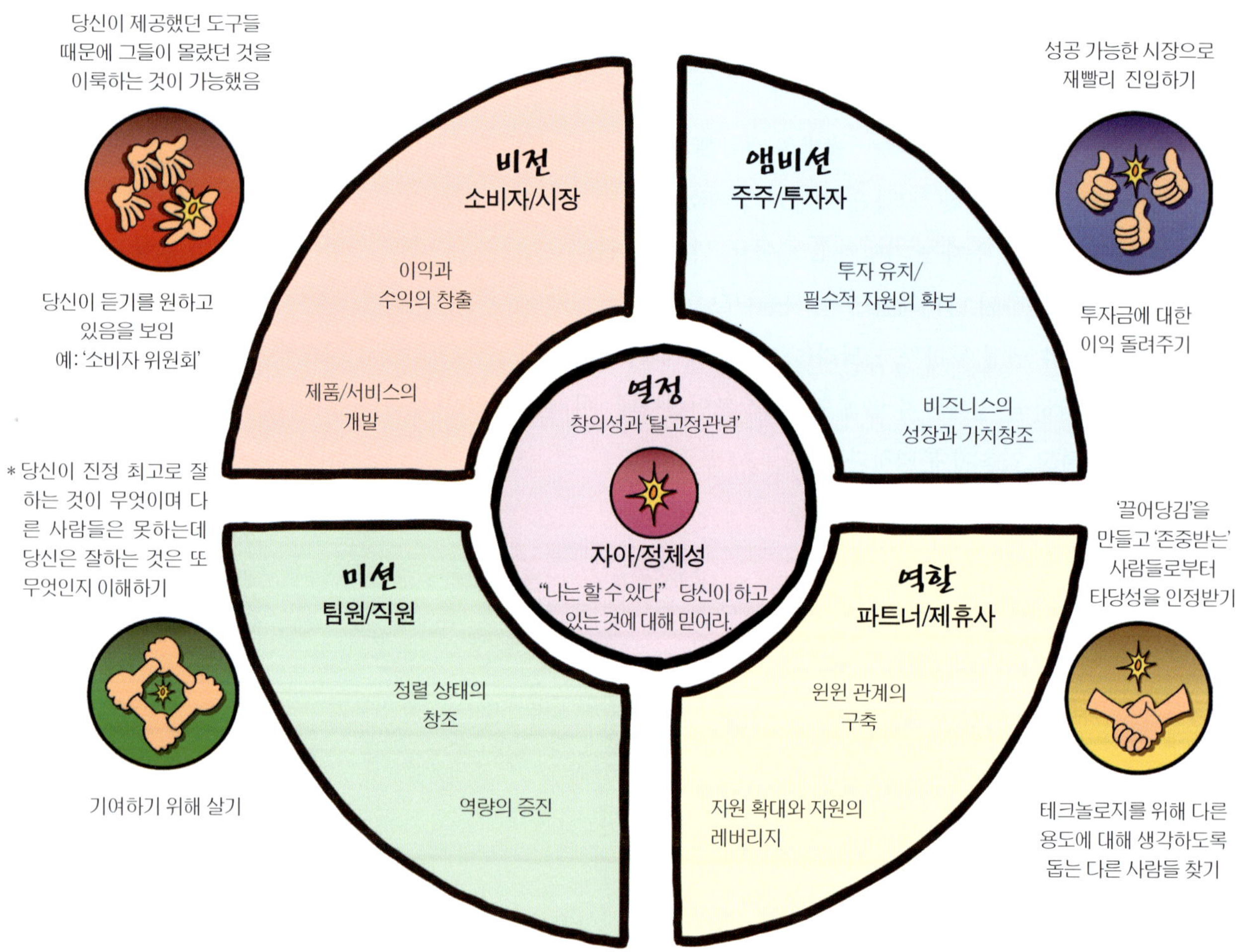

신다나 터카트의 성공의 원TM

비전
소비자/시장

* 당신이 제공했던 도구들 때문에 그들이 몰랐던 것을 이룩하는 것이 가능했음
* 당신이 듣기를 원하고 있음을 보임
예: '소비자 위원회'

앰비션
주주/투자자

* 성공 가능한 시장으로 재빨리 진입하기
* 투자금에 대한 이익 돌려주기

미션
팀원/직원

* 당신이 진정 최고로 잘하는 것이 무엇이며 다른 사람들은 못하는데 당신은 잘하는 것은 또 무엇인지 이해하기
* 기여하기 위해 살기

역할
파트너/제휴사

* '끌어당김'을 만들고 '존중받는' 사람들로부터 타당성을 인정받기
* 테크놀로지를 위해 다른 용도에 대해 생각하도록 돕는 다른 사람들 찾기

열정 – 자아/정체성

* 창의성과 '탈고정관념'
* "나는 할 수 있다"
* 당신이 하고 있는 것에 대해 믿어라.

성공 요인 사례에 대한 고찰

마크 피츠패트릭과 신다나 터카트의 예는 보기 드문 '거지가 벼락부자가 된' 스토리도 '금수저'를 물고 태어난 사람의 스토리도 아니다. 이 두 사람은 모두 자신과 다른 사람들의 삶을 변화시키고자 했던 평균적인 미국인이었고, 인간적 성장과 전문적 성장을 위한 기본 원리를 따름으로써 성공을 거둔 사람들이다. 두 사람의 사례는 우리가 이 책에서 소개해 왔던 SFM™의 몇몇 기본적인 규칙에 대한 예외가 아니라 그것을 적용함으로써 성취할 수 있는 것들을 보여 준 모범 사례에 해당한다고 봐야 할 것이다. 그러한 규칙이나 원칙들에는 다음과 같은 것이 포함된다.

피츠패트릭과 터카트의 사례는 SFM™의 몇몇 기본적인 규칙에 대한 예외가 아니라 그것을 적용함으로써 성취할 수 있는 것들을 보여 준 모범 사례에 해당한다.

1. 당신 자신을 개선시키는 단계를 밟아라.
2. 원원 관계를 창조하라.
3. 고객을 위해 효과적인 해결책을 찾아내어 제공하라.
4. 항상 기회를 살펴보라.
5. 끈기를 갖고 당신 자신과 자신의 비전을 믿어라.

당신 자신을 알고 당신의 열정 찾기

피츠패트릭과 터카트의 성공 요인 사례 연구인 '성공인 되기'는 모두 **성공의 원**™의 중심, 즉 자신의 자아에서 시작된다는 사실을 잘 부각시키고 있다. 고대 그리스의 아폴로 신전의 신탁 입구 위에는 "지혜, 직관, 성공을 얻기 위한 일차적인 단계는 곧 '너 자신을 알라'는 것이다."라는 내용의 문구가 각인되어 있다. 이 말에는 당신이 가장 잘하는 것이 무엇인지 제대로 이해할 것, 어느 부분에서 타인의 도움이 필요할 수 있다는 점을 받아들일 것, 자신을 개선시킬 수 있는 단계를 밟을 것과 같은 내용이 포함된다.

이러한 말들을 달리 표현한다면, "당신의 진심을 열정적으로 따르라."라고 할 수 있다. 인간적인 진심은 제대로 따르고 발현하기가 어려운 목표이다. 대부분의 우리는 우리 스스로의 진심에 따라 살고자 추구하기는커녕 그런 것 자체에 대해서 별다른 생각이나 그런 것을 찾겠다는 생각없이 평생을 살아가고 있다.

"대부분의 사람들은 아직도 펼치지 못한 자신의 재능을 지닌 채 무덤으로 간다."

- 조지 버나드 쇼

호주 간호사인 브로니 웨어(Bronnie Ware)는 남은 생이 12주 정도밖에 없는 말기 환자를 병간호하는 일을 수년간 했었다. 그러한 경험에 바탕하여 쓴 자신의 책『죽음 앞에서 후회하는 다섯 가지』에서 그녀는 환자들의 후회와 그들이 자신의 삶을 다르게 살 수 있었던 것들에 대해 환자들과 나눈 대화를 기록하였다. 대부분 환자는 자기 꿈들을 반도 제대로 이루지 못했다. 그들은 죽을 때가 되어서야 그러한 결과는 자신의 선택 때문이었음을 깨달았고 자신의 인생을 꿈대로 살지 못했음을 진심으로 후회했다. 아일랜드 극작가인 조지 버나드 쇼가 말했듯이 "대부분의 사람들은 아직도 펼치지 못한 자신의 재능을 지닌 채 무덤으로 간다."고 했다.

SFM에 따르면 인생에서의 만족감은 우리의 정체성과 열정으로 연결 짓는 것, 그것을 비전, 앰비션, 미션, 역할의 형태로 성공의 원의 다양한 차원으로 드러내는 것으로부터 온다.

후회하는 다섯 가지는 다음과 같다.

1. 다른 사람들이 기대하는 내가 아니라 내 자신에게 진실된 삶을 사는 용기가 있었어야 했다.
2. 너무 열심히 일하지 말았어야 했다.
3. 내 감정을 표현하는 용기가 있었어야 했다.
4. 내 친구들과 연락하며 지냈어야 했다.
5. 내 자신을 더 행복하게 해 줬어야 했다.

우리는 이 장의 도입부에서 감사와 관대함의 감정이 '성공'의 정서적 기반이 된다는 사실을 알아보았다. 그리고 이러한 감정들은 분명히 후회감과는 반대일 것이다. 감사와 관대함의 감정은 '재능을 드러낼 수 있는' 능력에서 온다. 이러한 능력은 우리의 정체성과 열정으로 연결 짓는 것, 그것을 비전, 앰비션, 미션, 역할의 형태로 성공의 원의 다양한 차원으로 드러내는 것을 포함한다.

우리는 SFM™의 원칙들을 적용함으로써 '죽음 앞에서 후회하는 다섯 가지'를 다음과 같은 '성공 인생을 위한 다섯 가지 가르침'으로 바꿀 수 있다.

1. 당신의 삶을 살라.
2. 균형 있게 일하고 열정으로 몰입하라.
3. 당신의 진정한 모습과 내면의 감정을 솔직하게 표현하라.
4. 평생 지속될 수 있는 후원적 인간관계를 발전시켜라.
5. 스스로에게 모든 형태의 행복을 경험하도록 허용하라.

이 모든 것의 완성은 당신의 **성공의 원™** 중심에서 시작한다. 우리는 자신의 정체성과 열정을 탐색하고 명료화하는 것을 통하여 우리의 목표와 동기가 연결되면서 나오는 에너지와 창의성을 발휘할 수 있다.

우리의 정체감은 우리의 행동, 능력, 신념을 초월한다. 그것은 모든 성취의 단계들을

성공 인생을 위한 다섯 가지 가르침

떠받치는 토대이다. 우리의 정체성에 대한 인식에 바탕하여 우리의 신념, 능력, 행동은 하나의 단일 시스템으로 조직될 수 있다. 또한 정체감은 우리의 '역할' '목표' '미션' 의식을 결정하는, 우리가 한 부분이 되는 더 큰 시스템의 차원에서 우리 자신을 인식하는 것과 관련된다. 따라서 정체성에 대한 인식은 다음과 같은 질문과 관련된다. "나는 누구인가?" "나의 한계는 무엇인가?" "나의 목표는 무엇인가?" "내가 열정을 느끼는 것은 무엇인가?"

우리는 이 장의 나머지 부분에서 다음과 같은 면에 도움이 될 실습사항들을 소개할 것이다.

- 정체성과 열정을 찾고 명료화하기
- 정체성을 지원하는 신념, 당신을 제한하는 신념들에 대해서 명료화하기
- 최고로 잘할 수 있는 것과 어느 부분에서 지원이 필요한지에 대해 이해하기

정체성 수준 이끌어 내기 과정

정체성과 열정을 명료화하기 위해서는 정체성의 '심층 구조'가 표면화되고 표현될 수 있는 서로 다른 수준들에 대해 검토해 보는 것이 도움된다. 다음의 실습을 하다 보면 정체성이 가장 구체화되어 표현되는 '환경'과 '행동'의 수준에서 시작하여 정체성 조형과 표현에 관련된 여러 가지 연속적인 수준인 능력, 신념, 가치, 미션, 비전을 거칠 수 있게 된다.

이미 우리가 제1장에서 다루었던 COACH 상태로 들어감으로써 자신의 깊은 내면과 가장 잘 만날 수 있게 된다. 그런 다음에 다음의 질문들에 대해서 생각해 보라.

정체성 수준 이끌어 내기 과정을 통하여 정체성이 표현되는 여러 가지 다른 수준들을 검토함으로써 당신의 정체성과 열정을 찾고 명료화하는 데 도움을 얻을 수 있다.

1. “당신이 ‘당신 자신’으로 충실히 머물 수 있는 환경은 무엇인가?”

“당신은 언제, 어디서 가장 자신다움을 느끼는가?”

내가 가장 ‘나 자신’으로 머물 수 있는 맥락은 다음과 같은 것이다: ______________

____

2. “구체적으로 어떤 행동과 활동이 당신을 가장 잘 표현하는가?”

“당신을 가장 당신답게 느끼도록 만드는 행동에는 구체적으로 어떤 것이 있는가?”

나는 다음과 같은 행동을 할 때 가장 ‘나다움’을 느낀다: ______________________

____

3. “어떤 능력이 당신을 가장 크게 연상시키는가?”

“어떤 스킬과 역량이 당신을 가장 잘 대표한다고 생각하는가?”

‘나’를 연상시키는 나의 생각과 능력은 다음과 같다: __________________________

____

4. “어떤 신념과 가치가 당신을 가장 잘 반영하며 끌어당기는가?”

“어떤 가치에 대해 당신은 가장 큰 열정을 느끼는가?”

내가 가치부여하는 것은 다음과 같다: ______________________________________

“어떤 신념이 당신의 신념과 활동을 지원하고 동기부여하는가?”

나의 신념은 다음과 같다: ____

5. “당신은 스스로에 대해서 어떻게 인식하는가?”

"당신이 규정했던 신념, 가치, 능력, 행동을 전제로 할 때 당신은 누구인가?"

"당신은 자신의 '본질'을 무엇이라고 생각하는가?"(은유나 상징의 차원에서 생각해 보라.)

나는 이런 사람이다: ______________________________

"당신의 미션은 무엇인가?"

나의 미션은 다음과 같다: __________________________

6. "당신이 한 부분으로 소속된 더 큰 시스템에서의 당신의 목표는 무엇인가?"

"당신이 미션을 추구하고 있는 더 큰 시스템과 관련한 당신의 비전은 무엇인가?"

이 미션은 다음과 같은 더 큰 비전을 위한 것이다: ________

____

다음과 같은 서로 다른 수준의 질문에 대한 답을 생각해 보라.

당신은 스스로에 대해서 무엇을 배웠는가?

서로 다른 모든 수준들을 관통하여 흐르는 공통 요인들은 무엇인 것 같은가?

어떤 수준의 답이 당신에게 가장 쉽게 떠올랐는가?

어떤 수준이 추가적으로 더 탐색하거나 강화하기에 유용할 것인가?

당신이 자신의 성공의 원의 중심(예: 자아/정체성, 열정)에 대해 명료화하는 과정에서 이 실습은 어떤 도움이 되었는가?

앞의 내용들과 비교하여 우리의 최근 연구 결과를 잠시 검토해 보면, 성공한 차세대 기업가는 자신의 자아/정체성을 전형적으로 다음과 같은 것들의 조합이라고 생각한다는 것을 알 수 있다.

탐험가

- 새 영토와 새 대안을 찾는 선구자

촉매제

- 변화를 위한 도화선
- 새로운 아이디어의 배달자(가능성의 '우편배달부')

연결자

- 에너지 발전기와 사람들의 연결고리
- 기존의 것과 미래 가능성을 잇는 교량
- 새로운 잠재성으로 가는 문이나 통로

가능하게 하는 사람

- 변혁의 촉진자

건축가

- 새롭고 튼튼한 것 건설을 위한 주춧돌
- 특정 원칙과 가치를 표현하기 위한 랜드마크
- '신지니어(Syngineers)'- 유용성과 아름다움의 균형을 이루는 혁신적인 것을 창조하는 사람

운송자

- 사람들을 새로운 곳으로 이동시키는 교통수단

• 커브길 같은 위험한 길을 잘 운전해 가듯이 어려움을 잘 협상해 가는 사람

공동 창조자

• 집단적 실현의 격려자
• 상호작용과 협동의 촉진자

열정에 추가하여 우리의 연구 결과는 성공한 차세대 기업가들은 다음과 같은 것에 대한 강한 열정을 공유한다는 사실을 보여 주고 있다.

능력 부여

• 자유와 자율의 성취—예로서 자신의 운명에 대한 통제
• 도전과 난관을 효과적으로 극복하기
• 두려움과 조작이 아닌 정직과 명확함으로 세상을 헤쳐나가는 능력 강화하기
• 자기개발의 추구와 자아실현하기
• 개인 탁월성과 집단 탁월성 확장하기

변화

• 규칙 바꾸기—'게임' 바꾸기
• 세상을 개선하기—개인적 차원, 지역사회 차원, 글로벌 차원
• 다른 사람들에게 뭔가 다른 것을 시도하고 성장하도록 영감 주기
• 즐거운 경험의 증가 또는 확충하기

창의성

• 새로운 것 하기
• 차이를 만드는 확실한 것 하기
• 유용하고도 아름다운 것 만들기(예: 심미적으로 즐겁게 하기)
• 생성적 상호작용에 동참하고 그러한 활동을 장려하기

열정을 표현하고 앵커링하기

SFM 성공의 원™의 중심에 이르는 핵심은 끊임없이 목표 및 동기와 연결되는 것이다. 당신이 정체성과 열정에 대하여 더욱 명료해지기 시작함에 따라 목표와 동기와의 연결을 굳건히 하고 몇 가지 서로 다른 방식으로 그러한 연결을 경험하고 또 표현함으로써 앵커링될 수 있도록 할 필요가 있다. 그렇게 하기 위해서 우리는 사람들이 NLP의 원리에 해당하는 세 가지 '주요 감각 표상체계'[21], 즉 시각, 청각, 신체감각을 응용할 수 있기를 바란다.

성공한 기업가들의 주요 능력 중의 한 가지는 자신의 열정과 연결되고 다른 사람들에게 그것을 분명히 표현할 수 있는 능력이다. 이것은 투자자, 팀원, 소비자, 파트너들을 끌어들이는 필수적인 '무형자산' 중 하나이다. 터카트가 지적한 바와 같이 기업가는 자신의 아이디어를 '의욕을 갖고' 발표하는 법을 배워야 한다. 정체성과 열정은 말, 이미지, 제스처와 같은 여러 가지 방식으로 표현될 수 있다. 당신은 이들 각각의 표현 형식을 통하여 당신의 열정과 정서적으로 연결될 수 있도록 자극받을 뿐만 아니라 당신 자신과 타인들을 위해 그러한 연결성을 심화시킬 수도 있다.

주요 표상체계(예: 시각, 청각, 신체감각)를 사용함으로써 당신에게 자신의 정체성과 열정에 쉽게 연결될 수 있게 도움을 줄 '리마인더'를 창조하라.

21) major Sensory Representational System: NLP의 원리에 따르면 인간은 시각, 청각, 촉각 또는 신체감각, 후각, 미각과 같은 오감을 통해 외부 세계를 인식하거나 지각할 뿐만 아니라 그러한 오감적 정보를 바탕으로 하여 이미지를 떠올리기도 하고 생각을 한다. 여기서 내적으로 떠올리는 이미지를 '표상(表象)'이라고 하며 5감 중에서 특히 시각, 청각, 촉각을 주요한 세 가지 감각, 즉 3감이라고 한다. 예컨대, 우리가 사과에 대해서 이야기하거나 생각하게 되면 자연스레 주먹 크기의 둥글고 붉은 사과의 시각적 이미지를 떠올리거나 생각할 수도 있고 상큼한 미각적 맛을 생각하면서 입에서 침이 도는 경험을 할 수도 있다. 또 사과를 만질 때의 촉감이나 향기를 떠올릴 수도 있다. 이처럼 우리가 내면적으로 사과에 대한 정보를 처리할 때 오감적 차원에서 받아들이고 인식하며 떠올리게 되는데, 이러한 과정을 지배하는 것이 곧 감각 표상체계라고 할 수 있다.

앞의 연습에서 당신이 자신의 정체성과 열정에 관하여 배웠던 것에 대해서 생각하면서 실습 삼아 앞서 말했던 세 가지의 서로 다른 감각 양식을 통하여 자신의 열정을 경험하고 표현해 보라. 앞에서의 실습 때와 마찬가지로 일단 당신은 COACH 상태로 들어가는 것부터 시작하라.

1. 청각적(Verbal) 방법: 이것은 말(言)로 소리내어 표현하는 방법으로, 다음 문장을 완성하라.

   나의 가장 깊은 열망과 열정은 다음과 같다:

   ____

   앞의 장에서 당신이 스스로의 비전, 앰비션, 미션, 역할에 대해서 진술했듯이 간단명료히 하도록 하라. 가능한 한 적은 단어를 사용하되 10개 이하의 핵심단어로 대답하라. 그러나 그 단어들이 깊이 '울림 있는' 것이 되도록 하라. 즉, 당신이 그 단어들을 말했을 때 감정적으로 의미에 대한 느낌을 느낄 수 있도록 하라.

   예를 들어, 스티그 웨스터버그의 열정은 '공동 문제에 대한 범세계적 해결책 창조'였다. 에드 호건의 열정은 '이국적인 곳으로의 여행'이었다. 바니 펠의 열정은 '배움과 인공지능'이었다. 사무엘 팔미사노의 열정은 '퇴사할 때 입사 때보다 더 멋지게 떠나라'였다. 마크 피츠패트릭의 열정은 '일을 개선하고 더 새롭고 더 나은 방법을 찾아내기'였다. 신다나 터카트의 열정은 '사람들이 가능할 것으로 알지 못했던 것을 이룩할 수 있도록 돕는 것'이었다.

2. 시각적(Visual) 방법: 지금 당신의 열정을 표현할 이미지를 만들어 보라. 그 이미지는 문자 그대로 사실적인 것일 수도 있고 상징적인 것일 수도 있다.

   예를 들어, 바니 펠은 자신이 기대하는 성과를 분명하게 시각화하는 방법에 대해서 설명하였다. 에드 호건의 한 경영을 묘사했다. 에드 호건의 '이국적인 곳으로의 여행'에 대한 열정은 야자수가 있는 섬의 이미지로 표현될 수 있었다. 때로는 자

성공한 기업가들은 자신의 열정과 일관되게 연결되고 다른 사람들에게 그것을 분명하게 표현할 줄 안다.

신의 열정을 상징적인 형태의 그림으로 표현하는 것이 더 쉽다. 예를 들면, '일을 개선하고 더 새롭고 더 나은 방법 찾아내기'라는 열정은 거친 표면을 깨끗하고 아름다운 면이 많이 드러나도록 세공한 다이아몬드로 시각화될 수 있었다.

여기서 가장 중요한 것은, 디즈니의 미래에 대한 '크고 빛나는' 이미지와 같이, 그 이미지가 당신을 정서적으로 울림이 있도록 하고 당신의 열정에 대한 경험적 리마인더[22]가 될 수 있도록 해야 한다는 점이다.

3. **신체적 감각(Somatic) 방법**: 당신의 열정을 표현할 신체 제스처나 몸 움직임을 만들어 보라. 분명한 것은 이 제스처는 당신의 열정 내용을 표현하는 것이 아니라 감정을 대변하는 것이어야 한다. 예컨대, 바니 펠은 자신이 미래 목표에 대한 시각화를 마무리할 때 어떻게 그것을 '승리의 기분으로 팔을 위로 들어올리는' 몸짓과 함께 앵커링하는지에 대해서 잘 설명하고 있다. 그것은 감사의 마음이나 넓은 마음을 나타내는 제스처가 될 수도 있다. 그러한 신체적 표현은 확실히 신체적으로 경험되는 열정감으로 연결시킨다.

우리는 이 책 나머지 부분 전체에 걸쳐서 **성공의 원™** 중심을 계속해서 이런 식으로 표상하고 표현할 것이다. COACH 상태를 유지하는 것, 목표 및 동기와 연결되는 것은 곧 당신의 비전, 앰비션, 미션, 역할, 그리고 궁극적으로는 당신의 벤처를 가능하게 하는 것이기에 '생성적 원천'이라고 할 수 있다.

당신은 기업가로서의 여정 동안에 무수히 많이 COACH 상태로 들어갈 뿐만 아니라 당신의 열정으로 연결 또는 재연결되는 법이 필요할 수 있다. 특히 일이 어렵고 불확실하며 지루하거나 혼란스러울 때 그러하다. 그에 대한 예를 들어 본다면, 바니 펠이 묘사했던 그의 '선전사'에 대한 것은 곧 위기의 시기에 회사를 지키기 위한 그만의 방법이었으며 마크 피츠패트릭이 '기도'를 통해서 중심을 잡고 마음의 균형을 유지하고자 했던

22) reminder: 과거의 특정한 기억이나 감정을 떠올리게 하는 사물, 언어, 신호 등과 같은 단서나 자극

것 또한 중요한 그만의 방법이었다.

당신이 당신의 열정과 목표에 연결되면 그것이 하나의 기반이 되어 다른 사람들이 당신에게 귀를 기울이고 궁극적으로는 당신의 일에 동참하거나 당신을 지원할 수 있게 하도록 그들에게 영감을 줄 수도 있다. 우리는 SFM™의 개인 코칭과 집단 워크숍 상황에서 앞에서 설명했던 열정을 세 가지 다른 표상으로 표현하는 법을 참가자들에게 서로 실습해 보게 한다. 사람들은 다른 사람이 자신의 열정을 발표하는 것을 직접 듣고 보게 되면 그 모습이 너무도 진지하고 마음에 와 닿아서 몸에 소름이 돋는 정도의 느낌을 느끼게 될 때가 있다고 한다. 그래서 당신도 이러한 실습을 친구, 가족, 팀원들과 더불어 직접 해 보기를 권하는 바이다.

당신이 당신의 열정과 목표에 연결되면 그것이 하나의 기반이 되어 다른 사람들이 당신에게 귀를 기울이고 궁극적으로는 당신의 일에 동참하거나 당신을 지원할 수 있게 하도록 그들에게 영감을 줄 수도 있다.

정체성 행렬을 통한 성공의 원™ 중심 탐색하기

우리는 여기서 **정체성 행렬**(Identity Matrix)이란 것을 소개하고자 한다(Dilts, R., 1998, 2000). 이는 사람들과 조직에게 자기 자신에 대해서 배울 수 있게 도와주며 **성공의 원™** 중심을 탐색하기 위한 출발점이자 계속 사용할 수 있는 방법으로 유용한 또 다른 도구가 된다.

정체성 행렬은 우리가 자신, 팀, 벤처에 대해 갖는 핵심 신념을 규정하기 위한 틀이다. 우리의 신념은 정체성과는 다른 경험 수준에 위치하면서 정체성의 여러 측면들을 지지하거나 제한할 수 있다. 또 어떤 면에서 볼 때 이런 신념들은 우리의 자아성찰을 반영한다. 그런데 이 자아성찰의 결과로 우리 자신의 신념들이 더 깊게 '중첩'되거나 우리 팀, 조직의 신념들이 '중첩'될 수도 있다. 아니면 반대로 그 중첩의 새로운 면이 우리에게 드러나게 되는 수도 있다.

정체성 행렬은 우리가 정체성을 만드는 지도에 대해서 묘사해 주는데, 그 정체성은 우리의 잠재력이나 한계에 대한 신념에 바탕하여 주로 형성된다. 이 행렬에는 우리 자신, 팀, 조직의 특징들이 포함되는데, 그 특징은 우리가 바람직하게 인식하는 것일 수도 있

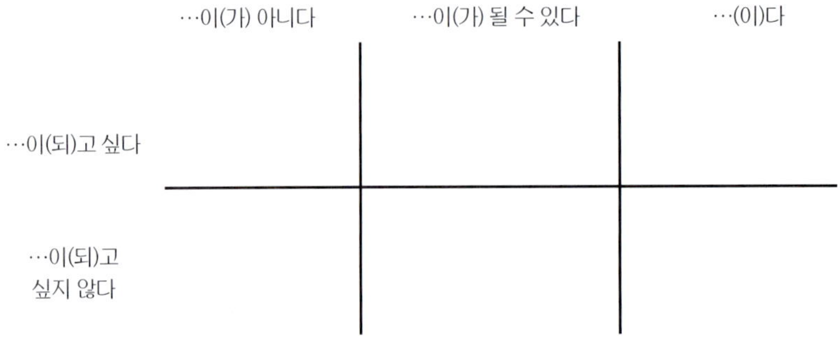

정체성 행렬은 당신 자신에 대한 핵심 신념의 지침을 만든다. 그것은 당신의 강점과 개발이 필요한 영역이 무엇인지를 이해할 수 있게 해 주는 기반이 되는 기능을 한다.

고 반대로 바람직하지 않게 인식하는 것일 수도 있다. 이 행렬은 또한 우리 자신/우리의 벤처에 대한 핵심 신념, 즉 우리가 취하는 행동과 취하지 않는 행동에 영향을 미치는 핵심 신념의 단면을 확인하는 수단이 된다.

정체성 행렬에는 다음과 같은 것에 대한 우리 신념을 확인하는 것이 포함된다. 1) 당신은 무엇이며 무엇으로 계속 남을 것인가, 2) 당신은 무엇이 될 수 있는가, 3) 당신은 무엇이 아니거나 될 수 없는가? 이러한 신념은 '(a) 당신은 무엇이 되고 싶은가, 또는 (b) 당신은 무엇이 되고 싶지 않은가?'의 질문과 관련하여 탐색될 것이다. 이러한 질문들에 대한 답을 바탕으로 당신은 정체성 수준의 목표, 가치, 자원들에 대한 강력한 단서와 함께 당신이 어떤 영역에서 제한적 신념을 가질 수 있는지에 대해서 알 수 있게 된다. 또한 그러한 답의 결과는 당신 자신뿐만 아니라 자신의 장점, 잠재력에 대해서와 당신의 한계 및 개발이 필요한 영역에 대해서 좀 더 잘 이해할 수 있게 하는 강력한 틀로서 작용할 것이다.

이 행렬의 기본 요소는 다음과 같다.

핵심: 당신이 '…이고 싶'으면서 스스로 정말로 '…이다'라고 믿는 것은 당신의 핵심(core)을 구성한다. 우리가 우리의 핵심과 접속할 때 우리는 자부심과 만족감, 즉 '겸손한 권위' 의식을 느끼게 된다.

잠재력: 당신이 '…이고 싶'으면서 정말로 '…이 될 수 있다'(또는 더 …이 될 수 있다)고 믿는 것은 당신의 잠재력(potential)이 무엇인지 규정해 준다. 우리는 그러한 자신의 잠재력과 연결될 때 기대감과 흥분을 느끼게 된다.

한계: 당신이 '…이고 싶'지만 사실은 '…이 아니다'고 믿는 것뿐만 아니라 정말로 '…이지' 못하게 하는 것 또는 '더 이상 …일 수 없'게 하는 것은 곧 당신의 한계(limitation)가 무엇인지를 확인해 준다. 우리가 자신의 한계를 경험할 때, 우리는 좌절감과 구속감을 느끼게 된다. 어떤 때는 우리는 과거에는 '…였'으나 더 이상은 '…일 수 없는' 자신에 대한 슬픔을 느끼게 된다.

경계: 당신이 '…이고 싶지 않'으면서 정말로 '…이지 않다' '…이지 않을 것이다' '더 이상 …이지 않다'고 믿는 것은 당신의 경계(boundary)를 짓는 것이 된다. 우리가 경계를 지을 때는 단호함을 느끼게 되지만 '더 이상 …이지 않다'고 믿는 것을 버릴 때, 즉 경계를 버릴 때는 해방감을 느끼게 된다.

약점/결점: 당신이 '…이고 싶지 않'지만 '…이 될 수 있'을 것 같아 두려움을 느끼는 것은 약점(weakness)이나 결점(defect)을 말해 주는 것이다. 우리가 자신의 약점이나 결점을 인식하게 될 때 우리는 두려움과 불안감을 느끼게 된다.

그림자: 당신이 '…이고 싶지 않'지만 사실은 '…이다'라고 믿는 것은 당신의 그림자(shadow)가 무엇인지를 알려 준다. 우리가 자신의 그림자를 자각하게 될 때 일반적으로 수치감과 죄책감을 느끼게 된다.

이런 요소들은 우리 개인뿐만 아니라 팀이나 조직의 정체성에게도 동일하게 적용될 수 있다.

생성적 상보성

개인으로서 우리 자신을 위하여 이런 요소들은 모두 합쳐져서 우리의 **성공의 원**™의 중심을 만든다. 실제로 우리가 이 정체성 행렬을 바라보는 한 가지 방법은 곧 우리의 '세 가지 세트의 정체성의 상보적 측면'으로 보는 것인데 그것은 다음과 같다.

1. 우리의 **핵심**('…이고 싶'으면서 정말로 '…인' 것)과 **그림자**('…이고 싶지 않'지만 사실은 '…인' 것)는 한 쌍을 이룬다.
2. 우리의 **잠재력**('…이고 싶'으면서 정말로 '…이 될 수 있는' 것)과 우리의 **약점이나 결점**('…이고 싶지 않'지만 '…이 될 수 있'을 것 같은 것)이 또 다른 쌍을 이룬다.
3. 우리의 **한계**('…이고 싶'지만 사실은 '…이 아닌' 것)와 **경계**('…이고 싶지 않'으면서 정말로 '…이지 않은' 것)가 또 다른 한 쌍을 이룬다.

우리 자신에 대해서 이렇게 재배열하는 관점은 갈등이나 싸움을 만들어 내는 대신에 창

정체성 행렬의 핵심 요소들은 상보성의 쌍을 만든다.

조성과 동기를 위한 풍부한 원천을 제공하는 '생성적 상보성(Generative Complementarities)'이 될 수 있다. 우리가 겉으로(음과 양, 장점과 단점, 남성성과 여성성과 같이) 양극적인 것으로 보이는 이런 특성들을 제대로 인정하고 허용할 뿐만 아니라 자각을 하면서 적절히 붙들고 있을 때 그것은 오히려 새롭고 활력을 주는 어떤 무엇이 출현할 수 있는 가능성을 열어 준다. '개인으로서 우리 자신에게 무엇이 사실인가'의 문제는 팀과 조직에게도 그대로 적용된다.

'생성적 상보성'의 예에 해당하는 '힘과 도전' 두 가지 모두에 대한 상징적인 예는 코미디언이자 배우로 이미 고인이 된 로빈 윌리엄스[23]에게서 찾을 수 있다. 매우 활기찬 에

23) Robin Williams: 2014년에 자살로 생을 마감한 그는 영화 〈굿 윌 헌팅〉으로 아카데미 남우조연상을 수상했고 평생 골든글로브상 6회, 미국 배우조합상 2회, 그래미상 4회, 에미상 2회를 받았지만 평소에 우울증, 약

최상의 지능에 대한 평가 기준은 두 가지 상반된 생각을 동시에 머릿속에 담고 있으면서 계속 정상적으로 사고하는 능력이다. 예를 들어, 우리는 절망적인 것을 보면서도 그것을 다르게 만들어 보겠다고 마음먹을 수 있어야 한다.

– 스콧 피츠제럴드[24]

우리가 겉으로 갈등하는 것처럼 보이는 우리의 정체성 측면들이 제대로 인정되고 균형을 맞출 수 있을 때 그들은 비로소 '생성적 상보성'이 되어 창의성과 동기를 위한 풍부한 원천으로 기능하게 된다.

너지와 유머로 세계적 명성을 가졌던 그는 다른 한편으로는 어두움도 갖고 있었다. 그래서 배우 생활 동안 내내 약물 중독과 우울증으로 시달렸다. 그의 인생에 있어서 만약 우울과 불안이 똑같이 존재하지 않았다면 그의 에너지와 유머 또한 그렇게 강렬하게 존재하지 않았을 것이다.

물론 여기서 말하고자 하는 핵심은(특히 그림자 부분과 같은 부정적인 것에) 압도되지 않으면서(부정적인 것과 긍정적인 것) 두 가지 모두를 붙들고 있는 능력이다. 중독 뒤에 숨겨진 긍적적 의도 중의 한 가지는 그러한 상보성의 그림자 측면의 영향을 감소시키고자 하는 것이다. 물론 그러한 긍정성과는 무관하게 부정적 결과는 곧 사태를 악화시키는 것으로 종결된다. 그래서 COACH 상태, 당신의 열정과 연결되기와 같은 연습이 그렇게 중요한 것이다. 윌리엄스는 가장 왕성한 활동을 하는 동안에 우울증을 극복하기 위한 방법으로 운동과 사이클링을 했고 '자전거 타기가 나를 살렸다.'고 말할 정도였다.

이 책에서 소개된 성공한 사람들의 사례와 이 장의 초반부에 언급된 '유명한 실패담'의 사례들도 생성적 상보성과 같은 역동을 저변에 깔고 있음을 암시하고 있다. 우리는 설렌버거 기장의 인명구조에 대한 헌신이 아버지의 자살로 인해 그가 경험했던 정신적 파괴로부터 비롯될 수 있었다는 사실을 여러 차례 언급한 바 있다. 엘런 머스크나 J. K. 롤링과 같은 사람들의 명석함은 우울증이라는 어두움에 대응하는 균형 차원에서 모습을 드러냈음이 확실한데, 그들은 우울증을 오히려 영감으로 바꾸었다고 할 수 있다. 머스크는 심하게 앓았던 우울증의 결과로 "이치에 맞는 단 한 가지 사실은 더 큰 집단 깨달음을 위해서 고군분투하는 것이다."라고 결론지을 수 있었다. 『해리 포터』 3편에 소개된, 영혼을 흡입하는 생명체인 '디멘터'라는 캐릭터도 롤링의 우울증에 의한 영감이 낳

물 중독, 파킨슨병으로 고통을 겪었다.

24) F. Scott Fitzgerald(1896~1940): 『위대한 개츠비(The Great Gatsby)』와 같은 작품으로 유명한 미국의 소설가로 미국 현대 문학의 지평을 연 대표 거장으로 알려져 있다.

은 것이다.

다음 장에서 보게 되겠지만 생성적 상보성의 이러한 형태들은 스티브 잡스와 같은 사람들의 성공(과 투쟁)을 위한 바탕이 되기도 했다. 우리의 SFM™ 연구의 중요한 결론은 크게 성공한 사람들의 핵심 자질과 기술 중의 한 가지는 곧 그들이 자신의 한계, 약점, 그림자에 끌려다니지 않고 그러한 것들 그대로를 인정하면서 살아가는 능력이라는 것이다. 우리는 이 책을 통하여 우리가 어떻게 그들처럼 할 수 있을지에 대해서 적절한 제언과 함께(COACH 상태와 같은) 방법들을 계속하여 찾아보고 소개할 것이다.

때때로 우리는 자신의 한계와 약점을 모른 척하거나 자신의 그림자를 부정하려고 애를 쓰는 경향이 있다. 하지만 그것들을 사라지게 할 수 없다. 실제로는 오히려 그것들을 더 강화해야 할지도 모른다. 여기서 핵심은 다음과 같이 하기 위한 과정을 거칠 수 있게 도움되는 실습, 프로젝트, 벤처를 찾는 것이다.

a) 우리의 그림자를 통합하거나 변형시키는 방법으로 핵심의 깊이를 더하고 강화하기
b) 우리의 결점과 약점을 효과적으로 보완하고 중화시킴으로써 잠재력을 성취하기
c) 한편으로는 우리의 경계를 명료화하고 보강하며 더 이상 우리에게 도움되지 않는 것을 내버려두면서 다른 쪽으로는 우리의 한계를 초월하거나 상쇄하기

차세대 기업가들이 운영하는 벤처는 그들 스스로가 자기 정체성의 다양한 차원들을 통합하고 조화를 맞출 수 있도록 돕기 위한 하나의 여정이라고 할 수 있다.

우리는 바니 펠, 사무엘 팔미사노, 마크 피츠패트릭, 신다나 터카트의 성공 사례에서 이런 역동성을 볼 수 있다.

바니 펠은 자신의 핵심에 재연결하였고 강한 압박감과 위기감을 경험했던 시기를 지나면서 그 자신과 회사를 지키기 위한 '선전사'의 태도를 채택했었다. 그 결과로 그는 자신에게 있는 '악선전' '압박감' '오만' '의심'의 그림자를 인식하고 그런 것들을 중화시킬 뿐만 아니라 팀의 잠재력을 실현하기 위해서 그들의 미션에 재집중할 수 있게 되었다.

사무엘 팔미사노는 '멋진 회사의 임시 봉사자' '퇴사할 때는 입사 때보다 더 멋지게 떠나고자' 하는 헌신과 같은 그의 핵심을 심화하고 강화함으로써 조직으로서의 IBM의 핵

심을 심화하고 강화하였다. 그는 회사의 뿌리와 유산에 빠져들면서 개인적으로는 '사회적 문제 해결'이라는 역할 수행에 대한 회사의 미션에 영감을 받았다. 그 결과로 그는 고객을 위한 완벽한 맞춤형 솔루션을 제시하겠다는 새로운 비전을 설정하였고 '스마터 플래닛 사업'을 론칭하였다. 그러나 그것은 곧 기존의 회사에 만연했던 상명하달의 문화와 조직 구조라는 그림자, 즉 그러한 문화와 구조로 인해 회사 내에서도 제품 간 및 부서 간에 서로 협력적이지 못하고 오히려 경쟁적인 관계에서 독립적으로 움직일 수밖에 없었던 그림자를 드러내고 변혁해야 했다는 것을 의미하였다.

마크 피츠패트릭은 자기 자신을 개선하기 위한 단계를 밟고 끊임없이 기회를 찾음으로써 자신의 잠재력을 개발하고 성취하고자 하였다. 피츠패트릭은 자신이 생래적 장점을 갖고 있지 않은 영역을 강화하고 그 스스로 자각한 특정 약점, 즉 언어, 로직 스킬, 명확한 커뮤니케이션 능력, 정서적으로 상황에게서 분리할 수 있는 능력과 관련한 약점들을 상쇄하려고 노력하였다.

신다나 터카트의 여정은 끊임없이 한계를 초월하고자 하는 것이었다. 그 과정에서 그녀는 전통적인 여성 역할에 머무를 것인가, 아니면 이미 죽은 시장에서 새롭게 회사를 론칭하는 도전을 감당할 것인가를 고민해야 했다. 그녀의 미션은 사람들이 스스로 불가능하다고 생각하던 것을 성취할 수 있도록 돕는 것이었으며 동시에 그녀 자신이 갖고 있던 '탈고정관념화' 능력을 통해서 지지되었다.

물론 이것은 자기가 뚜렷한 경계를 만들며, 현재의 자신과 과거의 자신이 누구이며 누구였는지에 대해서 분명히 하고 솔직해지고 자신이 알던 것과 알지 못했던 것을 받아들이며, 현재 미처 준비되지 않은 것이나 더 이상 소용없는 것들을 버리는 것을 의미하였다.

당신 자신의 정체성 행렬을 탐색하기 위해서 먼저 다음의 질문들에 대한 답을 생각해 보라. 당신이 정체성 수준의 문제들에 대해서 문자 그대로의 형태로 대답을 할 수도 있지만 상징이나 기호와 같은 형태를 사용해서 대답할 수도 있다.

다시 말하지만 일단 COACH 상태로 들어가서 시작하라. 그리고 다음의 지시를 따르도록 하라.

당신의 정체성 행렬을 탐색하는 것은 당신의 성공의 원 중심에 있는 자원과 약점들을 명료화하는 것이다.

1. 당신 자신이 누구라고 생각하는지, 스스로에 대해서 잘 인식해 보라. 당신의 생각뿐만 아니라 감정 차원도 잘 인식해 보라. 당신 자신에 대해서 자부심을 느끼고 만족하는 것은 무엇인가? 당신이 정말로 …이고 싶고 …이라고 믿는 것(당신의 핵심)은 무엇인가? [이것은 앞의 '정체성 수준 이끌어 내기 과정'의 제5단계(p. 263)에서 당신이 확인했던 상징과 아주 비슷해야 한다.] 핵심에 해당하는 신체적 모델과 상징을 찾아보라.

   예: '빛과 같은 화산'

2. 당신은 깊이 있는 자기인식을 계속 하되 무엇이 당신의 인생에 대해서 희망을 품게 하고 흥분되게 하는지에 초점을 맞춰 보라. 당신은 …이 될 것이라고 믿거나 당신이 정말로 …이고 싶은 것 이상이 될 수 있다고 믿는 것(당신의 잠재력)은 무엇인가? 그 잠재력에 대한 당신의 신체적 모델과 상징은 무엇인가?

   예: '빛나는 별이나 태양'

3. 이제 당신의 초점을 스스로 무력감을 느끼거나 좌절감을 느끼는 당신의 삶의 영역들로 옮기도록 하라. 당신이 …이고 싶거나 그 이상이고 싶지만 …일 수 없다거나 …이 되지 못한다고 믿는 것에 대해서 생각해 보라. 무엇(당신의 한계)이 당신을 … 못하게 하는가? 당신을 방해하는 것에 대한 신체적 모델과 상징을 찾아보라.

   예: '잠긴 문'

4. 당신이 과거의 정체성과 관련하여 이젠 바꾸고자 생각하게 되는 상황이 있는지, 또는 더 이상 …이고 싶지 않거나 그냥 벗어 버리고 싶은 정체성 영역이 있는지에 대해서 생각해 보라. 변화를 마음먹는 순간의 감정이 어떤지, 또는 더 이상 당신 자신이 아닌 것을 이젠 내려놓으려 하는 입장에서의 마음이 어떤지 생각해 보라. 자신의 입장을 밝히거나 이젠 벗어 버리고자 하는 마음(당신의 경계)을 표현할 수 있는 신체적 모델과 상징을 찾아보라.

예: '창과 방패'

5. 당신이 …이기를 원하지 않지만 …이 될 수 있을까 봐 두려움을 느끼고 실제로 …이 될 것 같은 잠재력 때문에 불안이나 두려움을 경험하는 당신의 삶의 영역(당신의 결점/약점)에 대해서 생각해 보라. 이러한 약점이나 결점에 대한 당신의 신체적 모델과 상징은 무엇인가?
   예: '짙은 안개'

6. 당신이 자신에 대해 수치심이나 죄책감을 느끼는 당신 삶의 영역들에 대해서 생각해 보라. 당신이 …이고 싶지 않지만 실제로는 …일 것으로 믿는 것(당신의 그림자)은 무엇인가? 그러한 그림자를 표현할 수 있는 신체적 모델과 상징을 찾아보라.
   예: '어두운 터널'

당신의 모든 대답들을 잘 생각해 보라. 당신의 핵심과 그림자 사이의 관계에 있어서 어떤 반대적인 극성(polarities)이나 '상보성(complements)'이 나타나는가? 당신의 잠재력과 결점이나 약점 사이의 관계에서는 어떠한가? 그리고 당신의 한계와 경계의 관계에서는?

극성을 생성적 상보성으로 전환하기

1. 당신의 정체성 행렬을 만들면서 나타난 상보성의 쌍들 중에서 한 가지를 선정하라.
   예: "나는 에너지로 가득 차기를 원한다." "나는 지치거나 피곤해지기를 원치 않는다."

2. 바라는 특성(예: 에너지)에 대한 신체적 방법(제스처와 몸의 움직임)을 만들어 보라.

3. 위치를 바꾸어서 문제 특성(예: 피로)에 대한 신체적 방법을 만들어 보라.

4. 당신 자신을 COACH 상태가 되게 하되 한 개의 극성에서 다른 극성 쪽으로 천천히 주의 깊게 위축되거나 CRASH 상태가 되지 않도록 옮겨가는 실습을 하라. 그 쌍이 어떻게 서로 충돌하지 않고 보완하는지에 주목하라. 또한 두 개의 극성 속에서 다양한 조합이나 변용들이 어떻게 많이 표현될 수 있을지에 대해서도 주목해 보라.

극성으로 보이는 것들이 많은 조합과 변용의 형태로 표현되는 보완적 과정으로 경험될 수 있을 때 '생성적 상보성'으로 바뀔 수 있다.

정체성 행렬은 당신의 장점과 개발 필요성이 있는 영역에 대해서 보다 명료화하는 데 도움이 된다.

5. 상보성의 양쪽 측면의 특성들을 확인하고 그 특성들의 균형을 잘 맞추거나 혼합할 수 있게 하는 이미지나 메타포를 찾아보라.

우리는 이 책의 나머지 부분들에서 정체성 행렬의 이러한 핵심 요소들에 대해서 계속하여 다시 살펴보고 다룰 것이며 그런 것들이 어떻게 기업적 성공의 기반이 되는지에 대해서 보여 줄 것이다. 그러나 우선 우리 자신의 자기각성을 촉진하는 차원에서 그러한 것을 활용할 필요가 있다. 신다나 터카트가 지적했듯이 우리의 비전을 달성하고 미션을 완수하기 위해서는 '당신이 정말 최고로 잘하는 것과 다른 사람들이 못하는 것을 당신은 할 수 있는 것이 무엇인지를 이해하는 것과 당신이 다른 사람들의 도움이 필요할 때를 받아들이는 것'이 중요하다. 그것은 '당신이 아는 것과 당신이 모르는 것을 받아들이는' 능력으로부터 가능해진다.

정체성 평가 분석도

다음은 정체성 평가 분석도(Identity Assessment Template)의 예이다. 이것은 기업가들 개인의 개발을 위한 영역과 그들의 장점이 무엇인지 명료화하는 정체성 행렬의 결과를 응용하는 데 도움을 주기 위해 코칭 세션을 진행할 때 사용된다.

장점들은 정체성 행렬의 핵심, 잠재력, 경계와 가장 크게 관계가 될 것이다. 그리고 개발을 위한 영역은 제약, 약점, 그림자와 관련이 될 것이다.

장점	개발이 필요한 영역
당신은 무엇을 많이 갖고 있는가?	당신은 무엇을 충분히 갖고 있지 않은가?
무엇이 당신에게 쉽게 오는가?	무엇이 당신에게는 어렵게 느껴지는가?
당신은 어떤 자원을 제공해야 하는가?	당신은 어떤 자원을 필요로 하는가?
당신의 가장 강력한 인간적 특징은 무엇인가?	당신은 어떤 인간적 특징을 보다 충분히 개발하고 싶은가?
당신의 핵심 역량은 무엇인가?	당신은 어떤 역량을 보다 충분히 개발할 필요가 있는가?

앞서 살펴봤던 바니 펠, 사무엘 팔미사노, 마크 피츠패트릭, 신다나 터카트로부터 지금까지 배웠던 교훈을 근거로 이제 당신은 앞선 도표의 질문들에 대한 당신의 답들에 대해서 생각해 보라.

- 당신은 다른 사람에게 가장 크게 혜택을 줄 수 있는 어떤 자원과 특성을 갖고 있는가?
- 당신의 비전과 다른 사람의 비전들에 가장 크게 기여할 수 있는 것은 무엇인가?
- 당신 자신을 개발할 필요가 있는 영역들이 일부 있다면 그것은 어떤 것들인가?
- 당신의 과제나 벤처에서 성공하기 위해 당신이 찾고자 하는 가장 중요한 파트너들은 어떤 종류의 파트너들인가?
- 당신의 사명과 비전을 성공적으로 달성하기 위해 당신이 모집해야 할 필요가 가장 큰 팀원은 어떤 종류의 사람들인가?

요약

성공은 다양한 수준에서 바라는 바 목표를 성취하는 것뿐만 아니라 그 성취가 가능하도록 후원할 수 있는 다른 사람들과의 윈윈하는 상호작용 결과를 생산하는 것과 관련된다. 그리고 그것은 또한 우리 자신보다 더 큰 무엇에 동참하고 기여하는 것과도 관련된다. 즉, 그것은 '우리의 꿈대로 사는 것'과 '더 나은 세상을 창조하도록 돕는 것'에 해당한다. 이러한 두 가지 추구 사항 간에 균형과 정렬을 이룩하는 것은 곧 차세대 기업가를 위한 성공의 본질이다.

'성공인 되기'는 성공의 원™의 중심, 즉 당신의 자아를 발달시키고 풍요롭게 함으로써 시작된다. 이 수준에서의 진정한 성공은 내적인 감사와 관대함의 마음을 만들어 낸다.

SFM™을 실행하는 과정에서의 열쇠가 되는 것은 곧 '번영의 정신'이다. 우리는 세상 지도를 풍요롭게 함으로써 SFM™의 모든 수준에는 풍부한 자원들이 있다는 사실을 깨닫게 되며 그로부터 번영의 정신이 등장하게 된다. 그래서 우리가 목적감, 의미, 타인의 삶에 대해 기여하고자 하는 마음들과 불화하기보다는 윈윈 성공과 건강한 번영을 추구하게 되면 우리의 비전과 목표를 쉽게 달성할 수 있다는 사실 또한 깊이 인식하게 된다.

성공인 되기는 당신 자신과 당신의 꿈에 대해 진실해짐으로써 시작된다. 이는 위험을 감수하고 실패의 가능성에 직면하려는 의지와 실패를 피드백으로 전환하여 인지하는 능력을 포함한다. 이러한 능력은 강력한 비전을 추구하며 자신과 비전에 대한 강한 믿음을 가짐으로써 생길 수 있다. 이러한 성공 요인들은 저항이 있다 하더라도 끝까지 관철시키고 처음에는 실패로 보이는 것으로부터 교훈을 얻을 수 있기 위해서 필수적이다.

성공한 기업가 돈 피켄스가 지적했듯이, 만약 당신이 처음에 성공하지 못했다면 당신이 제대로 한 부분은 무엇이며 당신이 실수한 것에서 얻을 수 있는 교훈이 무엇인지를 제대로 이해하는 것이 중요하다. 그의 또 다른 지적과 마찬가지로 당신은 후원자를 찾고 당신을 지지해 줄 사람들과는 함께 나가지만 그 반대로 지지하지 않는 사람들로 인해서 방해를 받지 않도록 하는 것도 중요하다.

성공인 되기에서는 어느 정도의 행운이 필요하다고 말할 수도 있다. SFM™의 원리와 도구들은 당신에게 행운의 기회가 왔을 때 그 기회를 잘 이용할 수 있도록 미리 준비하고 발전 상태를 갖춤으로써, 그리고 다른 사람들에게는 아직 보이지 않는 기회를 항상 살핌으로써 '운'을 놓치지 않고 얻을 수 있는 확률을 높일 수 있도록 도움을 준다.

이러한 원리들은 마크 피츠패트릭의 성공 요인 사례에서 잘 나타난 바 있는데, 그가 놀라운 경제적 성공을 이룩했던 것은 자기 자신을 발전시키면서 기회를 늘 살펴왔고, 잠재적 소비자들과의 윈윈 성과를 창조하기 위해 자신의 비전을 적용한 결과로서 시작되었다.

신다나 터카트의 성공 요인 사례에서는 성별과 상관없이 기업가적 성공은 당신을 제외한 그 누구도 할 수 없는 일을 발견하고 당신이 후원이 필요한 분야에서 후원이 필요함을 솔직하게 인정하고 그 후원을 구함으로써 실현될 수 있다는 점을 잘 보여 주고 있다. 터카트의 예는 타인이나 회사에 기여하고자 하는 열망이 갖는 강한 추진력의 중요성과 함께 당신의 **성공의 원**™을 구성하는 사람들의 니즈와 동기를 제대로 이해하는 능력의 중요성 또한 잘 보여 주고 있다.

따라서 당신 자신을 잘 아는 것이 성공인 되기에서의 첫 발걸음이다. 양자역학에서의 중첩의 개념과 같이 우리의 핵심 정체성은 동시에 여러 가지 존재일 수 있다. 그래서 어떤 것은 이미 표출되어 드러날 수도 있고 또 다른 어떤 것은 그냥 잠재성의 형태로 우리 내부에 숨어 있는 것으로 존재할 수 있다. 앞서 보았던 정체성 수준 이끌어 내기 과정은 당신 자신과 여러 수준에 있는 당신의 흥미를 탐색하기 위한 하나의 방법이다.

그러므로 당신 자신을 알고 당신의 열정을 찾는 것이 성공인 되기를 위한 첫 발걸음 중의 하나가 된다. 당신의 정체성과 열정을 탐구하고 명료화하는 과정을 통해 당신은 자신의 목표와 동기와 연결됨으로부터 나오는 에너지와 창조력을 발산할 수 있다. 정체성 수준 이끌어 내기 과정은 여러 수준에서 당신 자신과 당신의 흥미에 대해 탐색하는 방법이다.

COACH 상태와 더불어 청각적, 시각적, 신체감각적으로 이루어지는 열정을 표현하고 앵커링하기는 당신이 자신의 목표와 동기에 연결되어 있게 하는 중요한 것이다. 이는 도전해야 하고 불확실하며 지겹고 혼란스러운 등등의 상황에서 특히나 중요하다. 또한 이는 다른 사람이 당신에게 귀 기울이도록 할 뿐만 아니라 궁극적으로는 당신에게 동참하고 지지할 수 있도록 그들의 마음을 움직이게 하는 능력의 기반이 된다.

정체성 행렬은 잠재적으로 당신을 방해할 신념뿐만 아니라 당신에게 힘을 주는 신념들을 확인하게 하는 데 큰 도움이 되는 도구이다. 겉으로는 상반되게 보이는 이런 극성들은 갈등의 근원으로서가 아니라 생성적 상보성의 역할을 함으로써 당신이 스스로에 대해서 배우고 자신의 정체성, 동기, 미션을 분명한 프로젝트와 비전의 형태로 표현함으로써 개인 성장과 변혁을 촉진할 수 있도록 한다.

정체성 평가 분석도는 당신의 장점과 개선점을 정리하고 명료화하고 요약하는 데 도움이 된다. 이 장점과 개선점은 모두 성공하는 사람이 되고 미래를 창조하기 위한 과정에서 그다음 단계로 나아가기 위해서는 꼭 기억해야 할 결정적 요인들이다.

앞으로 살펴보겠지만, 미래를 창조한다는 것은 당신의 정체감과 열정을 성공의 원™ 각 사분면에 정렬된 비전, 미션, 앰비션, 역할로 변형시키는 것을 포함한다.

참고문헌과 자료

Why I am Leaving Goldman-Sachs, Smith, G., New York Times, March, 14, 2012.

Tools for Dreamers, Dilts, R. 8., Epstein, T. and Dilts, R. W., Meta Publications, Capitola, CA, 1991.

Outliers: The Story of Success, Gladwell, M., Back Bay Books, Little, Brown and Company, New York, NY, 2008.

The Cambridge Handbook of Expertise and Expert Performance, Charness, N., Feltovich, P., Hoffman, R., & Ericsson, A., eds., Cambridge University Press, Cambridge, 2006.

The Luck Factor, Wiseman, R., Random House, London, UK, 2003.

The Top Five Regrets of the Dying: A Life Transformed by the DearJy Departing, Ware, B., Hay House, Carlsbad, CA, 2012.

Creating the Future

제4장

미래 창조하기

"미래는 가능성들이 분명해지기 전에 미리 알아차리고 보는 사람들의 것이다."

존 스컬리*

"당신이 배를 만들고 싶다면 사람들에게 목재를 가져오게 해서 일을 지시하며 일감을 나눠 주는 일을 하지 마라. 대신에 그들에게 저 넓고 끝없는 바다에 대한 동경심을 키워 줘라."

안토니 드 생텍쥐페리

"가장 오래 생존하는 회사들은 세상에게 뭔가 독특하게 줄 수 있는 능력을 가진 회사인데, 그런 회사는 단지 성장이나 돈만을 주는 것이 아니라 탁월성과 다른 사람들에 대한 존중을 주고 그들을 행복하게 하는 능력을 지닌 회사이다. 어떤 사람들은 그러한 것들을 소울(Soul)이라고 부른다."

찰스 핸디**

"꿈이 없으면 멸망한다."

성서(잠언 29: 18)

* John Sculley: 1980년대 펩시콜라의 성공적인 CEO로 잡스가 애플 경영을 위하여 영입했던 사람이다. 하지만 이후에 오히려 경영부진의 책임을 지우고 잡스를 애플에서 축출하는 데 앞장섰다.

** Charles Handy: 영국인으로서 세계적인 베스트셀러 작가이자 철학자이다. 조직 행동과 기업 경영 분야의 전문가로 유명하며 런던 비즈니스 스쿨 설립과 경영자 프로그램 조직 과정에 참여하였고 그곳에서 경영심리학 교수로 활동하였다.

ANTONIO MEZA

정체성의 여정

어디로 가고 싶은지를 모르는 사람들에게 훈풍은 불지 않는다.

-세네카[2]

조셉 캠벨[1]은 그의 저서『천의 얼굴을 가진 영웅』에서 우리가 갈 수 있는 세 가지의 인생 경로, 즉 마을(village), 황무지(wasteland), 여정(journey)에 대해서 이야기를 하고 있다. 여기서 마을은 우리 사회와 문화에 의해서 우리에게 펼쳐지는 것을 대표한다. 즉, 우리가 태어나고 학교에 가며 졸업한 후에 취직을 하고 결혼하여 자녀를 낳고 또 은퇴할 때까지 일을 하고 좋은 집에 살다가 마지막에 죽게 되는 과정을 말한다. 이 경로는 많은 안전과 안정으로 되어 있으며 질서를 파괴하지 않고 크게 흔들림도 없다. 우리는 기대되는 바대로 행동하고 살아간다. 이것은 본질적으로 에고의 경로이다. 수많은 사람들에게 있어서 이 경로는 만족스러운 삶의 방식이다.

하지만 다른 사람들에게 그것은 그렇게 간단하지 않다. 어떤 이유에서 볼 때 그들은 그런 경로에 맞지가 않거나(피부색, 성별, 외모, 성적 기호 등의 이유 때문에), 그 이상의 무엇에게 끌림을 느끼게 되기도 한다. 소로[3]의 말과 같이, 그들에게 있어서 마을은 "조용한 절망의 삶"이다. 그들은 마을에서 잘 살아가기보다는 오히려 자신의 삶에 대해서 새장에 갇힌 느낌이나 질식과 억압의 느낌을 느

기업가가 되는 것은 곧 자기 발견의 여정이며 당신 자신, 타인, 세계에 대한 봉사이다.

1) Joseph John Campbell(1904~1987): 미국의 신화학 작가, 교수이며 비교신화학과 비교종교학에서 정점의 위치에 올랐다. 한국어로도 번역된 그의 저서『천의 얼굴을 가진 영웅(The Hero With A Thousand Faces)』(1949)에서 그는 동서고금을 막론하고 신화 속 영웅이야기에는 일정한 패턴이 존재한다고 밝히고 출발(Departure) → 입문(Initiation) → 회귀(Return)로 이어지는 이 양식은 원질신화(原質神話, Monomyth) 또는 '영웅의 여정(Hero's Journey)'의 핵심이라고 말하고 있다.

2) Lucius Annaeus Seneca(BC 4~AD 65): 고대 로마 제국 시대의 정치인, 사상가, 문학자

3) Henry David Thoreau(1817~1862): 수필집『월든』으로 유명한 미국의 철학자, 시인, 수필가

낀다. 캠벨은 이들 앞에는 두 가지 다른 경로, 즉 황무지와 여정이 있다고 하였다.

황무지는 반역자, 무법자, 낙오자의 경로를 나타낸다. 이것은 사회, 가족, 직업의 변방에 있는 사람들의 삶이자 평균적이거나 보통의 범위를 넘어서는 세상의 삶을 말한다. 이것은 마을을 거부하고(섹스, 마약, 로큰롤 등으로) 빠져들어서 멋있게 살고자 하는 시도이다. 비록 이런 시도가 잘 살아갈 수 있는 맥락을 찾고자 하는 것이지만, 일반적으로 반대의 결과를 낳곤 한다. 이것은 결국에 알코올이나 마약 중독에 빠지거나 일종의 '범죄' 행위를 하고 소외나 퇴락한 삶을 사는 것으로 끝이 날 뿐이다.

세 번째 길은 곧 **여정**이다. 여정의 길에서 우리는 자기의 가슴, 비전, 소명을 좇아 우리 자신의 길을 발견하고 새로운 무엇을 찾아간다. 이 길은 모든 위대한 리더, 기업가, 개척자의 길이다. 이 길에서 이루어진 수많은 도전과 발견들을 통하여 우리는 용기, 통찰, 지혜, 회복탄력성(resiliency)을 얻고 우리 자신과 세계에 대해서 좀 더 크게 각성하게 된다. 우리는 마지막에 마을로 돌아갈 때 타인들에게 우리만의 고유한 기여를 할 수 있게 되고 우리 자신이 있는 그대로의 본질로서 인식 및 인정받는다. 여정은 늘 외부적인 것만은 아니다. 때때로 우리는 비록 마을이라는 물리적 맥락 속에 있으면서도 내부적으로 여행을 한다. 우리가 성장함에 따라 우리는 새로운 아이디어와 새로운 생명을 마을로 갖고 와서 그곳에서 더 많은 사람들이 잘 살 수 있도록 한다. 우리는 심지어 황무지에서 치유와 변혁을 만들게 될 수도 있다.

기업가가 되는 것은 이러한 세 번째의 경로를 택하는 것과 관련되는데, 이는 당신만의 경로를 찾아서 여행하는 스킬을 개발함으로써 잘 살아가는 법을 발견하고 최고의 당신으로서 당신 자신, 타인, 세계에 대해 봉사하는 삶을 사는 법을 발견하는 여정이다.

우리는 이 장에서 비전, 미션, 앰비션, 역할이라는 핵심 성공 요인들에 대해서 복습하고 그러한 것들을 **성공의 원**™의 사분면에 적용함으로써 당신의 프로젝트나 벤처를 보다 구체적으로 정의하고자 한다.

기업가적 비전

당신이 성공적인 벤처 창업을 위한 여정을 시작하는 과정에 있어서 성공 요인들의 모든 수준이 중요하지만 특히 비전은 가장 중요한 것이다. 우리는 앞의 제1장에서 비전을 "미래가 어떻게 될 것이라는 심적 이미지"라고 정의하였다. 그러한 이미지들은 흔히 우리가 개방된 호기심의 상태로부터 우리의 열정이 미래를 향해 지향할 때 나타난다. 이것은 우리의 인생과 세계가 어떤 식으로 풍요로워지거나 개선될 것인지를 보여 주는 그림을 만들어 낸다. 그러한 미래에 대한 비전은 우리의 삶과 일에 대한 지침과 방향을 제공하며 많은 수준에서의 변화를 위한 동기와 추진력을 부여한다.

기업가적 비전은 열정을 한 사람의 **성공의 원**™의 중심으로부터 소비자와 잠재적 소비자의 니즈와 열망을 향하여 이끌어 갈 때 얻게 되는 결과물이다. 그것은 기업가의 열망, 통찰, 경험, 열정이 구상으로부터 발현에 이르기까지 신벤처를 설립하기 위한 초기의 기반을 만드는 **성공의 원**™의 중심으로부터 생겨난다. 만약 당신이 투자자들에게 왜 특정 회사에 투자하고자 마음먹었는지에 대해서 물어본다면 그것은 기업가의 비전, 열정, 자신감과 같은 무형자산에 기초하여 던지는 질문이다. 투자가들은 기술, 시장, 팀원은 모두 변할 것이란 점을 안다. 하지만 변하지 않는 것은 바로 기업가의 비전이다. 이는 기업가의 비전이 다음과 같은 역할을 하기 때문이다.

기업가적 비전의 속성들

• 방향을 수립하고 동기와 창의성을 고무시킨다.

- 장기적으로 따라가야 하는 경로를 설정한다. 특히 당신은 소비자들을 위하여 어떤 종류의 세상을 창조하고자 하는가?
- 경쟁 우위로 전환할 수 있는 도전들을 창조한다.
- 현재와 미래를 연결한다.

예를 들면, 스티브 아팀은 커뮤니케이션과 멀티미디어 분야에서 첨단기술 마케팅과 비즈니스 개발 경험들을 다년간 쌓은 실리콘밸리 기업가이다. 그는 미츠비시 전기회사의 실시간 영상부를 설립하고 론칭하는 일에 도움을 주었다. 또한 필립스와 시에라 반도체회사에서 마케팅 및 사업개발 책임자로도 일을 한 경험이 있다. 그는 1999년에 두온고(DoOnGo)라는 회사의 공동창업자 겸 CEO가 되었는데, 이 회사는 강력한 무선 인프라 소프트웨어 제품을 공급하는 회사인데, 이 제품은 무선 통신회사와 첨단 모바일기기에 '지능과 개인화'를 제공하는 것이다. 아팀은 비전의 중요성에 대해서 다음과 같이 말했다.

> 나는 젊은 스타트업에게는 비전이 절대적으로 중요하다고 믿습니다. 당신은 하나의 말뚝을 잡아야 하고 그것을 미래의 땅에 박아 두어야 하며 회사의 리더로서 당신의 능력 범위 내에서 모든 것을 다하여 엔지니어, 영업 직원, 마케팅 직원, 재무 직원들을 독려함으로써 비전이 현실화되도록 해야 합니다. 그런 것 없이는 당신과 꼭 같은 일을 하는 다른 큰 회사들과 사이에는 아무런 차이가 없을 것입니다. 솔직히 말하면 큰 회사들도 할 수 있겠지만 당신은 팀으로 똘똘 뭉친 하나의 덩어리가 되어 비전이 확실히 실현되는 일에 온전히 집중해야 합니다.

스티브 아팀
두온고 CEO

스티브 아팀이 말한 '미래의 땅에 박힐 말뚝'의 의미는 기업가적 비전에는 확실한 초점이 있음을 암시한다. 그가 한 말은 또한 기업가의 미래에 대한 비전은 기업가와 그의 팀이 하는 모든 활동의 중심점이 될 뿐만 아니라 기업가의 **성공의 원**™을 구성하는 사람들을 위한 끌어당기는 '매력 요소(attractor)'가 된다는 점을 지적해 준다. 계속해서 그는 다음과 같이 설명하였다.

> 스타트업의 입장에서 앞으로 나아가려면 많은 파트너십이 필요합니다. 그리고 그것을 가능하게 하고 선도 고객[4]들을 위해 몇 가지 문제를 정말로 잘 해결해 주기 위해서는 많은 능력이 필요합니다. 당신의 회사가 주류 시장으로 편입되도록 하기 위해서는 고객을 제대로 가려내는 것이 중차대합니다.

기업가의 비전은 벤처와 팀이 할 모든 활동의 중심점을 형성하는 '미래의 땅에 박힐 말뚝'을 창조한다.

기업가적 성공은 또한 기업가의 전략과 실천 행동에 영향을 미칠 현재적인 변화와 영향력을 추적하는 레이더와 같이 작동하는 '주변 시야'와 같은 시야에 달려 있기도 하다.

미래를 내다보고 미래를 지향하는 관점과 더불어 일종의 '주변 시야'[5]와 같은 종류의, 기업가의 측면적 비전 차원도 있는데 이는 현재의 실제 환경에서 일어나고 있는 현상들을 포착하는 레이더 센서와 같은 것이다. 그래서 그는 다음과 같이 말했다.

> 당신은 완전히 고객 중심이 되어야 합니다. 당신은 항상 밖으로 시선을 돌려야 합니다. 시장에는 겉으로 표시 나게 움직이는 큰 손들이 있지만 레이더 스크린에 잡히지 않다가 얼마 지나지 않아 곧 스크린으로 나타나는 작은 손들도 있습니다. 당신은 그들이 무엇을 하며 어떻게 펀드를 받으며 그들의 전략적 백그라운드가 어떤 것인지를 이해함으로써 당신의 회사에 적합하게 적용할 수 있어야 합니다.

앞쪽만 바라보는 '중앙 시야(focal vision)'와 좌우를 폭넓게 바라보는 '주변 시야'와 같은 두 가지 시야의 차원들은 기업가가 불확실성을 효과적으로 관리하고 변화하며 성공적인 행동 과정을 밟기 위해서 꼭 필요한 것이다. 이 두 가지 종류의 시야는 글로벌 시장에 적응해 갈 뿐 아니라 미래의 변화를 예측하고 조정해 나가며 경쟁을 예상할 수 있기 위해서 본질적으로 중요하다. 이 두 가지 시야 간의 균형을 유지하는 것은 늘 쉬운 일이

4) lead customer: 어떤 상품이 대중적으로 널리 알려지기 전에 미리 그 가치를 알아보고 구매함으로써 미래의 고객을 끌어들이는 고객을 말한다.

5) peripheral vision: 앞쪽만 바라보는 것이 아니라 좌우로 폭넓게 확장되어 보이는 시야를 말한다. 앞만 보는 것이 아니라 주변도 함께 두루두루 살핀다는 의미로도 이해될 수 있다.

차세대 기업가의 비전은
인간 중심적이다.

차세대 기업가는 시스템적이면서 사회적 · 환경적인
결과를 고려하는 비전도 갖고 있다.

아니다. 스타트업 회사들이 실패를 하는 한 가지 이유는 경쟁자들에 대해서 너무 세밀하게 집중하느라 고객의 실제적인 니즈를 제대로 살피지 못하기 때문이다.

요약하자면 우리가 스타트업 회사와 투자가들과 함께 일을 해 본 결과는 강력한 기술 하나만으로는 회사의 장기적 성공을 보장할 수 없다는 사실을 보여 주었다. 명확하고 영감을 주며 고객들에게 방향을 제시하고 진정한 가치를 보증해 주는 비전에 따라 구체적인 제품, 서비스, 도구들이 개발될 필요가 있다.

우리가 연구해 본 결과로 성공적인 '차세대' 기업가들은 다음과 같은 비전을 갖고 있음을 알게 되었다.

1. 인간 중심적

- 인간과 사회의 성장을 촉진함
- 실무적인 능력과 함께 자기개발도 포함함
- 돈을 인간발달을 위한 (목표가 아닌) 수단으로 인식함
- 인간의 진정한 니즈를 충족시킴
- 건강, 조화, 교육 등과 같은 인간 중심의 가치를 지원함

2. 시스템 지향적

- 개인 개발을 통한 지역사회의 개발을 지원함
- 개인은 전체이면서 더 큰 전체('홀론')의 한 부분이라는 점을 가정하기에, 예컨대 개인의 개선(또는 팀/회사를 이롭게 함)은 곧 세상을 개선하는 결과를 낳는 고객 공동체의 개선으로 이어짐
- 지역사회에 도움되는 스킬과 가치를 육성함

• 당장의 니즈 이상의 것을 충족하고자 함

• 사회 및 환경적 결과를 고려함

• 비즈니스 범위 이상 수준의 긍정적인 사회적 혜택을 창출함

3. 진정성

• 인간 중심적이며 시스템 지향적이란 다음을 말함

– 벤처를 위한 기반이 됨

– 비즈니스 모델과 전략에 통합됨

– 회사의 모든 수준에서 공유되고 지원됨

• 구체적인 자원들은 비록 직접적으로 이윤을 증가시키지 못하더라도 더 큰 비전에 기여함

• 벤처는 더 큰 무엇의 부분으로서 기여한다고 여겨짐

잠재적 고객과 그들의 니즈 확인하기

스티브 아팀이 지적한 것처럼 성공적인 기업가들은 "완전히 고객 중심적"이 되어야 한다. 그는 당신의 벤처의 성공을 위하여 "고객을 제대로 가려내는 것이 중요"하며 "당신의 선도 고객들을 위해 몇 가지 문제를 정말로 잘 해결해 주는 것"이 필요하다는 점도 역설하였다.

타이덜 웨이브 테크놀로지의 창업자 마크 피츠패트릭은 "우리의 비전은 고객의 니즈가 무엇인지에 집중되어 있습니다."라고 하면서 그와 그의 팀은 "우리는 우리 비전을 그 니즈에 적용하였으며 끊임없이 비전을 개선하는 일에 많은 고객 피드백을 사용하였지요."라고 말했다.

신다나 터커트는 성공적인 제품 아이디어를 찾고 진정한 기여를 하기 위해서 고객들과 더불어 무엇이 그들에게 중요한지를 탐색하는 것은 필수적인 일이라는 점을 지적하였다. 그렇게 하기 위해서는 당신 자신이 잠재적 고객의 입장에 서 봄으로써 고객의 마

차세대 기업가의 비전은 인간 중심적, 시스템 지향적인 특성을 벤처의 비즈니스 모델로 진정으로 통합시킨다.

차세대 기업가는 아주 고객 중심적이다.

음을 공감할 수 있어야 한다.

사무엘 팔미사노는 IBM의 강조점을 고객들에게 컴퓨터와 소프트웨어를 판매하는 것에서부터 그들의 비즈니스상의 문제를 해결해 주기 위하여 고객의 니즈에 맞춘 완전한 해결책을 제시하고 그들이 기술을 활용할 수 있도록 돕는 쪽으로 전환하였다.

바니 펠은 자신의 제품을 위한 "진정 어린 유저 중심의 테스트"에 집중함으로써 자신의 회사의 성공을 확보할 수 있었다.

이러한 사례들이 말해 주는 바와 같이 잠재적 고객과 그들의 니즈를 확인하는 것은 기업가들을 위한 중차대한 성공 요인이다. 사실상, 우리의 성공적인 차세대 기업가에 대한 조사는 그들에 대해서 다음과 같은 점들을 잘 보여 주었다.

1. 고객 중심적

- 고객들과의 강력한 피드백 관계를 유지함
- 고객들과의 상호 피드백을 교환할 수 있는 구조와 인프라를 구축함
- 그들의 제품과 서비스의 기반을, 예컨대 안전, 편안함, 직관성, 신뢰성 등과 같은 고객 중심적 가치에 둠
- 고객에게 '판매'를 하는 것이 아니라 그들과 더불어 제품과 서비스를 공동 창출함
- 벤처의 경제적인 성장은 마케팅과 악선전이 아니라 제품과 서비스의 품질을 높임으로써 가능하다는 점을 분명히 함
- 그들의 비즈니스상의 의사결정과 경영정책에 고객의 니즈와 열망을 포함함

2. 정서 지능

- 고객과의 강력한 공감대(제2차적 입장)를 형성함
- 시장조사가 아니라 '살아 있는' 고객의 경험에 기초하여 제품과 서비스를 개발함
- 제품과 서비스를 개발하는 과정에서 고객의 능력(자식, 스킬 수준 등)을 고려함
- 그들의 제품과 서비스가 고객에게 주는 혜택을 간단하게 그리고 고객의 언어로 알리고 소통함
- 그들의 제품과 브랜드는 고객 정서에 맞춘 것이라는 점을 입증함
- 그들의 제품과 브랜드는 반드시 고객들의 긍정적 정서를 촉발시킬 수 있도록 함

차세대 기업가들은 정서 지능이 발달해 있기에 고객들과의 진정한 공감을 할 줄 안다.

3. 진화하는 니즈에 초점

- 끊임없이 미래를 내다보며 기존 고객의 미래 니즈와 새로운 고객의 니즈와 열망을 예상함
- 단기적인 유행과 장기적인 고객 니즈를 구분함
- 제품과 서비스를 개발함에 있어서 고객의 다양성을 고려함
- 유행을 선도하는 고객들과 얼리 어댑터들을 회사의 개발자들 및 개척자들과 연결함
- 그들이 판매하는 것에서 고객의 생태계를 존중함 즉, 효과의 연쇄망과 고객의 큰 맥락에서의 장기적 결과를 고려함

차세대 기업가는 고객의 진화하는 니즈에 초점을 맞추며 잠재적 미래의 소망과 열망을 예상한다.

당신의 기존 고객과 잠재적 고객, 그들의 니즈와 열망들을 확인하는 것은 분명히 성공적인 벤처를 위한 중요한 단계이다. 때때로 잠재적 고객들은 당신의 열정을 공유한다. 예컨대, 플레전트 하와이언 홀리데이의 창시자인 에드 호건의 이국적인 세상으로의

여행을 위한 열정은 여행에 대해 꼭 같은 열정을 가진 다른 사람들을 위한 가치를 끌어들이고 제공하는 것이 가능하도록 하였다. 더구나 여행객으로서의 호건 자신의 경험은 그가 고객의 니즈와 열망에 대해서 강력한 공감적 이해를 할 수 있도록 하였다. 이와 마찬가지로 비디오 게임에 대한 열망을 가진 사람은 다른 비디오 게임 분야의 고객들을 쉽게 찾아낼 수 있게 된다.

때때로 우리는 우리 자신의 선도 고객이다. 예컨대, 에어비앤비의 공동창업자인 브라이언 체스키와 조 게비아는 그들 스스로가 낯선 곳에서 이용 가능한 임시 거주지를 구하는 데 어려움을 경험하면서 자신들의 벤처를 위한 아이디어를 생각하게 되었다. 이 경우에 우리는 기업가로서 고객의 니즈와 열망을 직접 경험하게 된 것이다.

다른 경우에 우리의 고객은 우리가 가진 열정의 대상이 된다. 당신의 열정에 따라 당신은 아이, 학생, 음악가, 여성 리더, 새로운 가족, 기업가 등을 대상으로 직접 고객을 찾아볼 수 있다. 또는 다소 간접적으로 찾아볼 수도 있다. 말, 반려동물, 옛날 자동차를 좋아하는 열정을 가진 사람들은 그런 대상을 소유하고 있는 주인들 중에서 고객을 찾을 수 있다.

대다수의 경우에 우리의 열정과 비전은 우리가 특정한 종류의 고객들을 위한 해결책을 찾거나 그들의 니즈를 충족할 수 있도록 한다. 그런 경우에 우리는 우리의 제품이나 서비스로부터 누가 가장 쉽고 확실하게 혜택을 입을 것인지를 확인할 필요가 있다. 어떤 경우에는 잠재적 고객이 느끼는 것이 곧 그들의 현재적 욕구일 수 있다. 다른 경우에는 터커트가 지적했듯이 우리는 잠재적 고객이 "가능하다는 사실을 알지 못하는 것을 실제로 가능하게 하도록" 도울 수 있다. 바니 펠의 '대화형 컴퓨팅'은 이에 대한 좋은 예이다.

때때로 마크 피츠패트릭의 사례에서처럼, 우리는 분명한 니즈를 가진 특정 고객과 이미 접촉하고 있으며 그들의 니즈를 충족시키는 해결책을 찾기 위하여 우리의 열정과 비전을 사용할 수 있다.

당신의 열정과 비전에서 혜택을 볼 수 있는 고객과 잠재적 고객을 찾아내고, 그 사람들의 니즈와 욕구를 알게 되는 것은 신벤처의 성공을 위하여 필수적인 단계이다.

고객들은 반드시 전통적인 인구학적 그룹으로 구분될 필요가 없다. 밴들러와 그린더는 NLP를 만들었을 때 자신들이 하는 일에 대한 일차적인 고객으로 '전문적 커뮤니케이터'를 꼽았다. 이 그룹에 속하는 사람들은 효과적으로 커뮤니케이션 하는 것이 자신이 하는 일의 성공을 위해 중요한 사람들이다.

잠시 동안 당신의 벤처를 위한 고객과 잠재적 고객들에 대해서 생각해 보고 그들이 어떤 사람들인지 확인해 보라.

- 누가 당신의 열정을 공유하거나 당신의 열정과 인간적 비전으로부터 혜택을 입을 수 있는 잠재적 고객에 해당할까?
- 어떤 종류의 사람들이 그러한 혜택을 얻는 일이나 다른 사람들에게 전달하는 것에 대해 가장 큰 관심을 가질 것인가?
- 어떤 종류의 사람들이 당신의 '얼리어답터'가 될 것 같은가?
- 당신에게는 당신의 열정과 인간적 비전을 통해 새로운 해결책이나 혜택을 제공해 줄 수 있는 기존의 고객이 있는가?
- 어떤 종류의 고객이 가장 큰 영향력을 발휘함으로써 다른 사람들도 당신의 잠재적 제품이나 서비스를 알아볼 수 있도록 할까?
- 당신의 '꿈의 고객'은 누구인가?

그다음 단계는 당신의 고객과 잠재적 고객들에게 실제 혜택을 줄 제품이나 서비스를 창조하거나 개량하기 시작하는 데 당신의 열정과 비전을 적용하는 것이다.

생성적 비전[6] 연습

앞의 제1장에서 당신은 다음과 같은 질문을 통하여 당신의 개인적인 비전을 탐색하기 시작했다. "당신은 스스로를 넘어서는 자신을 통하여 이 세상에서 무엇을 창조하고 싶은가?" "당신은 이 세상에서 '좀 더 많이' 보고 싶은 것은 무엇이며 '좀 더 적게' 보고 싶은 것은 무엇인가?" "당신이 속하고자 하는 세상은 어떤 세상인가?" 제2장에서 우리는 벤처나 프로젝트를 위한 비전은 우리가 우리의 열정을 성공의 원의 중심으로부터 특정한 고객 집단이나 특정한 시장으로 방향을 돌릴 때 생기게 된다는 점을 지적한 바 있다. 이는 우리의 더 큰 비전에 초점을 두며 벤처가 생산해 낼 뿐만 아니라 스티브 아팀이 앞에서 얘기했던 '미래의 땅에 박힐 말뚝'이 될 특정한 제품과 서비스를 창조하기 시작한다.

벤처나 프로젝트를 위한 구체적인 비전은 기업가가 자신의 열정을 성공의 원의 중심으로부터 특정한 고객 집단이나 특정한 시장으로 방향을 돌릴 때 생기게 된다.

다음의 연습은 당신이 프로젝트나 벤처를 위한 비전을 창조할 수 있게 당신의 열정을 생성적으로 적용하기 시작하도록 도울 것이다.

1. 이완되고 개방된 상태(예: COACH 상태)로 들어가서 당신 자신을 충실히 경험하고 성공의 원™ 중심에 있는 정체감과 열정에 연결될 수 있도록 하라. 당신이 앞의 장에서 발견하고 명료화했던 당신의 열정, 당신의 핵심, 당신의 잠재력과 재연결되게 하라. 당신이 당신의 열정의 앵커와 표현으로서 만들었던 단어, 이미지, 제스처를 떠올려 보라.

2. 눈을 감은 채 당신의 마음의 눈 속에서 '비전'을 위한 공간을 하나 만들라. 내면의 거대한 '경치'를 상상하라. 내면의 경관에서 수평선이 어디 있는지 찾아보라. 그리고 내면의 경관을 바라볼 때 '수렴점'이나 '소실점'도 바라보라.

---

6) generative vision: '생성적'이라는 것은 계속하여 새로운 것을 만들어 내는 속성을 말하는데, 생성적 비전이라는 것은 하나의 비전은 그 비전 자체로 끝나지 않고 새로운 다른 비전을 계속 생성해 내는 비전이라는 것을 의미한다.

3. 앞의 제1장에서 당신이 탐색했던 비전을 다음과 같이 열 개의 단어 이내로 다시 한 번 진술해 보라.

"다른 사람들을 돕는 사람들"
"자신의 리더십 잠재력에 눈을 뜨는 여성들"
"비즈니스 벤처를 통하여 성장하고 기여하는 사람들"
"꿈에 따라 살아가고 더 나은 세상을 창조하는 사람들"
"최고의 인간이 될 수 있도록 지원받는 어린이들"

4. 비전은 우리가 그것을 고객이나 잠재적 고객을 향하도록 방향을 잡을 때 형태를 갖추기 시작한다. 당신이 앞에서 확인하였던 가족, 경영진, 기업가, 환자, 학생들과 같이 당신의 비전을 통하여 잠재적으로 혜택을 볼 사람들 또는 고객들에게로 당신의 초점을 끌어오라.

당신의 비전을 잠재적 고객을 향하도록 방향을 맞추게 되면 벤처가 생산하고 미래의 "땅에 박힐 말뚝"이 될 구체적인 제품과 서비스의 이미지가 만들어지기 시작할 것이다.

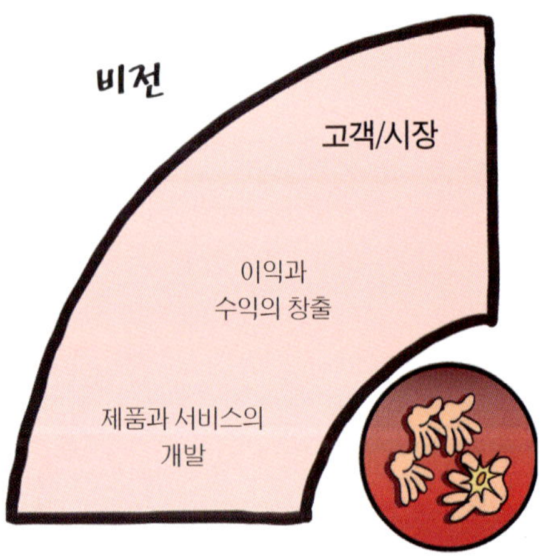

5. 고객과 그들이 조우할 다양한 상황들을 시각화하며 당신의 비전을 계속하여 재진술하라. 상상의 나래를 펼치고 입으로 표현하는 말을 이미지로 바꾸어 보라. 그 고객들과 그들의 상황에 당신의 비전이 적용될 때 그 비전은 어떻게 표현되는 것 같은가? 다음의 질문들에 대해서 생각해 보라.

당신은 당신의 벤처나 프로젝트를 통하여 당신의 고객을 위해 무엇을 창조하기를 원하는가?

당신의 벤처나 프로젝트는 고객, 사회, 환경과 같은 대상에게 어떤 서비스와 혜택을 제공하고 기여할 것인가?

당신은 그들을 위해 무엇을 가능하게 하고 싶은가?

> 스스로 꿈을 꿔 보라. 억지로 무엇을 생각하려 하지 마라. 그냥 고객의 '장'에 집중하고 그 느낌에 맞추어 보며 당신의 창의적인 무의식이 당신에게 가능성을 보여 주도록 하라. 기억하라. 당신이 스스로의 비전을 표현하기 위하여 사용하는 단어들은 자연스럽게 생성적인 것으로 자신 내부 깊은 곳에 있는 지혜와 열망과 연결되어 있다.

너무 이성적으로나 논리적으로 생각하지 않도록 하라. 그냥 당신의 핵심과 잠재력으로부터 오는, 그리고 당신의 상상력을 열어 놓는 영감과 동기와 연결되어 있으면서 그 흐름을 타도록 하라. 비전은 시간이 지나면서 계속해서 진화하는 것이다.

창의성 촉매

창의성 촉매(creativity catalyst)는 우리가 '창의적 무의식'이라고 불러 왔던 것들에의 접속을 위한 특별한 상태를 개발하는 데 도움을 준다.

최고 수준의 창의적인 사람들은 그들의 일에서의 무의식적인 과정의 중요성을 직접 인정한다. 예컨대, 우리의 SFM™ 연구를 위하여 나와 내 동생 존이 함께 인터뷰했던 많은 기업인들은 창의성과 관련하여 다음과 같이 말한 적이 있다. "나는 너무 많이 생각하고 연구하느라 완전히 지쳐 버릴 때까지 내 마음을 각종 정보로 채우지요. 그러고 나서 잠이 들어요. 다음날 일어날 때 나는 이미 답을 얻게 돼요." 또 다른 사람들은 샤워를 할 때 최고의 아이디어를 얻는다고도 말했다.

창의성 촉매는 우리에게 '창의적 무의식'에 접속할 수 있게 하는 특별한 내적 상태를 만드는 활동들이다.

나는 '천재들의 전략(Strategies of Genius)'이라는 나의 연구에서 레오나르도 다빈치에서 아인슈타인, 모차르트, 마이클 잭슨, 스티브 잡스에 이르기까지 역사적으로 잘 알려진 모든 창의적 천재들은 자신들의 아이디어가 어떤 방식으로든 자신의 내부로'부터(from)'

많은 유명한 창의적 천재들은 그들만의 형태로 이루어진 창의성 촉매를 개발하였다.

가 아니라 자신을 '통해서(through)' 나온다고 주장한다는 사실을 알게 되었다. 모차르트는 자신의 음악적 아이디어와 관련하여 "나는 내 아이디어들이 어디서, 어떻게 나왔는지도 모르지만 억지로 짜낼 수도 없습니다."라고 말했다. 그리고 계속 말하기를, 하지만 그러한 아이디어는 그 자신이 특정한 내적 상태에 있을 때 가장 쉽게 나오는데, 그때는 창의적 과정이 "아주 즐겁게 꾸는 꿈과 같은 형태로" 펼쳐진다고 설명하였다. 또한 이러한 상태는, 예컨대 "가방을 끌고 여행 중이거나 그냥 식후에 산책 중일 때"와 같은 경우에 아주 쉽게 경험될 수 있었다고도 하였다. 그러한 것은 우리가 '창의적 촉매'라고 부르는 종류의 활동들이다.

다른 유명한 작곡가들도 자신의 창의적 과정에 이르는 꿈과 같은, 주로 무의식적인 특질에 대해서 언급했다는 사실은 흥미롭다. 예를 들어, 마이클 잭슨은 1983년에 『롤링스톤(Rolling Stone)』이란 잡지와의 인터뷰에서 다음과 같이 말했다. "나는 꿈에서 깨어납니다. 그리고 '와! 이 아이디어를 종이에 옮겨 적자.'라고 하면서 하루를 시작해요. 그때 내 마음에서 가사가 들리고 모든 것이 내 면전에 펼쳐지지요…. 바로 그런 이유 때문에 내 노래를 내가 만들었다고 말하고 싶지 않아요. 그 곡들은 그냥 어디선가 내려온 것이며 나는 그냥 그것을 세상으로 전달하는 배달부에 불과하다고 느끼게 됩니다."

레오나르도 다빈치는 그의 노트에서 "다양한 발명을 위한 자신의 마음을 자극하고 일깨우기 위하여 다양한 얼룩이 찍혀 있거나 여러 종류의 돌들로 뒤섞여 있는 벽"을 어떻게 응시하는지에 대해서 묘사하였다. 그는 벽 속에서 산, 강, 바위, 나무, 평원, 넓은 계곡, 여러 형태의 언덕들로 장식된 다양한 경치들뿐만 아니라 빨리 움직이는 것들, 다양한 표정의 얼굴들, 이상한 의상들과 함께 그 외의 무한히 많은 것들을 볼 수 있었다고 주장하였다.

찰스 다윈은 자신의 고전 작품인 『종의 기원』과 『인간의 후예』를 저술하는 과정에서 '모래산책길(sandwalk)'로 알려진 그의 사유지에 모래로 덮인 길을 만들었다. 그는 매일 매일 걸으면서 생각에 깊이 빠지곤 하던 그 길을 '나의 생각하는 길'이라고 불렀다. 그는 때때로 그 길의 입구에 몇 개의 돌을 쌓아 두고 산책을 떠났다가 다시 돌아올 때 지팡이로 돌을 한 개씩 쳐내고 다시 산책을 떠나고 되돌아오기를 반복하는 가운데 마지막 남은 돌이 없어졌을 때 귀가하곤 하였다. 그는 '세 개의 부싯돌 문제' '다섯 개의 부싯돌 문제'

알버트 아인슈타인
레오나르도 다빈치
창의적
촉매
볼프강 모차르트
찰스 다윈
ANTONIO MEZA

와 같은 다양한 문제들에 대하여 이야기하곤 했다(셜록 홈즈의 '파이프 세 대짜리 문제'[7]와 같이).

알버트 아인슈타인은 그의 아이디어나 이론들은 주로 이미지와 느낌으로 이루어지는 특정한 종류의 '생각 실험'으로부터 저절로 떠오르며 '어떤 공식'에 따르거나 합리적 · 인지적 사고를 한다고 해서 생겨나지 않는다고 주장한 바 있다. 그의 '창의성 촉매'로는 바이올린 연주와 항해가 있었다.

이상과 같은 예들은 합리적 · 의식적인 인지적 마음의 한계를 뛰어넘는 창의적 지성과 연결되는 다양한 방법들을 암시해 주고 있다. 이 장의 다음 부분에서 보게 될 것이지만, 성공한 기업가인 스티브 잡스 같은 사람들도 창의성을 발휘하는 과정에 대한 설명을 함에 있어서 앞서의 예들과 유사한 심리적 역동성을 언급한 바 있다. 예를 들어, 잡스의 경우에는 "당신의 가슴과 직관"을 따라가라고 말했고 자신의 창의적 과정을 자극하는 방법으로서 어떻게 음악을 들었는지에 대해서 설명하였다.

내가 인터뷰했던 큰 선적회사의 한 창업자는 복잡하고 도전적인 문제와 직면할 때 그것에 대한 생각을 멈추고 자전거를 탄다고 했다. 자전거 타기가 끝날 때쯤이 되면 답이 떠올랐다. 또 다른 경우에는 밖으로 나가서 골프를 치는 동안에 문제에 대한 답을 찾을 수 있는 마음 상태로 들어가곤 하였다. 그는 문제의 종류에 따라 자신이 사용해야 할 구체적인 '창의성 촉매'를 달리하였고, 그래서 때로는 "그 문제에는 골프를 쳐서는 안 되며 오히려 자전거를 타면서 답을 찾아야 한다."라고 생각할 정도였다.

기업가들이 창의적 무의식을 진행 중인 자원으로 활성화시키고 포함하기 위하여 자신의 창의적 촉매를 발견하고 개발하는 것은 중요하다.

당신에게 있어서 창의성 촉매가 되는 것은 무엇인가? 당신은 자신의 창의적 무의식을 자극하기 위하여 무엇을 하는가? 그것은 자전거 타기, 산책하기, 음악 듣기, 정원 가꾸기와 같이 단순한 것일 수도 있다. 예를 들자면, 나는 매일 아침마다 달리기를 한다. 이것

7) three-pipe problems: 영국의 의사이며 소설가인 아서 코난 도일(Arthur Conan Doyle)의 추리 소설에 등장하는 주인공이자 19C 말~20C 초의 영국을 무대로 활동했던 가상의 탐정인 '셜록 홈즈(Sherlock Holmes)'와 관련한 이야기에 나오는 표현이다. 홈즈는 주로 파이프 담배를 피면서 문제 해결에 대한 고민을 하거나 깊은 생각을 하곤 했는데, 특히 아주 복잡하고 어려운 문제에 봉착할 때면 '파이프 담배 세 대를 피워야 할 정도'로 생각과 고민을 많이 해야 한다는 뜻으로 이 표현이 사용된다.

은 내가 '핵심'에 연결되며 나의 신경체계를 활성화하는 데 도움이 된다.

당신은 이 장과 그다음의 장들에서 제시되는 연습을 하는 과정에서 창의적 무의식을 개입시키기 위하여 당신만의 창의성 촉매를 사용하거나 다른 새로운 것을 시도해 보라. 창의적 무의식은 당신을 위한 필수적 자원이다. 우리는 성공한 기업가들이 흔히 "만일 내가 이 문제에 대해서 이성적으로 생각을 했다면 절대로 해결책을 찾아내지 못했을 것이다."라고 말하는 것을 들어 보았다.

꿈꾸는 법을 아는 것은 기업가가 되기 위한 중요한 부분이다. 잠자면서 꾸는 꿈과 낮 시간에 경험하는 비몽사몽이나 공상과 같은 자각몽이나 '백일몽'은 모두 창의적인 무의식의 장으로부터 유발된다. 인지적 · 의식적 마음은 창조된 것에 대한 목격자 이상의 것이다. 우리가 '비전'이라고 계속해서 불러왔던 것들은 의식적인 인지적 마음이 창의적 무의식에 동참하고 그것을 이끌도록 도울 때 형성되기 시작한다. 비전이 하나의 프로젝트를 만들기 위하여 적용될 때의 과정은 주로 인지적 마음에 의해 추진되지만 이때 특히 창의적 무의식으로부터 진행 중인 기여는 적다.

다음의 연습은 '꿈꾸기'에서 '비전 만들기'로 옮겨가기 시작하는 일, 당신의 고객과 시장을 위한 보다 충실한 비전을 만드는 일에 도움을 줄 것이다.

기업가의 비전은 그의 인지적 마음과 창의적 무의식과의 상호작용으로부터 출현한다.

'더 많은/더 적은' 차트

비전은 영감이나 절망으로부터 올 수 있다. 영감이라는 영어 inspiration은 "정신적으로(특히 창의적인) 무엇을 하거나 느끼도록 자극되는 과정"이라고 정의된다. 그것은 문자 그대로 숨을 흡입하는 행위를 의미하는 것으로 라틴어의 in('안으로')과 spirare('호흡하다')라는 단어로부터 유래한다. 그리고 절망의 영어 desperation은 "절망(despair)으로 귀결되는 행위나 시도, 또는 다른 모든 것이 실패했을 때, 성공의 희망이 거의 없음"을 의미한다. 그것은 '어떤 상황이 너무 나빠서 어떻게 해 볼 수 없다는 절망감'으로부터 온다. 이 영어 단어는 라틴어 de('박탈된')와 sperare('희망')으로부터 유래한다. 그러므로 우리는 영

당신의 비전의 이러한 두 가지 차원을 탐색하는 과정에서 도움을 주기 위한 유용한 도구가 있는데 그것은 '더 많은/더 적은' 차트이다. 당신은 이 차트를 통해서 당신의 고객을 위해 창조하고 싶은 미래를, 그들의 미래 환경에서 더 많이 그리고 더 적게 보기 바라는 것을 열거함으로써, 보다 상세하게 묘사할 수 있게 된다. 당신은 고객을 위한 미래의 조건들을 행동 용어로 묘사하면 된다.

감은 창조의 충동(drive to create)으로부터 오며 절망은 탈출의 충동(drive to escape)으로부터 온다고 말할 수 있기에, 전자는 긍정적인 미래를 향한 것이며 다른 하나는 부정적 과거나 현재로부터 벗어나는 것이다.

이 두 가지 충동에서부터 미래를 향한 비전이 나올 수 있다. 그러나 절망 쪽으로 너무 기울게 되면 근거 없는 '거짓된 희망'이 생길 수 있다. 사실상, 대부분의 강력한 비전들은 어렵거나 원치 않는 상황으로부터 벗어날 수 있고 바라는 미래 상태를 향하여 갈 수 있는 가능성을 창조하는 것이다.

당신의 비전의 이러한 두 가지 차원을 탐색하는 과정에서 도움을 주기 위한 유용한 도구가 있는데 그것은 '더 많은/더 적은' 차트('More of/Less of' Chart)이다. 당신은 이 차트를 통해서 당신의 고객을 위해 창조하고 싶은 미래를, 그들의 미래 환경에서 더 많이 그리고 더 적게 보기 바라는 것을 열거함으로써 보다 상세하게 묘사할 수 있게 된다. 당신은 고객을 위한 미래의 조건들을 행동용어로 묘사하면 된다.

다음 면에 있는 차트의 맨 위에 당신의 비전을 표현하는 단어들을 쓰는 것으로부터 시작하라. 그리고 당신의 잠재적 고객이 누구일지 써라. 당신 고객의 미래 환경에 대해서 생각하되 잠재적 가능성과 제약 모두를 충분히 고려하라.

이러한 미래를 염두에 두면서 미래 환경에서 더 보고 싶은(더 많은) 것과 덜 보고 싶은(더 적은) 것을 열거하라. 어떤 경우에는 두 가지가 상호 관련될 수도 있다(예: '창조적 탐색을 위한 더 많은 시간'과 '바쁜 일에 소모하는 더 적은 시간'). 다른 경우에는 차트의 한 면을 먼저 작성하고 다른 면은 다음에 작성할 수도 있다.

비전 ____

고객 ____

행동

더 많은	더 적은

비전 선언문 만들기

비전 선언문(Vision Statement)을 만들 때 구체적인 목표를 말하기보다는 특정한 방향을 지적하는 것이 중요하다. 이루어질 수밖에 없는 비전을 표현하는 좋은 예가 바로 마틴 루터 킹의 유명한 연설문인 1963년의 '나에게는 꿈이 있습니다(I have a dream)'이다.

마틴 루터 킹의 '나에게는 꿈이 있습니다'라는 연설은 비전을 표현하는 좋은 예에 해당한다.

나에게는 꿈이 있습니다. 언젠가는, 이 나라가 일어나 '모든 사람은 평등하게 태어났다는 진실을 우리는 자명하게 간직한다.'라는 이 나라 강령의 참뜻대로 살아가는 날이 있을 것이라는 꿈이 있습니다.

나에게는 꿈이 있습니다. 언젠가는, 조지아주의 붉은 언덕 위에서 노예들의 후손과 노예 소유주들의 후손이 형제애의 식탁에서 함께 자리할 수 있을 것이라는 꿈이 있습니다.

나에게는 꿈이 있습니다. 부정과 억압의 열기로 찌는 듯한 미시시피주조차도 언젠가는 자유와 정의의 오아시스로 바뀔 것이라는 꿈을 가지고 있습니다.

나에게는 꿈이 있습니다. 나의 네 명의 어린 자녀들이 언젠가는 그들의 피부색이 아니라 그들의 인격에 의해 판단되는 나라에서 살게 될 것이라는 꿈을 가지고 있습니다.

이러한 선언문을 통해서 우리는 비전을 표현하기 위한 좋은 공식의 모범을 보게 된다. 킹 목사는 특정한 목표를 상세하게 표현하는 언어를 사용하지 않았고 오히려 서로 다른 이미지로 조합된 그림과 함께 실현 가능한 미래의 모양과 차원들을 규정하는 서로 다른 종류와 수준의 경험들을 그렸다.

1. 킹은 자신의 비전과 관련된 핵심 가치와 신념을, 예컨대 "모든 사람은 평등하게 태어났다."와 같이 정의하는 것으로부터 시작한다.
2. 그리고 그는 좀 더 은유적인 방법으로 비전을 이야기하면서 "노예들의 후손과 노예

소유주들의 후손"이 "형제애의 식탁"에 함께 자리한다는 식으로 말했다.

3. 그다음의 문장은 비전을 "부정과 억압"을 "자유와 정의"로 전환하는 형식으로 정의한다. 이것은 앞에서 나온 '더 많은/더 적은' 연습에 나오는 하나의 표현 형식이다.
4. 마지막으로 킹은 그 비전의 핵심적인 '고객'이나 수혜자인 네 명의 자녀들을 위하여 비전의 긍정적인 성과에 대한 구체적인 예들을 제시하였다.

이제 다음의 공식을 사용하여 당신의 비전 선언문을 만들어 보라.

• 나의 비전은 어느 날 사람들이 다음처럼 사는 것이다. ____________________

[어떤 가치? 어떤 혜택?]

• 나의 비전은 어느 날 다음처럼 되는 것이다. ____________________

[비전을 설명하기 위한 은유]

• 나의 비전은 어느 날 ____________________이

[어떤 문제와 도전]

다음과 같이 전환될 것이다. ____________________

[어떤 원하는 상태]

• 나의 비전은 어느 날 다음처럼 되는 것이다.

____

[미래가 어떨 것이라는 구체적인 예나 핵심 고객에게 생길 구체적인 성과]

나에게는 꿈이 있습니다!

"부정과 억압의 열기로 찌는 듯한 사막이 자유와 정의의 오아시스로 바뀔 것입니다."

"노예들의 후손과 노예 소유주들의 후손이 형제애의 식탁에서 함께 자리할 수 있을 것입니다."

"내 자녀들이 언젠가는 피부색이 아니라 인격에 의해 판단되는 나라에서 살 것입니다."

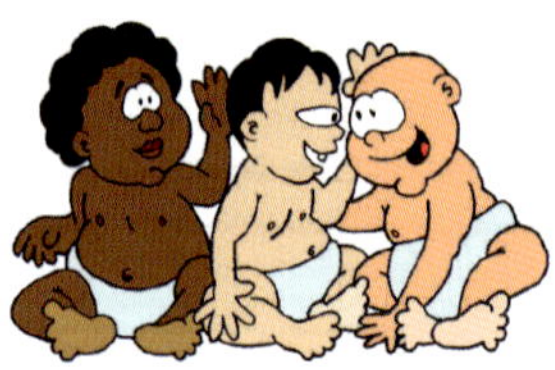

"우리는 '모든 사람은 평등하게 태어났다.'는 진실을 자명하게 간직합니다."

ANTONIO MEZA

당신의 비전을 카리스마로 연결하기

마틴 루터 킹의 연설이 보여 주는 바와 같이 비전은 단순한 이미지 혹은 목표 이상의 것이다. 그것은 미래의 기준점이 되어 당신과 다른 사람들 모두에게 동기부여의 영감과 함께 에너지를 준다. 따라서 비전을 말하는 것은 목표를 설명하는 것 이상이다. 성공한 기업가 신다나 터커트는 "당신이 어떻게 말하는가, 그것이 중요합니다."라고 하면서 "열망을 담고 표현하는 것"이 중요하다고 강조하였다. 바로 이 점에서 미래를 창조하기 위하여 "카리스마" 있게 소통하는 것의 중요성이 부각된다.

카리스마는 "개인적 자력(磁力) 또는 매력"이며 "열렬한 대중의 헌신과 열정을 유발하는 리더들에게서 나타나는 고유한 인간적 자질"이라고 정의된다. 이 단어는 '선물' '호의' 등의 의미가 있는 그리스어 kharisma에서 어원을 찾을 수 있고 이것은 다시 '은혜'를 의미하는 kharis라는 단어에서 유래하였다. 카리스마는 현존(presence)과 밀접하게 관련되며, 그것은 "발표나 공연을 하는 사람이 관객들과 침착하게 친밀한 관계를 만들어 갈 수 있는 능력"이라고 할 수 있다. 우리가 관계하고 있는 사람들 앞에서 침착하고 효과적으로 잘 처신할 수 있고 그들에게 친밀하게 다가설 수 있는 능력은 기업가들을 위한 중요한 자원이 된다.

당신이 진정한 카리스마를 갖고 자신의 비전을 표현할 수 있는 능력은 기업가적 성공을 위한 또 다른 중요한 요인이 된다.

사전에서는 **진정성**(authenticity)을 "정서적으로 진정한, 적절한, 의미 있는, 목적지향적인, 책임감 있는 인간의 삶의 양식"이라고 정의한다. 그래서 진정성 있는 카리스마(authentic charisma)는 자기 자신과의 관계에서 현존하고 중심을 잡을 수 있는 있는 능력, 개인과 주변 환경과의 조화로부터 올 수 있다. 카리스마의 자질은 때때로 우리의 영향력을 발휘하고 생성적으로 협동하며 타인의 성장과 변혁에 기여할 수 있는 우리의 능력에 있어서의 '차이를 만드는 차이'를 의미한다.

SFM™의 목적 중의 한 가지는 사람들이 자신의 일상적 경험에서 특별한 에너지 수준과 활력을 끌어들이는 열정과 의미감을 갖고 자신의 삶을 살아갈 수 있도록 하는 것이다. 이미 앞에서 확인했듯이 성공하는 사람들의 가장 큰 공통점은 자신의 일에 대해 보이는 열정이다.

진정성 있는 카리스마는 당신의 핵심과 열정에 연결됨으로써 오는데 그것은 학습 및 연습이 될 수 있는 과정이다.

카리스마라는 것이 흔히 특별한 재능인 것 같지만 우리의 경험상 그것은 학습될 수 있는 일종의 스킬에 해당하는 것이다. 우리는 SFM™ 과정을 적용하는 과정에서 성공적인 사람들이 의도적으로 자신의 카리스마를 강화하고 자신의 일상적인 활동과 타인들의 삶 속에서 보다 큰 만족과 투지를 끌어올 수 있도록 자신의 열정을 사용하는 몇 가지 핵심적인 방법들을 확인하였다. 그러한 전략에는 다음과 같은 것들이 있다.

- 당신의 정체성의 중심과 '원천'에 연결되기(당신의 핵심과 잠재력)
- 당신 스스로 중심을 잡고 주변의 새로운 가능성에 대해 개방된 느낌 느끼기
- 당신이 좋아하는 것을 당신이 하는 일에 연결시키고 구체적인 과거의 성공 사례에 미래의 목표를 연결해 보기
- 당신의 목표들과 함께 그 목표들이 인생의 '큰 그림'과는 어떻게 연결되는지에 대해 분명한 시각적 이미지나 영상으로 떠올리고 상상하기
- 당신의 에너지를 관리하고 긍정적 에너지를 당신이 하는 모든 것에 불러들이기
- 당신의 비전, 미션, 핵심 가치들 간의 정렬감과 연결성 창조하기
- 어떤 방식으로든 당신의 '세상을 바꿀' 중요한 무엇인가에 대한 기여감 육성하기

우리는 앞으로 이 책 속에서 당신이 보다 진정성 있는 카리스마와 열정을 발휘하기 위해서 자신의 개인적 삶과 직업적 삶에서 이러한 전략을 어떻게 적용할 수 있을지에 대해 계속하여 탐색할 것이다.

진정성 있는 카리스마로 당신의 비전을 표현하기

당신의 카리스마를 발휘하고 당신의 열정에 연결하며 당신의 꿈에 따라 살고 좀 더 좋은 세상을 창조하는 것 모두는 당신의 비전을 소통하는 것과 함께 시작된다. SFM™에 따를 때, 비전은 우리의 세 가지 마음, 즉 인지적 마음, 신체적 마음, 장(場)의 마음을 동

원하고 그것들에게 활력을 주는 것이라고 할 수 있다. 우리가 진정성 있는 카리스마를 갖고 비전을 소통하는 것은 다른 사람들에게 소통의 '통로가 개방'된 상태에서 당신 자신을 표현하는 것을 포함한다.

당신이 진정성 있는 카리스마로 비전을 소통하는 세 가지 단계는 아는 것, 느끼는 것, 그것을 장에 자유롭게 풀어 놓는 것이다.

비전을 소통하는 과정은 다음 세 가지 단계로 이루어진다.

1. 알아라

자신의 비전을 알고 명확하고 간결하게 말하라. "나의 비전은…"이라는 말로 시작하되 5~9개 사이(7±2)의 단어로 비전을 표현하라.

당신의 비전을 여러 번 반복하여 말하되 간단하고 쉽게 분명히 표현할 수 있다고 느껴지도록 하라.

2. 느껴라

COACH 상태에서 당신의 신체를 각성하고 당신의 핵심과 잠재력을 경험함에 있어서 신체적으로 중심을 잡도록 하라. 그런 것들에 대해서 자부심, 자신감, 희망감, 흥분되는 마음을 느껴 보라. 당신의 비전을 다시 한 번 표현하되 당신의 성공의 원™의 핵심과 중심으로부터 말하라. 당신이 말을 할 때 단어와 의미를 느끼면서 당신의 목소리가 당신의 핵심과 잠재력에 연결될 뿐만 아니라 울림이 있도록 하라.

이 과정을 여러 번 반복하되 당신이 일치성,[8] 열정, 자신감과 더불어 당신의 비전을 표현할 수 있음을 느끼도록 하라.

3. 장 속으로 자유롭게 표현하라

다음 단계는 집단 앞에서 하는 것이 가장 좋다. 우리는 기업가들을 코칭할 때 일단

8) congruence: 몸과 마음, 생각과 행동, 말과 표정, 목소리, 제스처가 모두 일관되며 일치되는 상태를 말한다.

자신의 비전을 이런 방식으로 우리들 앞에서 표현하게 한다. 그리고 점차적으로 조금씩 큰 집단 앞에서 표현하도록 한다. 그러나 이것을 상상 속의 청중들 앞에서 큰 목소리로 표현하는 연습을 하게 하는 것도 가능하다.

당신의 몸과 중심을 각성하면서 주목의 장 속에 관객을 포함시켜라. 당신이 말을 함에 따라 당신의 에너지를 감지하는 것과 더불어 비전의 에너지가 당신을 뛰어넘어 확대될 뿐만 아니라 청중들의 가슴과 마음의 감동을 느껴 보라. 당신의 비전을 소통하는 과정에서 단어를 사용할 때 그것이 당신의 몸짓이나 움직임을 통한 신체적인 방식으로 표현되도록 하라. 당신의 중심으로부터 당신을 둘러싸고 있는 장으로 번져 나가도록 말하라. 당신의 내부와 주변 모두에서 울림을 느껴 보라.

이 과정을 여러 번 반복하되, 당신은 말하는 전체 시간 동안 현재에 존재하여 머물고 있으며 당신 자신, 당신의 비전, 당신의 청중들과 계속 연결되고 있음을 느끼도록 하라.

벤처나 팀의 미션을 명료화하기

앞의 제1장에서 밝힌 바와 같이 비전은 우리의 방향과 세상에서 보기 원하는 바람직한 미래 상태와 관련된다. 미션은 그 방향으로 움직이게 하고 그 바람직한 미래 상태에 도달하게 하는 우리의 기여와 관련된다. 환언하면 미션은 개인이나 집단이 자기들이 속한 더 큰 시스템을 위한 그들의 비전과 관련하여 달성하고자 하는 목표와 관련된다. 누구, 무엇과 관련한 그들의 목표가 무엇인가? 비전은 우리 자신보다 더 크고 우리를 뛰어넘는 그 무엇에 대한 것이다. 미션은 우리 자신에 대한 것이자 비전을 달성하는 과정에 동참하기 위해 우리가 취하는 행동에 대한 것이다.

당신 자신의 미션과 벤처의 미션을 명료화하는 것은 기업가를 위한 또 다른 중요한 성공 요인이다.

마틴 루터 킹의 '자유의 오아시스'와 자녀들이 '피부색'이 아니라 '인격'에 의해 판단되는 세상에 대한 꿈이나 비전은 그의 개인적 차원보다는 더 큰 세상에 대한 것이었다. 반면에 그의 미션은 자신의 비전을 달성하기 위해 변화가 필요한 곳에 대한 각성을 불러일으키는 비폭력적 시위와 다른 공공적인 이벤트를 이끄는 것이었다.

미션은 더 큰 비전을 달성하는 과정에 동참하기 위하여 우리가 취하는 행동에 대한 것이다.

이와 비슷하게 바니 펠의 비전, 즉 '대화형 컴퓨팅'은 그 자신이나 회사보다 더 큰 것이었다. 그것은 단순한 기계적인 명령어나 '키워드어'가 아니라 일상의 자연적인 인간 언어를 사용함으로써 컴퓨터와 다른 기술과 사람들이 상호작용할 수 있는 세상에 대한 이미지였다. 바니 펠의 비전은 그 자신에 대한 개인적인 것이 아니었다. 그것은 "더 나은 세상을 만들고자 하는 아이디어의 힘"에 대한 것이었다. 만약에 다른 사람이나 다른 회사가 그가 바라던 상태를 자기보다 먼저, 또는 더 우수하게 만들었다면 "더 좋았을 것"이라고 실제로 그는 주장하였다. 그 경우에 "세상이 더 좋은 곳이 될 것"이기 때문에, 그리고 "바로 그 점이 그에게는 가장 중요한 것"이기 때문에 그는 행복했을 것이다. 비전은 그 자신이나 그의 에고에 대한 것이 아니었던 것은 확실하다.

"당신은 작은 일을 하면서도 큰 일에 대해서 생각해야 된다. 그래야 모든 작은 일들이 올바른 방향으로 간다."

– 앨빈 토플러

반면에 바니 펠의 미션과 궁극적으로 그의 팀과 벤처의 미션은 그의 대화형 컴퓨팅이라는 더 큰 비전을 현실화시키는 것에 대한 개인적인 기여와 관련되어 있다. 이 미션은 상당히 개인적이며 그의 정체성과 관련되어 있다. 사실상, 그는 이것이 "그의 여정의 완성"이라고 봤다. 그는 심지어 "이것을 하기 위해서 당신은 내가 되어야 해요. 당신은 모든 적합한 요소들을 망라하여 일을 되게 한 나의 경력을 가져야 해요. 만약 그렇지 않으면 그런 일은 절대 일어나지 않을 거예요."라는 주장도 하였다. 이 미션은 '가능한 최고의 자연언어 검색'을 창조함과 더불어 보다 구체적으로 '구글에 비교되는 우수한 유저 경험'을 창조하기 위한 알고리즘을 개발하는 것으로 구체화되었다.

특정한 벤처의 미션은 그 벤처의 정체성과 관계되면서 고객들에게 혜택을 주고자 하는 비전을 달성하는 쪽으로 이루어지는 독특한 기여와 관계된다.

미션은 그 자체로 다양한 구체적인 과업의 형태로 표현된다.

바니 펠이 언급한 바는 곧 개인이나 집단의 미션 의식은 곧 정체성과 관련된다는 점과 함께 정체성 행렬에 의해 규정된 핵심과 잠재력의 표현이라는 점을 말해 주고 있다. 미션은 개인의 열정에 대한 분명한 표현이기도 하다. 이 점 때문에 어째서 미션이 '강한 느

미션 선언문은 개인이나 집단이 그들이 속한 더 큰 시스템 내에서, 또는 그들이 동참하고 있는 곳에서 하겠다고 하는 기여와 추구하는 목표를 규정한다.

낌으로 오는 목적이나 소명'으로 규정되는지 설명된다. 그의 배움과 인공지능에 대한 열정은 대화형 컴퓨팅이라는 그의 비전뿐만 아니라 충분히 기능하는 자연언어 검색엔진 개발에 대한 그의 미션 의식에 불을 붙였다.

비전은 방향에 대한 것이며 많은 구체적인 목적들을 낳듯이 미션은 기여에 대한 것이며 많은 구체적인 과업의 형태로 표현된다. 당신의 미션을 명료화하는 것은 행동으로 옮겨가기 위한 중요한 단계이다. 그것은 비전을 실현할 중요한 단계를 규정하고 순서화하기 위해서 특히 중요하다. 미래학자인 앨빈 토플러가 지적했듯이 "당신은 작은 일을 하면서도 큰 일에 대해서 생각해야 한다. 그래야 모든 작은 일들이 올바른 방향으로 간다."

당신의 프로젝트나 벤처를 위한 미션은 당신의 **성공의 원**™ 중심에 있는 당신의 핵심, 잠재력, 열정이 당신의 고객을 위한 비전에 기여하는 과정에서 드러나는 방식과 관계있다. 그것은 다음의 질문들과 관계된다.

- 당신은 다른 사람들에게 도움을 줄 수 있는 어떤 능력과 자질에 대해 열정을 느끼는가?
- 당신의 핵심과 잠재력(정체성 행렬로부터의)은 잠재적 고객에게 혜택을 주기 위한 목적으로 어떻게 사용될 수 있는가?
- 고객을 위한 비전이라는 차원에서 당신(개인으로서와 팀으로서)이 할 수 있는 기여와 서비스는 무엇인가?
- 고객을 위한 비전을 달성하기 위하여(개인으로서와 팀으로서) 당신이 개발하고 적용하며 동원할 특별한 자원, 능력, 행동은 무엇인가?

미션을 명료화하기 위해서는 그것을 앰비션이나 역할과 구별하는 것이 중요하다. 비록 개인이나 집단의 미션이 그들의 독특한 정체성과 능력에 대한 것일지라도 그것은 그들이 추구하는 목표나 그들 자신을 초월하는 더 큰 시스템에 대해 기여하고자 하는 것과 관계가 있다. "나의 미션은 성공하는 것이다."라고 말하는 것은 너무 추상적이면서도 너무 자기중심적인 것이어서 "미션" 선언문으로서는 적합하지 않다. 미션 선언문은 개인이나 집단이 그들이 속한 더 큰 시스템 내에서 또는 그들이 동참하고 있는 곳에서 하겠다고 하는 기여와 추구하는 목표를 규정한다. 조직이나 협회와 같은 단체가 "우리의 미션은 회원들에게 봉사하는 것이다."라고 말하는 것은 별로 잘 만들어진 미션 선언문이 아니다. 그것은 그 단체 자체나 회원을 뛰어넘는 더 큰 시스템에 대해서 말하는 것이 아니다. 비록 그러한 선언문이 중요한 가치에 대해서 말해 주고 있다 할지라도 진짜 미션이라고 말할 수 없다.

미션이 구체적인 것이 되기 위해서는 구체적인 고객이나 인구 집단의 차원에서, 그리고 벤처나 팀이 추구하는 비전의 차원에서 규정될 필요가 있다. "우리의 미션은 우리가 할 수 있는 최고의 서비스를 제공하며 이익을 남기는 것이다."라고 하는 선언문은 너무나도 원초적인 것이며 벤처나 팀이 공헌하는 바와 진정한 서비스를 명확하게 해 주는 것이 없다. 그래서 당신의 비전과 비슷하게 당신의 벤처의 미션을 규정하는 것과 관련하여 명심해야 할 주요한 것들은 다음과 같다. "누가 우리의 구체적인 고객인가?" 운동선수인가? 가족인가? 조직인가? 정부기관인가? 아이들인가? 임원들인가? 여성들인가?

미션이 구체적인 것이 되기 위해서는 구체적인 고객이나 인구 집단의 차원에서, 그리고 벤처나 팀이 추구하는 비전의 차원에서 규정될 필요가 있다.

당신의 비전과 당신의 벤처 혹은 팀의 비전과의 관계를 좀 더 명료화하기 위하여 다음과 같은 두 가지 질문을 사용해 보라.

1. "당신이 일하고 있는 더 큰 시스템이나 공동체(고객)와 관련한 당신의 비전은 무엇인가?"(이것은 비전 선언문 만들기 연습에서 실습했던 그 선언문을 반복하는 것이다.)

   나의/우리의 비전은 다음과 같다: ______________________________

2. "시스템과 비전과 관련한 당신의 서비스나 기여는 무엇인가?"*

   나의/우리의 미션은 다음과 같다: ______________________________

---

* 미션이 아닌 것에 대한 진술문을 만드는 것은 미션을 명료화하는 데 도움이 될 수 있다. 이것은 시스템 내에서의 다른 역할과 관련하여 경계를 구분하고 목표를 명료화하는 데 도움을 준다. "다음과 같이 하는 것은 나의/우리의 미션이 아니다: ______________"

예를 들어, 내가 앞의 제1장에서 언급한 겨울 스포츠 회사는 그들의 고객에 대한 비전, 즉 "산에서 살고 운동하는 사람들이 그들의 환경에서 편안하고 조화롭게 지내는 것"과 다시 연결시켜 주었으며 그것을 표현해 주었다. 이것이 그들의 다음과 같은 미션인 "신체가 연장되어 연결된 것 같은 자연스러운 차세대 장비를 개발함으로써 사람들로 하여금 매 순간을 가장 즐길 수 있도록 하는 장비를 만드는 것"을 명료화할 수 있게 해주었다.

또 다른 예로서 앞에서 내가 언급했었던 청정에너지 회사의 비전은 "사람들이 '녹색'의 지속 가능한 에너지를 사용하는 세상"이었으며 미션은 "쓰레기를 에너지로 바꾸기 위하여 정부와 기업들이 정책을 실천하도록 돕는 것"이라고 하였다.

사무엘 팔미사노는 고객의 니즈에 대한 완벽한 맞춤형 솔루션이라는 자신의 비전을 지원하기 위하여 '스마터 플래닛 사업'을 시작하였는데, 그 미션은 정부와 사회조직(전력망, 교통관리, 음식물 배포, 수질 보전 그리고 건강관리 등과 같은)을 위한 좀 더 효율적인 시스템을 만들기 위해 컴퓨터 지능을 적용하는 것이었다.

벤처의 미션은 당신이 잠재적 팀원들을 확인하기 시작함에 따라 형태를 조금씩 더 갖추게 된다.

에드 호건은 보통 사람들이 이국적인 장소에 감당할 만한 금액으로 여행하게 하는 그의 비전을 항공과 호텔 비용을 모두 저렴한 패키지 가격에 포함시키는 여행 패키지를 만드는 미션으로 지원하였다.

잠재적 팀원 확인하기

당신의 열정을 비전으로 표현하는 핵심은 잠재적 고객들을 찾는 것이다. 이와 비슷하

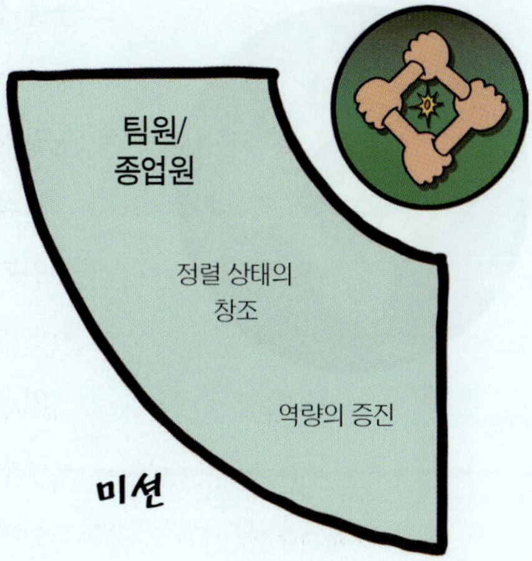

게 당신의 열정을 당신의 벤처와 관련하여 미션으로 표현하는 것은 당신이 잠재적 팀원들을 확인하기 시작하면서 가능해지기 시작한다. 당신의 팀은 당신의 주요한 '승가'의 한 부분이며, 이것은 같은 방법을 공유하고 당신과 함께 같은 목적을 향하여 일하는 사람들이다(즉, 당신의 목표 달성과 당신의 가장 높은 수준의 잠재력 실현).

가장 크게 헌신하는 팀원은 분명히 당신의 열정과 비전을 공유하는 사람들일 것이다. 가장 도움이 되는 팀원은 벤처의 미션을 달성하기 위한 필수적·보완적 스킬과 역량을 가진 사람들일 것이다. 팀원들이 당신의 열정과 비전을 공유하고 필요한 스킬과 역량을 갖고 있을 때 그것은 분명히 이기는 조합이라고 할 수 있다.

IBM의 사무엘 팔미사노가 이상과 같은 사실을 잘 인식하게 된 것은 곧 사람들의 행동에 대해 동기를 부여하고 지시하기 위하여 회사의 상명하달 구조를 공유된 미션에 기반한 구조로 전환했을 때 가능하였다. 다음과 같은 세 가지 가치, 즉 1) 모든 고객의 성공에 기여함, 2) 우리 회사와 세상을 위해 중요시되는 혁신, 3) 모든 관계에서의 신뢰와 개인적 책임이라는 가치들은 회사의 미션과 기여가 얼마나 중요한지 잘 설명해 주고 있다. 팀원들이 회사의 미션에 대한 인식을 공유함으로써 조직 전반의 의사결정이 잘 될 수 있고 그들 간의 강력한 협동적 상호작용이 잘 이루어질 수 있다.

바니 펠은 파워셋을 위한 팀을 규합하는 가운데 "우리는 무엇이 필요한가?"와 "누가 최고인가?"라는 질문을 끊임없이 던졌다. 이러한 질문들은 당신이 자신의 팀을 만들 때 스스로에게 물어볼 만한 좋은 것이다. 바니 펠이 지혜롭게 충고해 주고 있듯이 팀에 합류하는 사람은 그가 어떤 사람이든지 진정한 탁월성을 발휘하기 위해서 "당신이 자신이 하는 일을 잘하듯이 그도 자기가 하는 일을 잘할 수 있어야 한다." 신다나 터커트가 지적한 바와 같이 기업가적 성공은 "팀이 그 일을 할 수 있다는 존중과 인정"을 필요로 한다.

최고의 팀원들은 당신의 비전과 미션을 공유하고, 벤처의 미션에 효과적으로 기여하는 데 필요한 스킬과 능력을 지닌 사람들이다.

당신이 벤처를 위하여 팀원과 잠재적 팀원에 대하여 생각하고

그들을 선정할 때 다음과 같은 내용들을 잘 참고하라.

- 당신과 자신의 벤처가 당신의 미션을 충족하고 비전에 기여하는 일에 성공하기 위하여 할 필요가 있는 핵심적인 활동들은 무엇인가?
- 누가 이 프로젝트를 위하여 당신의 팀원이 되거나 동료가 될 수 있을까?
- 당신의 미션을 달성하고 비전을 지원하기 위하여 어떤 누가 당신에게 합류할 필요가 있는가?
- 회사 내에서 확보 가능한 능력 중에 최고에 해당하는 것은 무엇이며 어떤 능력이 외부로부터의 아웃소싱될 필요가 있는가?
- 당신의 '드림팀'이 될 사람은 누구일까?

당신의 미션을 알리기

팀원들의 마음을 얻고 이들을 정렬시키기 위하여 당신의 비전은 물론, 미션과 관련하여 소통하고 알리는 것은 필수적인 일이다. 당신의 미션과 미션 선언문은 또한 당신 자신을 경쟁자들과 차별화하고 당신이 누구인지(예: 당신의 브랜드)를 명확하게 해 준다. 우리가 앞에서 말한 바와 같이 많은 벤처들은 비슷한 비전을 가질 수도 있다. 당신과 당신의 벤처를 차별화시키는 것은 미션의 형태로 이루어지는 비전 달성을 위한 당신 고유의 공헌이다.

미션이 효과적인 것이 되기 위해서는 다양하고도 변화무쌍한 상황에서 실제로 적용될 수 있는 방식으로 소통할 필요가 있다. 벤처나 팀의 미션을 효과적으로 소통하기 위해서 기업가는 다음과 같이 할 필요가 있다.

- '고객'이 누구인지 확인하기(당신은 어떤 시스템을 위하고 있는가?)

- 본질적인 서비스 확립하기(당신이 제공하거나 판촉하고 있는 것은 무엇인가?)
- 핵심 가치 반영하기(왜 당신이 하는 일을 하고 하는가?)
- 핵심 역량 표현하기(어떤 기술과 방법이 당신을 고유하게 만드는가?)

만일 당신이 앞에서 이미 소개했던 미션 선언문의 예를 다시 살펴본다면 그 내용들이 이상과 같은 다양한 가이드라인에 얼마나 잘 부합하게 작성되어 있는지 알게 될 것이다. 우리가 연구했던 기업인들의 벤처를 위한 미션 선언문의 또 다른 예들로 다음과 같은 것이 있다.

> 조직 내의 사람들이 역량, 마음, 비전을 개발하며 역경을 극복할 수 있도록 돕기 위하여 교육적 경험을 제공한다.
>
> 리더십과 관리 스킬에 대한 e-러닝과 온라인 교육을 통하여 전 세계 사람들의 삶의 질을 크게 개선한다.
>
> 개발도상국가의 사람들 스스로가 자신들 문제에 대한 솔루션을 찾을 수 있다는 사실을 깨달을 수 있도록 그들을 위한 집단 프로젝트를 고안한다.
>
> 가난한 교외 지역의 주민들과 일반 시민들이 자신의 능력과 정체성에 대한 새로운 시각을 가질 수 있도록 하는 예술 프로젝트를 창조한다.
>
> 모든 연령층의 사람들을 위한 보건 및 웰빙을 지원하는 실제적인 행동 방법들을 찾아내고 공유한다.

미션 내용을 좀 더 구체적으로 작성하는 데 도움을 얻기 위해서 미션을 성공적으로 잘 표현했던 프로젝트, 이벤트, 상황의 예를 찾아보는 것도 좋을 것이다. 예: "나/우리의 미션을 성공적으로 잘 실행했던 과거의 예는 다음과 같다…."

다즈니, 애플, IBM과 같이 장기적으로 성공을 누리고 있는 회사들은 신세대 종업원들에게 영감을 주기 위한 그들의 미션의 예로서 과거의 성공을 자신의 문화 및 회사 전통의 한 부분으로 살아 있게 한다.

당신은 자신의 미션을 다음과 같은 메타포로 표현할 수 있다. "우리 회사는 잘 조직된 벌통과 같다."라는 것이다.

물론 당신의 미션을 분명히 표현하는, 진행 중인 프로젝트는 미션의 구체적인 예를 잘 보여 줄 수 있는 강력한 방법이 될 수 있다. 예: "나/우리의 미션을 표현하는 현재의 프로젝트는 다음과 같다."*

---

* 이와 대조적으로 미션이 제대로 드러나지 않고 있거나 적절히 표현되지 않았던 예를 보여 주는 프로젝트, 이벤트, 상황들을 찾아보는 것도 도움될 수 있다. 예: "나/우리의 미션에 맞지 않은 프로젝트의 예는 다음과 같다."

미션을 정형화할 수 있는 좋은 사례가 있을 만큼의 개인 역사가 충분하지 않은 상황에서라면 다른 곳에서 비슷한 사례를 갖고 올 수도 있다. 이 경우에는 비교를 하거나 메타포를 사용해서 할 수도 있다. 예: "나/우리의 미션의 메타포는 다음과 같다."

구체적으로 메타포는 한 수준에서 구체적이고도 쉽게 시각화할 수 있으면서도 복잡하고 추상적인 관련성을 포착해 낼 수도 있다. 그것은 특히 가치와 정체성과 관련한 보다 심층 수준의 이슈를 표상할 수 있는 가장 좋은 방법이 된다. 회사의 정체성과 미션을 '기계' '벌통' '풋볼팀'과 같은 것으로 예를 들어 생각을 해 본다면, 조직과 조직 미션에 대해서 서로 다른 관점에서 이해할 수 있는 시각이 생길 수 있다. 예컨대, 우리는 "SFM™의 미션은 차세대 기업가가 성공하기 위해 필요로 하는 '멘탈 소프트웨어'를 창조하고자 하는 것이다."라고 말할 수 있다. 이 표현이 문자 그대로 사실이라고 할 수는 없겠지만 미션과 관련한 무엇인가를 명료화하고 있다.

회사도 때때로 타회사와의 비교를 통하여, 예컨대 스스로를 스포츠 장비계의 '애플'이라고 부르면서 자신의 미션과 관련하여 메타포를 사용할 수 있다. 회사는 그러한 메타포를 통하여 그들도 사용하기 쉽고 미적 즐거움을 주는 혁신적이고 다양한 생산라인을 갖춘 애플과 유사한 가치와 미션을 갖고 있음을 암시한다.

시각적 상징도 한 수준에서 구체적이고 쉽게 시각화할 수 있게 하는 유사한 효과를 가지면서 심층의 가치와 관계성을 잘 포착해 낸다. 예: "나/우리의 미션의 시각적 상징은 다음과 같다."

예를 들어, '거위 떼'나 '말들의 무리'와 같은 이미지는 팀이 일하는 방식과 그들의 목적에 대하여 많은 이야기를 해 준다. 또 다른 예로서 많은 사람들이 손에 손을 맞잡고 지구나 전구를 둘러싸고 있는 그림은 어떤 팀이 무엇을 위해 어떤 식으로 일하고 있는지에 대해 잘 보여 주지만 이것을 말로 설명하려면 좀 더 복잡하고 어려워질 수도 있다.

다음 쪽에 있는 워크시트를 통해 연습을 해 보면 여러 가지 서로 다른 표현 양식을 사용하여 당신 자신, 당신의 팀, 당신의 벤처를 위한 미션을 설명하고 발표할 수 있는 기회를 갖게 될 것이다.

미션 선언문 워크시트

1. 당신의 미션에 대한 선언문

나/우리의 미션은 ______________________________을(를) 위한

(어떤 더 큰 시스템/고객을 위하여)

______________________________하기 위하여

(어떤 목적달성을 위하여)

______________________________하고자 하는 것이다.

(어떤 서비스를 제공하고자 하는지)

2. 그 미션과 관련한 과거 사례 혹은 참조가 될 만한 경험

3. 그 미션을 반영하거나 표현하는 최근의 프로젝트

4. 미션에 대한 메타포

5. 미션에 대한 시각적 이미지나 상징

앰비션, 비전, 동기

비전만으로는 충분하지 않다. 이것은 벤처와 연결되어야 한다. 계단을 올려다보는 것만으로는 충분하지 않고 우리는 계단을 올라서서 발걸음을 내디뎌야 한다.

– 바츨라프 하벨[9)]

우리가 그동안 살펴본 것과 같이 가장 크게 영감을 주는 비전은 목표의식과 관련되어 있거나 우리 자신을 초월하거나 우리보다 더 큰 어떤 것에 대한 비전에 공헌하는 것과 관련된 것이다. 이러한 것들은 우리의 미션과 '소명' 의식을 일깨워 준다. 우리가 에너지를 발산하고 행동을 개시하기 위해서는 그러한 것들이 우리의 앰비션과 역할에 연결되는 것이 중요하다. 이러한 것과 관련한 고전적인 예로서 1960년대 초에 케네디 대통령이 인간의 우주탐사에 대한 비전을 제시한 것을 꼽을 수 있다. 비전에 행동과 에너지를 심어 주기 위해서 케네디는 "앞으로 10년 이내에 인간을 달에 보내고 안전하게 귀환시키도록 하겠다."라는 앰비션을 세웠다. 그는 이런 앰비션을 발표하면서 비전, 동기, 앰비션, 성공의 원 중심 사이의 상호 연결성을 보여 주었다.

케네디 대통령의 "앞으로 10년 이내에 인간을 달에 보내고 안전하게 귀환시키도록 하겠다."라는 목표는 비전과 앰비션을 결합한 고전적인 예이다.

> 그런데 왜 달이어야 하냐고 묻는 사람들이 있습니다. 왜 달을 목표로 삼아야 할까요? 아마 그들은 왜 높은 산에 오르냐고도 물을 것 같습니다. 35년 전에 왜 대서양 횡단 비행을 했을까요?
>
> 우리는 달에 가기로 했습니다. 그들이 묻는 다른 일들과 마찬가지로 우리는 이것이 쉬워서가 아니라 어려운 일이기 때문에, 이 목표는 우리의 에너지와 기술 수준을 정비하고 그 한도를 측정할 기회가 되기 때문에, 우리가 기꺼이 받아들일 도전이고 뒤로 미루기 싫은 도전이며 우리는 물론 다른 이들도 성공하고자 하는 도전이기 때문입니다.

---

9) Vaclav Havel(1936~2011): 체코의 극작가로 1989년 11월 체코슬로바키아에서 일어난 정치적 변화를 이끈 주요 인물이며 체코슬로바키아의 마지막 대통령과 체코 공화국의 초대 대통령을 역임하였다.

케네디의 연설문이 가리키듯이 앰비션은 "우리의 에너지와 기술 수준을 정비하고 그 한도를 측정하는 일"을 위해서 작용한다. 이 말은 곧 앰비션은 더 큰 비전으로 연결될 때 성장과 숙달을 위한 투지(drive)를 자극하고 그것을 끌어당기는 일종의 '매력 요소'가 된다는 점을 암시한다. 이러한 말과 다음과 같은 말, 즉 목표에 의해서 만들어지는 도전은 "우리가 기꺼이 받아들일 도전이고 뒤로 미루기 싫은 도전이며 우리는 물론 다른 이들도 성공하고자 하는 도전"이라고 케네디가 언급했던 말 또한 목표와 앰비션 간의 밀접한 관계를 잘 보여 주고 있다.

'비전'은 특정한 목표보다는 전체적인 방향성을 잡아 주며 '미래의 땅에 박힐 말뚝'으로 많은 다른 활동들을 위한 초점이 된다. 케네디의 인간의 우주탐사에 대한 비전은 달 착륙, 우주정거장, 우주왕복선 등과 같은 많이 구체적이고 현실적인 일들의 원천이 되었다. 우리가 이러한 구체적인 일들 중의 하나와 우리의 앰비션을 연결할 때 그것은 우리가 꼭 달성해야 할 목표, 프로젝트, 벤처가 되는 것이다.

케네디의 사례는 또한 비전의 다른 핵심적인 측면을 노출시킨다. 우리가 이미 지적한 바와 같이 비전은 그것을 만들어 내고 소통하는 개인을 초월한다. 예를 들어, 케네디는 불행하게도 그러한 자신의 비전이 결실을 맺는 것을 전혀 보지 못했다. 그러나 그 비전이 하나의 실체로서의 그를 뛰어넘어 살아남았다는 것과 그 자체로 많은 사람들의 행동에 방향과 목적과 의미를 제공했다는 사실은 분명하다. 그래서 비록 앰비션이 당신 자신을 위해 성취하기를 원하는 것이며 당신의 미션이 개인이나 조직으로서 당신에게 완전히 고유한 것으로서 당신 없이는 존재할 수 없는 것이라 할지라도 비전은 개인으로서의 당신을 초월하면서 많은 타인들의 마음속에 있는 미션 의식과 앰비션을 자극하게 된다. 비록 그 비전이 당신에게서 올지라도 말이다.

당신의 앰비션 정하기

> 우리 대부분에게 있어서 가장 큰 위험은 우리의 목표가 너무 높아서 목표에 제대로 이르지 못한다는 사실이 아니라 오히려 목표가 너무 낮아서 쉽게 목표를 달성한다는 점이다.
>
> – 미켈란젤로

앰비션은 미래를 창조하는 주요한 힘이다. 앰비션은 어떤 것을 하기 원하거나 성취하기 원하는 내적 열망과 심리학자 길버트 브림[10]이 말한 우리의 "성장과 숙달을 위한 투지"로부터 유발된다. 케네디가 사람들을 달에 보내는 것에 대하여 "우리의 에너지와 기술 수준을 정비하고 그 한도를 측정할" 방법이라고 이야기한 것은 이러한 투지에 대하여 완벽하게 표현한 것이다. 일반적으로 우리는 우리가 할 수 있음을 이미 알고 있는 것에 대해서는 만족하지 않으며, '기대치를 높이는' 성장-기회를 발견하고 우리의 역량과 숙달을 탐색하고 확장하기를 원한다. 우리가 어떤 무엇을 성취했다 하더라도 "그다음은 무엇인가?"라는 질문은 불가피하게 제기된다. 브림이 지적하듯이 우리는 젊으나 늙으나 도전하기를 원한다. 우리는 우리 스스로 자신의 삶을 만들어 가기를 원한다.

> 성취는 주로 개인의 열망과 기대수준을 서서히 높여 간 결과물이다.
>
> – 잭 니클라우스

생애 첫 몇 주와 몇 개월째의 아주 어린 영아에 대한 연구(Bower, 1985)를 보면 앰비션의 본질에 대한 흥미로운 통찰을 얻게 된다. 어느 대표적인 실험에서 어린아이가 모빌과 같은 '매력적인' 장난감 앞에 있게 했다. 장난감은 아이의 활동에 따라 움직인다. 즉, 모빌을 멈추게 하려면 아이는 발을 내림으로써 라이트의 빛이 멈추게 해야 하는데, 그때 모빌은 돌아가지 않게 된다. 그러나 모빌을 다시 돌리기 위해서는 아기가 다시 발을 들어올려야 한다. 대부분의 아기들은 모빌을 멈추고 다시 움직이게 하는 것에 대해 홍미를 보이면서 이러한 상황에 대하여 재빠르게 분석한 후에 이렇게 모빌이 움직이게 되는 것은 자신의 발 동작 때문이라는 사실을 알아차리게 된다. 그들은 두 발로 놀면서 모빌을 돌아가게 하거나 멈추게 하기 위해 무엇을 어찌해야 하는지 금방 알게 된다.

과거에 심리학자들은 아기는 외부의 대상에 대해서 큰 흥미를 보인다고 가정하였다.

---

10) Gilbert Brim(1923～2016): 미국의 사회심리학자로 특히 초기 아동기와 중년기에 대한 많은 연구를 하였으며 앰비션에 대한 저서들을 남겼다.

그래서 앞선 예에서 '강화'나 보상에 해당하는 것은 곧 모빌에 해당하였다. 그러나 연구자들이 계속하여 아기들을 관찰한 결과, 일단 아기가 무엇을 해야 될지 알게 되면 장난감이 여전히 영향력을 갖긴 하지만 동시에 싫증도 쉽게 낸다는 사실을 발견하게 되었다. 그래서 아기들에게 중요한 것은 곧 일어나고 있는 상황에 대해 어떻게 통제해야 할지를 알아차리는 것이라고 그들은 결론 내렸다. 그 경우에 강화는 상호작용하는 외부 세계나 대상이라기보다는 그것과 어떻게 상호작용하며 영향을 미칠 수 있을지에 대해서 깨닫는 것, 즉 성장과 숙달을 위한 투지라고 할 수 있다. 환언하면 아기는 모빌을 수집하는 것에는 관심 없고 장난감과의 상호작용을 통해 자신에게 외부 세계에 영향을 미칠 수 있는 능력이 있다는 점을 깨닫는다는 사실에 더욱 홍미를 느낀다. 우리 모두는 아기들은 선물 자체보다는 선물을 담았던 박스에 대해서 더 큰 관심을 보이게 된다는 점을 관찰하였다.

아기를 대상으로 하는 이와 같은 연구가 보여 주듯이 자신의 환경에 능숙하게 대처하는 법을 배우는 것은 그것 자체가 본질적으로 자기 강화적이면서 생애를 통틀어 우리의 앰비션을 위한 기반이 된다. 일반적으로 기업가적 앰비션은 돈, 위신, 업적과 같은 것을 좇는데 차세대 기업가들은 그런 것들이 반드시 우리의 앰비션의 일차적인 동기가 되는 것이 아니라는 점을 명심할 필요가 있다. 오히려 그런 것들은 우리 자신의 성장과 숙달에 대해 피드백해 주거나 반영해 주는 수단으로 기능한다.

우리 인생에서 아기와는 반대의 스펙트럼에 있는 노화에 대해 연구하는 주디스 로댕(Judith Rodin)과 다른 심리학자들은 성장과 숙달은 노인들의 웰빙 의식에 있어서도 중심이 된다는 사실을 발견하였다. 로댕(Rodin, 1986)은 노인들에게 있어서 건강과 통제감과의 관련성에 대해서 언급하였다. 그녀의 연구에 의하면 노인들의 활동에 제약이 가해질 때 건강이 악화되는 결과가 생겼다. 이와 대조적으로 가정 간호를 통하여 노인들이 스스로 선택할 수 있는 활동이 증가했을 때 건강과 웰빙 수준이 높아졌다.

직업 만족도와 관련된 연구에서도 도전과 자율성은 일에 대한 만족도를 높인다는 비슷한 결과를 보였다. 비단 잠재적으로 제약이 따르고 반복적이며 지루한 일을 하는 상황에서도 사람들은 때때로 성장할 수 있는 방법을 만들어 내었다. 만약 사람들이 충분히 도전받지 않는다면 좀 더 단기적인 시간 계획을 하며 자기가 성취할 수 있는 일에 대한 기대 수준을 높이고 목표를 확장하거나 추가하게 된다. 그리고 일을 좀 더 빨리 또는 좀 더 일찍 완수하려 하고 보다 많은 또는 보다 나은 결과를 얻고자 한다.

성취와 성공은 업적, 성장과 숙달에 대한 우리의 앰비션과 열망을 증가시켜 주는 경향이 있다.

예컨대, 경제학자 H. F. 클라크(Clark)는 미국인들은 자신의 실제 평균 수입과 상관없이 25% 정도를 더 원한다고 하였다. 실제로 자기가 성취한 것보다 25%를 더 원한다. 수입액수와 상관없이 모든 사회적 계층에 있어서 사람들은 실제보다 25% 이상의 목표를 설정한다. 경제학의 또 다른 연구는 사람들이 세금감면이 될 때 처음에는 저축을 더 많이 하지만 서서히 소비를 늘리게 된다는 사실을 보여 주었다. 사람들은 임금 인상의 상황에서도 동일하게 반응하였다. 즉, 저축보다는 소비에 더 치중하였다.

그래서 성취와 성공을 할수록 성취, 성장, 숙달을 위한 우리의 열망과 투지는 줄어들지 않고 오히려 더 증가하게 된다. 미국의 선지자적 발명가이자 건축가로서 20세기의 레오나르도 다빈치로 불리는 벅민스터 풀러(Buckminster Fuller)는 "교육은 모든 생물이 자신의 평균 이상으로 살고자 하는 생래적 열망의 결과이다."라고 말했다.

그래서 앰비션은 우리 삶의 생성적 힘으로 우리가 충족감을 느끼기 위해 끊임없이 새롭고 더 큰 것을 추구하도록 한다. 이 말은 곧 우리의 현재 상태와 바라는 상태 간에 간격이 만들어진다는 것을 의미한다. 심리학자 니콜라스 홉스(Nicholas Hobbs)에 의하면 우리는 우리 삶에서 앰비션에 찬 목표를 설정할 때 단지 감당할 수 있는 곤란(just manageable difficulty)만 추구하게 된다. 만약 도전이나 곤란도 수준이 너무 낮으면 우리는 쉽게 싫증, 게으름 또는 초조함을 느끼게 된다. 그러나 일단 특정한 일을 숙달하게 되면 그것을 잘하기 위해 많은 노력을 더 이상 하지 않아도 되면서 우리는 더 높은 목표를 추구하게 되고 노력이 더 많이 요구되는 일을 하고자 한다.

반면에 만약 도전이나 곤란도 수준이 너무 높으면 우리는 압도되면서 스트레스를 받고 패배감을 느끼게 된다.

인위적인 과제와 관련한 연구 결과에 의하면 사람들은 성공과 실패의 확률이 각각 절반 정도되는 경우에 가장 강하게 동기부여가 된다. 성취에 대한 만족감도 실패의 위험이 있을 때 높아간다. 실패의 위험이 전혀 없는 일에서는 만족감이 없으며, 반면에 위험

우리의 앰비션은 우리의 현재 상태와 바라는 상태 간의 간격을 만들어 낸다. 그러한 간격의 거리를 측정하는 것은 중요하다. 그래서 그것이 '단지 감당할 수 있는 곤란' 수준 이내에 있어야 하며, 우리의 목표가 '너무 쉽다'거나 '압도적이다'라는 것으로 인식되지 않아야 된다.

부담이 너무 크면 오히려 성과가 떨어진다.

또 다른 고려사항은 우리가 프로젝트나 활동에 투입하는 노력과 실제로 그 일을 할 수 있는 우리의 능력 간의 관련성이다. 이 관련성은 우리의 수행/능력 비율(performance/capacity ratio)이라고 알려져 있다. 우리의 경험 정도와 숙달도가 높은 경우에는 일이 쉽고 노력이 별로 필요없다. 다른 상황에서 우리는 한계까지 내몰리고 새로운 것을 학습하거나 부족한 것을 보완하기 위해서 고생을 많이 하지 않으면 안 된다.

삶의 특정 영역에서의 앰비션은 다른 영역의 앰비션에게도 영향을 미칠 수 있다. 만약 우리가 한 영역에서 과도하게 많은 노력을 쏟고 있다면 그것은 장기간에 걸쳐서 인생 전반에 부담으로 작용하게 된다. 따라서 높은 수행/능력 비율이 요구되는 상황에서는 다른 영역에서의 앰비션 수준을 낮추어야 할 것이다. 만약 우리가 여러 영역에서 한계 수준 이상으로 노력을 해야 한다면 스트레스로 인해 무너지게 될 수 있을 것이다.

기업가가 개인적인 앰비션과 벤처를 위한 앰비션을 설정하는 과정에서 당면하고 있는 도전 중의 한 가지는 '단지 감당할 수 있는' 곤란 수준을 결정하는 것이다. 그것은 우리의 현재 상태와 곤란 수준을 결정하는 바라는 수준 사이의 간격 정도이다. 적절한 간격은 케네디 대통령이 말했듯이 "우리의 에너지와 기술 수준을 정비하고 그 한도를 측정"하게 하는 데 도움이 된다.

예컨대, 만약 케네디의 "10년 이내에 달에 가고자 하는" 앰비션이 당시보다 20년 전인 1942년에 발표되었다면 똑같은 정도의 열광과 노력을 촉진하지 않았을 것이다. 그리고 그때는 세계와 미국이 미처 준비되지 않았을 것이다. 수행/능력 비율이 너무 컸을 것이며 당시에 발생했던 제2차 세계대전 때문에 너무 많은 비용, 에너지 등의 자원들이 소모되었다. 기술 수준 또한 달 여행을 할 만큼 발전되지 않았었다.

바로 여기서 적정 수준의 직관과 예술가적 기교가 함께 작용함으로써 자기 자신과 벤처를 위한 앰비션이 설정될 수 있다. 제대로 된 비전과 앰비션이 만들어지기 위해서는 더 큰 '장'을 이용해야 하며, 가까이 오고 있는 것이 무엇이며 현재 수준이 어느 정도 되는지를 알려 주는 현상들에 대한 약한 신호를 감지할 수 있어야 한다. 그것은 창의적 무의식이 의미 있는 역할을 하게 되는 또 다른 영역이다.

앰비션, 열정, 신념, 정체성 행렬

우리 자신과 우리의 프로젝트나 벤처에 대한 앰비션을 세우는 과정에서 우리 자신과 능력에 대한 신념, 특히 정체성 행렬(identity matrix)에 의해 정의된 신념 또한 많은 영향력을 가진다. 우리는 누구이며 누구일 수 있고 누가 될 수 없는지, 그리고 누가 되고 싶은지 등에 대한 우리의 신념은 우리가 창조하는, 그리고 우리의 행동의 기반이 되는 세상 모형에 대하여 결정적 영향을 크게 미친다.

신념과 신념체계는 내 평생을 통해 해 왔던 주요한 연구 영역이었다. 나는 신념의 주요 목적은 우리가 과거나 현재에 대하여 이미 알고 있는 것을 검증하는 것이 아니라, 미래를 창조하는 것이라고 늘 주장해 왔다. 우리는 우리의 미래 목표를 정하고 다음과 같은 물음과 관련한 우리의 신념의 결과에 따라 그 목표 성취를 위해 투입해야 할 노력 수준을 가늠하게 된다. 1) 무엇이 가능한가? 2) 우리 자신 및 우리와 함께 일하는 사람들이 할 수 있는 것은 무엇인가? 3) 우리가 스스로 자격이 있다고 여기는 것은 무엇인가?

우리의 앰비션 또한 다음의 두 가지 물음과 관련한 신념에 의해서 영향받는다. (a) 우리는 스스로 얼마나 똑똑하고 강하며 건강하고 창의적이며 매력적이라고 믿는가? (b) 앰비션을 성취하거나 인정, 수용하기 위해서 우리가 앞에서 열거한 특징들을 어느 정도로 갖고 있다고 믿거나 성취할 필요가 있다고 믿는가?

물론 앰비션도 비전 및 미션과 같이 우리의 열정의 표현이다. 우리가 신념을 열정과 연결시킬 때 최고로 강력한 앰비션이 생긴다.

우리의 앰비션은 어떤 것이 가능하다는 것과 우리 자신의 능력과 우리의 팀원 그리고 우리에게 합당한 것에 대한 신념에 강력한 영향을 받는다.

예컨대, 신다나 터커트는 "나는 무엇이든 할 수 있다."는 신념과 함께 사람들이 스스로 "할 수 있다는 사실을 몰랐던 것을 할 수 있도록" 돕는 도구를 창조하고자 하는 열정 또한 가졌었다. 이러한 신념과 열정으로 인해 분명히 그녀의 앰비션은 더 큰 도전에 맞설 수 있게 되었고 자신의 한계를 극복하고 성장과 숙달의 수준을 뛰어넘을 수 있게 되었다.

마크 피츠패트릭은 자신을 끊임없이 성장시키고 "일을 조금씩 더 개선"시키고자 하는 열정을 가졌었다. 그는 또한 "만약 당신이 성공의 기회가 왔다고 느낀다면 곧바로 뛰어들어 그 기회를 낚아채야 한다."는 신념에 대해서 이야기하였다. 열정과 신념 이 두 가지는 그가 자신의 잠재력을 성취하며 큰 위험을 감수하고 자신만의 소프트웨어 회사를 창업할 수 있게 한 앰비션의 기반이 되었다.

바니 펠은 "세상에서 감당해야 할 주요한 역할이 있다."는 신념과 함께 배움과 인공지능에 대한 열정을 갖고 자신의 앰비션을 통해서 '게임을 바꾸는' 검색엔진을 만들 수 있게 되었다.

내가 앞의 제1장에서 지적했듯이 우리의 앰비션은 또한 우리의 인식된 약점, 결점, 그림자들을 보완할 필요성에 의해서도 고무될 수 있다. 우리는 인식된 결점과 제약을 감추거나 만회하기 위한 시도 차원에서도 앰비션을 만들어 낼 수 있다. 앞에서도 언급한 바와 같이 이러한 보완을 위한 시도는 때때로 '이상적 자아'를 창조한 결과이다. 여기서 이상적 자아는 "인정, 사랑, 수용받기 위해서 우리가 반드시 되어야 할 사람이 누구일까?"와 같은 물음과 관계된다. 또한 이상적 자아는 늘 배제된 행동과 특성의 형태를 갖춘 '그림자'를 던져 준다.

때때로 우리는 인식하고 있는 결핍과 결함 부분을 위해 너무 열심히 노력하며 보완하고자 한다. 이런 일이 생기게 되는 이유는 우리가 시도하는 보완의 형태가 심층의 원인을 제대로 다루지 않고 그 결과로 끊임없이 고군분투하지만 결코 성취하지 못하기 때문이다. 또 다른 경우에는 제한적 신념을 가짐으로써 압박이나 실망의 고통 속으로 들어가지 않으려 하게 된다.

심리학자 칼 융은 무의식의 기능 중 한 가지는 우리의 의식적 에고(이상적 자아)가 가진 편견과 편향을 보완하고자 하는 것이라고 주장하였다. 예컨대, 만약 어떤 사람이 감과장된 앰비션은 우리가 인식된 부족과 결핍을 과잉보완할 때 문제가 될 수 있다. 그러한 인식은 흔히 제한적 신념에 의하여 만들어진다.

량을 위하여 굶거나 다이어트를 한다면 과식하거나 초콜릿을 가득 먹는 꿈을 꾸게 된다. 이와 비슷하게 우리가 항상 '자신감'을 갖고 '통제감'을 느껴야 한다고 마음먹는다면 '의심'이나 '무력감'과 같은 그림자가 무의식적인 반응으로 올라오게 된다. 앞서 소개되었던 코미디언 로빈 윌리엄스의 평생에 걸친 우울증과의 싸움은 이러한 현상에 대한 또 다른 예에 해당한다.

칼 융에 의하면 우리는 성격에서의 '빛'과 '그림자' 모두를 포용하는 것이 중요하다.

심리학자 데보라 필립스(Deborah Phillips)는 사람들이 자신의 실제 능력에 대해서 과소평가하는 '무능력의 착시(illusion of incompetence)'에 대해서 얘기하고 있다. 3학년, 5학년, 9학년 학생들을 대상으로 이루어진 연구에서 20% 정도의 학생들은 여러 과목과 과제에서 실제의 능력보다 스스로를 과소평가하는 신념을 가진 것으로 나타났다.

물론 우리 사회, 문화, 가족제도에 의해 주입된 제한적 신념은 우리의 앰비션을 억압할 수 있다. 앞의 제3장 서두에서 인용되었던 매리앤 윌리엄스가 지적한 바와 같이 "도대체 나는 누구이기에 이렇게 멋지고 화려하고 매혹적이며 재능이 넘치는 것일까?"라는 말은 곧 우리는 어떤 내 · 외적인 허락을 받을 필요 없이 스스로 우리 자신이 되고 우리의 독특성이나 위대함을 표현할 수 있다는 사실을 암시한다.

동시에 우리 주변에는 TV, 잡지 등의 매체가 전달하는 메시지들이 범람하고 있는데, 그것은 노골적인 것도 있고 은근히 드러나지 않는 것도 있지만 끊임없이 특히 돈, 권력, 위신과 연결되는 물질적인 무엇과 업적 수준을 원하게 하고 더 많은 것을 기대하도록 우리를 부추긴다. 물론 높은 업적을 쌓으려는 기대가 높아지게 되면 불편한 심리도 높아질 수 있다. 그래서 우리 속에서는 보다 물질적인 재산, 소유, 사회적으로 인정되는 성취의 형태로 보완하고자 하는 욕구가 생길 수 있다. 결과적으로 이것은 일부 개인, 산업계,

사회에서 볼 수 있는 물질주의의 악순환을 낳을 수 있다.

과장된 자신감은 우리가 부적절하다거나 무능하다는 신념에 균형을 맞추고자 하는 시도 차원에서 생길 수 있다. 예컨대, 한 연구에서 95%의 미국인들은 자신들의 사회적 스킬 수준이 상위 50%에 해당하는 것으로 평가한다는 사실이 밝혀졌다. 또 다른 조사연구에 의하면 사람들은 스스로 실제 나이보다 평균 9년 정도 더 젊은 것으로 느끼면서 외모상으로는 실제보다 5년 정도 더 젊게 보이는 것으로 믿고 있다.

우리의 에고를 보호하기 위한 부정(denial)이나 현실도피환상(reality escaping fantasy) 형태의 앰비션은 우리로 하여금 현실적인 감각을 갖지 못하도록 한다. 대신에 그것은 내부 투쟁이나 실패인 체하는 '신기루'를 만든다. 반면에 낙관주의와 활력 신념의 표현으로서의 앰비션은 성장과 숙달을 위한 투지에 어울리는 건강한 열망을 설정할 수 있다. 열망은 우리가 '단지 감당할 수 있는 곤란'의 적절한 정도를 찾도록 지원한다.

COACH 상태로부터 당신 자신의 비전과 미션, 벤처와 당신의 앰비션, 그리고 '성장과 숙달을 위한 투지'에 대하여 생각해 보라. 다음의 질문들에 대한 답을 적어보라. 당신의 비전과 미션과 관련하여 당신의 답을 10단어 이내로 간명하게 써 보라.

당신의 벤처나 프로젝트를 위한 당신의 앰비션은 무엇인가?

1. 당신은 당신의 벤처나 프로젝트가 어떤 류의 지위와 어느 정도의 성취 수준에 이르기를 원하는가? (예: 첫 번째, 최고, 가장 빠른, 가장 큰 등등)

   나/우리는 다음과 같거나 되기를 원한다: ______________________________

2. 당신은 당신의 벤처나 프로젝트가 잠재적 투자자, 주주, 조언자, 경쟁자에게 어떤 식으로 보이기를 원하는가?

나/우리는 다음과 같이 보이거나 알려지기를 원한다: ____________________

> 낙관주의와 활력 신념의 표현으로서의 앰비션은 성장과 숙달을 위한 투지에 어울리는 건강한 열망을 설정할 수 있다. 열망은 우리가 '단지 감당할 수 있는 곤란'의 적절한 정도를 찾도록 지원한다.

3. 당신은 당신의 벤처가 얼마나 크기를 원하는가?

나/우리는 다음과 같은 정도로 성장하기를 원한다: ____________________

4. 당신은 과거의 개인적인 성취 중에서 어떤 것을 뛰어넘는 성취를 어떤 식으로 이룩하고 싶은가?

나/우리는 다음과 같이 큰 성취를 원한다: ____________________

5. 당신이 당신의 앰비션을 달성하기 위해 헌신할 수 있는 구체적인 시간 계획은 어떠한가?

나/우리는 다음과 같은 기한 내에 나/우리의 앰비션을 달성할 계획이다: ____________________

아마도 우리가 건강하면서도 현실적인 앰비션을 갖도록 하기 위한 핵심 열쇠는 그것이 반드시 우리의 비전과 미션에 맞게 정렬되어 있도록 해야 하는 것이다. 앰비션과 성공은 단순히 이기적인 개인주의의 결과가 아니다. 개인의 성공과 행복의 대가가 다른 사람의 실패와 불행이 아니다. 차세대 기업가들은 타인을 희생시키고 그들의 성공과 행복의 기회를 감소시킴으로써 이기는 대신에 오히려 그들과의 협력을 통해서 모두의 행복과 성공을 증진시켜 자신의 행복과 성공을 달성할 수 있는 세상에 대한 비전을 가져야 한다. 그들의 비전은 사람들이 속하고 싶어 하는 세상을 창조하는 것이다.

> 건강하고 현실적인 앰비션은 우리의 비전 및 미션과 정렬될 뿐만 아니라 타인의 성공과 행복에 기여하는 방식으로 우리의 만족과 성공을 성취할 수 있도록 지원한다.

당신이 앞에서 당신의 앰비션이라고 규정했던 내용들을 살펴보는 동안에 당신의 앰비션이 어떤 방식으로 당신의 비전 및 미션과 정렬되며 또 그것들을 지원할지에 대해서 잘 고려해 보라.

역할 모델, 경쟁자, 자문가

역할 모델과 경쟁자들은 우리의 앰비션을 보다 명확하게 규정하고 가능할 수 있게 해 주는 일종의 벤치마킹의 대상이 된다.

"나는 우리 업계의 '디즈니'가 되고 싶다."

우리들의 자아 신념(self-beliefs)은 앞에서 살펴본 바와 같이 보상의 방어기제와 열광으로 인해 쉽게 왜곡되기 때문에 때때로 우리는 역할 모델이나 그에 준하는 사람들의 앰비션과의 비교를 통해서 우리 자신의 앰비션을 설정하거나 명료화한다. 예컨대, 케네디가 인간을 달에 보내는 목표를 "우리가 성공하고자 하는 것"이라고 주장했던 것은 의미심장하고 강력한 것이다. 분명한 암시는 앰비션의 한 부분으로 곧 러시아보다 미국이 먼저 달에 가게 하는 것이라는 점이다. 이런 점에서 우리의 앰비션을 설정할 때 경쟁이 중요한 역할을 하는 것이다.

표준은 항상 무엇과의 비교를 전제로 한다. 많은 우리의 앰비션은 타인들, 특히 역할 모델과 경쟁자들을 살펴보고 그들과 교류하며 비교하는 가운데 설정된다. 우리는 우리와 가장 비슷하다고 생각하는 사람들의 행동과 업적을 관찰하는 경향이 있다. 우리는 바로 이러한 관찰로부터 열망의 수준을 정하고 구체화한다. 이런 점에서 역할 모델은 우리가 이미 앞에서 미션 선언문 만들기와 관련하여 논의한 바 있는 메타포의 형태로 기능한다. 한 기업가가 "나는 우리 업계에서 '디즈니'가 되고 싶다."라고 말할 때 그 말은 곧 자신의 가치와 벤처를 위한 열망에 대한 보다 구체적인 그림을 창조하게 된다.

우리의 역할 모델과 경쟁자들은 우리의 앰비션을 위한 일종의 벤치마킹의 대상이 된다. 이 점이 잠재적 투자자와 주주들이 기업가가 잠재적 경쟁자들이 누구인지에 대해서 분명히 확인해 주기를 바라는 이유가 된다. 신다나 터커트가 지적한 바와 같이 기업가가 경쟁자를 밝힘으로써 스스로 너무 '내부적으로만 골몰'하거나 비현실적인 경향으로 빠지지 않게 되고 스스로의 신뢰도를 높임과 함께 타인을 쉽게 '끌어들이는 데' 도움을 얻게 된다. 어떤 면에서는 앰비션을 말하면서도 '경쟁자가 없다'는 것은 곧 그것이 진정한 앰비션이 아니거나 비현실적인 앰비션이고자 하는 것과 같다.

어떤 사람들은 '이기기' '앰비션'과 같은 말들에 대해 이야기할 때 불편함을 느끼는데 그것은 그런 말들이 이기적, 자기중심적, 오만, 공격적 의미의 금기시되는 단어인 것처럼 여겨지기 때문이다. 그러나 이것은 '제로섬'의 태도를 가정한다. 건강한 경쟁에서는 목표는 오히려 역량 수준을 보여 주기 위하여 다른 사람들과 겨루고 그들을 능가하고자 하며 '기대치 높이기'와 더 '큰 파이 만들기'를 하는 것이다. 이것은 단지 자신이 승리감을 느끼기 위하여 타인을 '패배'시키고자 하는 것과는 다르다. 기업가적 태도를 가진 개인이 언덕 위의 큰 집을 가진 사람을 볼 때 '나도 저 사람처럼 언덕 위의 저런 집을 사야지.'라고 생각을 하지 '언젠가 저 사람을 언덕에서 끌어내리겠다.'라고 하지는 않을 것이다.

경쟁자들은 서로 보완적인 능력을 갖고 있고 윈윈 관계의 대상이 될 수 있다고 생각되면 오히려 파트너가 될 수도 있다. 이런 것에 대한 좋은 사례는 애플이 1997년에 MS와 제휴관계를 맺으면서 매킨토시를 위한 MS오피스 프로그램을 채택함으로써 파산 직전에서 벗어났던 일인데 이에 대해서는 뒤에서 다시 살펴보게 될 것이다.

때때로 우리에게 가장 중요한 경쟁자나 역할 모델은 남이 아닌 바로 우리 자신이 될 수 있다. 그래서 우리는 일을 함에 있어서 예전에 했던 것보다 더 빨리 하려고 하고 과거보다 더 많이, 더 나은 결과를 얻기 위해 노력을 한다. 우리는 자신이 과거에 이룩했던 '최고 수준'을 뛰어넘는 수준의 목표와 앰비션을 설정함으로써 자기의 한계를 뛰어넘고자 한다.

신다나 터커트가 지적했듯이, "주주 및 투자자에 대한 신용이란 것은 곧 그들에 대한

경쟁자들은 서로 보완적인 능력을 갖고 있고 윈윈 관계의 대상이 될 수 있으면 파트너가 될 수 있다.

자문가는 당신이 운영하는 벤처의 성공을 위해 필수적인, 특정 영역에서의 전문성이나 경험을 가진 사람으로서 당신의 앰비션 차원에서 당신에게 멘토 역할을 줄 수 있는 사람이기도 하다.

검증과 관련된다. 그것은 단순히 그들에 대해 당신이 갖는 견해와는 다른 것이다." 그녀는 "그러한 개념을 인정하면서 주위에서 존경을 받는 사람들"을 가까이 두는 것이 중요하다는 사실을 강조하였다. 이는 곧 자문단의 멤버가 될 수 있는 멘토와 후원자들을 선정하는 문제와 관련된다. 어떠한 새로운 벤처에서라도 훌륭한 자문단을 두는 것은 중요한 일이다. 자문위원회는 당신이 운영하는 벤처의 성공을 위해 필수적인, 특정 영역에서의 전문성이나 경험을 가진 사람들의 그룹이다. 특히 앰비션 차원에서 당신을 인정해 주고 조언해 줄 수 있는, 서로 다른 배경을 가진 사람들을 확보하는 것은 대단히 중요하고 가치 있는 일이다. 그것은 당신의 앰비션의 매력성을 더욱 돋보이게 하는 시금석이 될 수도 있다.

때때로 스타트업의 자문단은 새로운 벤처를 위한 최초의 '주주' 그룹이 될 수도 있다. 왜냐하면 흔히 기업가들은 자문들이 회사에 대해 기여해 준 것에 대한 감사의 표시로 금전적인 보상으로 작은 '말뚝'을 제공하기 때문이다. 전통적인 회사에서 이 말뚝은 소량이지만 주식의 형태를 띠는데, 그것은 언젠가 벤처가 대박이 날 때 아주 큰 가치를 발휘하게 된다. 일반적으로 자문가들은 직접적으로 보상을 받지 않기 때문에 기업가의 성공을 위한 앰비션은 아주 중요하다. 만약 자문가들이 회사의 성공을 위해서 도움을 주고 기여를 잘 한다면 나중에 실제로 회사가 성공했을 때 그들도 큰 혜택을 보게 될 것이기 때문이다.

물론 자문가들에게 돌아가는 혜택이 반드시 주식이 될 필요는 없다. 그것은 주주들에게도 마찬가지다. 경우에 따라서 그들이 새로운 벤처와 관련되었다는 이유 하나만으로 오히려 그들의 평판이 높아지는 형태로 나타날 수도 있다. 그리고 그 혜택이 다른 형태의 거래로 돌아갈 수도 있다.

잠재적 주주 찾기

당신은 자문단에 추가하여(당신의 비전과 미션에 관심을 보였듯이 앰비션에도 관심 보일) 다른 잠재적 주주들을 찾아야 한다. 우리가 이미 앞에서 확인했듯이 잠재적 주주들은 의사결정에 영향을 미치거나 당신의 프로젝트나 벤처를 위한 성공적 앰비션 달성에 큰 영향을 미칠 수 있는 핵심 자원이나 스킬을 제공할 사람들이다. 그들은 당신의 비전, 미션, 앰비션을 통해서 이룩하는 벤처의 성공 결과로 일차적으로 혜택을 볼 수 있는 사람들이기도 하다.

주주들은 의사결정에 영향을 미치거나 당신의 프로젝트나 벤처의 성공에 크게 영향을 미칠 수 있는 핵심 자원이나 스킬들을 제공할 사람들이다. 그들은 또한 당신의 앰비션이 달성될 경우에 가장 큰 혜택을 볼 수 있는 사람들이기도 하다.

COACH 상태로 들어가서 다음에 제시된 질문들을 생각해 보며 당신의 잠재적 주주들을 확인해 보자.

- 당신이 앰비션을 성취하기 위하여 필요한 중요 자원들은 무엇인가?
- 당신이 성공하기 위한 펀딩, 자문, 기타 핵심 자원들을 제공하는 일에 관심이 있을(관심을 가질 수 있을) 사람 또는 당신이 필요로 하는 사람은 누구인가?
- 당신이 앰비션을 성취함으로써 '말뚝'을 차지할(긍정적으로든 부정적으로 영향받을 수 있는) 사람은 누구인가?
- 누가 당신의 성공에 투자하는가?
- 당신은 앰비션을 달성함으로써 주주들에게 어떻게 가치를 창출할 것인가? 당신의 성공은 주주들에게 어떤 종류의 혜택을 줄 것인가?
- 당신은 자신의 앰비션에 대한 역할 모델로서 현재 누구를 생각하고 있거나 앞으로 누구를 생각할 것인가?
- 당신의 경쟁자, 예컨대 당신과 비슷한 앰비션을 가진 사람들은 누구인가?

당신의 생각을 다음 빈칸에 요약해 보라.

1. 누가 당신의 벤처를 위한 앰비션이 성취될 수 있다고 믿어 줬던, 또는 믿어 줄 수 있는 후원자와 멘토들(잠재적 자문위원들)인가?

____

____

2. 누가 의사결정에 영향을 미치거나 당신의 프로젝트나 벤처를 위한 성공적 앰비션 달성에 큰 영향을 미칠 수 있는 핵심 자원이나 스킬을 제공할 수 있는 잠재적 투자자나 주주인가?

____

____

3. 누가 당신의 역할 모델인가?

____

____

4. 누가 당신의 경쟁자인가?

____

____

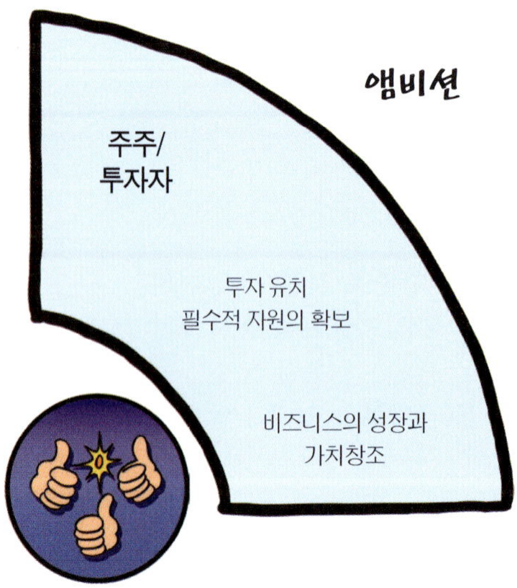

동기 평정 워크시트

우리의 앰비션과 동기는 미래 창조를 위한 주된 에너지원의 하나이자 지침이다. 그것은 또한 우리를 지원할 투자자와 다른 주주들을 끌어들이는 것이기도 하다. 우리의 프로젝트나 벤처를 위한 핵심 성공 요인은 당신의 노력을 위한 동기를 이해할 뿐만 아니라 그 동기를 공유하며 당신을 지원할 수 있는 다른 사람들을 구하는 것이다.

다음에 제시될 동기 평정 워크시트(motivation assessment worksheet)의 목적은 당신이 자신의 프로젝트나 벤처를 위한 동기를 명료화하고 그러한 동기들이 서로 얼마나 잘 정렬되어 있는지를 알아보는 데 도움이 되게 하기 위한 것이다. 그리고 그것은 또한 그 동기들이 서로 얼마나 많이 중복되는지, 당신의 성공에 중대하게 영향을 미칠 수 있는 다른 핵심적인 사람들과 얼마나 많이 갈등하게 될지를 알아보는 데도 도움이 된다.

당신이 앞의 장에서 명료화했던 비전, 미션, 앰비션을 다음의 해당 란에 적어 보라. 그리고 그다음 면의 큰 표의 가장 왼쪽에 있는 진술문들을 0~5점 척도상에서 평정하되, 5점은 '아주 중요함'을, 0은 '전혀 중요하지 않음'을 의미한다. '자기'라는 란에는 당신의 답을 써라. 솔직하게 답을 하고 당신의 프로젝트나 벤처를 위한 모든 동기들을 제대로 살펴보는 것이 중요하다.

어떤 동기가 보다 '에고' 중심적인지, 어떤 것이 보다 '소울' 중심적인지 주목해 보라. 그것들은 균형 잡혀 있는가? 만약 불균형이 있다면 조금 더 관심 갖고 신경 쓸 필요가 있는 과잉보상 영역이나 부적절한 보상 영역이 있는가?

역할 모델, 경쟁자, 후원자, 멘토, 그리고 특별히 잠재적 투자자와 주주의 입장이 되어 생각해 보라. 그리고 그들의 관점에서 그들의 행동과 벤처에 대해서 0~5점 척도상에서 동일한 동기에 대해 어떻게 평정할 것인지 상상해 보라. 그들에게 중요한 것은 무엇이며 그것은 얼마나 중요한가? 해당하는 란에 당신의 답을 기입하라. 만약 모르겠다면 '?' 표시를 기입하라.

당신의 동기와 다른 사람들의 동기를 서로 비교하고 울림이 있을지 찾아보라.

1. 당신의 역할 모델과 공통적인 동기는 어떤 동기인가? 차이 나는 동기는 어떤 것인가?

2. (잠재적) 경쟁자와 관련해서는 어떠한가? 경쟁자와는 동기의 어떤 면에서 서로 비슷하며 어떤 면에서 서로 차이가 있는가?

3. 당신의 후원자와 멘토(잠재적 자문위원들)에 대해서 생각해 보라. 이들은 서로 어떤 면에서 공통적인가? 어느 부분이 잠재적 불일치 영역인가?

4. 누가 의사결정에 영향을 미치거나 당신의 프로젝트나 벤처의 결과에 의미 있는 영향을 미칠 수 있는 핵심 자원이나 스킬을 제공할 수 있는 잠재적 투자자와 다른 '주주들'에 대해서 가장 중요하게 생각해 보라. 그들의 동기는 무엇인가? 그 동기들 중에서 당신과 공통되는 것은 어떤 동기인가? 잠재적 주주들과 어느 부분에서 '울림'을 느끼는가? 그들은 당신의 어떤 동기에 대해서 가장 크게 관심을 가질 것인가?

비전: ______________________________

미션: ______________________________

앰비션: ______________________________

동기	자기	역할 모델	경쟁자	후원자/ 멘토	주주/ 투자자
명성 얻기					
나를 나 자신/가족/나를 불신하는 사람들에게 증명하기					
나의 가족/동료들로부터 인정받기					
의미 있는 타인들을 기쁘게 하기					
나의 공동체/직업/세계에 공헌하기					
세상을 좀 더 좋게 변화시키기					
나의 공동체/나라/지구를 위해 봉사하기					
나 자신/가족을 위해 충분히 돈 벌기					
많은 돈 벌기					
빨리 돈 벌기					
나의 장기적 재무 안정성 증대하기					
인간적으로 성장하기					
숙달력 향상하기					
나의 두려움과 한계를 극복하기					
나의 비전을 다른 사람과 공유하기					
새로운 것을 배우기					
새로운 능력과 스킬 개발하기					
과거에 존재하지 않았던 것 창조하기					
나의 지식과 기술을 응용하기					

동기	자기	역할 모델	경쟁자	후원자/ 멘토	주주/ 투자자
타인들과 무엇인가를 창조하고 목표를 성취하기 위하여 함께 일하기					
주목할 만한 것 성취하기					
다른 사람들이 배우고 성장하도록 지원하기					
성공한 사람/벤처로 알려지기					
이 세상에서 내가 되고자 했던 사람 되기					
나의 잠재력이 모두 발휘하면서 살기					
중요한 문제 해결하기					
이 세상에서 내가 하도록 운명지어진 일 하기					
다른 사람의 발자취 따르기					
나의 힘/통제 의식 증가시키기					
내 인생에서 더욱 크게 균형을 유지하기					
고통(질병, 폭력, 가난) 제거를 위해 내가 할 수 있는 일 하기					
다른 사람들과 연락하기					
내 자신/사람들/세상에 대해서 더 많이 알아 가기					
나를 즐기기					
다른 사람들과 즐겁게 지내기					
다른 사람들이 불가능하다고 생각하는 것을 성취하기					
기타:					

이 실습 내용을 살펴볼 때, 당신은 자신이 잠재적 투자자나 주주들에게 프레젠테이션을 하거나 그들과 대화를 한다고 가정한다면 어떤 동기들이 가장 중요하게 강조되어야 할 것이라고 생각하는가? 장래의 자문위원들과 관련해서는 어떠한가?

당신의 동기는 가능한 파트너들에게도 흥미로울 것 같은가? 그러나 파트너들은 당신의 프로젝트나 벤츠가 맡을 다양한 역할들이 어떻게 상보적으로 서로에게 적합하게 작용할 수 있을지에 대해서도 알아야 할 필요가 있다.

당신의 프로젝트나 벤처의 역할 규정하기

기업가는 역할에 대한 명확한 의식을 가짐으로써 핵심 자원들을 확장하고 레버리지 하는 윈윈 파트너십을 확립할 수 있게 된다. 개인과의 관계에서와 마찬가지로 벤처의 역할은 벤처의 핵심 역량과 행동을 반영한다. 그것은 벤처가 다른 벤처들과의 맥락에서 차지하는 위치와 그 위치에 수반하는 기대된 역량과 행동 모두와 관련된다. 사람들, 팀, 벤처는 그들의 미션, 앰비션, 역량과 부합할 뿐만 아니라 비전 달성을 지원하는 역할을 할 때 가장 성공할 수 있다. 예컨대, 사무엘 팔미사노는 IBM의 역할을 회사의 핵심 비전과 미션과 보다 정렬될 수 있도록 재규정하였는데 그로 인해서 회사는 핵심 역량을 가장 잘 이용할 수 있게 되었다.

당신은 당신의 벤처의 역할에 대해서, 그리고 그것이 어떻게 더 큰 비전과 미션을 지원하는지에 대해서 명확히 이해함으로써 자원들을 레버리지 하고 늘리는 윈윈 파트너십과 제휴 관계를 확인하고 확립하는데 도움을 얻을 수 있게 된다.

당신의 프로젝트나 벤처의 역할을 확립하는 것과 관련한 중요한 질문은 다음과 같다.

달성하고자 하는 성취의 지위 및 수준과 관련한 당신의 앰비션에 이르기 위하여 당신은 어떤 종류의 벤처나 팀이 될 필요가 있는가?

당신의 비전, 미션, 앰비션을 가장 잘 달성하도록 할 핵심 역량으로 어떤 역량을 갖고 있는가? 어떤 역할이 그러한 역량을 드러내며 잘 적용할 것인가?

당신의 비전을 달성하는 것과 관련하여 당신은 누구이거나 누가 되고 싶은지에 대해서 명료화함으로써 시작하되 일단 COACH 상태로 들어가서 다음의 질문들에 답하라.

당신은 현재 어떤 종류의 존재인가 또는 앞으로 될 것인가?

나는 나/우리의 비전과 관련하여 다음과 같은 존재이다: ______________________________

당신은 그 역할이나 그 위치에서 어떤 종류의 일을 하는가?

나/우리는 다음과 같은 일을 한다:

____

당신은 그 일을 어떻게 하는가? 어떤 방법으로 그 일을 하는가?

나/우리는 다음과 같이 한다:

____

당신이 하는 일에 대하여, 그리고 당신이 지닌 특별한 역량에 대하여 최대한 분명하게 하도록 하라. 만일 당신이 지나치게 막연하다면 잠재적 파트너가 협력관계를 평가하는 것이 어려울 수도 있다. 예상 고객, 주주, 팀원들도 당신의 벤처가 무엇하는 회사인지, 당신이 어느 방향을 지향하며 무엇을 대표하는지에 대해서 명확히 알기 어렵게 된다. '모든 사람에게 필요한 모든 것'이 된다는 것은 불가능하다는 점을 기억하라.

당신의 답을 생각하면서 당신 자신을 전통적인 '마을'의 역할(예: 정육점 주인, 제빵사, 양초 만드는 사람)로 제한시킬 필요가 없다. 프로젝트나 벤처의 역할은 혁신자, 고객 솔루션 제공자, 학교, 상인, 플랫폼, 협회, 네트워크, 생산자, 배송자, 변혁자, 연결자, 해방자와 같이 다양한 것이 될 수 있다. 월트 디즈니는 자신의 조직을 '환상 공장(fantasy factory)'이라고 불렀다.

당신 자신을 역할이라는 관점에서 다른 어떤 회사나 실체와 비교할 수 있을지에 대해서 생각해 보는 것 또한 좋은 일일 수 있다.

만약 앞의 질문들에 대하여 문자 그대로 표현하기가 어렵다면 메타포나 상징을 이용하여 대답해도 좋다. 우리는 앞의 제1장에서 슈퍼 영웅이나 슈퍼 파워라는 메타포를 사용했었다. 당신의 벤처는 현재 어떤 종류의 슈퍼 영웅이며 당신의 벤처가 현재 갖고 있거나 개발하고 싶은 슈퍼 파워는 무엇인가?

예상 파트너는 가능한 제휴사를 고려하고 평가하기 위하여 당신의 핵심 역량과 함께 당신이 어디로 향하고 있으며 무엇을 대표하는지에 대해서 분명하게 이해할 필요가 있다.

만약 이러한 접근방식이 당신의 마음에 별로 와 닿지 않는다면 어떤 다른 메타포를 사용할 수 있을까(예: 개척자, 등대, 과수원, 오아시스 등)?

당신의 역할에 대해서 문자 그대로의 단어나 용어로 뿐만 아니라 메타포 차원에서 생각하는 것이 유용할 수 있다.

앞에서 이미 여러 번 언급했었던 겨울 스포츠 장비 회사는 자기들을 '산악' 스포츠 회사로 정의하기로 결정하였다. 이 경우에 산들은, 한편으로는, 많은 겨울 스포츠가 이루어지는 실제적인 산을 의미할 수 있다. 하지만 다른 면으로는 '산'에 대한 메타포는 순수, 권위, 도전뿐만 아니라 평화, 생태계의 다양성 등을 상징할 수도 있다.

잠재적 파트너 찾기

프로젝트나 벤처의 역할을 명확하게 하는 것은 다른 기업가들과 벤처들과의 파트너십과 제휴관계를 끌어들이고 창출하는 데 도움이 된다. 파트너는 당신의 역할을 보완하거나 후원해 주는 서로 다른 역할을 지닌 다른 사람들이나 벤처들이 될 수 있다. 그러한 파트너를 찾는 것은 자원들을 레버리지 하고 확대하기 위한 목적을 위하여 윈윈 관계를 창조하는 것을 포함한다. 이에 대한 좋은 예는 앞에서 언급한 플레전트 하와이언 홀러데이의 창업주 에드 호건의 예로 그의 작은 여행사는 다른 대형 항공사들과 경쟁할 수 없었다. 그러나 그는 '휴가 패키지'를 만들기 위해 호텔들과의 파트너십을 통하여 예상 고객들의 전반적인 비용을 줄이고, '천국'을 방문하려는 꿈을 가진 사람들에게 의미 있파트너는 당신들 각자가 핵심 자원을 레버리지 하고 확장할 수 있는 방식으로 당신의 벤처를 지원하거나 보완하는 역할, 미션, 앰비션을 가진 사람이나 벤처이다.

는 혜택을 가져다주었다.

또 다른 사례로 바니 펠 또한 그의 벤처의 역할을 자연언어 능력의 제공자로 규정함으로써 핵심 파트너십 및 제휴관계를 구축하고 PR, 확장형 데이터 인프라, 클라우드 컴퓨팅과 같은 자원들을 레버리지 할 수 있게 되었다.

그래서 고려해 보아야 할 다른 질문은 "당신의 프로젝트나 벤처는 다른 곳과 어떻게 잘 맞을 수 있을까?"라는 것이다. 당신의 프로젝트나 벤처의 역할과 핵심 역량을 고려한다면 당신이 당신의 비전, 미션, 앰비션을 성공적으로 달성하기 위해서 중요하거나 반드시 필요한 상호 보완적인 역할과 역량은 무엇일까? 당신의 활동과 역량은 어떤 다른 역할을 감당함으로써 혜택을 만들 수 있을까?

다시 말하지만, 이러한 것을 메타포 차원에서 탐색하는 것도 도움된다. 만약 당신의 역할에 대한 메타포가 '오아시스'라면 당신은 '텐트 제조업자' '엔터네이너' '수력발전 엔지니어' 등과의 파트너십을 통하여 혜택을 볼 수 있을 것이다. 또한 또한 '대상(隊商)[11]리더' '낙타몰이꾼' '군대' 등에게도 파트너로서 혜택을 줄 수 있을 것이다.

다시 COACH 상태로 돌아가서 다음 질문에 대해 생각해보라:

- 당신의 파트너는 누구인가(누가 될 수 있는가)? 당신은 누구와 잠재적 윈윈 제휴 관계를 만들 수 있는가?
- 당신이 가진 어떤 자원과 역량들이 다른 사람들과의 파트너십을 통해서 확장되거나 레버리지 될 수 있는가?
- 당신의 프로젝트, 제품, 서비스의 가치나 혜택을 증가시키는 일에 누가 도움을 줄 수 있는가?
- 당신을 보완할 수 있는 자원과 역량을 누가 갖고 있으며 서로의 가능성을 크게 확장시킬 수 있을까?

11) Caravan: 사막에서 낙타나 말 등에 짐을 싣고 떼지어 다니면서 특산물을 팔고 사는 상인의 집단

당신이 찾아냈던 잠재적 파트너나 제휴사들의 리스트를 만들어 보라.

잠재적 파트너/제휴사들:

윈윈 관계 탐색하기

윈윈 제휴 관계를 창출하는 다음과 같은 세 가지 근본적인 방법이 있다.

(1) 중요한 자원과 비용 공유하기
(2) 능력 결합하기
(3) 서비스나 제품 교환하기

다음 단계는 당신과 잠재적 파트너가 자원을 레버리지 할 수 있는 잠재적 윈윈 방식을 찾아내는 것이다. 이렇게 하는 방법은 많이 있겠지만 다음과 같은 세 가지 주요 가능성이 있다.

1. 중요한 자원과 비용 공유하기(예: 비용 감소를 위해)
2. 능력 결합하기(예: 에드 호건의 항공 및 호텔 패키지)
3. 서비스나 제품 교환하기(예: 한 파트너의 서비스를 다른 파트너의 제품과 맞바꾸기)

중요한 자원과 비용 공유하기는 스타트업 단계에 있는 비슷한 프로젝트나 벤처를 파트너로 삼을 때 가장 좋다. 스타트업 '인큐베이터'로 알려진 것은 이런 종류의 레버리지의 예이다. [이에 대해서는 부록의 '용어 해설' 참조.] 인큐베이터는 함께 참여하면서 다음과 같은 것을 집단적으로 공유하는 기업가들의 집단으로 구성된다.

- 선도적 지원, 다른 방법으로는 접근 불가능하거나 사용할 수 없는 중요한 도구, 정보, 맥락에 접근함
- 로비/접수실, 회의실, 복사 및 팩스 기계, 시청각 기기, 사무 업무, 주방 시설
- 사적인 사무 공간, 작은 방, 실험실이나 제작 공간
- 비즈니스와 기술 자문을 받을 기회, 유능한 서비스 제공자, 잠재적 멘토, 재정 자원에 대한 안내를 받음

능력 결합하기(combining capabilities)는 아주 효과적인 전략으로서 당신의 역할과 능력을 보완하는 프로젝트나 벤처를 가진 파트너들과의 제휴 관계를 창출한다. 그런 제휴 관계는 파트너의 능력을 소비자들과 잠재적 주주들에게 보다 매력적이게 만드는 방식으로 레버리지 할 수 있다. 경영관리 컨설팅 회사는 재무 회사와 파트너 관계를 만듦으

원윈 관계 탐색하기는 처음에는 잘 드러나지 않을지 몰라도 놀라울 만한 시너지 효과로 이끌 수 있다.

로써, 예컨대 고객에게 더욱 광범한 서비스를 제공할 수 있다. 또한 복사회사는 고객에게 보다 효율적인 경험을 제공하기 위하여 배송 회사와 파트너가 될 수 있다. 바니 펠의 아마존과의 파트너십은 자연언어 서비스를 온라인 소매업과 결합한 것으로 능력 결합하기에 대한 또 다른 예이다. 이와 마찬가지로 하드웨어와 소프트웨어 회사들은 제품을 '번들형' 패키지나 솔루션으로 묶음으로써 효과적인 윈윈 파트너십을 구축할 수 있다.

서비스나 제품 교환하기는 능력 결합하기만큼은 강력한 레버리지가 아닌 반면에 비록 당신의 프로젝트나 벤처가 시너지 효과를 가지고 있지만 큰 잠재력을 갖고 있지 않다고 하더라도 잠재적 파트너와의 관계에서는 항상 하나의 옵션이 된다. 훈련연구소는 기술회사의 장비를 사용하는 반대급부로 그 회사에게 무료로 훈련서비스를 제공할 수 있다. 로펌은 회계회사와 서비스를 교환할 수 있으며 자동차 대리점은 이벤트 회사로부터 이벤트 서비스를 받으면서 무료로 자동차 렌트를 해 줄 수 있다.

이러한 옵션들을 탐색하는 것은 처음에는 분명한 효과를 보이지 않을지 모르지만 많은 가능한 윈윈 관계를 향하는 문을 열어 준다. 예컨대, 최근에 내가 진행한 어느 SFM™ 세미나에서 일단의 기업가들은 잠재적 파트너십을 탐색하는 중이었는데, 그들 각자는 서로 다른 프로젝트와 벤처를 소유하고 있으면서 보통은 서로 간에 파트너십 관계를 가질 수 있다고는 생각하지 않았을 것이다.

- 첫 번째 사람의 벤처는 기업가를 위한 스트레스 감소에 대한 것이었다.
- 두 번째 사람은 관리자들에게 핵심적 소통 및 관계 스킬을 가르치는 혁신적인 방식으로서 중국 전통을 통합하는 벤처에 대한 아이디어를 갖고 있었다.
- 세 번째 사람은 인터넷 마케팅 회사를 설립하는 과정에 있었다.
- 네 번째 사람은 고객들에게 현재의 인생목표와 상황을 고려할 때 자신의 활동, 소유물, 비용, 인간관계와 같은 것들 중에서 어느 것이 정말로 중요하며 어떤 것이 압박감을 주거나 시간 및 에너지 낭비를 하게 하는지 생각해 보게 함으로써 그들의 삶의 문제를 해결하도록 돕는 코칭 서비스를 시작하고 있었다.
- 다섯 번째의 참여자는 전기차를 판매하는 비즈니스를 창업하고 있었다.

처음에 봤을 때 다음과 같이 서로 다른 프로젝트와 벤처들은 파트너 관계를 맺을 수 있는 분명한 가능성을 크게 보이지 않았다.

- 기업가를 위한 스트레스 감소
- 대인관계 스킬을 가르치기 위한 방법으로서 중국 전통을 가르침
- 인터넷 마케팅
- 인생 문제를 해결하는 코칭 서비스
- 전기차 판매

자원을 공유하고 제품, 서비스, 역량을 결합하며 자원을 교환할 수 있는 방법들을 탐색해 보도록 격려 받은 그들은 여러 가지 잠재적 윈윈 관계를 찾기 시작했다. 그들은 모두 스타트업 단계에 있으면서 효율성을 필요로 하고 비용에 대해 민감할 수밖에 없었으므로 서로 일정한 사무실 기기와 비즈니스 서비스를 공유할 수 있다는 것을 알게 되었다.

또한 스트레스 감소와 인생 문제 해결 코칭 서비스를 묶어 준다면 어떤 고객들에게 잠재적으로 이익이 되는 패키지가 될 수 있다는 사실이 지적되었다. 이 서비스가 각각 하나로서든 또는 두 가지의 묶음으로서든 중국의 전통을 이용하여 대인관계 스킬을 가르치는 방식과 연결된다면 어떤 잠재적 고객들에게는 좀 더 풍성한 제안이 될 수도 있다. 세 사람의 기업가들은 참여자들이 세 가지 모든 접근으로부터 혜택을 받을 수 있는 기업가와 관리자를 위한 며칠간의 휴양 서비스에 대한 아이디어를 내어놓고 토론을 벌였다.

모든 벤처들이 인터넷 마케팅의 이점을 누릴 수 있다는 점과 모두가 인터넷 마케팅에 대한 교환 차원에서 잠재적으로 자신들의 서비스나 제품을 제공할 수 있을 것이라는 사실이 명백해졌다.

물론 이들 벤처들은 (스트레스 감소, 보다 효율적인 대인관계 스킬, 인터넷 마케팅, 인생문제 해결 서비스를 필요로 할 수 있는) 전기자동차 비즈니스 창업자와 자신들의 서비스를 교환할 수 있다는 사실을 깨달았다(그들이 전기자동차를 사용하거나 또는 자동차 구입 및 리스를 할 때 할인을 받는 대가로).

인터넷 마케팅 회사는 고객들 중에서 다른 서비스와 전기자동차를 필요로 하는 사람들을 쉽게 만날 수 있었다. 인터넷 마케팅 회사의 창업주는 그러한 사람들을 해당 기업가에게 소개해 주면서 그 대가로 다른 기업가가 만나는 사람들 중에서 인터넷 마케팅 서비스에 관심이 있는 사람들의 가능한 연락처와 정보를 맞교환하면서 확보할 수 있었다.

원윈 마인드셋을 개발하고 호혜적 관계를 끊임없이 찾는 습관은 당신의 벤처 성공을 보장하는 가장 중요한 방법들 중의 하나이다.

이러한 것들은 잠재적 윈윈 관계를 탐색한 결과로 나타나기 시작했던 몇 가지 가능성 중의 일부에 불과하다. 이러한 탐색의 결과로 가치 있는 장기 파트너십의 일부가 수립되었지만 그런 일은 만약 그들이 이렇게 파트너십의 가능성에 대해서 의도적으로 탐색하는 기회를 갖지 않았다면 불가능할 수 있었다.

이렇게 윈윈 마인드셋을 개발하고 호혜적 관계를 끊임없이 찾는 습관은 당신이 할 수 있고 당신의 '운 요인'을 증가시키며 벤처의 성공을 보장해 줄 가장 강력한 일들 중의 하나이다. 그리고 그것은 모든 당사자들이 끊임없이 다음과 같은 질문을 하는 근본적인 태도로부터 나타난다.

"이것은 저의 미래인데 당신은 여기에 기여할 수 있을까요?"

"제가 기여할 수 있는 당신의 비전은 무엇입니까?"

앞서 설명했던 다양한 선택사항과 사례들을 마음에 두면서 다음의 형식을 이용하여 당신의 프로젝트나 벤처에 대한 잠재적인 파트너십에 대해서 탐색해 보라.

잠재적 파트너: ______________________________

잠재적 파트너십의 유형(공유, 결합, 교환):

____

파트너십이 당신에게 주는 혜택: ______________________________

파트너십이 그들에게 주는 혜택: ______________________________

위에서 소개했던 파트너를 염두에 두면서 다음과 같이 자문해 보라.

우리는 어떤 자원이나 비용을 공유할 것인가?(예: 사무실 집기, 도구, 회의실, 업무지원 서비스 등)

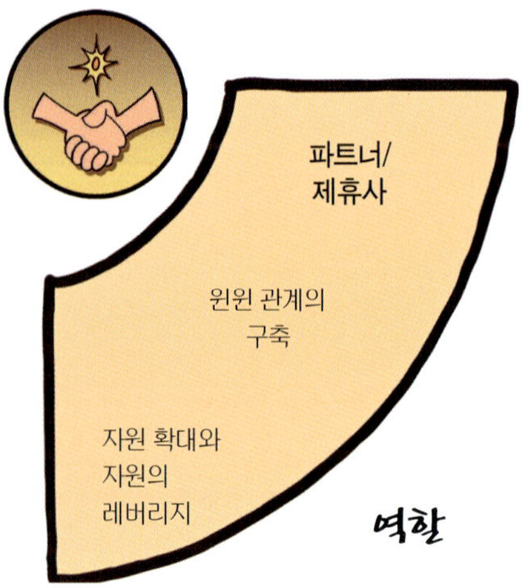

윈윈 마인드셋을 개발하는 것은 다음과 같은 두 가지 질문을 끊임없이 해 보는 것을 포함한다.

"이것은 저의 미래인데 당신은 여기에 기여할 수 있을까요?"

"제가 기여할 수 있는 당신의 비전은 무엇입니까?"

우리의 제품, 서비스, 역량을 결합함으로써 가치를 더하고 고객이나 잠재적 주주에게 보다 혜택을 주고 매력적인 것으로 만드는 것이 가능할까?

우리는 각자 교환을 통해서 다른 파트너들이 이용하거나 혜택을 받을 수 있는 서비스, 제품, 정보, 역량들을 갖고 있는가?

앞에서 다섯 명의 기업가들에 대한 예시에서 볼 수 있었듯이 잠재적 파트너들과 실제로 함께 마주 앉아서 앞선 질문들에 대해서 심도 깊게 검토해 보면 아주 크게 도움이 될 수 있을 것이다.

원원 제휴 관계 창조하는 법

1) 중요한 자원과 비용 공유하기

여행사와 쇼비즈니스 회사는 사무 공간, 인터넷, 프린터, 인터넷 비용과 커피 기계까지 공유할 수 있다.

2) 능력 결합하기

사진사는 메이크업 아티스트와 팀을 이루어서 멋진 수준의 인물 사진을 제공할 수 있다.

3) 서비스나 제품 교환하기

사과 주스를 생산하는 친구가 태양 에너지 밴 자동차를 이용하여 주스를 배달하게 하며, 자동차 회사는 이러한 배달 과정을 통해서 태양에너지 자동차에 대한 프로모션을 실시할 수 있다.

신벤처와 프로젝트를 위한 비전과 앰비션 워크시트

지금까지 우리가 살펴봤던 내용들을 통합하기 위해서 우선 당신의 프로젝트나 벤처와 관련한 비전, 미션, 앰비션, 역할에 대해서 작성했던 내용들을 요약해 보고 그런 것들을 **성공의 원**™과 관련시켜 보라. 다음의 비전과 앰비션 워크시트(vision and ambition worksheet)를 사용하여 지금까지 명료화했던 내용들을 검토해 보자.

소울	에고
비전 당신은 당신의 벤처나 프로젝트를 통하여 당신의 고객들에게 무엇을 창조해 주고 싶은가? 당신의 벤처나 프로젝트는 고객, 사회, 환경 등에 어떤 서비스, 혜택, 기여를 할 것인가? 당신은 그들을 위하여 무엇을 가능하게 만들어 주고 싶은가?	앰비션 당신은 당신의 벤처나 프로젝트가 어떤 종류의 지위와 성취 수준에 이르기를 원하는가?(예: 첫째, 최고의, 가장 빠른 등) 당신은 당신의 벤처나 프로젝트가 잠재적 투자자, 주주, 경쟁자들에게 어떤 식으로 보여지기를 원하는가?
미션 당신은 당신의 고객을 위한 비전의 차원에서 (팀으로서) 어떤 기여와 서비스를 제공하고자 하는가? 당신이 고객을 위한 비전을 달성하기 위하여 개발, 적용, (팀으로서) 동원할 특별한 자원, 능력, 행동은 무엇인가?	역할 당신은 당신이 달성하기 원하는 지위와 성취 수준에 이르기 위해서 어떤 팀이나 벤처가 될 필요가 있는가?

당신이 앞의 질문들에 대하여 생각하면서 그것에 대한 답을 실제적인 의미에서와 상징이나 메타포 차원에서 각각 검토해 보라(예: "우리의 앰비션은 몇 백 년 동안 한 자리에 버티고 서 있는 피라미드와 같이 되는 것이다.").

당신의 대답을 검토해 보라. 어떤 대답이 당신에게 확실한가? 이 시점에서 대답하기 어렵게 느껴지는 질문이 있는가?

당신의 프로젝트나 벤처를 위한 당신의 비전은 당신의 앰비션과 어느 정도로 잘 정렬되어 있는가? 또 당신의 팀의 미션과는 어떠하며 더 큰 시스템 속에서 벤처나 프로젝트가 맡을 역할과는 어떠한가?

당신이 제1장의 끝에서 표현했던 인간으로서의 당신을 위한 이런 질문들에 대한 답들을 되돌아보라. 당신의 인간적인 비전과 벤처나 프로젝트를 위한 비전은 서로 얼마나 잘 정렬되어 있는가? 당신의 개인적 앰비션은 벤처나 프로젝트의 앰비션과 얼마나 잘 정렬되어 있는가? 미션과는 어떠하며 역할과는 어떠한가?

성공의 원™ 풍요화하기

이제 당신이 제2장의 끝에서 시작했던 **성공의 원™**을 검토해 보라. 그리고 당신의 잠재적 고객, 팀원, 주주, 파트너가 될 사람으로 확인했던 사람들에 대해서도 생각해 보라. 다음 페이지에 있는 템플릿의 빈칸에 앞의 워크시트 질문들에 대한 답들을 다시 써 보고 앞뒤의 두 가지 별개의 답들이 서로 어떻게 관련되는지를 생각해 보라. 그 결과는 당신의 프로젝트나 벤처를 시작함에 있어서 강력한 생성적 기반이 될 것이다.

당신의 비전과 잠재적 고객, 당신의 미션과 잠재적 팀원, 당신의 앰비션과 잠재적 주주, 당신의 역할과 잠재적 파트너들을 명료화함으로써 당신은 풍요하고 정렬된 성공의 원™을 확립할 수 있게 된다.

성공의 원TM의 풍요화

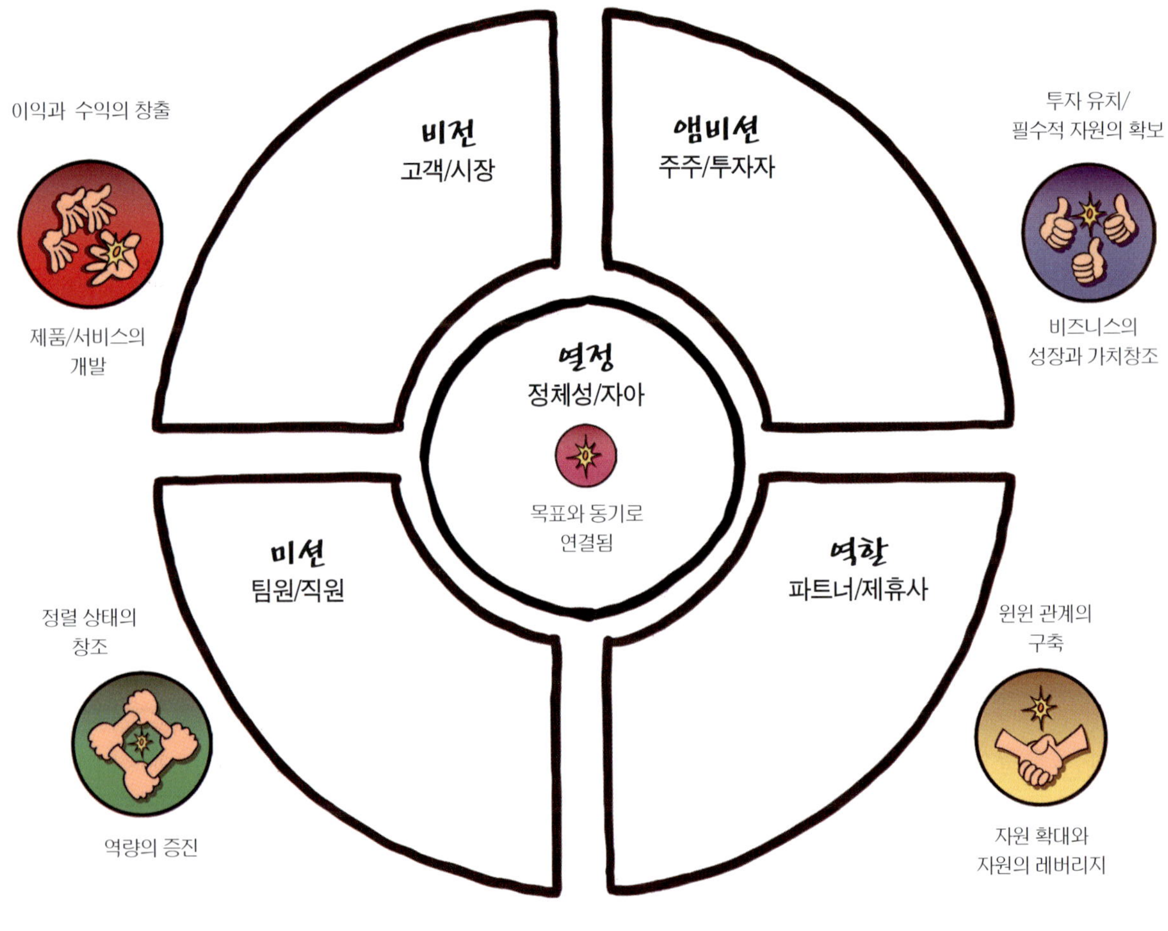
이익과 수익의 창출
제품/서비스의
개발
비전
고객/시장
앰비션
주주/투자자
투자 유치/
필수적 자원의 확보
비즈니스의
성장과 가치창조
열정
정체성/자아
목표와 동기로
연결됨
미션
팀원/직원
정렬 상태의
창조
역량의 증진
역할
파트너/제휴사
윈윈 관계의
구축
자원 확대와
자원의 레버리지

생성적 성공의 원™ 규정하기의 예

다음은 내가 스타트업 단계에 있는 몇몇 벤처들을 코칭하는 가운데 그들을 위한 성공의 원™을 만드는 과정에서 파트너들과 함께 앞선 질문에 대해 답을 한 것들의 예이다.

사례: 딜츠 전략 그룹

딜츠 전략 그룹(DSG)은 컨설팅, 코칭, 트레이닝 회사로서 25개국 이상의 나라에서 활동하고 있는 컨설턴트들의 글로벌 네트워크이다. 나와 내 동생 존 딜츠에 의해 공동설립된 DSG의 목적은 개인과 그들의 조직들의 여러 수준에서의 성장과 발달을 지원하기 위하여 입증된 비즈니스 준거를 SFM™ 과정을 통하여 전략적 지식 및 행동 스킬과 통합하고자 하는 것이다. DSG의 서비스에는 모델링, 트레이닝, 컨설팅, 코칭 그리고 SFM 과정 적용 분야의 세미나와 콘퍼런스 주최 등이 포함된다.

비전

사람들의 자신의 염원을 충족하고 자신의 벤처를 통하여 긍정적인 시스템적 영향력을 발휘하기 위해 최고의 자기를 던지는 세상 — 관여된 사람들의 성장과 숙달을 앙양하며 보다 건강한, 조화로운, 번성하는 지구와 사회를 창조하는 보다 많은 조직, 비즈니스, 프로젝트

미션

성공하는 벤처를 창업하고 성장시킴에 있어서 '차이를 만드는 차이'를 발견하고 공유하기 — 지속 가능하며 성공적인 비즈니스, 팀, 프로젝트를 구축하기 위해 필수적인 핵심 성공 요인들을 확인하고 전파하기

앰비션

총체적 비즈니스 전략 분야에서 글로벌적으로 인정받는 선구자와 리더가 되기 — 전 세계에 있는 팀, 비즈니스, 조직들이 관리되고 이끌어지는 방식에 강하고 긍정적으로 영향을 미치는 방법, 모델, 도구들의 존경받는 원천

역할

NLP 분야의 경험을 갖춘 국제적인 컨설턴트와 코치 그룹 및 효율적인 비즈니스 전략과 그에 동반하는 지원을 제공하기 위해 협동하는 기업가 — 기업가 정신, 리더십, 혁신, 집단 지성 및 커뮤니케이션 분야에서의 수행 정도를 의미 있게 개선하고자 하는 팀, 비즈니스, 조직, 서로를 조력하기 위하여 함께 일하는 기업가적이며 선구적인 사고를 하는 사람들의 네트워크

딜츠 전략 그룹 홈페이지 — http://www.journeytogenius.com/DSG/index.html

사례: 딜츠 전략 그룹 SFM 성공의 원™

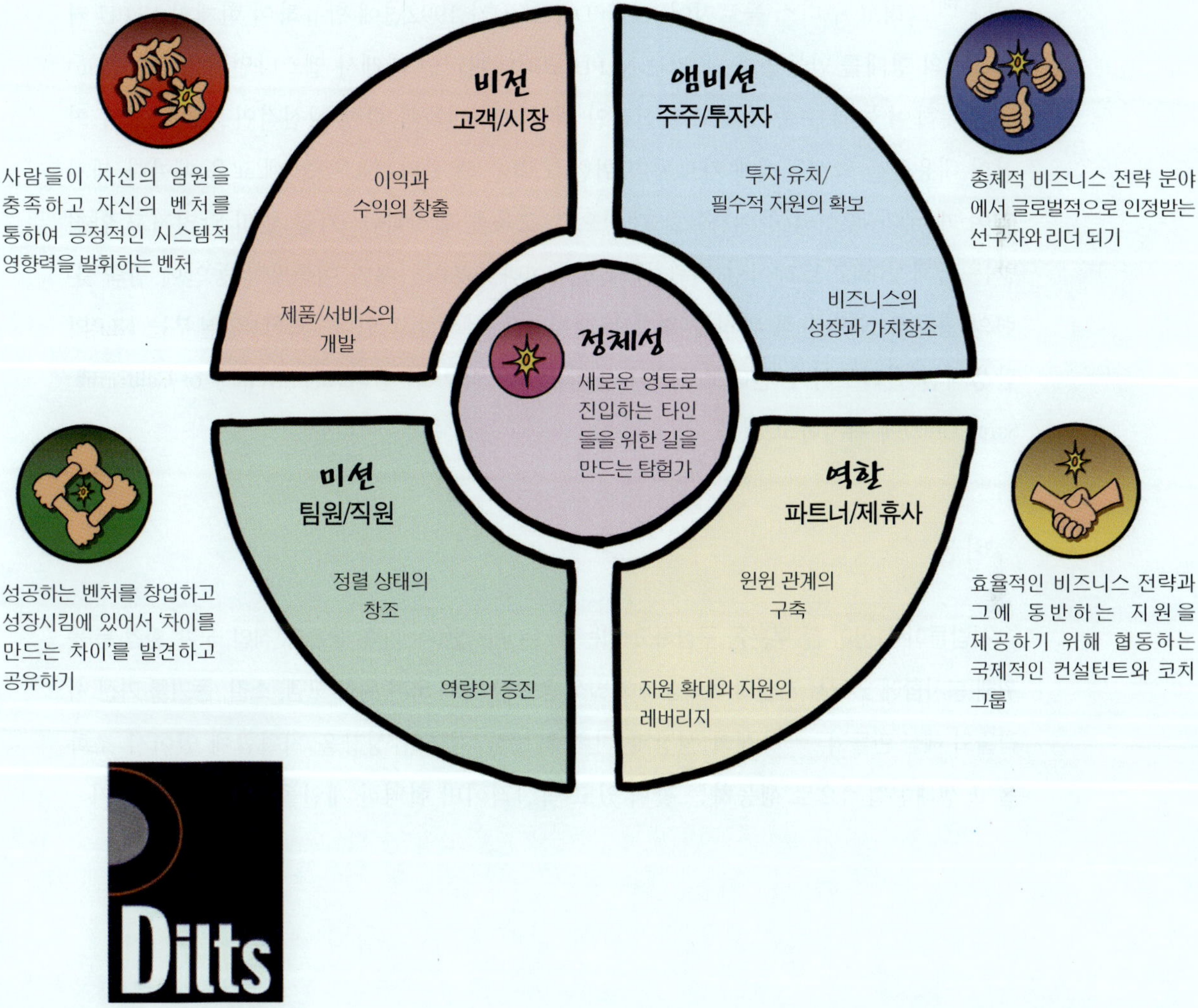

Dilts Strategy Group

사례: NLP 대학교

나는 토드 엡스타인(Todd Epstein)과 완전한 NLP 교육을 위한 기회를 제공하기 위하여 새로운 타입의 구조에 해당하는 NLP 대학교(NLP Univerity: NLPU)를 1991년에 설립하였다.[12] 그리고 주디스 들로지어(Judith DeLozier)가 1992년에 합류하여 현재의 NLPU 커리큘럼의 형태를 만들었다. 우리는 NLPU 코디네이터인 테레사 엡스타인(Teresa Epstein)을 비롯하여 능력 수준이 높고 헌신적인 객원 교수진들과 함께 핵심적인 NLP 스킬과 최신의 내용들을 학생들에게 가르치기 위한 노력을 해 왔다. NLPU는 매 교육 때마다 세계 30여 개 국가 출신의 참여자들을 대상으로 교육을 실시하는, 가장 널리 알려지고 인정받는 국제적 NLP 트레이닝 기관 중의 하나이다. NLP는 매년 여름방학 동안에 합숙 훈련의 형태로 NLP 자격 과정을 위한 트레이닝을 실시하고 있다. NLPU의 본부는 NLP의 탄생지인 캘리포니아 산타크루즈의 캘리포니아 대학교 캠퍼스(University of California, Santa Cruz)에 위치하고 있다.

비전

사람들이 자신이 한 부분을 구성하고 있는 더 큰 시스템(예: 가족, 공동체, 직업, 국가, 환경 등)을 위해 봉사함에 있어서 자신의 독특성과 개별적 풍요를 갖고 오기 위한 모델, 스킬, 동기를 가진 사람들의 세상 만들기 — 자신의 성장과 지속 가능한 지구의 성장을 지원함에 있어서 조화롭고 생태친화적으로 행동하는 활력 있고 혁신적이며 현명한 개인들의 세상을 만들기

12) 이 기관은 비록 대학교(university)라는 명칭을 사용하고는 있지만 정부로부터 정식 학력 인가를 받는 4년제(또는 2년제)의 정규 대학이 아니라 실제로는 일종의 민간 또는 사설 단체(기관)에 해당한다. 실제적으로는, 본문에서도 설명되었듯이 단지 여름방학 기간에 3개월 동안만 단기적으로 NLP 교육을 실시하는 서머스쿨의 기능을 하고 있다.

미션

NLP의 스킬과 도구를 확산시킬 고급 프랙티셔너와 트레이너들을 개발하고 지원하기 — 여러 가지 다른 직업, 전공, 분야, 국가 출신의 전문가들이 그들의 개인적 비전 및 전문적 직업과 관련한 NLP의 기본 및 고급 도구와 응용기법들을 높은 수준의 진실성, 스킬, 자비심을 학습하고 공유하며 적용할 수 있는 맥락과 인프라 창조하기

앰비션

NLP가 세상으로 갖고 올 수 있는 최고를 확산시킴에 있어서 주된 기준과 글로벌 리더 되기 — NLP 분야라는 측면에서 신뢰할 수 있는, 창조적이며 믿음을 주는 원천과 역할 모델로서 국제적으로 인정받는 글로벌 리더 되기

역할

트레이닝, 지역사회, 기술을 통해 종합적 NLP 교육을 제공하는 전문화된 학교 만들기 — 특별히 NLP 프랙티셔너, 마스터 프랙티셔너, 트레이너 프로그램을 실시하는 형태로 NLP의 글로벌 잠재력을 세상에 알리는 일에 기여하는 사람들에게 필요한 가이던스 및 지원과 함께 필수적인 도구와 전략이 제공될 수 있는 구조를 공급하는 독특한 교육기관 만들기

NPL 대학교 홈페이지 — http://www.nlpu.com

바라건대, 이러한 예들을 통해서 성공적인 벤처를 설립하기 위한 이러한 핵심 차원들에 대해서 알게 될 것이다. 이 장에서의 성공 요인 사례 연구는 애플의 공동 창업자인 스티브 잡스의 예라고 다르지 않다. 여러분들이 잡스의 놀라운 업적들을 살펴본다면 우리가 이 책에서 설명했던 많은 원리가 얼마나 타당한 것인지 잘 알게 될 것이다.

사례: NLP 대학교 SFM 성공의 원™

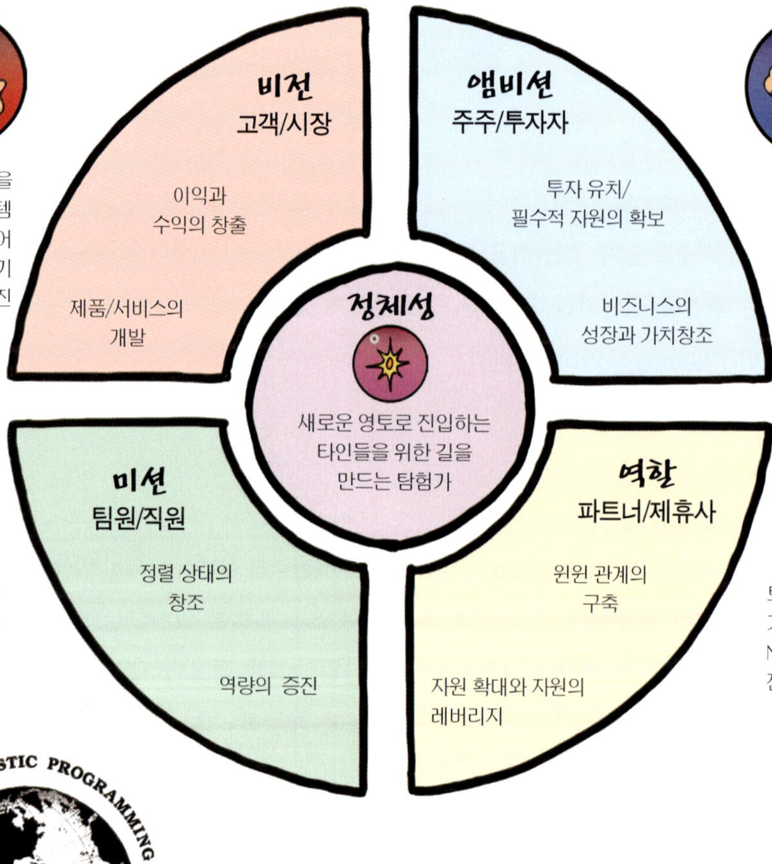

사람들이 자신이 한 부분을 구성하고 있는 더 큰 시스템을 위한 봉사를 함에 있어서 개별적 풍요를 갖고 오기 위한 모델, 스킬, 동기를 가진 사람들의 세상 만들기

NLP가 세상으로 갖고 올 수 있는 최고를 확산시킴에 있어서 주된 기준과 글로벌 리더 되기

NLP의 스킬과 도구를 확산시킬 고급 프랙티셔너와 트레이너들을 개발하고 지원하기

트레이닝, 지역사회, 기술을 통해 종합적 NLP 교육을 제공하는 전문화된 학교 만들기

NEURO-LINGUISTIC PROGRAMMING
CREATING A WORLD TO WHICH PEOPLE WANT TO BELONG

NLP 대학교

성공 요인 사례 연구:
애플의 스티브 잡스

'미친 듯이 위대한' 비전과 미션을 위한 앰비션

스티브 잡스

애플 창업자 및 전 CEO

아마도 최근의 역사에 있어서 스티브 잡스만큼 미래를 창조하는 능력의 전형을 보여 준 사례는 없었을 것이다. 그는 1976년 캘리포니아의 샌프란시스코 베이 에어리어에 있는 실리콘밸리의 한 가정집 차고에서 친구인 스티브 워즈니악(Steve Wozniak)과 함께 애플 컴퓨터를 창업하였다. 회사가 1980년에 상장했을 때 1956년의 포드자동차 회사 이래로 그 어떤 주식시장 런칭 때보다 많은 큰 자본을 만들었고 그것으로 인해 하룻밤 사이에 300개의 새로운 백만장자가 생겨나게 되었다. 2011년 10월에 잡스가 사망할 때까지 애플은 연간 1,278억 달러의 매출액을 올리는 세계 최대의 기술회사가 되었다. 2012년 3월에는 이 회사의 주식가치가 5천억 달러에 달하였다. 어느 모로 보든지 애플은 지난 세기 동안에 가장 위대한 성공 사례라고 할 수 있으며(2011년 여름에 한 번은 애플의 현금 보유량이 미국 정부의 현금 보유량보다 많았었음), 이러한 성공의 상당 부분은 스티브 잡스의 영민하면서도 수수께끼 같은 리더십에서 기인한다.

잡스는 픽사를 애니매이션의 거인과도 같은 업체로 키워 내는 데 주된 역할을 했으며, 넥스트 컴퓨터사의 창업자이기도 한데 여러 가지 측면에서 실리콘밸리 기업인의 화신과 같은 존재이기도 하다. 그는 현대 역사의 가장 성공적인 사람 중 하나로 우뚝 서 있다. 미국의 300개가 넘는 특허가 그의 이름으로 등록되어 있는데, 예컨대 컴퓨터에서 스마트폰, 전자제품 액세서리와 가젯[13]에 이르기까지 다양하다. 그는 개인용 컴퓨터, 애니메이션 영화, 음악, 전화, 태블릿 컴퓨터, 디지털 인쇄, 소매점 등의

스티브 잡스는 미래를 창조하는 특별한 능력을 가졌다. 현대사에서 가장 성공한 사람들 중의 한 사람인 그는 여러 가지 면에서 실리콘밸리 기업가의 신세대 화신이다.

13) gadgets: 특별한 이름이 붙어 있지 않은 작은 기계장치나 도구, 부속품 등을 가리키는 용어

일곱 가지 산업의 변화에 대한 주된 역할을 해냈다. 그가 현대 세계에 중요한 족적을 남겼다고 하는 사실에는 이견이 없다.

나는 잡스가 성장했던 소도시인 쿠퍼티노(Cupertino)에서 가까운 소도시 샌 마테오(San Mateo)라는 샌프란시스코 베이 에어리어에서 자랐기 때문에 일찍부터 그에 대하여 알고 있었고 그의 업적과 그에 대한 이야기를 많이 들어오고 있었기에 사실상, 스티브 잡스에 대해서 좀 아는 그와 동시대의 사람이다. 그는 1955년 2월에 태어났으며 나 또한 그 후 한 달이 채 못 되는 같은 해 3월에 태어났다.

애플의 철학과 제품은 공교롭게도 SFM™의 기반이 되며 그 방법론에 해당하는 NLP와 같은 시공간에서 출현하였다. 나에게 있어서 이러한 사실은 왠지 환상적인 동시성 현상으로 늘 여겨졌었다. 역사의 다른 시대에서도 그래 왔던 것처럼 사람의 심리에 대한 우리의 이해가 발전해 온 것은 기술의 발전을 그대로 반영하는데 반대의 경우도 마찬가지이다. 많은 점에서 NLP와 애플은 나란히 성장해 왔다. 애플이 컴퓨팅과 기술을 연구소와 제도화된 환경 밖으로 이끌어 내었던 것과 같이 NLP도 같은 일을 심리학과 자기개발 분야에서 하고 있었다.

NLP 창시자인 밴들러와 그린더는 "가장 강력한 PC, 즉 개인 컴퓨터는 당신의 두 귀 사이에 있는 것"이라고 주장했지만 그것은 사용자 설명서, 즉 매뉴얼이 없는 상태로 제공된 컴퓨터(여기서는 인간의 뇌를 말함)이다. NLP(그리고 SFM)의 목적은 그러한 매뉴얼을 제공하고자 하는 것이었다.

기술을 통해 세상을 더 좋게 바꾸기

잡스는 자전거가 사람의 신체의 효율성을 높여 주는 것처럼 PC 또한 사람의 뇌와 신경체계의 능력을 확장하고 높여 주는 것으로 보았다. 1990년에 잡스는 인터뷰에서 다음과 같이 말했다.

> 나는 지구상의 다양한 생명체들의 운동기관 효율성을 측정한 연구 결과에 대해서 읽은

적이 있는데, 콘도르[14]는 수 km를 이동할 때도 최소한의 에너지를 사용한다고 합니다. 이에 비해 인간은 별로 인상적이지 못한 결과를 보여주기에 순위상 밑에서 약 3분의 1 정도가 될 것입니다. 이런 결과로 인간이 피조물의 권좌를 차지하기에는 그렇게 자랑스러울 것이 못 되고 보기에 별로 좋아 보이지도 않습니다. 그런데 『사이언티픽 아메리칸』이라는 과학 잡지에서 한 사람이 자전거를 탄 사람의 운동 효율성에 대해 실험을 했는데, 결과적으로 자전거는 콘도르보다 더 빨랐어요. 그래서 인간이 오히려 상위에 오를 수 있게 되었다고 할 수 있죠.

그리고 바로 이 점이 컴퓨터가 내게 의미하는 것입니다. 그것은 우리가 생각해 낸 것 중에서 가장 주목할 만한 것이기도 하며 우리 마음에 자전거와 똑같은 것이기도 합니다.

잡스에게는 더 좋게 바꿀 "미치도록 위대한" 기술 제품에 대한 비전이 있었다.

스티브 잡스와 애플 이전에 기술과 컴퓨팅은 인간에게 힘을 주거나 고유한 표현을 고무하기보다는 오히려 사람을 조정하고 통제하기 위한 수단으로서 본질적으로 '지배층'의 도구로 여겨졌다.

하지만 잡스는 그 당시로서는 상당히 급진적인 시각을 갖고 있으면서, 사용하기 쉽고 "미치도록 위대한" 제품과 함께 "기술을 통해 세상을 더 좋게 바꾸자"고 하였다. 이러한 비전은 매킨토시를 소개하는 유명한 텔레비전 광고를 통하여 극적으로 구체화되었다. 리들리 스콧 감독이 만든 이 광고는 1984년 1월의 제18회 슈퍼볼 경기 제3쿼터 동안에 방송되었다. 이 광고는 애플 매킨토시의 도래를 표상했던 한 여성이 '빅 브라더'(통제와 순응의 아이콘)에 의해 창조된 기술에 의해 내몰렸던 감옥으로부터 인류를 구원한다는 내용이었다. 이러한 이미지 광고는 조지 오웰의 소설 『1984년』을 참조한 것으로 무소부재한 텔레비전으로 방송되는 빅브라더에 의하여 지배되는 암울한 미래 사회를 그렸다. 이것은 또한 '빅 블루'[15]라고 알려져 있는, 당시 PC시장에서 애플의 주요 경쟁사였던 IBM을 가리키는 것이기도 했다.

애플의 '1984' 광고의 한 장면

광고에서 색깔이 화려한 에어로빅 복장을 하고 있는 주

14) condor: 남미에 사는 대형 독수리

15) Big Blue: IBM의 로고가 푸른색이고 독점적인 데서 나온 별명

애플의 '1984' 광고에 등장했던 무료한 삶에서 깨어난 사람들 모습

인공 여성은 중무장한 갑옷 입은 경찰들에게 쫓기면서 칙칙한 회색 인간들 사이를 뚫고 달리고 있었다.

이곳에서 영웅 역할을 하는 여성은 엄청나게 큰 해머를 가지고 마키아벨리와 같은 독재자의 단조롭고 섬뜩한 목소리와 이미지를 보여 주는 커다란 텔레비전 스크린을 때려 부순다. 스크린이 터져 버리고 전제적인 통치자에게 지배를 받던 사람들의 삶에 에너지와 새로운 색깔이 입혀지게 된다.

이 광고는 잡스의 열정적인 인성, 적극적인 천성, 혁신적인 비전과 '어웨이커너'[16]로서의 그의 포부에 대한 강력한 은유, 즉 메타포였다. 그가 1980년대에 애플 경영을 위하여 영입했던 펩시콜라의 성공적인 CEO 존 스컬리에게 설득했던 전설과도 같은 다음의 말은 이러한 모습을 잘 보여 준다. "남은 여생을 설탕물이나 팔고 싶으세요? 아니면 저와 함께 가서 세상을 바꾸고 싶지 않으신가요?"

애플과 함께한 나의 여정

NLP 공동 창시자인 밴들러와 그린더도 열정적이고 도발적이며 혁신적인 사람들로서 프로그래밍의 과정과 잠재력에 대해서 관심을 가졌을 뿐만 아니라 PC 개념에 대해서도 매료되었었다. 그들에게 있어서 PC는 인간 두뇌에 대한 완벽한 메타포였다. 그들은 애플 제품의 첫 번째 구매자였다. 애플 초기에 애플 PC를 5대 이상 구매하는 사람은 누구나 자동으로 '딜러', 즉 판매대리인이 될 수 있었고 그 경우에 딜러가 누리는 할인 혜택을 볼 수도 있었다. 나는 1970년대 후반에 그들로부터(8KB의 메모리가 완비된) 애플 II 컴퓨터를 구입했다. 나는 애플 II 컴퓨터를 처음 구입한 이후로 이 회사뿐만 아니라 이 회사의 제품, 세상에 긍정적인 영향을 미치겠다는 잡스의 비전에 대하여 인간적으로 가깝게 연결된 느낌을 항상 느끼곤 하였다.

16) awakener: 깨달음을 주거나 무지와 미망에 빠져 있는 사람들을 일깨우는 선각자를 일컫는 말

나는 수년간 성공과 좌절 경험을 해 왔던 애플과 잡스의 여정을 가까이서 볼 수 있는 관찰자로서의 독특한 기회를 가졌다. 그리고 지난 30년간 서로 다른 몇 가지의 형태로 그 회사와 연결될 수 있었다. 사실상, 애플은 1980년에 나의 첫 번째 기업고객이 되었는데, 당시에 나는 관리자들을 위한 효과적인 커뮤니케이션에 관한 프로그램을 적용하기 위한 목적으로 애플에 초빙되었다.

그리고 몇 년 후에 나는 철자법, 수학, 타이핑과 같은 기초적인 스킬을 익히는 데에 적용된 SFM™의 초기 버전에 기반한 교육용 프로그램을 설계하고 구현하였다. 1982년에서 1985년까지 애플은 자사의 애플 II 컴퓨터를 위한 스펠링 전략, 수학 전략, 타이핑 전략이란 나의 프로그램을 '애플 스페셜 배송 소프트웨어' 프로그램의 일환으로 판매하였다. 하지만 이 프로그램은 잡스가 강제로 회사를 떠나야 했던 시기에 종료되었다.

나는 1989년에서 1990년까지 관리자를 위한 대화형 멀티미디어 제품을 개발하기 위하여 애플과 루카스 필름[17]사이의 공동 벤처 프로젝트에 깊이 관여하게 되었다. 이 프로젝트는 드라마와 스토리텔링을 멀티미디어와 드라마 및 단계별 학습 포맷으로 통합하는 식으로 하면서 고품질의 엔터테인먼트와 제품을 혁신적 기술공학 및 실제적이며 구체적인 스킬과 결합하기 위한 것이었다. 그러나 최종 제품은 그 당시 애플의 불명확하고 자주 바뀌는 비전 때문에 제대로 현실화되지 못했었다.

1990년대 초반에 나는 애플 대학교[18]와 이탈리아 자동차회사 피아트 그룹의 사내 비즈니스 스쿨인 'ISVOR 피아트' 사이의 조인트 벤처를 이끌었다. 나는 애플의 '인적자원개발(HRD)'연구소뿐만 아니라 피아트에서 리더십과 경영 개발에 대한 주요 프로젝트에 열심히 관여하였다. 그런데 이 프로젝트도 잡스가 없는 애플의 비전과 방향성 부재로 인해 결국 흐지부지되었다.

1996년에 잡스가 돌아온 이후에 애플과 함께 내가 참여했던 프로젝트는 아이맥(iMac) 개발에 관련된 성공 요인을 규명하는 것을 목표로 하여 진행된 것으로 이것은 하드웨어 엔지니어와 소프트웨어 디자이너 간의 유례없던 통섭적인 연구 결과로 생겨났다.

17) Lucas Film: 1971년 조지 루카스가 샌프란시스코에 세운 영화 제작사로서 2012년에 월트 디즈니 컴퍼니에 인수되었다.

18) Apple University: 2008년 애플의 스티브 잡스에 의해 설립된 애플의 사내 대학

잡스가 애플에서 물러나 있던 시절에도 그와 함께 일했던 사람들이 그에 관해서 하는 이런저런 '뒷담화'를 통해서 그는 여전히 애플에 있는 사람처럼 인식되었다.

가장 최근에 나는 베노아 사라쟁과 공동으로 발표한 한 논문에서 '획기적 혁신'의 상징적 사례로서 아이팟(iPod) 개발과 관련한 성공 요인을 검토한 바 있다.

나는 이처럼 수년 동안 잡스와의 다양한 형태의 관계를 경험한 덕분에 그와 그의 리더십 스타일에 대한 내 나름의 고유한 관점을 가질 수 있었다. 그리고 그가 애플에서 물러나 있던 시절에도 그와 함께 일했던 사람들이 그에 관해서 나누는 이런저런 '뒷담화'를 통해서 그는 여전히 애플에 있는 사람처럼 인식되었다.

또 다른 흥미로운 이야기가 하나 있는데, 그것은 나의 형인 마이클에 관한 것으로 그는 잡스가 애플에서 나가 있는 동안과 다시 애플로 복귀하던 시점의 8년간을 관리자로 애플에서 일하였다. 형은 애플이 얼마 가지 않아 곧 망할 것이 분명해 보였는데, 나중에 잡스가 복귀함으로써 결국 파산을 면했었다고 하였다.

스티브 잡스에 대한 많은 글들이 그의 죽음을 전후로 하여 쓰였는데, 그와 애플의 성공이 그의 좋은 성격 때문이 아니란 점은 분명하다. 흔히 잡스는 공격적이며 요구가 많은 까다로운 성격의 소유자로 인식되었다. 『포춘』지에 따르면 그는 실리콘밸리에서 가장 자기중심적인 사람들 중의 한 사람으로 인식되었다. 잡스의 어느 옛 동료는 그가 옛 프랑스의 전제 군주와 같은 사람이었다고 회고하였다. 그렇다면 그의 성공의 핵심 요인은 무엇이었을까?

변혁적 리더

SFM^{TM}의 관점에서 스티브 잡스는 강력한 앰비션이 미션과 비전을 위하여 적용되는 역할을 찾아낸 완벽한 사례이다. 그는 변혁적 리더의 가장 좋은 예에 해당하는 사람이다. 그는 자신이 하는 일에 대하여 열정적이고 정열적이었으며 비전을 창조하였고 자기와 더불어 일하는 사람들에게 에너지와 동기를 주입했던 사람이었다. 그는 투지가 넘치는 비타협적인 동기로 무장된 사람으로 사업에 관한 자신만의 놀라운 비전을 통하여 동료와 조직에게 최고의 창의력을 발휘할 수 있도록 영감을 주었다.

잡스의 인생, 일, 리더십은 SFM 성공의 원™ 중심에 있는 다음과 같은 세 가지 핵심 특징들의 전형을 보여 준다.

스티브 잡스는 세상에 긍정적인 차별화를 이룰 수 있는 혁신적 기술 제품을 만들려는 열정이 있었다.

- 열정 – 대단한 일을 성취하고자 하는 열망
- 비전 – 심도 있는 방향 감각
- 용기 – 비전, 당신 자신, 팀에 대한 믿음

열정을 따라 살았던 것이 분명한 잡스는 다음과 같이 말했다.

> 우리에게는 그렇게 많은 일을 할 수 있는 기회가 없습니다. 그리고 우리 모두는 정말로 탁월하게 잘해야 합니다. 왜냐하면 그것이 우리 인생이니까요. 우리는 모두 우리 인생에서 그렇게 하도록 선택을 하였습니다. 그래서 잘해야 합니다. 그것은 그럴 만한 가치가 있습니다.

잡스의 입장에서 볼 때 단순히 '잘해야' 하는 것이 아니다. 오히려 '미친 듯이 위대해야' 한다. 그는 직업생활을 시작하는 사람들에게 다음과 같이 충고하였다.

> 자신이 좋아하는 일을 찾아야 합니다. 진정으로 만족할 수 있는 유일한 길은 당신이 위대하다고 믿는 일을 하는 것입니다. 만약 아직 그런 일을 찾지 못했다면 계속 찾아보세요. 안주하지 마세요. 성심을 다하면 반드시 찾을 수 있습니다. 그리고 다른 위대한 관계처럼 시간이 지날수록 이것은 그냥 점점 더 나아지게 됩니다. 그러니 당신의 일을 찾을 때까지 멈추지 마세요.

당신의 '소명'을 발견하고 그것이 만들어 내는 열정으로 살아가는 것은 우리가 성공한 기업가들에게서 찾아내었던 주요한 성공 요인들 중의 한 가지이다. 물론 그다음 단계는 그 열정이 용기와 투지와 함께 추구되는 비전을 향하여 나아가야 한다. 특히 새로운 영

자신의 열정에 따라서 살기로 한 잡스의 선택은 그가 기존의 경계와 '마을'의 제한을 뛰어넘는 특별한 여정을 가게 하였다.

역으로 진입하고자 한다면 더욱 그러하다. 새로운 아이디어는 기존 패러다임이나 비즈니스 전략과는 맞지 않기에 틀림없이 저항이나 무시의 상황에 직면할 수 있다. 잡스는 다음과 같이 말했다.

> 우리는 아타리[19]로 찾아가서 말했지요. "안녕하세요. 저희는 이렇게 멋진 제품을, 이 회사의 부품도 일부 사용하여 만들었는데 투자를 받고 싶습니다. 아님 이것을 그냥 드릴 수도 있습니다. 아무튼 저희는 이 일을 하고 싶어요. 월급만 주시면 그냥 출근하겠습니다." 그러자 사장님이 거절을 했습니다. 그래서 그다음에 휴렛-패커드로 갔더니 그곳에서는 "필요없소. 대학도 나오지 않은 주제에…"라는 대답을 들었을 뿐입니다.

성공을 위해서는 열정과 비전 이외에도 자기 자신과 자신이 하고 있는 일에 대한 많은 신뢰와 신념이 필요하다. 잡스가 한 말들 중에서 가장 심오하고 자신의 마음을 잘 드러낸 말은 다음과 같다.

> 당신의 시간은 제한되어 있기에 다른 사람의 삶을 사느라 시간 낭비를 하지 마세요. 타인의 생각에 따라 맞추어 사느라 도그마에 갇히지 마세요. 타인의 의견이 만들어 내는 소음 때문에 내면의 목소리가 죽게 하지 마세요. 그리고 가장 중요한 것은 당신의 가슴과 직관을 따를 수 있는 용기를 가지는 것입니다. 그것은 진정으로 당신이 되고 싶어 하는 것이 무엇인지 이미 알고 있습니다. 그 외의 모든 것은 이차적인 것입니다.

이러한 잡스의 이야기는 분명히 자신을 인정하고 자신에게 능력을 부여하면서 성공의 원™의 중심에서부터 일치되게 살아갈 필요성에 대한 메시지를 주고 있다. 잡스가 "당신의 가슴과 직관을 따를 수 있는 용기를 가져라."라고 한 충고는 우리가 '창조적 무의식'이라고 불러왔던 것의 역할을 인정하는 것이다. 그는 우리에게 합리적인 마음이나 '마을'의 규칙을 따르라고 말하지 않는다. 오히려 그는 우리가 자신의 '여정'을 떠나서 세상을 더 좋은 곳으로 만드는 일에 어떤 독특한 기여를 할 수 있을지를 찾아보라고 격려

19) Atari: 1972년에 창업된 최초의 비디오 게임회사로 세계 최초의 게임인 〈스페이스 워〉를 모방한 '컴퓨터 스페이스'라는 게임을 개발하였다.

를 한다.

1995년 인터뷰에서 잡스는 다음과 같이 설명하였다.

> 우리는 살아가는 동안 세상을 있는 그대로 받아들이라는 말을 듣습니다. 인생은 그런 세상의 틀 안에 살면서 최대한 원만하게 살려 노력하고 좋은 가정을 꾸리기 위해 노력하며 즐기며 돈을 모으는 것이라는…. 하지만 그것은 몹시 제한된 삶입니다.
>
> 당신의 인생은 그것보다 훨씬 폭이 넓을 수 있어요, 한 가지 단순한 진실을 깨달으면 말이죠. 그것은 지금 당신이 인생이라고 일컫는 모든 것들이 당신보다 똑똑하지 않은 사람들에 의해 만들어졌다는 것과 당신이 그것을 바꿀 수 있고 그것에 영향을 미칠 수 있으며 다른 사람들이 이용할 수 있는 당신만의 무언가를 만들 수 있다는 사실입니다.
>
> 그것은 당신이 인생을 찔러 볼 수 있다는 사실…. 그리고 만약 한쪽을 찌르면 다른 반대 방향으로 무엇이 튀어나온다는 사실, 그리고 당신은 그것을 변화시킬 수 있고 또 모양을 다르게 할 수 있다는 사실을 이해하는 순간입니다.
>
> 그것은 아마도 가장 중요한 것일 겁니다. 인생은 원래 그런 것이므로 당신은 그냥 그 속으로 들어가서 살거나 있는 그대로의 인생을 끌어안거나 할 뿐이라는 그런 잘못된 관념을 떨쳐버려야 합니다. 그래서 인생을 바꾸고 개선시키며 당신의 인생 족적을 남기십시오.
>
> 그리고 당신이 일단 그것을 알게 되면 인생은 여러 가지 방식으로 엉망으로 뒤섞여 있기 때문에 그런 인생을 변화시키고 더 좋은 것으로 만들어야 합니다. 일단 그런 사실을 안다면 이젠 당신은 절대로 과거와 같은 사람일 수가 없습니다.

잡스는 "자신의 인생 살기"라는 여정은 당신이 "세상에서 긍정적인 차이"를 만들어 낼 수 있다는 것을 깨닫게 해 준다는 사실을 암시하고 있다. 당신 자신의 인생을 살고 가슴과 직관을 따른다는 것이 곧 다른 사람들 모두를 무시하고 홀로되는 것이 아니라는 점을 기억해야 한다. 오히려 그것은 당신이 보다 적극적인 참여자가 되어 당신이 살고 있는 더 큰 '장'과 더욱 강하게 연결되고 보다 더 그것에 민감해지도록 한다.

스티브 잡스는 그 자신 스스로가, 그리고 그 자신이 저절로 전체이며 아울러 더 큰 무엇의 부분인 '홀론'이라는 강한 느낌을 가졌다. 그는 그 자신과 더 큰 시스템 사이에는 밀접한 상호작용이 있다는 사실과 그 자신이 그것을 포용하고 변화시키며 개선시킬 뿐만 아니라 족적을 남길 수 있다는 사실을 이해하였다.

분명해지기 전에 미래 보기

스티브 잡스는 웨인 그렛츠키와 같이 "퍽이 현재 있는 곳이 아닌, 퍽이 갈 방향으로 스케이트를 달리고자" 하였다. 그는 그것들이 분명해지기 전에 미래의 가능성을 미리 내다보았다.

사실상, 잡스의 주요한 성공은 그가 더 큰 장과 관련하여 트렌드를 예측하며 트렌드를 만드는 것과 함께 그런 것을 자신의 비전과 연결시킴으로써 자신의 비즈니스와 그 제품이 기술 산업 분야의 선두에 설 수 있게 한 그의 능력이었다. 그는 다음과 같이 말했다.

> 나는 옛날 웨인 그렛츠키[20]가 했던 명언, 즉 "나는 퍽[21]이 현재 있는 곳이 아니라 퍽이 갈 방향으로 스케이트를 달린다."라는 말을 좋아합니다. 우리는 애플에 있었을 때 항상 그렇게 하려고 해 왔습니다. 처음 시작할 때부터 그랬죠. 또 우리는 항상 그렇게 할 것입니다.

이러한 점에서 잡스가 사랑했던 아이패드는 애플의 초창기 시절부터 그가 가졌던 비전을 명확하게 표현한 것이다. 1983년에 잡스는 한 연설에서 다음과 같이 언급하였다.

> 우리가 하고 싶은 일은 당신이 갖고 다니며 20분만에 사용법을 배울 수 있는, 믿을 수 없을 정도로 위대한 우리 컴퓨터를 책 속에 끼워 넣는 것입니다. 그리고 우리가 정말로 하고 싶은 것은 그것이 무선으로 연결되어 있어서 어떤 것을 끼워서 연결할 필요가 없이 좀 더 큰 데이터베이스나 다른 컴퓨터들과 통신할 수 있게 하는 것입니다.

아이패드는 의심할 것 없이 스티브 잡스의 최고 업적이다. 그는 태블릿을 다른 사람들

---

20) Wayne Gretzky: 캐나다의 아이스하키 선수로 약 20년간 내셔널 하키 리그에서 활동하였고 아이스하키 역사상 가장 뛰어난 업적을 남긴 선수 중의 하나로 '위대한 선수'라고도 불리며 국내에서도 '살아 있는 신화'로 잘 알려져 있다.

21) puck: 아이스하키에서 공처럼 치는 고무 원반

이 상상조차 못하고 성공하지도 못했던 때에 내놓았다. 처음 출시되었을 때인 2010년에 300만 대가 넘는 아이패드가 처음 80일 동안에 팔렸다. 그 후 2년 동안에 2,800만대의 아이패드가 팔렸다. 처음 시판 이후 9개월 동안에 135,000개의 아이패드 앱들이 개발자들에 의해 개발되었는데, 이것은 10억 달러의 매출로 이어졌다.

그러나 아이패드의 개발을 위한 시장조사에 얼마나 많은 돈을 썼느냐는 질문에 대하여 잡스는 다음과 같은 유명한 대답을 하였다. "없어요. 자신들이 원하는 것이 무엇인지를 아는 것은 소비자들이 해야 할 일이 아닙니다." 그의 주장에 의하면 그는 이미 이것이 성공할 것을 알고 있었으니까 시장조사를 할 필요가 없었다는 것이었다. 시장에서의 '약한 신호'들이 주는 '박동을 손가락으로 감지'하고 이것을 자신의 비전과 연결하는 것은 잡스의 가장 핵심적인 성공 요인들 중 하나이다. '퍽이 어디로 갈지'를 아는 것은 이러한 것들의 조합이다.

예를 들어, 잡스는 2004년에 아이패드를 개발하기 시작했지만 프로세서의 속도나 스크린 해상도, 그 당시의 무선 네트워크가 아이패드를 성공시키기에 충분히 좋지 못했다고 한다. 출시를 서두르는 대신에 잡스는 제품의 모든 요소들의 성능이 성공을 위하여 필요한 수준까지 준비될 때를 기다렸다고 한다. 그는 이러한 아이디어가 스마트폰에서도 잘 적용될 것이라는 점을 알아차리고 관련된 작업들을 잠시 중단하였다. 그는 아이폰을 모든 여건이 자리를 잡으면 커져야 할 아이패드의 소형 버전으로 보았다.

잡스는 2009년이 되자 태블릿을 출시하기 위한 거의 모든 준비를 하게 되었다. 스크린, 프로세서, 모든 중요한 무선 네트워크 등이 준비된 상황이 되었다. 그는 아이폰의 성공 이후에 지금까지 설계해 왔던 태블릿을 사람들이 좋아할 것이란 확신이 있었다. 나머지는 역사가 보여 준 그대로이다.

잡스는 그 자신의 비전, 기술적 여건, 사람들의 관심을 인지하는 능력 외에도 자신이 원하는 바를 전달하고 이를 통하여 영감을 주고 다른 사람들보다 앞선 상태로 남아 있을 수 있었다. 이것도 또한 그의 성공의 다른 주요한 요소들이다. 사실, 잡스와 같이 일했던 사람들이 '현실왜곡장'[22]이란 용어를 만들어서 그의 카리스마와 그와 함께 일하는 프

22) reality distortion field: 비현실적이며 불가능하게 보이는 것을 현실적이며 가능하다고 계속 믿고 실천할 때 실제로 그것을 현실화되게 하는 힘을 의미한다. 현실적인 가능성과는 상관없이 자신의 믿음대로 끌고

스티브 잡스에게는 자신의 비전을 위한 능력이 있었고 당시의 기술 개발 정도와 사람들의 관심 정도가 얼마나 준비되어 있는지를 알아차릴 수 있는 역량이 있었기에 다른 사람들에게 불가능이 가능할 수 있다는 사실을 믿을 수 있도록 영감과 일깨움을 줄 수 있었다.

로젝트에 미친 효과에 대해 말하곤 했다. 이 말은 또한 잡스가 대중을 흔드는 영향력, 특히나 신제품 발표에 관하여 영향력을 설명할 때 쓰여지는 말이기도 했다. 이 용어는 잡스가 매력, 카리스마, 기백, 과장, 마케팅, 진정시킴, 끈기 등을 섞어서 자신이 확신하게 되고 다른 사람들이 거의 모든 것을 믿을 수 있을 정도로 확신하게 만드는 능력을 가리킨다. 비록 때때로 비난의 대상이 되기도 하지만, 잡스의 소위 '현실왜곡장'은 불가능한 것이 가능하다는 생각을 하게 만드는 효과가 있었다. 그는 다음과 같이 지적하였다.

그것은 마치 내가 방에 들어가서 내가 발명한 적이 없었던 물건에 대하여 이야기를 하는 것과 같습니다. 나는 제품이 마치 테이블 가운데에 놓여 있는 것처럼 눈으로 볼 수 있어요. 그것은 내가 할 일은 아이디어를 구체화하고 생명력을 불어넣어 주며 결국엔 내 손에 쥐는 것과 같습니다.

비전에 생명력을 불어넣는 이러한 능력, 다른 사람들이 비전에 대해서 고무될 수 있게 하는 능력은 스티브 잡스의 가장 중요한 리더십 능력 중의 하나였다. 다음은 잡스의 말이다.

혁신이란 것은 얼마의 돈을 연구개발에 사용하느냐의 문제와는 관계가 없습니다. 애플이 맥을 내놓았을 때 IBM은 적어도 100배나 더 되는 돈을 연구개발에 쓰고 있었습니다.* 그것은 돈의 문제가 아닙니다. 오히려 당신이 함께 일하는 사람들의 문제이며 리더십의 문제이고 실제로 얼마나 비전을 실현하는가의 문제입니다.

감으로써 결국엔 성사시키는 잡스의 고집과 카리스마를 상징하는 말이기도 하다.

* 이 당시에 IBM의 수석기술매니저였던 나의 장인의 말씀에 의하면, 대부분의 IBM 연구개발은 PC시장을 겨냥한 것이 아니었다. 비용은 당신이 진행하는 연구개발에 지출되었다. 근본적 기술이라고 할 수 있는 벨랩(Bell Labs) 회사의 트랜지스터, 인텔사의 집적회로, 제록스사의 전자사진, IBM사의 하드디스크가 시장성 있는 혁신을 하려면 많은 돈이 필요하다. 하지만 잡스가 언급한 내용은 대부분이 설계 혁신(근본적 혁신에 반대되는 개념으로서)에 적용되는 것들이다.

여기서 잡스가 언급한 '그것'은 물론 단순히 목표나 목적을 이해하는 것만을 말하는 것이 아니다. 그것은 세상을 바꿀 수 있는 좀 더 큰 비전이다. 이는 비전과 앰비션이 미션과 연결된 곳이다. 잡스는 심지어 사람들이 애플에서 개발하는 제품에 대해 가져주기를 기대하는 열기를 설명하기 위해 기독교의 '전도' 개념을 회사에 도입하였다.

완벽을 위한 열정

그래서 스티브 잡스에게는 같이 일하기 힘든 사람이라는 악명이 있었다는 사실이 절대 비밀은 아니었지만 사람들을 고무시키는 측면도 있었다. 잡스는『포춘』지에서 그의 넥스트 컴퓨터에서의 리더십 때문에 '미국의 가장 힘든 상사' 목록에 올라갈 정도였다. 넥스트 컴퓨터의 공동창업자인 대늘 레빈(Dan'l Lewin)이 그 당시에 잡스에 대해 했던 말을『포춘』지에서 다음과 같이 언급했었다. "기분이 좋을 때에는 믿을 수 없을 정도이지만 기분 나쁠 때에는 상상할 수 없을 정도였지요." 전기 작가인 월터 아이잭슨(Walter Isaacson)은 이 부분을 다음과 같이 말했다.

> 모든 사람들은 잡스에 대해서 이야기하고 싶어 한다. 그들 모두에게는 이야깃거리가 있으며 그들은 그 이야기를 사람들에게 하고 싶어 한다. 그가 얼마나 매너가 거친 사람인지 이야기하는 사람들조차도 그가 얼마나 영감을 주는 사람인가라는 맥락에서 이야기한다. 그는 비뚤고 거친 사람일 수도 있지만 그런 모습 자체는 그의 열정과 완벽을 추구하는 성격 때문에 나왔다. 그는 사람들이 자기에게 대들듯이 이야기하는 것도 좋아해서 잔인할 정도의 정직함이 자신의 팀의 일부분이 될 필요가 있다는 이야기를 했었다. 결과적으로 그가 구

비록 스티브 잡스가 함께 일하기에 악명 높을 정도로 어려운 사람일 수 있을지 몰라도 그의 팀에 있는 사람들은 그와의 인연으로 자신들이 성장하거나 개선되었다고 한결같이 느꼈다.

축한 팀은 지독한 충성심과 영감을 지닌 팀이 되었다.

만일 당신이 잡스와 일했던 사람들에게 "스티브 잡스와 일해 보니 어땠어요?"라고 질문을 해 보면 그들은 아마도 적어도 몇 번은 "아주 도전적인 경험이었어요."라고 대답할 것이다. 만일 "다시 한 번 더 말해 주실래요?"라고 물어본다면 대부분의 사람들은 "정말로 그래요."라고 답할 것이다. 이러한 답이 자주 나오는 것은 그 사람들이 잡스와 일하는 과정에서 성장했다는 느낌이 있었기 때문이다. 다음은 애플 직원 중의 한 사람이 한 말이다.

> 나는 잡스가 처음에 내게 했었던, 분명히 가혹한 처사에 대해서 믿을 수 없을 정도로 감사한 마음입니다. 잡스는 나에게 억지로 더 열심히 일하게 했는데, 결국에 나는 훨씬 더 일을 잘 해내게 되었지요. 나는 이것이 잡스가 애플에 미친 영향 중에서 가장 중요한 측면일 것이라고 믿습니다. 그 사람은 자기 자신이나 다른 사람들이 탁월하지 않으면 견디지 못하는 그런 사람이었지요.

그와 가까이서 일했던 사람들에게 들은 가장 흔한 이야기는 "잡스와 같은 사람을 실제로 찾는 것은 어렵긴 했지만 모두는 그를 존경했다."라는 이야기이다. 다음은 잡스가 한 말이다.

> 나의 일은 사람들에게 잘해 주는 것이 아닙니다. 내가 할 일은 그들이 더 좋아지도록 하는 것이에요. 나의 일은 회사의 여러 부분의 일들을 함께 모으고 핵심 프로젝트를 위한 길을 열고 자원들을 확보하는 것이지요. 그리고 이러한 위대한 사람들을 데리고 독촉하고 일을 더 잘하게 함으로써 일에 대한 보다 공격적인 비전을 내놓게 하는 것입니다.

더 큰 무엇에 대한 봉사

잡스는 사람들에게서 존경을 받았었는데 그 이유는 그의 초점이 자기 자신이나 자신의 이익에 맞추어진 것이 아니고 회사의 성공과 비전의 달성에 맞추어져 있었기 때문이었다. 애플의 CEO로서 잡스의 급여는 1년에 1달러였을 정도이다. 대부분의 CEO들이 엄청난 액수의 급여를 받는 시대에 잡스의 급여는 분명하게 그가 애플이 성공했을 때에만 혜택을 보겠다는 것을 상징적으로 보여 주는 대목이다. 잡스는 더 큰 비전과 미션에 대한 이러한 기여의 중요성에 대하여 다음과 같이 언급했다.

스티브 잡스는 리더로서의 자신의 역할 핵심 부분은 사람들을 독촉하고 "일을 더 잘하게 함으로써 일에 대한 보다 공격적인 비전을 내놓게 하는 것"이다.

> 내가 정말로 고위직 사람을 고용할 때 그의 역량은 일종의 분담금과 같은 것입니다. 그 사람들은 진짜 똑똑해야 합니다. 그러나 내가 중요하게 여기는 것은 그 사람들이 정말로 '애플과 사랑에 빠질 것인가?'의 문제이지요. 만약 그들이 진정으로 애플과 사랑에 빠지게만 된다면 다른 모든 것들은 그 자체로 알아서 되는 법이지요. 그 사람들은 자기 자신, 잡스, 다른 사람들을 위해 최고가 되는 것만이 아니라 애플을 위해 최고가 되어야 합니다.

잡스는 사람들이 회사와 "사랑에 빠질" 때, 즉 그들의 역할과 앰비션이 비전과 미션에 봉사할 때, 다른 모든 것들은 제자리를 잡게 된다는 점을 분명히 이해하였다. 다시 말해서, 성공 요인의 다른 수준들(가치, 능력, 행동 등)은 비전과 미션을 지원하기 위하여 정렬된다는 것이다. 이것이 잡스 러더십 스타일의 본질이다. 그리고 이것이 리더십과 기업정신의 강력한 원리이기도 하다.

나는 내가 컨설팅하는 고객 회사의 최고 경영인들에게 과연 회사가 직원들이 "사랑에 빠질 수" 있는 곳인지에 대해 가끔 물어본다. 이것은 많은 것을 보여 줄 수 있는 질문이며 조직의 성공을 위한 '차이를 만드는 차이'에 해당하는 것이기도 하다. 사람들이 자신의 일뿐만 아니라 돈과 자기발전, 심지어 리더에게도 사랑에 빠질 수 있는 것이 사실이지만, 오히려 그러한 것이 더 큰 시스템의 최상의 이익과 충돌할 수도 있다.

스티브 잡스의 앰비션은 그의 더 큰 비전을 지원하였고 그것을 회사 성공에 대한 전적인 헌신이란 형식으로 표현하였다.

잡스는 이러한 식의 미션 의식을 애플의 고위직 임원들뿐만 아니라 모든 직원들이 갖기 원했다. 그는 모든 사람들에게 "당신은 왜 여기에 있습니까?"라는 질문을 한다고 말했다. 애플에서는 잡스가 엘리베이터를 타고 가면서 바로 옆자리에 서 있는 당신을 향해 갑자기 온갖 종류의 질문을 하는 경우가 드문 일이 아니다.

사람들은 특히나 변덕스럽고 충동적인 그의 성격을 감안한다면 이러한 일에 대하여 상당히 겁나는 일을 겪었다고 생각할 수 있다. 특히 그가 '윗사람'이라고 한다면 더욱 도전적인 일이 된다. 그러나 잡스는 '1984년' 광고에서 분명히 상징적으로 보여 준 바와 같이 자신의 지위에 대해서 그렇게 신경을 쓰는 편은 아니었다. 오히려 그는 조직 내의 활동은 공유된 비전, 미션뿐만 아니라 회사를 위한 최고의 것을 중심으로 조직화되어야 된다고 생각했다. 회사에서 일한 지 단 몇 주 정도밖에 되지 않는 직급이 낮은 하위 직원조차도 특정 이슈에 대한 의견을 물어보는 이메일을 잡스로부터 갑자기 받을 수 있었다. 잡스가 말한 바와 같이 "애플은 누구든지 CEO에게 와서 자신의 아이디어를 공유할 수 있는 곳이어야 한다."

탁월성의 환경 만들기

스티브 잡스는 애플에서 일하는 모든 사람들이 회사 및 회사 제품과 "사랑에 빠지기"를 기대하였다.

잡스의 강렬함과 전통적 형식에 구애 받지 않는 모습은 사람들을 불편하게 할 수도 있었다. 많은 사람들은 그가 모든 것을 통제하기 원하는, 요구가 많은 완벽주의자였다고 지적하였다. 나의 옛 장인은 애플의 초창기에 실리콘밸리에서 카펫 영업을 했었다. 그는 애플에 카펫 팔러 갔을 때에 겪었던 이야기를 했는데, 이는 잡스에 관해 많은 것을 보여 준다. 장인은 영업 프레젠테이션을 하고 있었는데 놀랍게도 바로 그 순간에 잡스가 들어왔다. 잡스는 장인이 그 이전과 그 이후에 만났던 어떤 고객들보다도 열 배 이상의 많은 질문을 했었다고 한다. 그는 카펫의 생산방식에 대한 상세한 사항과 재료에 대해서, 그리고 다른 제품보다 더 나은 점이 무엇인지 등에 대해서 물어보았다. 그리고 카펫 회사에 대해서도 물었고 원자재 공급회사에 대한 것과 함께 왜 하필이면 다른 회사가 아닌 그 회사를 원자재 공급처로 선택했는지에 대해서도 물어봤다. 이런 과정을 통해서 내 장인께서는 잡스에 대해 깊은 인상을 받았지만, 오히려 '당신은 회사 운영을 안 해 봤나요?'라는 의구심을 갖기 시작하였다.

분명히 잡스는 매우 강력한 호기심을 가졌고 모든 디테일을 따지고 신경 썼다. 그는 다음과 같이 말했다. "우리는 탁월성이 정말로 기대되는 환경에 있습니다. 나는 디테일 차원에서 어떤 제품에 분명히 문제가 있고, 괜찮다고 할 수 없는 상황에서 그냥 지나치는 법이 없습니다. 바로 그 점이 나의 가장 큰 기여라고 생각합니다. 모든 것이 정말로 위대할 수 있도록 작은 디테일 하나에 이르기까지 꼼꼼하게 신경 쓰고 완벽하게 마무리하는 것, 그것이 나의 일입니다."

잡스의 전기 중에 가장 많이 팔리는 책에서 월터 아이잭슨은 잡스의 일화 한 가지를 소개했는데, 그것은 의사결정 과정에 대한 잡스의 통찰을 잘 보여 주고 있다. 그 내용에 따르면 잡스는 집에서 사용하는 특정 세탁기를 구입하게 된 과정에 대해 얼마나 디테일한 것까지를 따져서 결정하게 되는지를 설명하였다. 이러한 일화는 남들은 별것 아닌 것으로 볼 수 있을지라도 그가 얼마나 디테일에 신경을 쓰는지에 대한 유명한 단면을 잘 보여 준다.

> 미국인들은 모두 세탁기와 건조기를 잘 못 만든다고 판명되었습니다. 차라리 유럽인들이 훨씬 더 잘 만듭니다. 유럽 세탁기는 세탁 시간이 두 배나 걸립니다! 그러나 그것은 세탁에 거의 1/4 정도밖에 되지 않는 물을 소비하고, 세탁물에는 세제가 훨씬 덜 남아 있게 하지요. 그리고 가장 중요한 것은 그것이 옷을 상하지 않게 한다는 것입니다. 결론적으로 유럽 세탁기는 세제와 물을 덜 쓰고도 옷이 더 깨끗하고 더 부드러우며 더 오래 가게 합니다.
>
> 우리는 가족들끼리 우리가 원하는 거래관계가 어떤 것일지에 대해서 많은 얘기를 나누면서 시간을 보냈습니다. 결국 디자인에 대해 이야기를 하는 것으로 마무리 짓긴 했지만 그래도 우리 가족의 가치에 대해서도 많은 이야기를 했습니다. 우리는 정말로 한 시간 반이 아니라 한 시간만에 세탁하는 것에 대해 더 많이 신경을 썼을까요? 또 세탁한 옷의

바니 펠과 마찬가지로 스티브 잡스는 탁월성의 문화를 만들어 내기 위해 노력했다. 그는 다음과 같이 말했다. "나는 디테일을 놓치지 않고 확실히 하는 것을 중시하는데 그 점이 바로 나의 가장 큰 기여입니다. 모든 것이 정말로 위대할 수 있도록 작은 디테일 하나에도 신경 쓰고 완벽하게 마무리하는 것이 곧 나의 일입니다."

느낌이 정말로 부드러우며 더 오래 가는지에 대해서도 크게 신경을 썼을까요? 우리가 물을 1/4만 사용해도 된다는 점에 대해서도 신경을 썼을까요? 우리는 〔이런 디테일 차원의〕 이야기를 나누느라 2주 동안 매일 밤 시간을 저녁 식탁에서 함께 보냈습니다.

디자인과 가족의 가치에 대한 잡스의 집중은 그의 성공 패턴에서의 핵심 주제들이다. 그러나 디테일과 탁월성에 대한 그의 이러한 관심은 잡스에 관한 한 단면에 불과하다. 그는 창의성도 고취하고 집단 지성을 키우며 리더십 문화를 적극적으로 촉진시켰다.

스티브 잡스는 의사결정을 할 때 디테일을 핵심 가치의 표현이라고 생각하였고 그것을 가볍게 보거나 무시하지 않았다.

스티브 잡스는 창의성을 탁월성 문화의 필수적인 부분으로 봤다. 그는 협동과 팀워크와 함께 모든 직급을 망라하는 직원들 간의 열린 대화를 장려하는 근로환경을 구축하였다.

잡스는 애플에서 조직 구조 내의 변화를 실험하였으며 넥스트 컴퓨터를 시작했을 때 전통적인 회사 구조를 함께 포기하였다. 그 대신에 회사는 종업원이 아닌 '회원'들의 '공동체'로 조직화되었다. 1990년대 초반까지만 해도 회사에는 두 가지 종류의 급여만 있었다. 그래서 직원들은 직위가 아닌 입사년도에 따른 급여를 받았다.

픽사의 성공 또한 직원들에게 주는 영감과 신뢰를 포함하는 잡스의 태도와 행동이 직접적으로 만들어 낸 결과라고 인식된다. 그는 엄격한 관리 관행이나 경직된 위계가 존재하지 않는 환경을 구축하였다. 그는 협력, 팀워크와 함께 모든 직급을 망라하는 직원들 간의 열린 대화를 장려하는 사회적인 직장을 만들었다. 그가 채용한 직원들의 자질과 포부는 회사 내의 모든 사람들이 반드시 높은 수준의 창의성과 상상력을 가질 수 있도록 하였다. 픽사의 직원들은 돈보다는 자신의 일과 창조를 더 크게 추구하는 것으로 알려져 있다.

이러한 내용들은 잡스의 변혁적 리더십 스타일에 대한 전형적 특징이다. 앞에서도 인용했듯이 "그것은 당신이 함께 일하는 사람들의 문제이며 리더십의 문제이고 실제로 얼마나 비전을 실현하는가의 문제이다." 잡스는 이 점에 대해서 다음과 같이 설명하였다.

만일 사람들이 탁월성이 기대되는 환경에서 일을 한다면 '자기동기'만으로도 탁월한 일을 할 것입니다. 나는 탁월함이 관심받고 존중되며 문화 속에 함께하는 그런 환경에 대해서 말하고 있습니다. 만약 당신이 그런 환경에 있다면 직원들에게 일을 탁월하게 하라고 말할 필요가 없습니다. 그들은 이미 자신의 환경을 통해서 그런 것을 이해합니다.

스티브 잡스에 따르면 환경과 탁월성의 문화는 사람들이 스스로를 포상해 주는 자기동기 이상의 그 무엇이 없어도 "탁월한 일을 할 수 있는" 장을 창조하였다.

잡스가 "탁월함이 관심받고 존중되며 문화 속에 함께하는 그런 환경"에 대해 언급한 것은 우리가 앞에서 '장'이라고 불렀던 것에 대한 명확한 설명이다. 잡스의 말처럼 동기와 기준은 환경의 일부이면서 자연스럽게 "주위로부터 이해가 되는 것"이지 개인 행동에 대해서 의도적으로 강화를 한다거나 규칙이 어떻다고 규정한다고 가능한 것이 아니다. 이러한 유형의 '장'은 벤처의 장기적인 성공과 지속 가능성에 있어서 매우 중요하며 벤처 리더는 이러한 장의 핵심 가치는 충분히 구체화하고 표현해야 한다. '허드슨강의 기적' 사례에서의 조종사처럼 리더의 반응과 행동이 시스템 내의 다른 사람들에게는 시금석이 된다.

스티브 잡스의 더 큰 비전 성취에 대한 흔들리지 않는 기여와 함께 그의 혁신과 탁월성에 대한 지속적인 집중은 그의 리더로서의 반복적인 성공과 자신의 벤처 성공을 가능하게 했던 핵심 요인들이다. 픽사와 월트 디즈니 애니메이션 스튜디오의 수석 창의성 책임자인 존 라세터(John Lasseter)와 현재 사장인 에드윈 캣멀(Edwin Catmull)은 다음과 같이 말했다.

> 잡스는 남다른 비전을 가진 사람이자 우리의 친구였으며 우리 픽사 식구들의 등불과도 같은 사람이었습니다. 그는 우리 나머지 사람들보다 먼저, 그리고 다른 사람들이 상상한 것을 뛰어넘어서 픽사의 잠재력을 바라보았습니다. 그는 우리를 위하여 기회를 잡았고 우리의 컴퓨터로 영상화한 영화들에 대한 미친 꿈들을 믿었습니다. 그가 항상 했던 이야기는 "위대하게 만들어라."라는 것이었습니다. 그가 있었기에 픽사는 처음과는 다른 방향으로 갈 수 있게 되었고 그의 강점, 성실함, 생명에 대한 사랑이 우리 모두를 좀 더 나은 사람으로 만들었습니다. 그는 픽사 DNA의 한 부분으로 영원히 남을 것입니다.

무한과 그 너머로! 스티브 잡스는 픽사를 3차원 애니메이션 스튜디오로 부상하게 하는 일에 기여했던 사실이 증명하듯 컴퓨터 설계 이상을 지향했던 자신의 비전에 일치되는 방향으로 나아갔다.

스티브 잡스는 팀원들 간의 집단 지성과 생성적 협동을 촉진하는 '혁신의 오케스트라 지휘자'와 같은 사람이었다.

혁신의 오케스트라 지휘자

나의 현재 장인은 1980년대 IBM의 수석기술매니저였는데 이 분은 스티브 잡스를 진화의 오케스트라 지휘자라고 말하곤 한다. 그는 잡스의 주요한 강점을 근본적 기술의 개발자로서보다는 '좋은 아이디어의 감별자(selector), 진화 촉진자(evolver), 통합자(integrator)'라고 보았다. 잡스가 '혁신의 오케스트라 지휘자'로서의 역할을 통하여 자신의 벤처의 비전, 미션, 앰비션을 추구해 왔다는 사실은 분명히 그의 성공에 기여한 주요한 핵심에 해당한다. 다음의 그의 말을 들어 보자.

> 그래서 좋은 아이디어가 떠오를 때면 내가 할 일 중의 일부는 그 아이디어를 중심으로 여러 각도로 생각해 보고 다른 사람들은 어떻게 생각할지를 살펴보면서 그들에게 그것에 대해 생각해 보게 하고 또 그들과 그것에 대해서 토론을 합니다. 그리고 100명의 사람들 사이를 돌아다니면서 아이디어를 얻고 또 다른 사람들도 함께 그것의 다른 측면에 대해 조용히 탐구해 보도록 하는 것입니다.

어떤 점에서 잡스의 이러한 말은 그의 가장 중요한 성공 요인, 즉 자기 팀 내에서 집단 지성과 생성적 협동을 장려하는 그의 능력을 잘 포착해 보여 준다.

"좋은 아이디어가 떠오를 때"라고 한 잡스의 말은 주목할 만하다. 여기서 분명히 암시하는 바는 아이디어는 단순히 자기로부터만 오는 것이 아니며 오히려 자신을 통해서 온다는 것이다. 그래서 그는 가능성의 장을 위한 통로 역할을 하는 것으로 보인다. 이것이 내가 모든 위대한 지도자나 기업가들에게서 발견한 자질이다. 물론 그들에게 거만과 이기적인 면이 있는 것이 사실일지라도 자신의 비전에 대해서는 겸허한 모습을 보이는데, 그것은 비전이 에고에서 나오는 것이 아니기 때문이다. 이와 마찬가지로 마틴 루터 킹 목사가 "나에게는 꿈이 있습니다."라고 했을 때 그는 그 자신에게서 나온 개인적인 꿈을 이야기하는 것이 아니었다. 스티브 잡스와 같은 기업가들의 비전 또한 그 자신으로부터 나온 것이 아니며 그 자신만을 위한 것도 아니다.

잡스에 의하면 가장 중요한 것은 아이디어가 "돌아다니게 하는 것"이고 "다른 사람들이 생각하는 바를 바라보는 것" "그들이 그것에 대해서 이야기하도록 하는 것"이다. 이러한 활동들은 집단 지성의 세 가지 중요한 프로세스인 울림, 시너지, 출현을 촉진하는 것이다.

사람들이 더 큰 비전을 위하여 공동으로 기여를 하게 되면 서로 간에 분열되거나 논쟁을 방지하는 문화가 창조될 수 있다. 그래서 잡스는 사람들 간에 에고적 차원에서의 갈등과 투쟁이 일어나지 않도록 하는 범위 내에서 건전한 논쟁이 가능하도록 할 수 있었다. 인류학자 그레고리 베이트슨이 말한 바와 같이 "지혜는 한자리에 함께 앉아 정말로 서로의 차이를 바꾸려 하지 않으면서 직면할 수 있는 것으로부터 나올 수 있다." 당신이 그렇게 할 수 있을 때 사람들의 특정한 관점을 넘어서는 무엇인가가 나오게 된다. 이것은 '진화를 조율하는' 능력이라는 면에서 분명히 핵심적인 성공 요인이다. 잡스는 다음과 같이 말했다.

"지혜는 한자리에 함께 앉아 정말로 서로의 차이를 바꾸려 하지 않으면서 직면할 수 있는 것으로부터 나올 수 있다."

– 그레고리 베이트슨[23]

> 비즈니스에 대한 나의 모델은 비틀즈입니다. 그들은 멤버 네 사람의 부정적인 성향을 계속해서 견제했고 서로 간에 균형을 유지하였습니다. 전체는 부분의 합보다도 더 위대했습니다. 비즈니스에서의 위대한 일들은 한 사람에 의하여 이루어지지 않았고 사람들로 이루어진 팀에 의하여 이루어졌습니다.

흥미롭게도 잡스가 인간관계에서 민감성이 부족한 사람으로 보이는 특성이 있다는 점은 오히려 장점이 되어 강한 응집력을 가진 집단이 만들어 낼 수 있는 '집단 사고'와 같은 것의 잠재적인 부정적 결과를 피할 수 있게 하였다. 집단 사고는 '집단이나 팀의 사람들이 만장일치를 이루기 위해 애쓰는 동안 다양한 대안적 행동양식에 대해서 현실적 평

---

23) Gregory Bateson(1904~1980): 영국 출신의 문화인류학자, 철학자, 인공두뇌학, 커뮤니케이션 전문가로 후에 미국으로 귀화하였으며 1970년대 초반에 NLP의 개발자인 존 그린더와 리처드 밴들러의 멘토로서 NLP 창시에 큰 영향을 끼쳤다.

가를 하고자 하는 동기를 무시하면서 생기는 사고'의 형태이다. 이러한 '집단 사고' 현상은, 예컨대 1941년 일본의 미국 진주만 공격에 대한 예측 실패, 1961년의 피그만 침공 사태[24]와 같이 미국의 정책적 차원의 '재난' 사례들에서 볼 수 있다. 잡스는 다음과 같이 말했다.

스티브 잡스는 단순하게 그 자신의 아이디어에만 관심이 있었던 것이 아니다. 오히려 그는 '최고'의 아이디어를 원했다. 그가 자신의 팀과 일하는 방식으로 인해서 독립적 사고와 다양한 많은 관점들이 무시되지 않고 존중되었다. 이로 인해 최고 높은 수준의 자질과 가장 혁신적인 아이디어들이 탄생하고 생겨나게 되었다.

> [우리의 문화는] 확실히 독립적 사고를 격려하며 때때로 모든 수준에서 생산적인 불일치 현상을 경험하곤 합니다. 사람들은 나와 공개적으로 의견 불일치를 보여도 괜찮다는 사실을 확인하는 데 오랜 시간이 필요하지 않습니다. 이 이야기는 내가 다른 사람들의 의견에 동의하느냐 않느냐의 문제가 아니라 최고의 아이디어가 이긴다는 것을 의미합니다. 우리의 태도는 우리가 최고의 것을 원하는 것입니다. 아이디어가 누구의 것이냐를 따질 필요가 없으며 그냥 최고의 아이디어를 선택하고 함께 가도록 합시다.

그래서 잡스는 브레인스토밍에 더하여 비전에 대한 집중과 함께 집단 지성과 생성적 협동을 활용하고자 하는 그의 전략에 집중함으로써 고객의 진화하는 니즈와 동기에 대해 보다 민감하게 촉을 세울 수 있었다. 잠재적으로 갈등적인 여러 관점을 무시하지 않고 존중함으로써 서로의 차이를 인정하고 서로 간에 울림의 경험을 할 수 있는 여지를 가질 수 있게 된다. 이러한 울림은 공동의 니즈와 동기가 무엇인지를 보여 준다. 잡스는 다음과 같이 말했다.

> 그것은 대중문화에 대한 것도, 사람들을 놀리는 것도, 사람들에게 그들이 원하지 않는 것을 마치 원하는 것처럼 믿도록 하려는 것도 아닙니다. 우리는 우리가 원하는 것을 잘 압니다. 그리고 다른 사람들이 어떤 것을 정말로 원할지에 대해서도 우리는 제대로 판단할 줄 안다고 나는 생각합니다.

---

24) Bay of Pigs Invasion: 1961년 4월 피델 카스트로의 쿠바 정부를 전복하기 위해 미국에 의해 훈련된 1,400명의 쿠바 망명자들이 미군의 도움을 받아 쿠바 남부를 공격하다 실패한 사건을 말한다.

여러 가지 많은 관점들을 탐색하고 통합할 수 있는 능력으로 인해서 잡스와 그의 팀은 타인이 가진 니즈와 열망을 의식적인 '직감'으로 알아차릴 수 있게 되었으며, '장' 속에는 존재하지만 사람들의 의식상에는 존재하지 않는 보다 무의식적인 '잠재적' 니즈와 열망까지도 포착해 낼 수 있었다. 그래서 잡스는 다음과 같이 주장했다. "많은 경우에 사람들은 당신이 그들에게 어떤 것을 보여 주기 전까지는 자신들이 무엇을 원하는지에 대해서 모르고 있습니다."

개방형 혁신과 파트너십의 힘

잡스는 집단 지성을 키워 내며 진보를 조율해 내는 능력으로 인해서 '개방형 혁신'을 포용하고 실천할 수 있게 되었다. 개방적 혁신의 배경이 되는 핵심되는 생각은 회사가 혁신을 촉진하고 자원을 레버리지 하기 위해서는 다른 조직이나 회사들과의 윈윈 파트너십과 제휴 관계를 맺을 필요가 있다는 것이다. 예컨대, 매킨토시 컴퓨터의 그래픽 인터페이스를 위한 기초기술의 많은 부분들은 '제록스 파크'에서 개발되었다. 컴퓨터 마우스는 더글라서 엔겔바트와 스탠퍼드 리서치 연구소(SRI)가 선구자이다. 나는 1982년 제록스사에서 모델링 프로젝트에 관여하고 있던 시기에 제록스 파크에서 윈도우와 풀다운 메뉴[25]가 장착된 컴퓨터에서 마우스가 시범으로 사용되던 일을 생생하게 기억할 수 있다. 얼마 지나지 않아서 그들은 운명적으로 스티브 잡스에게 비슷한 시범을 보이게 되었다. 잡스의 천재성은 곧바로 PC에서의 이러한 혁신 가능성을 알아차리고 그것을 사용하기 쉽고 미적 감각을 가진 패키지로 통합시킬 수 있었다.

매킨토시가 도입된 지 12년이 지난 1996년에 잡스가 애플의 CEO로 재등장했을 때 (애플이 넥스트 컴퓨터를 인수한 후에) 회사는 거의 파산 직전까지 갈 정도로 어려웠다. 잡스는 과거에 자신이 CEO로 영입했었던 존 스컬리와의 권력 투쟁 결과로 1985년에 애플에서 물러났었다. 그 결과, 그는 자신이 창업했던 회사를 사임하였다. 그리고 11년이 지

25) pull-down menu: 그래픽 사용자 인터페이스에서 볼 수 있는 전형적인 메뉴스타일로 마우스로 메뉴를 선택하였을 때 하위 메뉴가 선택한 메뉴의 아래쪽으로 펼쳐지는 메뉴 구성 방식으로 드롭다운 메뉴라고도 부른다.

스티브 잡스는 회사가 혁신을 촉진하고 자원을 레버리지 하기 위해서는 다른 조직이나 회사들과의 윈윈 파트너십과 제휴 관계를 창조하는 것을 포함하는 '개방적 혁신'의 실제도 포용하였다.

난 후에 파산 상태에 있던 그의 회사로 복귀하였다. 잡스의 첫 번째 행동 중의 하나는, 애플이 스컬리 시절에 특허권 문제로 법적 소송을 길게 끌고 있던 거대 소프트웨어 회사인 MS와의 전략적 파트너 관계를 맺도록 하는 것이었다. 1997년 보스턴 맥월드 엑스포(Boston Macworld Expo)에서 잡스는 그의 유명한 기조 연설을 하려고 연단에 올랐다. 그의 연설은 세상에는 약자인 애플과 '전능한 권력을 가진' MS와의 투쟁이 있다는 식으로 생각해 온 청중들을 놀라게 했으며 다음과 같은 발표로 연결되었다.

> 애플은 생태계 속에서 존재하고 다른 파트너로부터의 도움이 필요하며 그들을 도와야 할 필요가 있습니다. 그리고 현재 상황에서 파괴적인 관계는 이 업계에서 그 누구에게도 도움이 되지 않습니다. 그래서 지난 몇 주 동안 우리는 몇몇 관계들에 대하여 검토해 봤는데 한 회사와의 관계가 별로 좋지 않은 상태로 있었음을 알게 되었습니다. 하지만 제가 생각하기에 그 관계도 두 회사 모두에게 위대한 관계가 될 수 있게 할 만한 잠재력이 있습니다. 그래서 저는 오늘 아주 의미가 클 우리의 첫 번째 파트너 관계에 대해 발표하고자 하는데 그것은 바로 MS와의 파트너 관계입니다. 우리는 애플이 이겨야 하고 MS는 져야 한다는 식의 지금까지의 경쟁적 고정관념에서 벗어나야 합니다. 이제는 끝을 내야 한다고 생각합니다. 이것은 애플을 건강하게 하는 것에 대한 것이고 애플이 컴퓨터 산업에 엄청나게 위대한 기여를 하며 건강해지고 다시 번영할 수 있을 것임에 대한 것입니다.

이제 두 회사 간에 상호 특허 사용 계약을 맺는 협상이 여러 차례 진행되었다. 그 결과, MS사가 계속하여 맥 플랫폼을 위한 MS오피스 제품을 출시할 수 있도록 보장되었다. 애플에서는 MS의 인터넷 익스플로러를 모든 새로운 맥 제품에 기본 브라우저로 설정하여 사용하기 시작했다. MS는 애플의 무의결권 주식[26] 15억 달러어치를 시가에 구입하고 이를 3년 이내에 매도하지 않겠다는 합의까지 해 주게 되었다. 이것은 MS가 이제는

26) 무의결권 주식(non-voting share): 회사 경영에는 참여할 의사가 없고 투자 의욕만 있는 주주에게 허용하는, 의결권이 없는 주식을 말한다.

스티브 잡스는 '개방적 혁신'을 장려했으며 모든 사람들이 애플의 원수로 여겼던 MS와의 파트너 관계를 구축함으로써 애플을 파산으로부터 구했다.

단지 애플의 파트너 차원에 머무는 것이 아니며, 더 이상 애플의 붕괴를 바랄 것이 아니라 애플의 주가 상승에 대하여 관심을 둘 수밖에 없는, 애플의 주주가 되었다는 것을 의미한다. 이러한 거래에 대한 뉴스가 시장에 나가게 되자 애플의 주가는 35퍼센트나 올랐다!

이러한 사례는 파트너십이 가지는 파워와 함께 왜 이 파트너십이 성공의 원의 핵심적인 부분이 되어야 하는지를 잘 보여 주고 있다. 그리고 다시 한 번 강조하고 싶은 것은 이러한 움직임의 기반에는 애플의 더 큰 비전과 미션에 대한 잡스의 기여가 있었다는 것이다. 그가 연설에서 "이것은 애플을 건강하게 하는 것이고 애플이 컴퓨터 산업에 엄청나게 위대한 기여를 하며 건강해지고 다시 번영할 수 있을 것임에 대한 것"이라고 했던 주장은 결국 회사의 더 큰 정체성과 미션을 위하여 앰비션의 지원과 통합이 필요하다는 점을 잘 보여 준 것이라고 할 수 있다.

아이팟과 애플 미션의 확장

잡스가 개방형 혁신 과정을 실천했던 또 다른 예는 특히 애플과 전체 음악 비즈니스를 변화시켰던 제품인 아이팟의 개발 사례에서 특히 잘 드러났다. 아이팟이 나오기 전에 널리 유통되었던 MP3 플레이어는 작은 회사들의 제한된 자금에 바탕하여 생산된 콘텐츠가 제공되지 않는 제품이었다. 그러나 아이팟이 출시된 이후에 전체 산업은 진보하게 되었고 세계 최대 컴퓨터 회사가 디지털 음악 산업에서 큰 이익을 올릴 수 있게 할 정도로 성장하였다.

아이팟이 설계되었을 때 애플은 매력적인 음악 관련 기기를 개발하기에는 충분한 내부 자원을 보유하고 있지 못했다. 애플은 새로운 종합 세트 제품을 만들고자 하는 대신에 '포탈플레이어(PortalPlayer)'라는 제3자로부터 소프트웨어 플랫폼에 대한 라이선스를 아이팟은 스티브 잡스가 어떤 식으로 개방형 혁신을 적용하고 미래를 창조하기 위하여 생성적 협동을 활성화시켰는지 보여 주는 명백한 사례이다.

구매하였다. 이와 비슷한 방식으로 애플은 아이튠즈를 구축하기 위하여 외부로부터 소프트웨어를 구매하고 음악 소프트웨어 전문가와 하드웨어 엔지니어들을 새롭게 채용하여 애플의 전문가들로 이루어진 팀에 통합시켰다. 애플은 픽소(Pixo)라는 다른 회사와의 계약을 통하여 사용자 인터페이스를 스티브 잡스의 직접적인 감독하에서 설계하고 구현할 수 있게 하였다.

잡스는 로큰롤 음악이 세상을 바꾸던 시절에 성장했던 사람이다. 그는 음악은 "영혼을 위하여 좋은 것"이며, 그 자신의 상상과 꿈꾸기를 촉진하기 위한 창의성 촉매로 음악을 듣곤 했었다고 하였다. 그는 또한 사람들의 음악에 대한 보편적인 사랑을 전체 신세대 기술 사용자들과 연결할 수 있는 방법의 하나라고 보았다.

잡스는 음악의 힘에 대한 열정 때문에 아이팟 프로젝트에서 매우 적극적인 역할을 하였으며 디자이너들과 회의를 자주 하곤 하였다. 그는 이런 미팅 중에 인터페이스 화면, 음질, 스크롤 휠 등의 어떤 것과 관련된 문제이든 기기가 가질 수 있는 모든 문제에 대하여 직원들에게 자세히 이야기하곤 했었다.

잡스의 입장에서 아이팟은 애플의 비전과 미션을 모두 담아 내는 것이었다. 그는 이것을 음악이 정말로 의미 있는 방법으로 사람들의 삶 속에 스며들 수 있도록 도움으로써 "정말로 세상을 변화시킨" 것에 해당하는 것으로 보았다. 그래서 그는 다음과 같이 말했다.

> 만약 애플의 존재 이유를 말해 주는 제품이 하나 있다면 그것은 이 아이팟일 겁니다. 그 이유는 이것은 애플의 믿기지 않을 정도의 기술적인 기반이 애플의 전설적인 사용자 편의성을 멋진 디자인과 함께 녹여 냈기 때문이지요. 그것은 마치 이게 바로 우리가 하는 것이라고 보여 주는 것과 같아요. 그래서 만약 누군가가 애플이 왜 이 땅에 있는가 하고 묻는다면 나는 이것을 좋은 예로 보여 줄 것입니다.

잡스가 "애플의 믿기지 않는 기술적 기반" "전설적 사용자 편의성" "애플의 멋진 디자인"과 같은 말을 한 것은 다음의 질문들에 대해 간명하게 답한 것이다. "당신의 고객을 위한 비전과 관련하여 당신이 할 수 있는 고유한 기여와 서비스는 무엇인가? 당신의 '고객을 위한 비전'을 위해 당신이 개발하고 적용할 특별한 자원, 능력, 행동은 무엇인가?" 애플이라는 조직이 가진 큰 장점 중 하나는 리더인 잡스가 주입한 분명한 미션 의식이다.

심미적 지능의 중요성

아이팟 개발에서 잡스가 맡은 역할로 특징지어졌던 그의 유명한 디테일에 대한 관심은, 심미적 지능이란 이름으로 가장 잘 불릴 수 있는 주요 성공 요인의 또 다른 하나이다. 애플의 제품들은 기능성, 사용자 편의성만큼이나 미끈하고 혁신적인 디자인으로 오랫동안 알려져 왔었다. 이것은 애플 제품의 스타일과 특성에 관해 그가 보인 디테일과 까다로움의 긍정적 측면의 가치성과 존중심을 직접적으로 표현한 것이다. 그는 다음과 같이 설명하였다.

> 대부분의 사람들의 어휘에서 디자인이라는 것은 껍데기를 의미합니다. 그것은 내부 장식, 소파, 커튼의 천을 말합니다. 그러나 나에게 있어서 그것은 디자인의 의미보다 더 큰 것은 없습니다. 디자인은 제품이나 서비스를 연속적 외층의 형태로 표현함으로써 마무리하는 인간 창조물의 근본적인 영혼입니다.

스티브 잡스의 영향력과 성공에서의 주요 요인은 그의 심미적 지능에 대한 강조였다. 그는 "디자인은 제품이나 서비스를 연속적 외층의 형태로 표현함으로써 마무리하는 인간 창조물의 근본적인 영혼"이라고 주장하였다.

잡스는 회화나 다른 작품에서처럼 '조화와 비율'을 맞추기 위해 애를 썼던 레오나르도 다빈치와 같이 자신의 발명품에서 "디자인은 인간 창조물의 근본적인 영혼"이라고 생각했던 것이다.

어떤 분야에서든 가장 오래 가고 영향력을 크게 발휘하는 기여는 심미성과 예술성이 실용성 및 효용성과 통합될 때 가능하다.

디자인은 '어떤 제품의 모양과 기능을 결정하는 것'으로 정의된다. 기능은 제품의 실용적인 사용과 관련되지만 '모양'은 심미적으로 마음을 끄는 것과 관련된다. 어떤 분야에서든 가장 오래 가고 영향력을 크게 발휘하는 기여는 심미적이고 예술적인(우아함, 조화,

스티브 잡스는 그 자신의 인생에서 강조한 열정, 효용, 심미성 등의 가치를 자신의 벤처에도 똑같이 적용했다.

미) 측면들이 실용성 및 효용성(기술적 완성도와 실용적인 적용)과 통합될 때 가능하다. 이것은 신발, 의류, 건물, 자동차, 심지어는 과학 이론에 이르기까지 모든 것에 적용된다.

그런데 심미적 지능은 '조화, 균형, 미'를 지금 하고 있거나 창조하고 있는 일에 투입하는 것과 관련된다. 그것은 또한 '아름다운 작품을 창조하기 위하여 스킬과 창조적 상상력을 의식적으로 사용하는 것'이라고 정의될 수 있다. 인류학자인 그레고리 베이트슨은 그것을 "가슴의 이성"이 "이성의 이성으로 통합되는 것"으로 정의하였다.

다빈치에 의하면 조화와 비율은 시스템의 부분들과 전체 시스템 측면에서의 '의도'와의 관련성 결과이다. 잡스는 이러한 관점을 깊이 이해하고 존중하였다. 어떤 부분이든, 어떤 디테일이든 관련성 없는 것은 없다. 그는 다음과 같이 설명하였다.

> 만약 당신이 서랍장을 만드는 목수라면 뒷면이 벽면을 향하고 사람들의 눈에 띄지 않는다는 이유로 그냥 합판 조각을 사용해서 대충 만들지는 않을 것입니다. 당신은 뒤쪽도 중요한 부분이라고 알고 있기에 당신의 아름다운 나무 한쪽을 뒷부분에 사용하게 될 것입니다. 당신이 밤잠을 잘 자기 위해서는 당신이 하는 일에서 전체적으로 심미성과 재질이 완벽하게 잘 갖추어질 수 있게 끝까지 완수해야 할 것입니다.

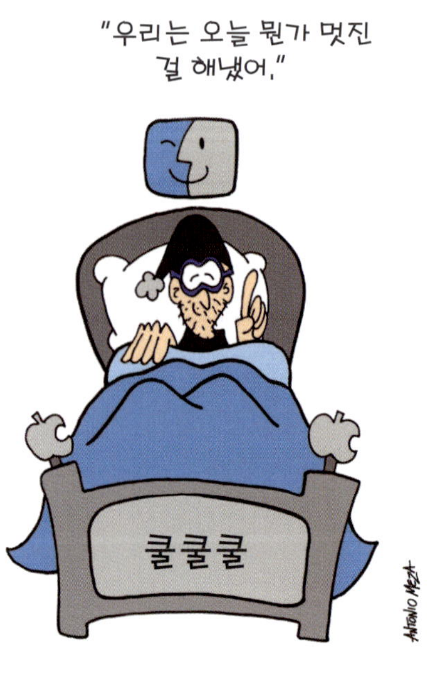

그것은 어떤 것을 '미치도록 위대하게' 만든 '끝까지 완수하는' 심미성과 품질의 이러한 수준이었다.

잡스는 같은 열정의 가치와 실용성, 심미성을 그 자신의 인생에서도 적용했다. 이것들이 인생을 '살 만한 가치있는 것'으로 만들었다. 그는 그에 대해서 다음과 같이 말했다.

공동묘지에서 가장 큰 부자가 되는 것은 내 관심사가 아닙니다…. 밤에 잠이 들면서 '오늘 무엇인가 멋진 것을 해냈어…'라고 말하는 것…. 그것이 내게 중요한 것입니다.

스티브 잡스의 성공 요인 요약

나는 이 사례연구를 사작할 때부터 스티브 잡스는 수수께끼와 같은 사람이라고 하였다.

- 그는 공격적이고 요구가 많은 사람일 수도 있는 반면에 매우 강렬하게 혁신적이며 '멋진 무엇인가'를 하고자 하는 투지도 있었다.
- 잡스는 이기적이고 거만한 사람으로 인식되지만 동시에 마음 깊은 영감과 동기부여를 해 주는 사람으로 인식되기도 하였다.
- 잡스는 디테일에 대해 통제하려 하고 집착한 반면에 똑같은 정도로 심오한 심미성을 추구하였고 집단 지성, 개방적 혁신, 생성적 협동을 장려하였다.

다음은 잡스의 전기 작가 월터 아이잭슨이 한 말이다.

스티브는 모순으로 가득 찬 사람이었습니다. 그는 억만장자가 된 반문화적인 사람이었습니다. 그는 물질적인 대상에 대하여 멀리하였지만 욕망의 대상인 물건을 만들어 낸 사람이었습니다. 때때로 그는 이러한 모순과 씨름했던 것을 이야기했습니다. 그의 반문화적인 배경이 그의 전자제품과 비즈니스에 대한 애정과 결합한 것이 그가 만들어 낸 제품의 핵심입니다. 그들은 예술적인 것과 기술이 조합된 것입니다.

스티브 잡스의 사례는 '생성적 보완'의 힘과 중요성을 보여 준다. 그의 장점과 실수는 모두 그의 창의적인 천재성의 필수적 측면이었다.

아이잭슨이 말한 것처럼 잡스의 모순은 사실상 그의 창의성의 핵심 중 하나이다. 이렇게 겉으로 보기에 반대인 잡스의 성격은 우리가 '생성적 보완'이라고 부르는 것들이다. 그의 강점과 실수 모두가 이런 보완적인 성향의 필수적인 측면으로 보일 수 있다. 어떤 점에서 기쁨을 아는 것은 슬픔을 아는 것이고(반대도 마찬가지), 사랑하는 것을 아는 것은 괴로움을 아는 것으로 잡스의 긍정적 특성과 부정적 특성이 함께 병존하는 것이다. 어느 한 가지가 있어야 다른 것도 얻을 수 있다. 빛에는 항상 그림자가 따른다.

이러한 보완적 특성은 본질적으로 비슷한 특징으로 한쪽은 에고를 통해, 다른 쪽은 소울을 통해 표현된다. 앰비션, 통제, 오만, 집착, 불안 등은 에고의 성향이며 비전, 기여, 영감, 연결 그리고 조화와 미에 대한 인정은 소울의 성향이다. 내가 여러 번 언급한 바와 같이 성공을 위한 핵심은 미션과 비전을 위해 앰비션이 이루어질 수 있게 할 역할을 찾는 것이다.

나는 당신의 앰비션이 크면 클수록 그 앰비션의 방향을 잡기 위해 더 큰 비전이 필요하다는 점을 지적하고 싶다. 마찬가지로 당신의 비전이 클수록 당신의 앰비션은 그 비전을 이루기 위하여 더 커야만 한다. 앰비션은 크지만 비전이 작거나 아예 없다면 결과는 이기적인 거만함이 된다. 비전은 큰데 앰비션이 없다면 그 결과는 충족되지 않은 꿈과 같을 것이다. 이 두 가지가 윈윈 파트너 관계에서 함께 적용될 때 그 결과는 자신이 하고 있는 일에 대한 열정과 정열, 명확한 방향, 그리고 동료들에게 에너지와 동기를 부여하는 카리스마이다. 그것은 또한 역경으로부터 다시 튀어나올 수 있고 실패를 피드백으로 전환시킬 수 있는 능력을 지원한다. 이러한 것은 분명히 스티브 잡스에게 해당되는 것이라고 할 수 있다. 그는 다음과 같이 요약하였다.

> 나는 도움을 청했을 때 내게 도움을 주지 않는 사람을 만나 본 적이 없습니다. 나는 열한 살 때에 빌 휴렛(휴렛-팩커드의 공동창업자)에게 전화를 걸었어요. 그는 팔로알토에 살고 있었고 그의 전화번호가 전화번호부에 남아 있었지요. 그런데 그가 직접 "네?"라고 하면서 전화를 받았습니다. 나는 "저는 스티브 잡스고요. 열두 살이며 중학교 학생입니다. 주파수 카운터를 만들고 싶은데 혹시 제가 쓸 수 있는 부품이 있을까 해서 전화했어요."라고 말했습니다. 그는 웃으면서 내게 부품을 주었어요. 그리고 내게 여름에 휴렛-팩커드의 조립 라인에서 주파수 카운터의 볼트와 너트를 조립하는 일을 하는 기회를 주었어요. 그는 실제로 그 회사를 있게 한 그곳에서 나에게 일자리를 준 것이었지요. 난 천국에 있었던 셈이었습니다.

앰비션이 비전을 위할 때는 위험 감수하기와 도움 요청하기 모두가 가능하다. 스티브 잡스가 주장했듯이 "실패를 두려워하면 아주 멀리 가지 못할 것이다."

나는 나에게 "NO"라고 이야기하는 사람을 만난 적이 없고 전화했을 때 그냥 끊어 버리는 경우를 보질 못했어요. 나는 사람들이 나에게 요청했을 때 그러한 감사의 빚을 돌려주는 마음에서 그들에게 잘 응대해 주려고 노력했습니다.

대부분의 사람들은 절대로 전화하려고 들지 않습니다. 그리고 그것이 때때로 일을 해내는 사람과 그냥 꿈만 꾸는 사람들을 구분해 주는 것이 되지요.

행동을 해야 합니다. 실패를 기꺼이 할 각오가 있어야 해요. 충돌하고 불도 나고 사람들과 통화하며 회사도 시작해 보고…. 그렇게 무엇이든 해야 합니다.

만일 당신이 실패를 두려워한다면 당신은 아주 멀리 가지는 못할 것입니다.

스티브 잡스의 성공의 원™

원의 중심에는 잡스의 '무엇인가 멋진 것'을 성취하고자 하는 열정과 열망, 깊은 방향감각, 자기 자신과 자신의 운명에 대한 강한 믿음에서 비롯되는 용기가 있었다. 그는 다음과 같이 말했다.

당신은 앞을 보면서 점들을 연결할 수 없습니다. 당신은 오직 뒤를 보면서 점들을 연결할 수 있습니다. 그래서 당신은 그 점들이 어떻게 해서든 당신의 미래의 점들과 연결될 것임을 신뢰해야 합니다. 당신은 당신 자신에 대한 어떤 것들 ─ 당신의 직감, 운명, 업(業), 그리고 무엇이든 신뢰해야 합니다. 이러한 접근은 절대로 나를 실망시킨 적이 없고 오히려 그것이 내 인생의 모든 차이를 만들었습니다.

스티브 잡스의 성공의 원™ 중심에는 세상에서 긍정적인 차이를 만들고자 하는 그의 열정, 스스로와 자신의 운명에 대한 신념, 심오한 심적 지능이 있었다. 이것은 일종의 '현실왜곡장'을 창조하여 다른 사람들에게 불가능하게 보이는 것이 가능할 수 있다는 것을 믿도록 할 수 있게 하였다.

이것은 그의 심미적 지능과 그의 인생에서의 핵심 가치이자 지침인 다자인에 대한 기여와 연결되었다. 잡스의 이러한 자질은, 그 자신을 확신시키고 다른 사람들에게도 무엇이든 믿게 만드는 그의 독특한 능력과 함께, 불가능한 것을 가능한 것처럼 보이게 한 "현실왜곡장"이라는 것을 만든 바탕이 되었다. 그가 '다르 잡스의 열정이 잠재적 고객을 향하여 표현되었을 때 기술을 통한 퍼스널 임파워먼트 및 풍요화와 함께 미와 기능성을 통합한 '미치도록 위대한' 제품의 창조라는 비전을 생산하였다.

게 생각하라'라는 광고에서 주장한 것처럼 자신들이 세상을 바꿀 수 있다고 생각할 정도도 충분히 미친 사람들이 대부분 그런 일을 한다.

고객과 시장의 차원에서 잡스의 열정은 기술을 통한 퍼스널 임파워먼트(personal empowerment) 및 풍요화와 함께 미와 기능성을 통합한 '미치도록 위대한' 제품의 창조라는 비전으로 표현되었다. 잡스의 비전과 열정은 그의 고객과 시장, 사람들의 삶에서 긍정적인 차이를 만들 수 있는 가능성들과의 강한 연결감을 주었다. 1996년의 인터뷰에서 그는 다음과 같은 설명을 한 바 있다.

> 내가 학교를 방문한 것은 그때가 처음이었던 것으로 느꼈습니다. 교실의 3학년과 4학년 학생들은 모두 애플 Ⅱ 제품을 갖고 있었습니다. 나는 그곳에서 몇 시간을 보내면서 이 학생들은 이런 기계를 갖고 있으니 나와는 완전히 다르게 자랄 것이라고 생각했지요.
>
> 그리고 나에게 충격이 되었던 것은 아주 적은 수의 사람들, 특히 이 애플 Ⅱ의 경우에는 오직 네 명이 디자인을 했다는 사실이었습니다. 그리고 그들은 설계에 대해서는 모르지만 제작능력을 갖춘 사람들에게 이것을 주었습니다. 그들은 기계를 만들 줄 알았습니다. 그러고 나서 또 그들은 제작법은 모르지만 배송법을 아는 사람들에게 주었고 또다시 그들은 다른 것은 몰라도 소프트웨어를 할 줄 아는 업자에게 그것을 주었습니다.
>
> 점진적으로 이러한 역피라미드가 성장하게 되면서 그리고 그것이 많은 사람들의 손에 들어가게 되던 때에 작은 씨앗에서 꽃이 피게 된 것입니다. 그리고 이는 놀라울 정도의 레버리지처럼 보였습니다. 그것은 모두 단순히 아이디어만으로 시작된 것인데…. 여기에 아이디어 하나가 이런 모든 단계를 거치면서 결국에는 교실의 아이들이 우리와는 전혀 다른 통찰과 경험을 갖고 몇 년 전에 시작된 아이디어의 싹으로 인해 그들의 삶이 아주 큰 혜택을 누릴 수 있게 되었습니다.
>
> 그리고 다음과 같은 것은 놀라운 느낌입니다. 당신이 그것과 관련이 있다는 사실을 아는 것, 그것은 이루어질 수 있는 것이라는 사실을 아는 것 말입니다. 그리고 당신이 세상이 무엇인가를 심을 수 있다는 것을 아는 것과 그것이 자라서 세상을 아주 작게라도 바꿀 수 있다는 것을 아는 것입니다.

잡스에게는 좋은 '씨앗'을 심을 수 있는 바로 그 재주가 있었다. 그는 서열파괴, "아이디어가 돌게 하기" "다른 사람들이 어떻게 생각하는지를 보기" "사람들이 자기 자신에 대해서 이야기를 나눌 수 있도록 하기"와 같은 것을 좋아했기에 '상아탑'에 갇히지 않게 되었으며 사람들의 니즈, 관심, 열망에 대해서 [한의사가 '진맥'하여 환자의 건강상태를 알 듯이] 빨리 감을 잡을 수 있게 되었다. 그는 또한 계속하여 자신의 비전을 표현함에 있어서 진화를 하였고 스스로를 이데올로기나 도그마의 벽에 가두어 두도록 허락하지 않았다.

스티브 잡스는 그의 팀원과 관련하여 "애플과 사랑에 빠지고" "제품을 더 좋게 만들어라"라는 영감을 주기 위하여 노력하였다. 그는 탁월성이 '인정되고' '존중받는', 그리고 '주변'의 한 부분이 되는 환경과 문화를 확립하였다.

윈윈 파트너십과 제휴 관계를 형성하고 활용하는 잡스의 '혁신의 조정자'로서의 능력으로 그는 많은 원천으로부터 기초 기술을 끌어들이고 통합하였다.

잡스는 자신의 직원과 팀원들에 관해서 그들에게 계속해서 영감을 주고 "그들을 더 나은 사람으로 만들기" 위해 노력하였으며 탁월성이 '인정되고' '존중받는' 문화와 그러한 '주변'을 만들어 나갔다. "당신은 왜 이곳에 있습니까?"라는 그의 질문은 미션 수준에 대한 그의 강렬한 집중을 잘 보여 주고 있다. 그의 주된 관심사는 과연 팀원들이 회사와 그의 비전과의 '사랑에 빠질 것'인가였다. 그는 조직 내의 모든 사람들 간의 개방적 커뮤니케이션과 '전도'를 통해 집단 지성과 생성적 협동을 장려하였다.

파트너십과 제휴 관계를 형성하고 활용하는 잡스의 능력은 그의 성공에 대한 또 다른 핵심 부분이기도 하였다. '혁신의 조정자'로서의 그의 역할은 그를 함께 일하고 싶은 파트너로 만들었다. 잡스는 '좋은 아이디어에 대한 감별사, 진화 촉진자, 통합자'로서 개방적 혁신을 환영하였고, 매킨토시, 아이패드, 아이팟의 경우처럼 많은 원천으로부터의 기초 기술을 도입하고 연결시켰다. 그는 혁신의 조정자로서의 역할을 통하여 개발자들과 파트너가 되고 그들을 격려함으로써 새로운 앱과 소프트웨어를 개발하도록 동기부여할 수 있었다. 그는 1996년에 MS와의 획기적인 파트너십을 통하여 회사를 대재앙의 벼랑에서 구할 수 있었다.

투자자와 주주의 관점에서, "앞서 나가고" "퍽이 향하는 곳으로 가고자 하는 것"과 같은 잡스의 앰비션은 큰 맥락에서 매력적이며 궁극적으로 크게 수지맞는 일이었다. 다른 많은 '운 좋은' 기업가들과 마찬가지로 그의 앰비션은 그가 적극적이도록 하고 위험을 무

"앞서 나가고" "퍽이 향하는 곳으로 가고자" 하는 잡스의 앰비션은 그가 적극적이 되도록 하고 위험을 무릅쓰며 도움을 청할 수 있는 사람이 될 수 있게 동기부여하였다. 그리고 그것은 투자자들과 다른 주주들에게 매력적인 회사의 성공에 대한 전적인 기여를 낳았다.

릅쓰며 도움을 청할 수 있는 사람이 될 수 있게 동기부여하였다. 그는 또한 회사 성공을 위해 전적으로 기여하는 모습을 보여 주었다. CEO 연봉으로 1달러만을 받겠다고 한 그의 상징적인 결단은 바로 그런 점에서 극적인 선언이었다.

잡스가 투자자와 주주를 위하여 가치를 창출했던 또 다른 방법은 절도(節度, discipline)를 통한 것이었다. 또 다른 상징적인 기업가인 월트 디즈니와 마찬가지로 잡스도 몽상가, 현실주의자, 비평가였다. 몽상가로서 그는 트렌드를 예측하고, 새로운 아이디어를 개발하여 풍요화할 수 있는 다양한 관점을 이끌어 내고 통합하기 위하여 절도를 적용할 줄 알았다. 그는 현실주의자로서 시장의 준비성을 증명하고 제품의 모든 부품들이 최고 수준의 기능을 발휘할 준비가 되어 있는지 보장하기 위하여 팀에게 예외적인 절도를 보였다. 잡스에게 큰 비전과 디테일에 대한 집중이라는 두 가지는 분명히 연결되었다. 이것은 건설적인 비평가가 되는 것과 함께 '소울'과 제품의 품질이 모든 제품의 구석구석에 스며들 수 있도록 보장하는 디자인의 절도를 담는 것을 포함하였다. 잡스의 말처럼 "정말 흥미로운 아이디어와 이제 막 시작된 기술들을 몇 년간 계속 혁신할 수 있는 회사로 바꾸기 위해서는 많은 절도가 필요하다." 비평가로서 이런 일을 하기 위해서는 "No"라고 할 수 있는 절도가 반드시 필요하다. 잡스는 다음과 같이 말했다.

> 사람들은 집중 영역이라고 하면 집중하는 것에 대해서 "Yes"라고 말하는 것이라고 생각합니다. 그러나 이것은 전혀 사실이 아닙니다. 오히려 그것은 기존의 수백 개의 좋은 다른 아이디어에 대하여 "No"라고 대답할 수 있는 것을 의미합니다. 신중하게 골라야 합니다. 사실, 나는 우리가 해낸 일만큼이나 우리가 하지 않았던 것에 대하여 자랑스럽게 생각합니다.

스티브 잡스의 성공의 원TM

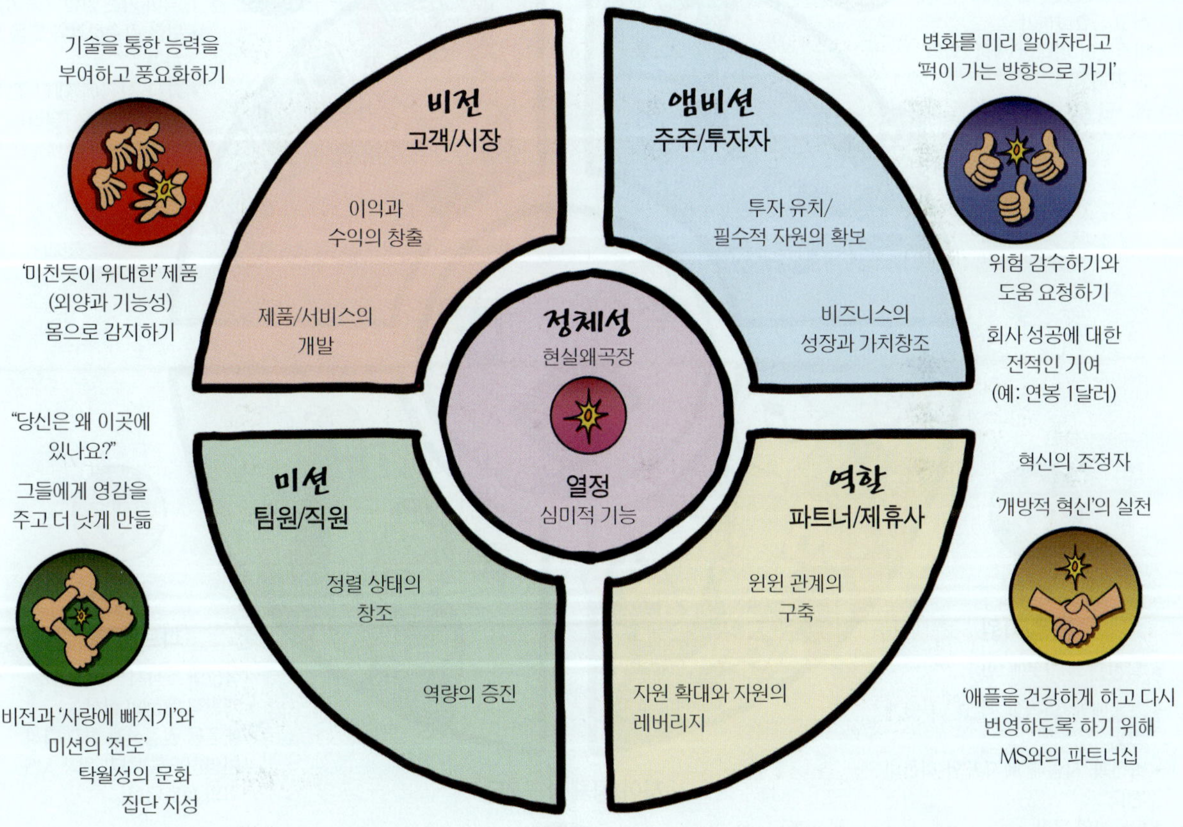

스티브 잡스의 성공의 원™

비전
고객/시장

* 기술을 통한 능력을 부여하고 풍요화하기
* '미친듯이 위대한' 제품 (외양과 기능성)
* 몸으로 감지하기

앰비션
주주/투자자

* 변화를 미리 알아차리고 '퍽이 가는 방향으로 가기'
* 위험 감수하기와 도움 요청하기
* 회사 성공에 대한 전적인 기여(예: 연봉 1달러)

미션
팀원/직원

* "당신은 왜 이곳에 있나요?"
* 그들에게 영감을 주고 더 낫게 만듦
* 비전과 '사랑에 빠지기'와 미션의 '전도'
* 탁월성의 문화
* 집단 지성

역할
파트너/제휴사

* 혁신의 조정자
* '개방적 혁신'의 실천
* '애플을 건강하게 하고 다시 번영하도록' 하기 위해 MS와의 파트너십

자아/정체성 – 열정

* 현실왜곡장
* 심미적 지능

스티브 잡스에 대한 결론적 논평

스티브 잡스의 '혁신의 조정자'로서의 역할로 인해 그는 자신의 앰비션에 따라 살 수 있게 되었으며 '미친듯이 위대한' 기술과 제품을 사용하는 사람들에게 힘을 북돋우는 비전을 성취하기 위하여 '퍽이 가는 방향'을 미리 예측하고 움직일 수 있게 되었다. 그리고 그 역할은 생성적 협동과 심미적 절도를 통하여 그런 제품을 생산할 수 있게 한 그의 미션을 지원하였다.

스티브 잡스의 '혁신의 조정자'로서의 역할로 인해 그는 자신의 앰비션에 따라 살 수 있게 되었으며 '미친듯이 위대한' 기술과 제품을 사용하는 사람들에게 힘을 북돋우는 비전을 성취하기 위하여 '퍽이 가는 방향'을 미리 예측하고 움직일 수 있게 되었다.

우리는 불교를 수용한 잡스에게서 앞의 제2장에서 언급했던 선 기업가 정신의 '삼보', 즉 불보(자신의 삶을 살기), 법보(기술을 통해 다른 사람들에게 혜택 주기), 승보(다른 사람들과 멋진 일 하기)가 현존하는 것을 볼 수 있다. 잡스가 성공의 아이콘이 될 수 있었던 것은 곧 그의 경이로운 비즈니스 성과뿐만 아니라 다른 사람들과 함께 '멋진 무엇'을 하고자 하는 그의 열망, 자신이 추구하는 가치에 따라 자신의 삶을 자기 뜻대로 살겠다고 하는 자신의 철학에 헌신하는 삶의 태도이다. 그는 다음과 같이 말했다.

> 지난 38년간 나는 매일 아침에 작은 것을 살펴보고 다음과 같이 자문해 보았어요. "만약 오늘이 내 인생의 마지막 날이라면 오늘 하고자 하는 일을 하고 싶은가?" 그때 여러 날 동안 연속적으로 "No"라는 대답이 계속될 경우엔 나는 무엇인가를 바꿀 필요가 있음을 압니다.

잡스는 비록 불완전하지만 "밤에 잠자리에 들 때 멋진 일을 해냈다."고 말하며 매일 아침에 "오늘 내가 하고자 하는 일을 하기"를 원하면서 산책하는 그런 자신의 삶을 살고자 하였다. 우리가 한 인간으로서 잡스를 좋아하든 좋아하지 않든 또는 그가 창조한 것에 대해서 가치를 인정하든 인정하지 않든, 위의 두 가지 기준에 따라 자신의 삶을 사는 것을 상상하는 것은 흥미롭기도 하지만 많은 영감을 받을 수 있는 것이다.

잡스의 성공은 균형, 그리고 자신의 에고와 소울의 통합을 추구하는 기업가의 서사시적인 여정의 결과라고 할 수 있다. 그의 마지막 말이 "오 와우, 오 와우, 오 와우"였다는 것은 놀랄 만한 일이 아니다.

요약

비전은 **성공의 원**™의 중심이 고객을 향하여 표현되는 중요한 것이다. 케네디 대통령이 말한 "사람을 달에 보냈다가 안전하게 지구로 귀환시키는 것"이라는 비전이 보여 주듯이 꼭 달성해야 하는 비전은 우리의 능력의 최고치를 확장하고 시험하게 한다.

기업가 스티브 아팀이 지적한 바와 같이 기업가적 비전은 "미래의 땅에 박을 말뚝"으로서 기업가와 그의 팀의 행동을 조정하기 위한 기준점이 된다. 기업가들은 '레이더 스크린'에 잡히는 영향들에 대하여 인지하고 추적하기 위해 주변시야를 갖는 것도 중요하다.

당신은 '생성적 비전' 연습을 통하여 비전을 선별된 고객 집단을 향하여 끌고 감으로써 당신의 프로젝트와 벤처의 특정한 콘텐츠와 디테일을 생성할 수 있도록 하기 위해 당신의 비전을 적용할 수 있게 된다. 또한 당신은 '더 많은/더 적은' 차트를 통해 비전에 좀 더 많이 집중할 수 있게 된다.

당신의 비전을 카리스마와 함께 커뮤니케이션하는 것은 기업가들에게 필수적인 스킬이다. 이것은 '비전을 알고' '느끼며', 당신의 청중의 마음에 감동과 함께 영감을 주는 식으로 청중의 각성의 장에 '비전을 자유롭게 풀어 놓는' 능력을 포함한다. 당신의 진정한 카리스마는 당신의 핵심과 잠재력에서부터 말하는 결과로 나오는 자부심, 확신, 희망, 흥분과 감각적으로 연결될 때 생기게 된다.

가장 강력한 비전은 우리가 개인으로서의 우리를 초월하는 무엇에 대한 기여를 하도록 한다. 이것은 목적의식 및 미션과 관련된다.

우리에게 성공을 향하여 이끌어 가는 미션 유형은 단지 아이디어에 대한 영감을 주는 것이 아니라 행동화할 수 있는 것이어야 한다. 행동화할 수 있는 미션 선언문은 (1) 핵심가치를 반영하고, (2) 핵심역량을 표현하며, (3) 우리가 누구를 위하여 무슨 목적으로 중요한 기여를 할 것인지에 대해서 확실히 할 수 있어야 한다.

때때로 미션은 문자 그대로 표현하거나 규정하기가 쉽지 않다. 가끔은 오히려 다중적인 방식으로 표현하는 것이 유용하다. 그래서 미션과 관련하여 개인적인 예를 들 수도 있고 상징과 메타포를 사용할 수도 있으며 몸의 동작을 만들 수도 있다. 그리고 미션을 어떤 형태로든 구체화하는 프로젝트를 정할 수도 있다. 미션 선언문 워크시트를 통해서 당신은 이런 몇 가지 표현 양식을 사용함으로써 당신의 미션을 설명하고 발표할 수 있게 도움받을 수 있다.

에너지를 방출하고 행동을 시작하기 위해서 비전과 미션이 우리의 앰비션 및 역할과 연결되도록 하는 것이 중요하다. 우리의 앰비션은 어떤 것을 하거나 이루고자 하는 우리의 내재된 욕망과 '성장과 숙달을 위한 투지'로부터 생긴다. 기업가는 그가 할 수 있다고 이미 알고 있는 것에 대해서는 별로 만족감을 못 느낀다.

오히려 '기대치를 높이고' '단지 감당할 수 있는 곤란'을 찾음으로써 그들의 능력과 숙달 정도를 탐색하고 확장할 수 있게 하는 성장기회를 찾기를 원한다.

우리의 능력에 대한 신념은 우리의 앰비션 수준에 영향을 준다. 활력 신념은 우리가 위험을 감내하게 해 주고 우리의 수행/능력 비율을 증가시키도록 해 준다. 반면에 제한적 신념은 '그림자'를 만들 수 있으며, 우리가 인지한 결핍이나 약함에 대하여 과대 보상하게 하며 '무능의 착각'을 만든다.

역할 모델, 조언자, 경쟁자를 확인함으로써 우리는 우리의 앰비션을 설정하고 측정하며 검증할 수 있게 하는 참조와 비교 대상을 찾아볼 수 있게 된다. 우리가 건강하고 현실적인 앰비션을 가졌다는 사실을 확인할 수 있는 길은 곧 그것이 우리의 비전 및 미션과 정렬되도록 확실히 하는 것이다. 차세대 기업가들은 '사람들이 속하고 싶은 세상을 창조함'으로써 모든 사람들의 행복과 성공을 증진시키기 위해 다른 사람들과 협동하여 각자가 자신의 행복과 성공을 달성할 수 있게 하는 세상에 대한 비전을 갖고 있다.

앰비션 워크시트를 통하여 당신은 당신의 앰비션에 대하여 보다 상세하게 규정할 수 있으며, 당신 자신, 잠재적 투자자와 주주들을 위해 앰비션을 보다 구체화할 수 있게 할 관련 역할 모델, 후원자, 멘토, 경쟁자들을 확인하는 데 도움받을 수 있다. 동기 평정 워크시트를 통해 당신은 자신의 프로젝트나 벤처를 위한 당신의 동기를 명료화하고 그 동기가 다른 동기들과 얼마나 잘 정렬되어 있는지를 알아보는 데 도움을 받을 수 있다. 또한 당신이 그 동기들이 얼마나 서로 중복되지는 않을지, 또는 당신의 성공에 중대하게 영향을 미칠 수 있는 다른 핵심적인 사람들이 가진 동기와 충돌되지는 않는지에 대해서 생각해 보는 데 도움이 된다.

당신의 비전, 미션, 앰비션을 지원하면서 그들 간의 정렬이 제대로 되는 역할을 수립하는 것은 미래 창조를 위한 또 다른 중요한 성공 요인이다. 프로젝트나 벤처의 역할을 명료화하는 것은 다른 프로젝트나 벤처와 함께할 파트너십과 제휴 관계를 끌어들이고 창조하는 데도 도움이 된다. 프로젝트나 벤처의 역할을 규정할 때 당신이 하는 일, 당신이 가진 특별한 능력들에 대해서 최대로 분명하게 하는 것이 중요하다. 만약 너무 막연하면 잠재적 파트너가 제휴 관계를 통해 얻을 수 있는 혜택을 평정하기 어려울 것이다.

신벤처와 프로젝트를 위한 비전과 앰비션 워크시트를 통해서 당신은 당신의 프로젝트나 벤처의 비전, 미션, 앰비션, 역할을 요약해 보는 데 도움을 얻을 수 있다. 그렇게 하면 당신은 그들 모두를 당신의 **성공의 원**™ 안으로 통합시킴으로써 당신의 프로젝트나 벤처의 미래를 위한 지침으로 삼고 굳건한 시너지를 얻을 수 있게 될 것이다.

스티브 잡스만큼 신세대 기업가들의 화신이 될 만한 사람은 아마 없을 것이다. 비록 그는 한 개인으로서는 수수께끼 같고 도전적인 사람이긴 하지만 분명히 이 책에서 지금까지 설명했던 대부분의 성공 요인들을 구현하였다. '혁신의 조정자'로서의 그의 역할은 그에게 그 자신의 인생을 살 수 있게 하는 앰비션을 가질 수 있게 해 주었고 변화의 격랑에서 앞서 나갈 수 있게 해 주었다. 그래서 그는 '미치도록 위대한' 기술과 제품을 사용함으로써 사람들에게 힘을 부여하는 비전을 성취하기 위하여 '퍽이 갈 방향'으로 계속 움직이고, 생성적 협동과 심미적 절도를 통하여 그러한 제품을 창조할 수 있게 하는 미션을 갖게 되었다.

참고문헌과 자료

The Hero with A Thousand Faces, Campbell, J., Fontana Press, London, UK, 1993.

The Origin of Species, Darwin, C., Mentor Books, New York, NY, 1958.

Photo of Martin Luther King http://www.drmartinlutherking.net

Ambition: How We Manage Success and Failure Throughout Our Lives, Brim, G., Basic

Books, 1992.

Rodin, Judith; Aging and Health: Effects of the Sense of Control; Science Vol. 233, September 19, 1986, pp.1271-1276.

Imagined Worlds: Stories of Scientific Discovery; Andersen, P., and Cadbury, D., Ariel Books, London, 1985.

Steve Jobs, Walter lsaacson, Simon & Schuster, New York, 2011.

The Little Kingdom, Michael Moritz, William Morrow & Co., New York, 1984.

The Second Coming of Steve Jobs, Alan Deutschman, Crown Business, New York, 2001.

iCon: Steve Jobs, by Jeffrey S. Young & William L. Simon, Wiley, New York, 2006.

Success Factors of Innovative Disruptions, Robert Dilts & Benoît Sarazin, September 2008.

2005 Stanford Commencement Address by Steve Jobs

Steve at Work, Romain Moisescot; allaboutstevejobs.com, 2012.

Making Your "Elevator Pitch"

결론

당신의 '엘리베이터 피치' 만들기

"어떤 일이든 될 수 있고 될 것이라고
마음먹는다면 길을 찾게 될 것이다."

에이브러햄 링컨

SUNNY CAR
ANTONIO MEZA

엘리베이터 피치란 무엇인가?

당신은 자신의 정체성과 열정, 비전과 고객, 미션과 팀, 앰비션과 주주, 역할과 파트너가 무엇인지를 알게 됨으로써 전체 SFM 성공의 원™에 대해서 살펴보았다. 이 요소들은 성공적 기업을 만들기 위한 기초 기둥들이다. 이제 우리는 그동안의 연구를 정리하며 다양한 성공 요인들에 대해 배운 것을 당신의 기업을 위한 '엘리베이터 피치(elevator pitch)'로 종합하고자 한다.

엘리베이터 피치란 당신의 프로젝트나 벤처에 대한 간결한 설명이다.

엘리베이터 피치라는 개념은 급변하는 실리콘밸리에서 유래했다. 이 역동적인 지역에서 기업가는 몇 개 층을 오르내리는 엘리베이터 안에서 자신과 벤처의 비전의 본질을 짧은 시간에 알려야 할 필요가 있었다. 때로는 그 시간만이 잠재적 투자자나 파트너 또는 팀원의 관심을 끌 수 있는 유일한 시간일 수도 있다. 따라서 엘리베이터 피치는 당신의 프로젝트나 아이디어 또는 사업에 대한 간략한 설명을 의미한다.

엘리베이터 피치는 청자가 엘리베이터를 타고 몇 개 층을 이동하는 동안 당신과 당신의 사업 또는 제품이나 서비스를 이해할 수 있도록 간결하고 주의 깊게 계획되고 잘 정리된 설명이어야 한다. 당신이 투자자를 찾고 있는 스타트업 사업가이든, 직장을 구하고 있는 졸업생이든, 교실을 개선할 아이디어를 가진 부모이든, 기부금을 모집하는 비영리 단체이든, 훌륭한 엘리베이터 피치는 당신의 프로젝트나 사업에 대한 관심을 재고시킬 수 있다.

엘리베이터 피치는 짧은 시간에 가능한 모든 정보를 전달하는 것이 아니다. 카리스마를 가지고 당신의 비전을 전달하는 훈련에서 살펴보았듯이 잘 짜여진 엘리베이터 피치는 인지적 이해와 더불어 감성을 자극할 수 있어야 한다. 성공적인 엘리베이터 피치는 다음과 같은 세 가지 기본 특징을 가지고 있다.

1) 정밀함

- 몇 분만에 정보를 전달할 수 있어야 한다.

2) 열정

- 고객, 투자자, 팀원, 잠재적 파트너는 기업의 에너지와 헌신을 기대한다.

3) 요청

- 소개가 끝나면 뭔가를 요청해야 한다. 명함, 발표 스케줄 잡기, 소개 받기 등

당신의 엘리베이터 피치는 다음과 같은 여섯 가지 질문에 답할 수 있어야 한다.

1. 당신의 프로젝트나 사업은 무엇인가?

   당신의 비전과 미션을 설명하라. 즉, 당신은 자신의 프로젝트와 사업을 통해 세상에 무엇을 창조할 것이며 그것을 어떻게 실현할 것인가?

2. 당신의 고객과 시장은 누구인가?

   당신의 비전과 미션이 대상으로 하는 인구집단은 무엇이며 그들은 어느 정도 규모의 시장인가?

3. 수익 모델은 무엇인가?

   당신은 수익을 어떻게 내어 당신의 사업이나 프로젝트를 유지할 것인가?

4. 프로젝트와 사업에 누가 참여하고 있는가?

   당신과 당신 팀의 배경과 성과를 간략하게 소개하라. 강력한 자문그룹이 있을 경우 그들이 누구이며 무엇을 성취했는지에 대해서 설명하라.

5. 당신의 경쟁자는 누구인가?

당신과 유사한 일을 하는 프로젝트나 사업에 대해 간략히 설명하라. 그들은 누구이며 지금까지 무엇을 성취했는지에 대해 설명하라. 경쟁자의 존재는 당신의 프로젝트나 사업이 필요하다는 것을 증명하는 것임을 기억하라.

잘 짜여진 엘리베이터 피치는 인지적 이해와 더불어 감성을 자극할 수 있어야 한다.

6. 당신의 경쟁력은 무엇인가?

당신의 회사가 경쟁사와 어떻게 다르며 왜 경쟁사보다 우월한지를 효과적으로 설명하는 것이 중요하다. 당신만의 고유성은 무엇이며 당신은 왜 성공할 수밖에 없는가?

피치 준비하기

종이를 준비하거나 워드프로세서나 컴퓨터를 열고 '엘리베이터 피치'의 대략적인 내용을 기입해 보라.

프로젝트 또는 벤처의 개관

당신의 프로젝트나 벤처가 지닌 핵심 요인들을 250개 단어 내외로 간략하게 개관해 보라. 그리고 다음 질문에 답을 하라.

- 당신의 프로젝트나 벤처에 대한 전반적 비전은 무엇인가?
- 당신의 앰비션은 무엇인가? 당신의 돌파구는 무엇인가? 어떻게 사업을 완결할 것인가?
- 당신의 미션은 무엇인가? 당신의 프로젝트나 벤처가 가진 고유성은 무엇인가? 그 결과는 어떤 것인가?
- 당신의 프로젝트나 벤처는 좀 더 빨리, 좀 더 낫게, 좀 더 싸게 무언가를 할 수 있게 할 것인가?

• 왜 당신은 크게 성공할 수밖에 없는가?

만약 그것이 중요하다면 프로젝트를 완수하거나 벤처를 시작하여 성공적으로 수행하기까지 걸릴 예상 시간에 대해서 명시하라.

필요한 자원

당신의 프로젝트가 성공하기 위해 필요한 자원과 지원 요소들을 기술하라. 고객, 투자자, 팀원, 정보, 연락처, 웹 링크, 책 등을 기술하라.

파트너 관계와 투자

당신이 관심을 가진 파트너 관계의 형태와, 투자 형태, 기타 협력 형태를 명시하라.

요청

명확한 요청 사항을 기술하라. "제가 찾고 있는 것은…"이란 말로 시작하라.

'생성적 벤처 공동체'를 위한 피치 준비의 예

다음 내용은 나와 동생 존이 '생성적 벤처 공동체(Generative Venture Community: GVC)'라고 명명한 사업의 비전을 위해 준비한 피치의 한 예이다.

프로젝트 또는 벤처의 개관

당신의 프로젝트 또는 벤처에 대한 전반적 비전은 무엇인가?

우리의 비전은 SFM™ 원리에 입각해 만들어진 '생성적 벤처 공동체(GVC)'와 그 구성원들의 비전으로 이루어져 있다. 공동체는 그 구성원의 열정과 기여를 통해 확장되고 발전할 것이다. 공동체는 개인의 성공과 공동체의 성장 간에 긍정적 고리를 형성하는 방식으로 조직화될 것이다.

당신의 앰비션은 무엇인가? 당신의 돌파구는 무엇인가? 어떻게 사업을 완결할 것인가?

- SFM™을 다음 단계로 발전시킨다.
- 매년 최소 1,000명의 차세대 기업가 네트워크를 만든다.
- 웹사이트를 만들고 거기에 증가하는 성공 스토리를 담는다.
- 차세대 기업가 정신이 회사 내에서 지원을 받을 수 있는 기관들 사이에 국제적 관심을 고조시킨다.

당신의 미션은 무엇인가? 당신의 프로젝트나 벤처가 가진 고유성은 무엇인가? 그 결과는 어떤 것인가?

딜츠 전략 그룹은 성공적인 사업을 일으키기 위해 차세대 기업가들이 상호 간에 도움을 줄 수 있는 영감, 초점, 구조를 만들기 위한 SFM™ 기반의 훈련과 코칭을 제공할 것이다. 기업가들은 각자의 사업 가치와 성공 가능성을 증가시키기 위해 서로 연결되어 협력을 지속할 것이다.

당신의 프로젝트나 벤처는 사람들이 좀 더 빨리, 좀 더 낫게, 좀 더 싸게 뭔가를 할 수 있게 할 것인가?

- 성공적 벤처를 위한 로드맵을 만든다.
- 긍정적 자세를 발전시킨다.
- 열정을 연결하고 그것을 비전으로 표현한다.
- 집단 지성을 활용한다.
- 그들의 카리스마를 찾아내어 다른 사람들에게 영감을 부여한다.
- 리더십과 회복탄력성을 강화한다.

당신은 왜 크게 성공할 수밖에 없는가?

전통적인 인큐베이터와 달리, GVC는 원칙들을 공유할 것이며 SFM™ 모델은 소개,

코칭, 전문 서비스 등을 포함한 자원들을 지속적으로 교환함으로써 직접적인 수혜를 제공할 것이다. 참여자는 상대방 벤처의 소유권을 공유할 수도 있다.

필요한 자원

- 웹사이트에 대한 기술 지원
- 기업가들에게 메시지 전파를 할 수 있는 지원
- SFM™ 이벤트와 인증 과정을 위한 후원
- GVC 구성원들에 대한 지속적인 지원을 할 수 있는 훈련된 강사, 컨설턴트 및 코치
- 기타 아이디어

파트너 및 투자

우리는 GVC 기반을 확립하기 위해 차세대 기업가에 대해 열정을 가진 사람들, 즉 꿈을 가지고 더 나은 세상을 만들기 위해 노력하는 사람들의 네트워크를 만드는 데 관심이 있다. 네트워크에 가입한 구성원들은 정보를 얻고 기업가 및 후원 그룹과 수익성 업무를 하며 GVC의 지분을 가진다.

요청

우리가 필요로 하는 것은 제품을 창조하고 웹사이트를 만들며 SFM™ 인터뷰 및 사례 연구를 진행하고 새로운 기업가뿐만 아니라 기존 회사에 우리의 비전을 전파하기 위해 우리에게 합류할 파트너이다.

열정으로 설명하기

> 효과적인 엘리베이터 피치를 전달하는 데 핵심적인 것은 다른 사람들에게 영감을 주고 흥분하도록 당신의 비전을 전달하는 능력을 개발하는 것이다.

엘리베이터 피치의 내용을 준비하고 나면 효과적이고 설득력 있게 그 내용을 전달하는 행동적 측면의 준비를 하는 것이 중요하다. 우리는 기업가로서 다른 사람들에게 영감을 주고 흥분하도록 당신의 비전을 전달하는 능력이 얼마나 강력하며 중요한 무기인지를 수도 없이 보아 왔다. 예를 들어, 투자자는 아이디어나 제품, 계획만 보고 절대 투자하지 않는다. 투자자는 실현시키고자 하는 기업가의 비전, 미션, 앰비션, 열정, 헌신에 투자한다. 다른 잠재적 협력자들에게도 마찬가지이다. 당신의 프로젝트나 벤처에 대한 꿈이 바람직한 것이며 성취 가능한 것임을 타인에게 확신시키기 위해서는 스티브 잡스처럼 일종의 '현실왜곡장'을 만들어 내야 한다.

당신은 타인의 관심을 끌 수 있도록 벤처를 위한 엘리베이터 피치를 해야 한다. 이미 살펴본 바와 같이 당신의 프레젠테이션 파워는 다음의 행동적 기술과 자질의 결과이다.

비전: 당신의 비전으로 청자에게 영감과 감동을 주라.
관계: 청자를 완벽하게 집중시키고 신뢰와 존경을 얻어라.
공감: 고객, 주주, 협력자의 니즈와 동기를 완벽히 이해하고 있음을 보이라.
열정: 프로젝트나 벤처에 대한 강렬한 열정을 보이라.
명확성: 날카롭고 명확하며 이해하기 쉽게 아이디어를 전달하라.
확신: 겸손하지만 권위 있게 설명하라. 위험 요소와 장애물을 제시하고 프로젝트나 사업을 성공시킬 수 있는 당신의 능력에 대해 확신을 심어 주라.
정렬: 적절하고 진실되며 믿음이 가도록 당신의 메시지를 전달하라.

엘리베이터 피치의 핵심 아이디어를 설명할 때는 청각적, 시각적, 신체감각적 차원, 즉 세 가지 주요 표상체계를 모두 사용하는 것이 중요하다. 또한 앞에서의 '진정성 있는 카리스마로 당신의 비전을 표현하기' 부분을 다시 검토해야 한다. 동일한 원리들이 엘리베이터 피치 전체에 적용될 수 있다.

당신의 피치의 명확성과 더불어 당신의 열정에 대해 피드백을 줄 수 있는 친구나 동료를 대상으로 피치를 연습하는 것이 좋다.

다음 단계

엘리베이터 피치를 준비하는 것이 이 책의 목표이기는 하나 여러 가지 측면에서 그것은 독자가 앞으로 가야 할 여정의 시작에 불과하다. 다음에 이어질 제2권과 제3권의 시리즈(2017년 현재, 국내에서는 미번역 상태임)에서 우리는 집단 지성과 생성적 협동을 통해 어떻게 더 많은 내용을 당신의 비전과 벤처 속에 풍부하게 적용하고 확장할지에 대해 살펴볼 것이다. 또한 우리는 독자가 회복탄력성과 리더십을 개발할 수 있도록 도와주는 모델, 도구, 연습을 제공할 것이다. 우리는 '더 큰 파이 만들기' '불가능한 일 하기' '제로에서 뭔가 만들기' '역경을 딛고 미래 개발하기' 등과 같은 주제들을 탐구할 것이다.

아무쪼록 여러분들이 흥분되고 도움이 되는 차세대 기업가 세계로의 여정을 계속 이어 나가기 바란다.

저자 후기

나는 독자들이 SFM™과 SFM 성공의 원™ 탐색 과정을 즐겼기를 희망한다. SFM™의 원리와 기술을 더 심도 있게 배우고자 할 경우 이 책에서 기술한 상세 내용, 전략, 기술을 개발하고 적용할 수 있는 다른 자료와 도구들이 있다.

딜츠 전략 그룹

딜츠 전략 그룹은 차세대 기업가 정신, 집단 지성, 리더십 및 혁신을 포함하여 SFM™을 적용한 훈련, 컨설팅 및 코칭 서비스를 제공하는 기관이다. 또한 딜츠 전략 그룹은 우리가 살고 있는 이 역동적인 사회경제적 세계에서 발전하고 있는 성공 요인들의 새로운 모델 개발 연구 프로젝트를 후원한다. 딜츠 전략 그룹은 전 세계적으로 SFM™에 대한 교육과 인증 프로그램을 제공하고 있다.

좀 더 많은 정보가 필요할 경우 다음의 연락처로 연락하기 바란다.

Dilts Strategy Group

PO. Box 67448

Scotts Valley, CA 95067

USA

전화: (831) 438-8314

E-Mail: info@diltstrategygroup.com

홈페이지: http://www.diltstrategygroup.com

나는 딜츠 전략 그룹에 제공하는 교육 프로그램 이외에 자기 개발이나 직업 개발과 관련된 주제에 대한 다양한 세미나 및 워크숍을 세계적으로 개최하고 있다. 프로그램 일정에 대한 정보는 웹사이트(http://www.robertdilts.com)에서 찾아볼 수 있다. 또는 자세한 정보를 이메일(rdilts@nlpu.com)로 요청할 수도 있다.

용어 해설[1)]

가치 평가(Valuation): 회사의 자산이나 회사 자체의 가치를 결정하는 과정. 스타트업의 가치 평가는 이미 발행된, 발행이 예정된 주식의 숫자에 주식의 가격을 곱한 것으로 표현된다.

경비 지출 속도(Burn Rate): 이것은 특히 신생 기업의 경비 지출 속도를 말하는 신조어로서 구체적으로 신생 기업이 현금으로 지불한 창업비용, 연구개발비, 기타 비용의 비율을 말한다. 빠르게 확장하는 신규 회사가 경험할 수 있는 것으로 특히 제품이나 서비스를 생산하여 시장에 출시하기 위해서는 자금이 많이 필요할 수 있다. 스타트업의 경우에는 경험이 부족하기에 지출되는 자금 사정을 감안하는 등의 경비 관리를 할 수 있어야 한다.

고객(Customers): SFM 성공의 원™에서 첫 번째이자 가장 의미 있는 사분면에 포함되는 것이다. 사업가의 비전을 받아들이고 가장 우선적으로 그 혜택을 받는 사람으로서 일반적으로 벤처의 제품이나 서비스를 구매하는 사람이기도 하다. 기업가가 제품이나 서비스를 개발하고 궁극적으로 벤처를 설립하고 발전시키는 것은 소비자와의 관계라는 맥락에서 이해될 수 있다. 다시 말해서, 소비자가 없다면 그 모든 것은 의미가 없게 될 것이다. 기업가가 지속 가능한 성공을 이룩하기 위해서는 마인드 셰어(mind share)와 시장 점유율을 충분히 확보함으로써 기업이 제대로 운영되도록 할 수 있는 충분한 이익과 자금을 창출해야 할 것이다. 〔성공의 원, 마인드 셰어를 참고하라.〕

국제화(Globalization): 각 나라들이 자국의 경제발전과 번영을 위하여 독립성을 유지하기보다는 상호 의존할 수밖에 없는 현상을 말하며, 특히 인터넷을 중심으로 하는 기술 발달과 함께 투자금

---

1) 독자의 이해를 위하여, 원서의 내용에 기반하여 역자가 한국 실정에 맞추어 설명을 추가/보충하였다.

2) 모든 용어는 영어 알파벳 순서가 아니라 번역된 한국어의 가나다 순서에 따라 나열되었다.

과 전반적인 사업 환경, 국제 환경이 세계적으로 상호 연결되는 방향으로 가는 경향성, 특히 세계화로 향해 증가하는 경향성을 의미한다.

기업가(Entrepreneur): 비즈니스나 기업의 위험을 조직화하고 경영하고 감당하는 사람을 말한다. 여기서 기업가라는 영어 단어는 '…을 떠맡다(to undertake)'라는 뜻의 프랑스어 entreprendre에서 유래했다. 이는 흔히 새로운 프로젝트나 벤처를 시작하는 사람을 지칭할 때 사용되는 단어이다. 〔한국에서는 기업가, 기업인, 사업가라는 용어들이 혼동되어 사용되고 있고 흔히 사업가를 기업인이라고 말하기도 한다. 물론 사용되는 상황이나 맥락에 따라 이 용어들이 각각 다르게 쓰이기도 하고 각 단어에는 별도의 독특한 의미를 담고 있기도 하다. 일반적으로 사업가가 단순히 '사업하는 사람', 그리고 기업가는 '기업하는 사람'이라는 의미를 지닌다면 기업가는 그 이상으로 보다 '프로'스럽고 전문적인 느낌을 담고 있는 것도 사실이다. 일반적으로 한자어로서의 '기업(起業)'은 일으킬 '기(起)'자와 일 '업(業)'자로 구성된 단어로서 문자 그대로 '일을 새롭게 만든다.' '사업을 일으켜 시작함'이라는 뜻으로 해석된다. 이런 의미를 살려서 생각해 볼 때 본래적 의미의 기업가란 지금까지 '존재하지 않았던 가치와 일자리를 만드는 사람'이라는 뜻을 지녔다고도 볼 수 있다. 이 책에서 사용하는 기업가의 의미도 바로 이런 차원에서 이해된다. 그런 기업가는 다른 사람들이 보지 못하는 사업의 기회를 포착하며 모험적 · 창의적 · 경쟁적이면서 위험한 선택과 불확실한 사업의 미래에 대하여 낙관적 전망을 해낼 줄 아는 특성을 가진다고도 볼 수 있다. 한편, 기업의 본질인 이윤 추구와 사회적 책임의 수행을 위해 기업가로서 마땅히 갖추어야 할 태도와 정신을 의미하는 '기업가 정신(entrepreneurship)'은 외부 환경 변화에 민감하게 대응하면서 항상 기회를 추구하고 그 기회를 잡기 위해 혁신적인 사고와 행동을 하며 그로 인해 시장에 새로운 가치를 창조하는 일련의 활동과정을 말한다. 기업가 정신의 공통된 특징으로 꼽을 수 있는 것은 대략 다음과 같다: (1) 비전과 개척자 정신으로 창업(start-up)에 나섬, (2) 창의성과 혁신을 함, (3) 위험 부담과 '할 수 있다(can do)'는 정신인 성취동기가 강함, (4) 창조와 훌륭한 인재양성에 대한 책임감이 강함, (5) 기업활동에 있어서 변혁적 리더십을 보임〕

기업 공개(Initial Public Offering: IPO): '주식 공개'라는 것으로도 알려진 이 용어는 회사를 공개적인 주식시장(다우 또는 나스닥)에 올리는 것을 말한다. 기업 설립 후 처음으로 외부 투자자들에게 주식을 공개매도하는 일을 말한다. 자기 회사를 주식시장(증권거래소)에 상장시키는 방법이 가장 많이 이용된다. 기업 공개 과정 가운데 기업은 외부로부터 자금을 빌려오기도 하지만 기업 공개 이후 주가가 상승하면 이를 담보로 추가적인 주식을 발행하여 더 많은 자금을 조달할 수도 있다. 일반적으로 벤처기업에 투자하는 벤처 캐피탈이나 엔젤 투자자들이 투자금을 회수할 수 있는 거의 유일한 방법이다. 일부 창업주들은 이러한 기업 공개를 힘들게 키운 기업을 파는 행위로 여기기 때문에 좋아하지 않는 경우가 있지만 경영학에서는 기업의 영속성과 발전 가능성을 위해 필수적인 것으로 본다. 그래서 이것은 많은 실리콘밸리 기업인들이 큰 재무적 성공을 거두는 방법이기도 하다.

능력(Capabilities): 이것은 핵심 성공 요인 수준과 '신경-논리적 수준'의 세 번째 수준에 해당하는 것으로서 성공으로 이끄는 특정한 스킬, 멘탈 지도, 계획, 전략과 같은 것을 말한다. 이것은 특정한 행동과 동작이 어떻게 선택되고 관찰되거나 실행되는지를 결정한다. 보통은 구체적인 스킬과 함께 이야기된다. 〔핵심 성공 요인 수준과 신경-논리적 수준을 참고하라.〕

라포(Rapport): 신뢰관계, 조화관계, 협조관계를 정립하는 것을 말한다. 이것은 특히 상담 및 심리치료 분야에서 발달된 개념이지만 지금은 경영이나 기업 관계에서의 모든 커뮤니케이션 상황에서 통용될 수 있는 개념으로 확대되었다.

레버리지(leverage): 이 개념은 원래 '지렛대(lever)'라는 말에서 유래된 것인데, 이 지렛대는 막대기의 한 점을 받치고 그 받침점을 중심으로 물체를 움직이는 장치로서 적은 힘을 들여 더 큰 힘을 내게 할 때 사용하는 도구이다. 그런데 이것이 경영학이나 금융계에서 사용될 때는 자본의 차입을 뜻한다. 그래서 상대적으로 낮은 비용(금리)으로 자금을 끌어와 수익성 높은 곳에 투자하여 수익을 남기며 그것을 통해 조달 비용을 갚으면서도 추가 수익을 남기는 것을 레버리지 한다고 말할 수 있다. 특히 회사 자본이 부족할 시에 또는 경영 전략상 금리가 싼 외부의 빚을 차입하여 지렛대로 삼고 투자 수익률을 극대화하는 이 레버리지는 경기가 호황일 때 효과적인 투자법이다.

마인드 셰어(Mind Share): 제품이나 회사의 브랜드를 그의 잠재적 고객과 관련하여 인식하는 정도로 시장 점유율과 대조되는 개념이다. 이것은 제품이나 회사가 기존의 고객 기반과 관련하여 보유하고 있는 판매 비율이다. 스타트업 회사의 경우에 마인드 셰어가 시장 점유율보다 더 중요하다. 마인드 셰어란 흔히 '상표 충실도' '상표 애호도'라고도 하는데, 소비자가 특정 브랜드에 대해 지니고 있는 호감 또는 애착의 정도를 말한다. 만약 어떤 브랜드가 계속적으로 구매자들로부터 선호된다면 판매자는 독점적인 시장을 획득하게 될 것이며 이로 인해 각 기업은 브랜드 로열티의 수준에 큰 관심을 갖게 될 것이다. 따라서 이를 위해서는 상표의 이미지를 높이는 것이 중요할 것인데, 여기서 브랜드 셰어(brand share), 즉 브랜드 점유율이라는 용어가 나오게 된다. 〔시장 점유율을 참고하라.〕

멘토링(Mentoring): 그리스 신화에서 멘토는 영웅 오디세우스의 현명하고 믿음직한 카운슬러였다. 멘토로 가장한 한 아테나 여신은 오디세우스가 멀리 여행을 떠난 때에 오디세우스의 아들인 텔레마쿠스(Telemachus)의 수호자이자 선생이 되었다. 그래서 '멘토'가 된다는 것은 (1) 조언이나 카운슬링을 하는 것, (2) 가이드나 선생 역할을 하는 것이란 의미가 되었다. 그래서 조직에서의 멘토링은 연장자나 선배 또는 경험이 많은 사람이 조직에 합류하거나 직위를 담당한 지 얼마 되지 않은 사람에게 조언자로 행동하는 비공식적인 관계를 의미하게 되었다.

모델링(Modeling): 원래 '모방하기'에 해당하는 이 용어는 심리학, 특히 행동심리학과 사회심리학에서의 사회학습이론에서 발달되었다. 이 개념은 개인(관찰자)이 다른 개인(모델)의 사고, 태도, 외현적 행동을 모방하거나 순응할 수 있는 행동을 나타내는 것으로서 정의될 수 있다. 이때 모방의 대상이 되는 모델은 살아 있는 사람, 영화 또는 인쇄물 등에 나타난 것이 될 수도 있고 심지어는 상상의 대상이 될 수도 있다. 그러나 NLP나 SFM™에서 볼 때 모방하기는 어떤 목적을 달성하는 행동 과정의 특징과 패턴을 분석하여 확인하고 그것을 구조화함으로써 따라 하고 흉내 내는 것을 말한다. 모방하기에는 때로는 성공적이지 못한 행동과의 비교를 통하여 특정의 성공적인 수행 행동을 대상으로 분석하는 것(벤치마킹과 성공분석의 조합)이 포함된다. 모방하기 과정의 목적은 특정한 현상에 대해서 '정확'하고 '옳은' 분석이나 설명을 하고자 하는 것이 아니라 모방된 것을 유용한 방식으로 적용할 수 있는 가이드 역할을 하는 '도구적 지도'를 만드는 데 있다. 이 도구적 지도가 있음으로 해서 우리는 보다 효율적인 행동을 할 수 있게 되는데 여기서 지도의 '정확성'이나 '사실성'은 '유용성'에 비해서 덜 중요하다. 모방이론의 선구자인 사회심리학자 앨버트 반두라(Albert Bandura)는 모방이 성공할 수 있는 다음과 같은 네 가지 필수 요인을 제시했다: 모방되는 사건에의 주의 집중, 관찰한 것을 기억하기, 모델의 행동을 모방하는 능력, 이러한 행동들을 재생산하고자 하는 모방자의 동기. 이렇게 볼 때 모델의 특징, 모방자의 특징과 상황은 모방하기의 효과성과 효율성에 영향을 주는 중요한 요소가 되고 있다.

모범 사례(Best Practice): 우리나라에서는 흔히 번역어 대신에 '베스트 프랙티스'라는 말로 사용되는 이 개념은 비즈니스 관행(business practices)이나 특정 행동의 단계를 공유, 토론, 비교하는 과정을 말한다. 비즈니스 관행은 일반적으로 경영에서 사용되는 경영의 원리나 방법 등을 말한다고 볼 수 있기에 모범 사례는 특정 업계 내에서 가장 뛰어난 기업들의 비즈니스 관행, 즉 비즈니스를 하는 방식을 상징한다. 또 이를 좀 더 다르게 설명하면 경영 목적을 지속적이고 효과적으로 달성하기 위하여 또는 현안을 효과적으로 해결하거나 개선하고, 또는 극복하기 위하여 사용하는 가장 성공적인 해결책이나 문제 해결 방법을 말하기도 한다. 한국어에서는 상황과 경우에 따라 모범 경영, 모범 실무, 최상의 업무 수행 방법, 최상의 접근 방법 등으로 번역되기도 한다. 〔비즈니스 관행을 참고하라.〕

미션(Mission): 핵심 성공 요인에 해당하는 이것은 조직이나 개인이 그들의 한 부분을 이루는 더 큰 시스템과의 관계에서 가지는 목적이나 목표를 말한다. 우리의 미션은 우리가 우리 자신을 뛰어넘는 어떤 것에 대해 공헌이나 기여를 하는 것과 관련된다. 이것은 흔히 임무, 사명과 같은 의미로 번역되지만 여기서는 SFM™에서 독특하게 사용되는 개념이기에 그 의미를 살리기 위해서 영어 단어 그대로를 사용하였다. 더 큰 시스템의 일원으로 그 시스템의 발전을 위해 일을 하는 개인, 팀, 조직의 미션이란 그들이 시스템의 비전을 달성하고자 사용하거나 적용하는 특별한 재능, 자원, 능력과 관계가 있다. 팀원과 직원들이 회사를 위해 일을 잘하기 위해서는 반드시 미션에 대해

서 분명히 이해하는 것이 중요하다. 〔핵심 성공 요인을 참고하라.〕

벤처(Venture): 성과에 대한 불확실성까지 포함한 것을 책임지는 과감하고도 위험한 여정이다. 기업이나 투기는 이윤에 대한 희망을 가지고 위험성을 감내한다.

벤처 캐터리스트(Venture Catalyst): 스타트업 회사에 그 성장을 가속하고 이 회사가 가능한 '출구'(인수나 상장)에 도달하는 시간을 줄이기 위하여 돈과 다른 자원들 모두를 투입한 개인 혹은 개인들(자금)의 집합, 또는 벤처 자금을 받지 못했을 신생 기업을 위해 자금 조달을 도와주는 사람이나 회사를 말하기도 한다. 엔젤 투자자가 초기 벤처기업에 자금만 투입하는 사람이라면 벤처 캐터리스트는 기업의 설립 초기부터 비즈니스 모델의 정립, 마케팅 전략, 자금 조달 중개, 경영자문 등을 통해 신생 기업이 벤처기업으로 성장할 수 있도록 도와주는 사람을 말한다.

벤처 캐피털(Venture Capital): 예외적인 성장 잠재력을 지닌 스타트업 회사나 소규모 회사들이 활용할 수 있게 조성된 펀드를 말한다. 전문 관리자들이 특별한 자금을 조성하여 신벤처나 스타트업들에게 투자되는 돈을 말하기도 한다. 돈과 함께 관리 및 기술적 전문성을 위한 자원도 제공될 수 있다. 〔엔젤 투자자를 참고하라.〕

벤처 캐피털리스트(Venture Capitalist): 경쟁력이나 잠재력이 있는 벤처기업을 발굴해 투자하는 사업을 벤처 캐피털이라고 하는데, 이것은 자금 제공과 함께 경영과 기술지도 등을 종합적으로 지원하여 높은 자본이득을 추구하는 금융자본을 말하기도 한다. 주로 기술력은 뛰어나지만 경영이나 영업의 노하우 등이 없는 초창기의 벤처기업을 대상으로 한다. 이렇게 볼 때 벤처 캐피털리스트는 벤처 캐피털에 종사하거나 관계되는 사람으로서 상당한 액수의 돈을 벤처 회사에 투자하는 사람 또는 그러한 사람들의 집합을 말한다고 할 수 있다. 그들은 자신이 투자한 회사가 비즈니스를 잘하여 인수나 주식 상장을 함으로써 주식가치가 상승할 때 투자에 대한 이익을 얻을 수 있다.

벤치마킹(Benchmarking): 측정의 기준이 되는 특정 기업이나 제품이라는 대상을 설정하고 그 기업의 성과 차이, 운영의 프로세스, 제품의 제조과정, 품질 등의 차원에서 그 대상과 비교 분석을 통해 장점과 긍정적인 차이를 따라서 배우는 모델링(modeling)하는 행위를 말한다. 이것은 원래 토목 분야에서 강물 등의 높낮이를 측정하기 위해 기준점인 벤치마크(benchmark)를 표시하는 행위를 말한다. 기업 경영 분야에서 처음으로 벤치마킹 기법이 적용된 것은 미국의 제록스사가 일본의 경쟁 기업들의 경영 노하우를 알아내기 위해서 직접 일본으로 가서 조사를 하고 그 결과를 경영에 적용함으로써 경쟁력을 회복한 것에서 비롯된 것으로 알려져 있다.

부가가치 투자가(Value Added Investor): 스타트업에게 조언이나 비즈니스 관계 등과 같이 돈 이상의 것을 공헌하는 '엔젤'이나 전략적 투자자와 같은 사람들이다.

브랜딩(Branding): '상표'라고 할 수 있는 브랜드의 이름(즉, 제품 이미지)을 부여하는 작업이라고 할 수 있으며 특정한 제품이나 서비스 또는 비즈니스의 독특한 특징이나 정체성을 확립하는 것을 말하는데, 일반적으로는 상품이나 회사를 경쟁자들과 구별하기 위해서 기호, 단어, 표식으로 동일시하여 표현된다.

비전(Vision): 핵심 성공 요인에 해당하는 이것은 '지금-여기'의 한계를 뛰어넘어 그 이상을 볼 수 있는 능력 또는 미래가 어떠할 것인지에 대해서 보는 심적 이미지(mental image)를 그릴 수 있는 능력을 의미한다. 일반적으로 비전은 미래 시나리오를 상상하는 것과 자신이 속해 있으면서 한 부분을 구성하는 좀 더 큰 시스템을 보는 관점을 갖는 것을 말한다. 이것은 누구를 위하여 또는 무엇을 위하여 특정한 행동 단계나 경로를 밟을 것인지와 관련하여 팀에게 전반적인 방향을 제공하고 그들이 하는 상호작용의 목표를 규정한다. 비전은 기업가들에게 있어서 글로벌 시장을 탐색하고 변화를 예측하여 적응하며 경쟁을 예측하기 위한 과정에서 필수적인 것이다. 〔핵심 성공 요인을 참고하라.〕

비즈니스 관행(Business Practices): 효과적인 비즈니스 운영을 위해 요구되는 기본적인 경영 활동을 말한다. 이것에는 비즈니스 계획이나 마케팅 전략의 수립, 지적 재산권의 보호, 직원 채용 등과 같은 일들이 포함된다. 이것은 측정과 추적이 용이한 실제적인 행동이며, 비즈니스 관행의 구체적인 방식에 영향을 미치는, 역동적이면서 인지 및 행동적인 '인간적 요인'에 해당하는 행동 스킬과는 대비되는 것이다. 따라서 성공적인 회사는 효과적인 비즈니스 관행과 함께 행동 스킬이라는 두 가지의 통합이 필요하다.

선(禪)기업가 정신(Zentrepreneurism): 일상적인 비즈니스와 인생에서 경험하는 문제나 도전에 대한 해답을 찾는 과정에서 전통적인 서구적 사상과 동양 철학을 결합시키는, 새롭게 등장하는 기업가 정신을 말한다. 이것은 자신의 삶에 있어서 새로운 방향과 목표를 경험하고 있는 사람들에게 울림을 주며 사람들이 보다 열정적이고 목표지향적이며 창조적인 사람이 되겠다는 의식적인 결심을 할 수 있도록 한다. 사회적 기업가 정신과 선기업가 정신은 새로운 기업가적 모델을 반영하고 있다. 그런데 그 새로운 모델이란 곧 실리적이고 현실적인 사고를 의미하는 바텀 라인 사고(bottom line thinking)로부터 혼합 실리성을 의미하는 혼합 바텀 라인(blended bottom line) 사고 쪽으로 방향을 이동하는 하는 것을 말한다. 새로운 사고는 또한 다음과 같은 새로운 신념에 바탕한다. 즉, 조직은 한편으로는 주주의 위험 부담과 기여에 대한 보상으로서 재정적 이익을 제공해야 하지만 동시에 공공적인 사회적 선(善)을 생산하는 것과 더불어 우리 지구 생태계의 지속 가능성에도 기여해야 한다는 것이다.

선발자 이익(First Mover advantage): 문자 그대로 남보다 먼저 출발하는 자, 즉 '선발자(先發者)'가 얻는 이익을 말한다. 그리고 남보다 먼저 행동을 시작하고 어떤 산업이나 시장에 남들보다 먼저 진출함으로써 이익이나 혜택을 얻고 매출, 이익, 시장 점유율 등 경영의 성과지표에서 경쟁자들보다 우위에 설 수 있다는 것을 의미하는 말이다. 기업은 선발자가 됨으로써 시장에서 유리한 포지션을 확보한다든지 유통경로나 자원의 독점을 통해서 강력한 진입 장벽을 구축했을 때 선발자 이익을 얻을 수 있다.

성공 요인(Success Factors): 이 용어는 '성공에 이르게 하는 요인 또는 성공을 결정짓는 요인'을 의미하는 일반적인 용어이다. 하지만 이 책에서는 특히 실리콘 밸리에서 크게 성공한 스타트업 기업가들의 성공 스토리에서 나타난, 그들의 성공을 결정지은 요인들을 뜻하는 개념으로 사용되었다.

성공 요인 모델링(Success Factor Modeling: SFM): 로버트 딜츠와 그의 작고한 동생인 존 딜츠가 개발한 과정으로 성공한 실리콘밸리 스타트업들과 다른 성공한 기업들의 비즈니스 관행과 행동 스킬 등의 형식으로 나타난 핵심 성공 요인을 규명하는 것을 목적으로 하고 있다. SFM™은 기업가와 회사에게는 많은 성공의 기회를 갖게 하고 전통적 회사들에게는 회사 내에서 혁신을 이룩하고 기업가 정신을 앙양할 수 있게 자극하고 지원할 수 있는 구체적인 모델, 도구, 스킬들을 규정하는 일에 적용된다.

성공의 원(Circle of Success): SFM 성공의 원™이라고도 하는 이것은 신벤처의 창업자가 성공하기 위해서 알고 관심을 기울여야 할 필요가 있는 다음과 같은 다섯 가지의 근본적인 요인들을 규정하는 기업가를 위한 핵심 모델을 말한다: (1) 자기 자신과 본인의 비전, 미션, 앰비션의 형태로 반영되는 개인적 열정, (2) 시장 및 고객과 제품, (3) 투자자와 주주, (4) 전략적 파트너와 제휴사, (5) 팀원이나 직원. 성공하는 기업가들은 이런 다섯 가지 기본 관점들 각각에 편중되지 않고 공평하게 똑같이 집중을 한다.

소울(Soul): 영어에서의 soul은 사전적인 의미로는 '영혼'을 뜻하기도 하고 종교적 색채를 띠는 개념이기도 하지만 여기서는 반드시 그런 차원으로 이해될 필요가 없다. 그래서 그런 의미와 구별을 하고 SFM™에서 독특하게 사용하는 용어의 의미를 살리기 위해서 번역 없이 '소울'이라고 하였다. 이것은 '에고'와 대비되는 개념이기도 하다. 이 책에서 사용되는 소울의 개념은 인간 본성의 가장 심층 부분에 해당하면서 정서적 에너지나 지성적 에너지 또는 강렬함의 특질로 표현되는 것이다. 이것은 우리가 세상에 갖고 태어나거나 우리를 통해서 드러나는 힘(force), 본질 또는 에너지에 해당한다. 이것은 또한 '에고'와 함께 정체성 의식을 구성한다. 에고가 '자기 중심적' 차원에 해당하는 것이라면 소울은 자기를 뛰어넘고 '초월'하는, 자기에 한정되지 않고 그 이상의 차원의 세계나 목적이나 목표를 지향하는 것이라고 할 수 있다. 그래서 '이타성'의 특성을 가진 소울을 움직이게 하는 동기는 곧 우리가 한 부분으로 속하고 있는 더 큰 시스템을 지향하며 기여, 봉사, 연결, 목표를 내포한다. 조직이나 벤처의 '에고'는 이익을 남기는 것이라고 할 때 상대적으로 소울은 고객과

사회에 대하여 베풀고 도움되게 하는 기여나 서비스와 관계된다. 〔에고를 참고하라.〕

수익 모델(Revenue Model): 회사가 자사의 제품이나 서비스를 통하여 돈을 벌고자 하는 구조 계획

스타트업(Start-Up): 스타트업은 회사의 처음 시작 단계, 즉 초창기에 있는 새로운 회사들이다. 전형적으로 스타트업들은 좋은 아이디어가 있고 함께 일할 작지만 헌신하는 팀도 있으나 성장과 성공을 위한 자원이 필요한 회사라고 할 수 있는데, 그들이 필요한 자원에는 돈, 비즈니스 서비스(법률, 재정, 마케팅 등), 행동 기술 분야의 코칭과 같은 것이 포함될 수 있다. 〔벤처를 참고하라.〕

시장 점유율(Market Share): 특정 회사가 점유하고 있는 현재 시장에서의 이용 가능한 시장의 몫 또는 특정 상품의 총 판매량 가운데 한 기업의 상품이 차지하는 비율을 말한다. 흔히 시장 점유율은 특정 회사 제품이나 서비스가 현재의 시장 내에서 경쟁자들과의 관계에 있어서 판매된 퍼센트로 계산된다. 〔마인드 셰어를 참고하라.〕

신(新)경제(New Economy): 커뮤니케이션 기술(무선전화, 네트워크기술, 미디어 스트리밍, 기업간 인터넷 서비스 등)과 인터넷 사용 폭발에 의한 재무적 · 사회적 상호작용 분야에서 일어난 변화를 지칭하는 용어이다. 이 신경제는 전자상거래, 소셜미디어, 버츄얼 팀, 글로벌 시장 등으로 특징지어진다.

신경-논리적 수준(Neuro-Logical Levels): 이것은 원래 이 책의 저자인 로버트 딜츠가 개발한 개념이다. 딜츠는 대학 시절에 직접 수업을 듣고 가르침을 받았던 은사이자 문화인류학자인 그레고리 베이트슨(Gregory Bateson)이 제안한 논리적 수준(logical level) 이론에 바탕하되 신경적 차원을 추가함으로써 신경-논리적 수준 이론을 완성하였다. 신경-논리적 수준은 모두 여섯 수준으로 구성되는데 그것은 가장 낮은 수준인 환경에서 시작하여, 최고 수준인 영성 수준에까지 이르는 것으로 구성된다. 환경(environment)은 어디(where), 언제(when)에 해당하는 것이다. 그리고 그다음 수준은 행동(behavior)으로 '무엇(what)'에 해당하며, 세 번째 수준은 능력(competence)/스킬(skill)로서 '어떻게(how)'에 해당한다. 또한 네 번째 수준은 신념(belief)/가치(value)로서 '왜(why)'에 해당하며 다섯 번째 수준은 정체성(identity)으로서 '누구(who)'에 해당한다. 마지막 여섯 번째 수준은 영성(spirituality)인데, 그것은 '누구를 위하여(For whom)?'와 '무엇을 위하여(For what)?'를 말한다. 이것은 타인과 자기정체성을 넘어서는 더 큰 무엇과의 관련성, 초월의 차원을 말한다. 이들 모든 수준은 위계 질서를 이루는데, 영성에서 시작되는 상위 수준에서의 변화는 반드시 아래쪽으로 영향을 미치지만, 환경과 같은 하위 수준에서의 변화는 반드시 상위 수준으로 영향을 미친다고 볼 수는 없다. 한편 이들 수준을 인간의 생리적 차원과 연결하여 설명하면 환경은 말초신경계와 더불어 감각/반사적 반응과 관련되며, 행동은 운동신경계와 함께 소뇌의 작용 및 의식적인 행동 차원과 관계된다. 능력/스킬은 반(半)의식적(Semi-conscious) 행동(예: 눈의 움직

임, 자세 등)과 관련되며 신념/가치는 대뇌변연계와 자율신경계의 작용(예: 심장박동, 동공확대 등)과 관련된다. 정체성은 면역계와 내분비계의 작용, 망상(網狀)체계(reticular system)와 관련되어 생명유지 기능을 돕는다. 마지막으로 영성은 우주를 포함하는 큰 시스템을 형성하는 각 개인 신경계들이 조합되는 것을 말한다.

신경언어 프로그래밍(Neuro Linguistic Programming: NLP): SFM™의 기반이 된 행동 과학. NLP는 뇌('신경'), 언어, 신체 사이의 상호작용에 의해 만들어진 패턴이나 '프로그래밍'을 연구한다. NLP의 관점에서는 효과적인 행동뿐만 아니라 효과적이지 못한 행동을 만들어 내는 것도 이러한 상호작용이고 인간의 탁월성과 병리 이면에 있는 과정 또한 이러한 상호작용 때문이다. 많은 NLP 기법들은 심리치료, 비즈니스, 최면, 법률, 교육 등과 같은 다양한 분야의 의사소통 전문가들이 보여 주는 탁월성의 패턴을 관찰한 결과를 바탕으로 하여 개발되었다.

신념과 가치(Beliefs and Values): 신경-논리적 수준이나 핵심 성공 요인 수준에서 네 번째 수준에 해당하는 것으로 특정한 능력과 행동을 지원하거나 제지하는 내부 프로그래밍의 수준을 말한다. 이것은 사람들이 왜 특정한 행동을 하려 하거나 특정한 방향으로 목표를 추구하며 열정을 갖고 일을 하는지를 설명할 수 있는 개념이기도 하면서 개인의 동기와 집단의 문화를 이해하기 위한 주요 열쇠가 되기도 한다. 기업가는 자신의 벤처, 팀에 대한 신념을 가져야 하는데, 그것은 곧 벤처를 위한 주요 성공 요인이 된다. 〔핵심 성공 요인을 참고하라.〕

신흥 성장 회사(Emerging Growth Companies): 고도로 확장 가능하게 발전하는 기술 덕분에 급속히 성장하는 회사를 말한다. 특히 실리콘밸리의 신기술과 인터넷의 발달뿐만 아니라 첨단·기술 정보통신 산업이 주도하는 경제, 즉 '신경제'가 신흥 성장 회사가 출현하게 되는 배경이 되었다.

실리콘밸리(Silicon Valley): 캘리포니아의 서부에 위치한 샌프란시스코만 지역, 즉 태평양 연안의 베이 에어리어(Bay Area)에 분포되어 있는 곳이면서 세계적으로 기술 개발로 유명한 곳이다. 마이크로 프로세서와 메모리칩에 사용되는 실리콘을 따라서 이름이 지어진 이 실리콘밸리는 인텔, 애플, 시스코시스템즈, 선마이크로시스템즈, 오라클을 비롯하여 기타 다른 수천 개의 기술 회사들이 자리 잡고 있으며 인터넷 혁명과 신경제를 이룩한 회사들의 고향이기도 하다.

이미지니어링(Imagineering): 이것은 원래 '이미지 만들기 공학' 정도로 번역될 수 있는 개념이지만 월트 디즈니와 그의 만화 제작자들이 발달시킨 그들만의 독특한 개념이기에 번역없이 사용될 수 있다. 즉, 이 개념은 이미지(image)나 상상을 의미하는 imagine라는 단어와 '기술자'나 '공학자'를 의미하는 engineer 또는 '공학'을 의미하는 engineering을 합성하여 만든 조어에 해당한다. 그러한 언어적인 의미와는 상관없이 이 개념은 아이디어나 상상으로 상징되는 꿈이 실제의 현실로 구체화되어 바뀔 수 있도록 하는 것 또는 그렇게 하는 과정을 의미한다고 볼 수 있다. 다시 말해서 꿈을 현실화시키는 것이라고 할 수도 있다. 이것은 몽상가, 현실주의자, 비평가와 같은 세 가지의 핵심적인 역할을 통해서 이루어진다. 결론적으로 이러한 이미지니어링은 성공적인 기업가 정신의 기초가 된다.

앰비션(Ambition): 핵심 성공 요인에 해당하는 것으로 본인을 위한 성공을 달성하고자 하는 욕망과 투지를 말한다. 이는 '어떤 것을 하거나 성취하고자 하는, 일반적으로 투지와 많은 노력이 필요한 강한 욕망'을 말한다. 열망과 같은 형태의 우리의 앰비션은 성장과 숙달을 지향함으로부터 생길 수 있다. 앰비션은 사업가에게 필수적인 힘이다. 미래를 창조하기 위한 에너지의 주요 근원 중의 하나이고 투자자들과 주주들을 끌어당기는 그 자체이다. 〔핵심 성공 요인을 참고하라.〕

에고(Ego): 이것은 SFM™에서의 여러 수준의 성공 요인(success factors) 피라미드에서 좌측에 자리하고 있는 요인 수준들(factors levels)에 해당하는 것으로 오른쪽에 자리하는 소울(soul)의 상대 개념이다. 이것은 또한 **성공의 원**™ 중심에 있는 '자아(self)'와는 구별되는 것이다. 뿐만 아니라 이 개념은 사전적으로 가장 가까운 번역어에 해당하는 '자아'와도 차이가 있는 개념이기에 그것과 차별하기 위해, 그리고 저자와 이 책의 의도를 반영하는 차원에서 영어 발음 그대로를 살려 '에고'라고 하였다. 또한 이 개념은 프로이트 정신분석학에서의 성격의 3요소(id, ego, superego) 중의 한 가지인 'ego'와 유사한 면을 가지면서도 구별되는 개념이다. 이것은 분리된 독립적 실체(seperate independent entity)로서 본인 자신에 대한 의식(sense of oneself)과 관련된다. 여기서 말하는 '자신에 대한 의식'이라는 것은 남을 생각하고 타인 위주의 태도를 갖는 것보다는 기본적으로 자기를 생각하고 자기에게 집중하거나 자기를 챙기는, 자기중심적인 차원을 말한다. 그러면서도 이것은 '자기만' 생각하는 것과는 구별되면서, 단순히 '자기 입장에서 생각한다.'는 의미로 받아들여야 할 것이다. 우리가 식사를 할 때면 배고픈 나를 위해서 음식을 먹는 것이지 '남을 위해서'가 아니다. 그렇다고 해서 그러한 행위를 '이기적'이라고 하지 않듯이 에고의 개념도 반드시 '이기적'이라는 차원의 부정적인 의미로 해석할 것은 아니다. 그런 면에서 SFM™에서의 에고에 기반한 개인의 동기에는 생존, 인정(acknowledgement), 자기 이익(self-benefit), 안전, 통제와 같은 것이 포함된다. 그리고 SFM™에서 조직 차원에서의 '에고'는 조직의 소유주나 주주로 이루어지는데 그들은 조직의 생존과 조직의 효과적 작동에 대해 관심 가지는 사람들로서 투자한 것에 대해서 이익을 남길 줄 아는 사람들이기도 하다. 달리 말해서, 그들은 회사의 생존이나 발전 자체에 집중한다는 것이지 거창하게 지역사회나 공동체, 국가 발전을 생각하는 것이 아니라는 뜻도 된다. 그리고 이것은 나쁘거나 부정적인 의미도 아니다. 개인의 삶의 목적도 개인의 생존, 발전, 행복이듯이 회사나 조직의 목적도 회사의 생존, 발전, 금전적 이익이다. 이는 나쁜 것도 부정적인 것도 아닌 지극히 자연스러운 것이다. 바로 이런 차원에서 에고가 옳게 기능할 때 개인도 회사도 제대로 생존하고 발전하며 행복할 수 있고 이익을 남기고 성공할 수 있다. 이것이 바로 건강한 에고의 기능이다. 따라서 개인도 그렇지만 기업가와 조직은 건강한 에고를 가질 필요가 있고 또 그렇게 하는 것이 중요하다. 반면에 에고가 과장되거나 동기가 에고 (소울보다는) 방향으로 너무 치우치면서 불균형 상태에 있게 되면 오히려 이기심, 자만심, 갈등이 유발된다. 이러한 에고는 소울 차원으로 가기 위한 기반이 된다. 〔소울을 참고하라.〕

엔젤 투자자(Angel Investor): 실리콘밸리와 세계 도처의 다른 기술 센터에서 시작된 투자자의 새로운 부류로 아이디어와 기술력은 있으나 자금이 부족한 예비창업자나 창업 초기단계 기업에 큰 액수는 아니지만 작은 액수라도 큰 부담없이 투자하여 사업이 성공할 수 있도록 힘이 되어 주는 천사와 같은 투자자를 말한다. 이들은 투자뿐만 아니라 경영 자문도 하면서 성공적으로 성장시킨 후 투자 이익을 회수하는 개인투자자를 총칭한다. 흔히 이들은 자신이 직접 사업을 해본 실제적인 경험을 가지고 있는 경우가 많기에 시장에 대하여 아주 잘 알고 생산, 조직, 인사, 마케팅 등 경영활동의 각 영역에 대한 정통한 지식을 가지고 있다. 그래서 (1) 자신이 투자한 회사에 대해 창업자의 파트너가 됨, (2) 회사 내에서 경영자의 직위를 가짐, (3) 가끔 투자한 회사의 성장을 돕기 위하여 자신의 사업 지식이나 시장 경험 등에 기초하여 자문해 줌과 같은 역할을 맡음으로써 경영에 적극적인 역할을 하는 경향이 있기에 '부가가치' 투자자들이라 할 수 있다. 〔벤처 캐피털을 참고하라.〕

엔젤 펀드(Angel Fund): 이것은 작은 액수의 개인투자를 말하는데, 재정적 여유가 별로 없는 초창기 벤처에 착한 천사와 같이 소자본이지만 자금을 투자함으로써 벤처의 성공에 밑거름이 되어 주는 펀드를 말한다. 일반적으로 소액 자금 형태로 수많은 다양한 스타트업에게 제공된다. 엔젤은 '천사'를 의미하기에 착한 천사와 같은 펀드란 의미를 담고 있는 엔젤 펀드는 일반적으로 전통적인 벤처 캐피털 자금보다 더 적은 액수이지만 훨씬 더 큰 보상이 주어질 가능성이 있다. 왜냐하면 스타트업으로부터 훨씬 싼 값의 주식을 매입할 수 있기 때문이다.

엘리베이터 피치(Elevator Pitch): 당신이 꼭 설득하고 싶은 사람이 엘리베이터를 타고 몇 층을 이동하는 짧은 시간 동안에 그를 이해시킬 수 있도록 당신 자신에 대해서, 자신의 벤처에 대해, 그리고 자신의 제품/서비스에 대해 간결하고도 핵심적으로 묘사하는 것을 말한다. 이것은 일반적으로 몇 분 내에 말로 표현할 수 있는 200~250자 정도의 요약된 내용으로 이루어진다.

역할(Role): 특정 개인이나 회사가 맡아서 수행하는 기능이다. 개인, 팀, 벤처의 역할은 그들의 핵심적인 능력과 행동을 반영한다. 이것은 그들이 다른 사람과 관련하여 점하고 있는 위치와 그 위치에 따라서 기대되는 능력과 행동 두 가지 모두를 말한다. 직원, 팀, 회사는 자신들의 특성과 능력에 부합하는 역할을 할 뿐만 아니라 자신의 비전, 미션, 앰비션을 달성하는 데 도움이 되는 역할을 할 때 가장 크게 성공할 수 있다. 자신의 역할에 대한 분명한 인식이 있을 때 기업가는 핵심 자원을 확장하고 레버리지 할 수 있는 윈윈 파트너 관계를 수립할 수 있게 된다.

이사회(Board of Directors): 주주의 이익에 기반한 회사 경영을 감독하는 주주들에 의해 선출된 개인들의 모임을 말한다. 회사 혹은 기관의 활동을 공동으로 감독하기 위해 선출되거나 지명된 구성원들의 집단을 말하기도 한다. 특히 주식회사의 이사회는 상법의 규정에 의거하며 형식적으로는 기업의 경영 관리의 최고 결정기관이라고 할 수 있다.

인큐베이터(Incubator): 원래 인큐베이터란 병원에서 미숙아나 조산아, 출생 당시에 이상이 있는 아기를 넣어서 키우는 기기, 즉 보육기를 의미하지만 기업 상황에서는 미숙한 신생아에 해당하는 스타트업을 키우는 보육적 환경을 말한다. 기업 차원에서의 인큐베이터는 크게 '비즈니스 인큐베이터'와 '기술 인큐베이터'로 구분된다. 먼저, 비즈니스 인큐베이터는 스타트업과 시작 단계의 회사들이 성공적으로 기업 활동을 할 수 있도록 다음과 같은 여러 가지 지원을 제공하고 돕는 환경을 말한다.

- 다른 식으로는 접근이나 사용이 불가능한 중요한 도구, 정보, 인맥을 제공하거나 지원함
- 로비/접견실, 미팅룸, 복사/프린터기, 시청각 장비, 사무용 보조기구, 주방 등을 공유함
- 개인 사무실, 여분의 작은 공간, 실험실, 작업실
- 비즈니스 자문과 기술 자문을 얻고 유능한 서비스 제공자와 잠재적 멘토나 투자자와의 만남을 가질 수 있는 기회
- 잘 구성된 트레이닝, 일대일 상담이나 멘토링 프로그램의 제공

한편, 기술 인큐베이터는 최신 기술의 동향을 접할 수 있게 함으로써 회사의 성장을 지원한다. 또한 그것은 R&D뿐만 아니라 기술의 상업화에 초점을 둔다.

인터넷 혁명(Internet Revolution): 인터넷이 커뮤니케이션과 상업의 기초적인 수단으로 부상함에 따라 사회경제적인 상호작용 상황에서 생기게 된 급진적인 변화를 말한다. 인터넷 혁명은 '신경제'의 초석 중의 하나이다. 인터넷은 시장과 정보 고속도로의 기능을 하면서 다양한 지역색을 지닌 다양한 사람들이 많은 양의 정보를 빠르게 직접적으로 공유할 수 있게 해 주며 전자비즈니스가 가능할 수 있게도 해 준다.

인터넷 서비스 제공자(Internet Service Provider: ISP): 인터넷에 접속할 수 있는 서비스를 제공하는 비즈니스로 일반적으로 월별로 수수료를 받는다. 어떤 인터넷 서비스 제공자는 웹사이트나 웹사이트 개발과 같은 서비스를 제공하기도 한다. 흔히 '인터넷 접속 서비스'라고도 하며 영문 약자를 그대로 사용하여 'ISP'라고 부르기도 한다.

인트라넷(Intranet): 특정 조직 내에서 서비스를 제공하기 위한 인터넷 관련 기술을 사용하는 개인 네트워크를 말한다.

인트라프레뉴어(Intrapreneur): 회사 내에서 혁신적 제품의 개발과 마케팅을 촉진하는 사람을 말한

다. 이 사람은 필수적으로 조직이라는 맥락 내에서 기업가적 활동에 참여하는 사람이다.

인프라(Infrastructure): 더 큰 시스템이나 특정의 활동을 위해 필요한 자원(기술, 인력, 건물, 장비)을 말한다. 웹 브라우저, 송전망, 검색 엔진, 지능형 터미널, 백엔드 시스템 등과 같은 것은 인터넷을 위한 '인프라'의 모든 부분들이다.

자문 위원회(Advisory Board): 이제 막 시작된 회사나 단체에게 조언이나 자료 제공을 하는 개인들의 모임을 말한다. 이러한 개인들은 일반적으로 성공적인 시작에 필수적인 어떤 부분에 대한 전문가이거나 경험을 가지고 있다.

전략적 협력관계(Strategic Alliance): 여러 조직들 간의 공식적인 (어떤 경우에는 비공식적인) 협력관계로서, 회사는 이런 관계를 통해 조직들 간에 기술적이며 비즈니스 차원의 활동들을 조정하고 자원을 공유할 뿐만 아니라 목표에 좀 더 빨리, 좀 더 적은 비용으로 쉽게 도달하고 경쟁우위를 확보할 수 있게 된다.

정렬(Alignment): '옳은, 적절한 상대적인 위치'에 대상을 배치하는 것을 말한다. SFM™의 차원에서 볼 때 이것은 팀원의 행동을 효과적으로 조정하기 위하여 벤처의 더 큰 비전과 목표에 맞게 팀원들이 초점과 집중을 공유하고 함께 하는 것과 관련된다. 정렬은 성공 요인의 모든 수준들, 즉 미션, 앰비션, 역할, 가치, 신념, 능력, 행동이 프로젝트나 벤처의 목적이나 목표를 달성하기 위하여 지원하게 하는 것을 포함한다. 특히 비전은 프로젝트나 벤처뿐만 아니라 소속된 모든 개인들에 의해 구현된 환경을 통해 적절히 지원되어야 한다.

정보 기술(Information Technology: IT): 정보를 보내고 받으며 처리하기 위해 사용하는 모든 도구와 자원들로서 흔히 PC, 휴대전화, 스마트폰, 태블릿PC, 웹캠, 인터넷 관련 툴과 다른 형식의 소프트웨어나 전자장치와 같은 것들을 포함한다.

정보화 시대(Information Age): 경제에 있어서 지식과 정보가 주요한 상품으로 부상하는 것을 특징으로 하는 인간 역사의 시대를 가리킨다.

정체성(Identity): 핵심 성공 요인에 해당하는 것으로서 개인이나 특정 집단이 스스로를 어떤 존재로 인식하고, 타인들로부터 어떤 사람으로 인식되는지에 대한 의식을 말한다. 개인의 정체성은 개인의 독특성과, 벤처의 정체성은 회사가 생산한 제품, 서비스, 회사 자체의 독특한 특징과 관련된다. 아울러 브랜딩과 같은 정체성은 그 제품이나 회사 자체를 다른 경쟁자들과 구별되게 하는 것이기도 하다. 정체성은 신경-논리적 수준의 다섯 번째 수준에 해당하며 특정한 시스템이나 환경 속에서 작용하는 상응하는 행동, 능력, 신념이나 가치들로 이루어진다. 〔핵심 성공 요인을 참고하라.〕

제2차적 입장(Second Position): 지각적 입장의 하나로서 다른 사람의 '입장'에 서거나 그들의 시각에서 사물을 보고 인식하는 관점이다. '나와 너'의 관계에 있어서 '나'의 입장에서 '너'를 생각하는 것이 아니라 '너'의 입장에서 '나'를 생각해 보는 것이라고 할 수 있다. 제2차적 입장 분석(Second position analysis)은 어떤 상황이나 행동을 제2차적 입장에서 분석하는 것을 말하는 것으로 SFM^{TM}의 중요한 스킬에 해당한다. 〔지각적 입장을 참고하라.〕

제휴/제휴 관계(Aliance): 공동이익에 기반을 두며 상호 혜택을 위해 형성된 관계나 조합, 협회를 말하며 효과적인 제휴 관계와 파트너십을 형성하는 것은 기업 성공의 핵심 부분이다. 〔성공의 원을 참고하라.〕

주요 성공 요인(Critical Success Factors): 핵심 성공 요인과 동의어로 사용되므로 이를 참고하라.

주주(Stakeholder): 프로젝트나 벤처와 관련된 개인이나 집단들로 의사결정에 영향을 미치기도 하지만 그 의사결정에 의하여 긍정적이거나 부정적인 영향을 받기도 하며 의도된 결과를 통해 영향받기도 하는 사람(들)이다. 그들은 기대되는 결과에 쉽게 이르도록 할 수도 있지만 그렇게 하지 못하게 할 수도 있으며 결과의 질에 큰 영향을 미칠 수 있는 자원이나 기술을 소유한 사람이다. 이 용어는 부동산의 경계를 나타내기 위하여 (나무) 말뚝을 설치함으로써 그 말뚝을 '가지고 있는 사람(holder)'이라고 주장하는, 오랜 관행에서 온 개념이다. 이것은 회사의 주식을 보유한 개인이나 집단을 가리키며, 개인이나 집단으로서 기업의 주식을 보유하고 있지는 않지만 그 운영에 관심이 있거나 영향을 받는 사람들을 가리키기도 한다. 흔히 주주는 회사가 성공하기 위하여 필요한 필수적인 자원의 키를 쥐고 있는 사람들이기도 하다. SFM^{TM} 성공의 원의 필수적인 사분면의 하나를 구성한다. 〔성공의 원을 참고하라.〕

지각적 입장(Perceptual Position): 상호작용의 차원에서 사람들이 취할 수 있는 특정한 관점 혹은 시각을 말한다. 가장 흔한 인지적 입장은 제1차적 입장(자기 관점), 제2차적 입장(타인의 관점), 제3차적 입장(관찰자의 관점)이 있다. 인지적 입장은 전략적 사고나 협상과 같은 상황에서 핵심적인 역할을 한다.

지식 경제(Knowledge Economy): 지식의 생산과 관리에 초점을 맞춘 경제 또는 지식을 기반으로 하는 경제를 의미하는데 지식 경제는 특히 다음과 같은 트렌드로 특징지어진다.

- 기술적 변화가 빨라짐—'학습하기 위한 학습' 능력을 위한 니즈가 생김
- 변화의 속도가 증가하고 그것에 제대로 대응하려는 수요가 생김—'인터넷 시간'
- 혁신에 대한 수요가 증가함
- 회사의 범위가 유연해짐—확장된 조직

• 관계 형성과 협력 관계를 강조함—윈윈하는 상호작용의 창조

지적 재산권/특허 보호(Intellectual Property/Patent Protection): 개인이나 조직이 제품, 서비스, 아이디어의 표현 등에 대하여 확립할 수 있는 법적 권리를 말한다. 특허권, 저작권, 상표권 등은 모두 다 지적 재산권의 예이다. 그러한 법적인 장치는 '자산'의 적용, 판매 그리고 그 자산을 사용함으로써 얻을 수 있는 이익에 대한 배타적 권리를 보유한 사람이 그 자산을 사용할 수 있도록 해 주며, 라이선스나 허가 없이는 그것을 이용하거나 그것을 통해 이득을 얻는 것을 금한다. 지적 재산권은 스타트업이 '진입 장벽'을 만드는 방법 중의 하나로, 경쟁자들이 그들의 목표로 하는 시장에 들어오지 못하게 방지하는 데 도움이 된다.

초기 단계(Early Stages): 이 단어가 의미하는 것처럼 신벤처기업의 시작 단계를 말한다. 특히 의미 있는 벤처 캐피털 투자가 제대로 이루어지기 전 단계를 말한다. 〔스타트업을 참고하라.〕 초기 단계 투자는 늘 위험하지만 초기 단계의 그러한 특성 때문에 회사에 대한 가치평가가 낮을 수밖에 없는데, 그래서 오히려 투자 회수를 위한 기회가 더 클 수 있다.

최고 경영자(Chief Executive Officer: CEO): 회사의 운영을 책임지고 있는 최고 경영 간부로서 일반적으로 회장, 사장, 이사회 회장 등에 해당한다.

최고 기술 책임자(Chief Technology Officer: CTO): 회사의 기술적 전략과 개발, 시행을 책임지는 경영간부를 말한다.

최고 마케팅 경영자(Chief Marketing Officer: CMO): 브랜드 홍보, 회사 상품이나 서비스의 판매를 주도하는 여러 활동에 대해 책임지는 최고 경영간부를 말한다.

최고 운영 책임자(Chief Operating Officer: COO): 회사의 내부 운영을 매일 관리하는 책임 경영 간부로서 보통 회장 밑의 사장으로 일상 업무를 총괄하는 업무 집행 담당 최고 책임자를 말한다.

최고 재무 책임자(Chief Financial Officer: CFO): 회사의 자금 계획이나 모금 활동을 맡고 있는 재무 담당 최고 경영 간부를 말한다.

코칭(Coaching): 다른 사람의 능력이 최상의 능력을 발휘할 수 있도록 돕는 조력 과정이다. 원래 개인 코칭법은 스포츠 트레이닝 모델에서 유래하는데, 자원과 능력에 대한 의식적인 각성과 함께 의식적 능력 수준의 개발을 촉진한다. 코칭에서는 다른 사람을 주의 깊게 관찰하고 피드백함으로써 그의 장점을 도출하며 그가 팀의 일원으로서 자신의 기능을 잘 수행할 수 있도록 격려하고 고무하는 과정이 포함된다. 유능한 코치는 개인의 행동을 잘 관찰한 후에 특정한 맥락과 상황에서 필요한 개선책에 대한 팁과 가이드를 잘해 준다. 코칭에서는 특정한 목표를 규정하고 성취하는 일

에 집중하는 생성적 변화를 강조한다.

투자자(Investor): 재무적인 수익을 얻기 위하여 벤처에 돈을 투입하는 사람을 말한다. 스타트업에 대한 투자자는 전형적으로 여분의 돈이 있고 이것을 이용하여 장기적인 수익을 얻은 사람이다. 투자자는 일반적으로 벤처의 지분 일부를 소유함으로써 '주주'가 된다. 충분한 투자를 받는 것이 신벤처의 성공을 위한 핵심 요인이다. 〔성공의 원을 참고하라.〕

팀원(Team Members): 기업가와 벤처의 미션을 달성하기 위해서 가장 가까이서 일을 하는 사람들의 집단이다. 기업가가 성공하기 위해서는 자신이 운영하는 벤처의 미션과 정렬되고 그것에 헌신하는 유능한 개인들로 구성되는 팀을 성장시킬 수 있어야 한다. 지속 가능한 성공은 비즈니스가 성숙해 감에 따라서 팀의 역량을 계속해서 증가시킬 필요가 있다. 팀원은 SFM **성공의 원**™의 중요한 사분면의 하나를 구성한다. 〔성공의 원을 참고하라.〕

파트너십(Partnership): 기업가가 다른 파트너와의 협조관계를 통하여 자원을 확대하거나 자원을 레버리지하고 가시성을 높일 수 있는 윈윈 관계를 형성하는 것을 말한다. 파트너 관계는 회사 내의 팀원이나 주주들의 입장과는 좀 차이가 있다. 왜냐하면 파트너는 그들보다는 회사의 성공에 직접적인 영향을 덜 받으며 이해관계 또한 더 약하다고 할 수 있다. 따라서 파트너가 얻을 수 있는 이익보다는 의존성과 위험성 또한 더 작다고 할 수 있다. 가장 성공적인 파트너십과 제휴 관계는 잠재적 파트너들이 서로의 자원들을 바탕으로 효율적인 시너지 효과를 창출하면서 서로를 보완할 수 있는 역할을 수행하는 관계이다. 핵심적인 파트너십과 전략적 제휴 관계는 SFM 성공의 원™의 필수적인 사분면의 하나를 구성한다. 〔성공의 원을 참고하라.〕

판로(Market Channels): 회사의 제품과 제품 정보가 고객에게 도달하는 수단이나 통로

펀드(Fund): 불특정 다수의 투자자로부터 모은 자금을 자산 운용 회사가 주식 및 채권 등에 투자 운용한 후 그 결과를 돌려주는 일종의 간접 투자를 말한다.

펀딩 갭(Funding Gap): 초기 단계의 스타트업에서 발생할 수 있는 현상으로 여러 가지 이유로 실제로 필요로 하는 자금이 많지만 재원이 충분하지 못한 창업 회사들이 경험할 수 있는 '자금 공백' 상황이기도 하다. 이러한 문제를 해결할 수 있는 길이 곧 외부 투자를 받는 것이다.

포트폴리오 기업(Portfolio Company): 벤처 투자를 받은 회사를 총칭하는 말이다. 일반적으로 가장 흔하게 사용되는 뜻으로는 (특히 구직 때 제출하는 사진이나 그림 등의) 작품집을 의미하지만 금융 분야에서는 (개인이나 기관의) 유가 증권 보유 일람표를 말한다. 그래서 investment/share portfolio를 자산 운용 투자/증권 투자의 의미로 사용한다. 또한 이것은 (특정 회사나 기관의) 제품/서비스 리스트 또는 범위를 의미한다. 그러므로 회사가 외부의 투자를 받기 위해서 자사의 제품이

나 서비스 리스트를 제시함으로써 회사를 알리고자 할 때 사용하는 것을 포트폴리오라고도 할 수 있다. 따라서 포트폴리오 기업이란 그렇게 함으로써 외부로부터 벤처 투자를 받는 회사를 말한다.

학습과 변화의 수준(Levels of Learning and Change): 원래는 로버트 딜츠의 신경-논리적 수준(Neuro-Logical Levels)에 근거하여 특히 학습과 변화 차원에 응용된 것을 말한다. 효과적이고 성공적인 수행 및 변화에 영향을 미치는 성공 요인들의 수준으로 다음의 것들을 포함한다. 환경(언제 어디서 행동하는가), 행동(우리가 행하는 것), 능력(생각하고 계획하는 방식), 신념과 가치(특정한 방식으로 생각하고 행동하는 이유), 정체성(자신이 어떤 사람이어야 한다고 인지하는 바), 목적의식(누구를 위하여, 무엇을 위하여 기여하는가). 〔신경-논리적 수준을 참고하라.〕

핵심 성공 요인(Key Success Factors): 많은 성공 요인들 중에서 특히 중요하고 핵심적인 요인들을 의미하며 주요 성공 요인과 동의어로 사용된다. SFM™ 차원에서의 핵심 성공 요인은 구체적으로 다음과 같은 것을 말한다: 비전(vision), 미션(mission), 앰비션(ambition), 역할(role) 〔주요 성공 요인을 참고하라.〕

핵심 성공 요인 수준(Key Levels of Success Factors): 특히 SFM™ 차원에서 기업가의 성공에 영향을 미치는 여러 가지 수준들을 의미하는 것이다. 또한 이것은 이 책의 저자인 로버트 딜츠의 '신경-논리적 수준'과 관련되며 그 내용은 구체적으로 다음과 같다: 환경(어디서, 언제 행동하는가?), 행동(무엇, 무슨 행동을 하는가?), 능력(어떻게 사고하고 계획하는가?), 가치와 신념(왜 그렇게 생각하고 행동하는가?), 정체성(누구인가?), 목적(또는 영성, 비전: 누구를 위하여 그리고 무엇을 위하여 기여하는가?) 〔성공 요인을 참고하라.〕

핵심 역량(Core Competences): 예컨대, 리더십, 커뮤니케이션, 갈등 해결 등과 같이 벤처를 창업하고 지속 가능한 비즈니스로 성장시킴에 있어서 필수적인 핵심 능력, 스킬, 방법들을 말한다.

행동 스킬(Behavioral Skills): 이것은 커뮤니케이션, 창조적 사고, 리더십 및 문제 해결과 같은 인지적 및 대인관계 과정에서 나타나는 스킬이다. 비즈니스의 성공을 위해서 반드시 달성해야 하는 과업이나 목표를 위해서는 행동 스킬이 뒷받침되어야 한다. 특히 스타트업이나 신벤처를 시작함에 있어서의 성공을 위해 가장 중요하게 적용될 수 있는 행동 스킬에는 비전, 라포, 이차적 입장, 열정, 명료화, 자신감, 정렬과 같은 것이 있다.

행동 요인(Behavioral Factors): 성공에 도달하기 위해 행해지는 특별한 행동 단계를 말하며, 특히 성공을 위해 무엇(어떤 행동)을 해야 하고 무엇(어떤 행동)이 이루어져야 하는지가 행동 요인에 포함되어 있다.〔핵심 성공 요인 수준을 참고하라.〕

행동 모델링(Behavioral Modeling): 성공적인 수행[3]과 관련된 특정한 행동 및 인지적 패턴이 유발되고 코드화되는 과정을 말한다. 행동 모델링에는 다른 사람이 하는, 우수하거나 성공적인 결과를 산출한 수행 행동의 구체적인 과정을 관찰하고 그것을 그대로 따라 하기(mapping)가 포함된다. 이것은 특히 연속적인 행위로 이루어진 복잡한 행동을 작은 조각들로 잘게 부숴서 묶음으로써 개괄하는 과정, 또는 그것을 쉽게 모방하고 따라 하는 과정을 포함한다. 행동 모델링의 목적은 어떤 사람이 다른 사람의 우수한 행동을 '지도'나 '모델'로 삼고 그 행동의 전개 과정을 이루는 작은 행동 조각들을 그대로 따라 하면서 동일한 행동의 측면을 다른 사람들에게 해 보일 수 있도록 하는 것이다. 〔모델링을 참고하라.〕

혁신의 장(場)(Field of Innovation): '장'이란 개념은 구체적으로 눈에 보이는 것이 아니라 추상적인 에너지가 작용하는 분위기, 기운, 맥락을 의미한다고 봐야 한다. 예를 들어, 크리스마스 이브나 파티장에서는 왠지 들뜬 분위기, 경쾌하고 신나는 기운, 무엇인가를 기대하고 설레는 느낌을 느낄 수 있을 것인데 그러한 것은 같은 시각이나 다른 장소에서 경험되는 것과는 구분되는 것으로 바로 그런 시각이나 그런 장소에서 경험되는 독특한 분위기, 기운, 느낌들이라고 할 수 있다. 그런 것을 폭넓게 '장'이라는 개념으로 설명할 수 있을 것이다. 그렇다면 실리콘밸리와 같은 곳에서는 온통 혁신의 분위기나 느낌을 경험해 볼 수 있다고 할 때 그러한 것을 '혁신의 장'이라고 생각해도 좋을 것이다. 하지만 이 책에서처럼 교과서적으로 '혁신의 장'이라는 개념을 설명한다면, 기업가의 열정과 의도가 조성되는 더 큰 시스템이나 맥락 상태를 말한다. 기술 발달뿐만 아니라 진화하는 사회경제적 역동이 함께 어우러지는 곳이라고 볼 수 있다. 그 '장' 속에는 과거부터 존재해 왔던 기존의 니즈, 태도, 의견뿐만 아니라 잠재적인 니즈와 태도나 현재 진행적인 니즈와 태도도 있다. 기업가의 아이디어가 과연 실현 가능하고 바람직한 것으로 인식될지 어떨지를 결정하는 곳으로서 '가능성'의 더 큰 '장' 상태라고도 할 수 있다. 가장 크게 성공한 벤처는 진정으로 혁신적이고 '게임을 바꾸는' 무엇을 생산하는 벤처이다. 그것은 벤처 주변의 '장' 속에서 발생하고 있는 변화 트렌드라는 '물결이 가장 크게 솟아오르는 정점'을 알아차리고 포착할 수 있을 때 가능하다.

환경 요인(Environmental factors): 핵심 성공 요인 수준의 가장 첫 번째 수준에 해당하는 환경 수준에 속하는 요인을 의미한다. 개인과 조직이 반드시 인식해야 하고 또 성공하기 위해서 반드시 대응해야 하는 구체적인 기회나 제약사항들을 결정짓는 외부적 상황과 특성들을 말한다. 환경 요인은 언제, 어디서 행동이 취해져야 하는지와 관계된다. 〔핵심 성공 요인 수준을 참고하라.〕

후원(Sponsorship): 일반적으로 스폰서는 후원자의 의미를 가진다. 따라서 후원을 의미하는 영어

---

3) performance: 여기서 말하는 수행(遂行)은 특히 종교나 정신적 차원에서 단련을 하는 것에 해당하는 수행(修行)과는 다른 것으로 자신이 생각하거나 계획한 대로 일을 하는 것을 말한다. 학교에서 행하는 수행평가(遂行評價)란 학생이 지식이나 배움을 직접 행하는 것을 측정하는 평가방법을 말한다.

스폰서십의 개념 속에는 다른 사람들이 원하는 방향으로 행동하고 성장하며 더 잘할 수 있게 하는 맥락(context)을 만들어 내는 것이 포함된다. 후원자는 후원을 받는 대상이나 사람(피후원자)에게 항상 역할 모델이나 선생이 되는 것이 아니다. 오히려 후원자는 피후원자에게 특정의 맥락, 인맥, 자원(돈을 포함하여)을 제공함으로써 그들이 자신의 일에 보다 잘 집중할 수 있게 하고 자신의 능력과 기술을 사용하고 개발할 수 있도록 해 준다. 그리고 후원자는 후원을 통해서 피후원자에게 그가 내적으로 이미 갖고 있는 능력을 모두 발휘할 수 있게 해 주지는 못하더라도 최소한 그 능력을 키울 수 있도록 도움을 줄 수 있다.

참고문헌

From Coach to Awakener, Dilts, R., Meta Publications, Capitola, CA, 2003.

Tools for Dreamers, Dilts, R. B., Epstein, T. and Dilts, R. W., Meta Publications, Capitola, CA, 1991.

Strategies of Genius Vols I, II, & III, Dilts, R., Meta Publications, Capitola, CA. 1994-1995.

Alpha Leadership: Tools for Leaders Who Want More From Life, Deering, A., Dilts, R. and Russel, J., John Wiley & Sons, London, England, 2002.

Visionary Leadership Skills, Dilts, R., Meta Publications, Capitola, CA, 1996.

Modeling with NLP, Dilts, R., Meta Publications, Capitola, CA, 1998.

Encyclopedia of Systemic Leuro-Linguistic Programming and NLP New Coding, Dilts, R., DeLozier, J., NLP University, Santa Cruz, CA, 2000.

Effective Presentation Skills, Dilts, R., Meta Publications, Capitola, CA, 1994.

Skills for the Future, Dilts, R., Meta Publications, Capitola, CA, 1993.

NLP II: The Next Generation, Dilts, R., DeLozier, J. with Bacon Dilts, D., Meta Publications, Capitola, CA, 2010.

The Hero's Journey: A Voyage of Self-Discovery, Gilligan, S. and Dilts, R., Crown House Publishers, London, UK, 2009.

Innovations in NLP, Hall, M. and Charvet, S., Editors; Crown House Publishers, London, 2011.

저자 소개

로버트 딜츠(Robert B. Dilts)는 1970년대 후반부터 세계적으로 코치, 행동 스킬 트레이너, 비즈니스 컨설턴트로 활동해 이 분야 전문가로 유명하다. 그는 NLP의 주요 개발자이자 전문가로서 세계적으로 수많은 개인과 조직을 대상으로 코칭, 컨설팅, 트레이닝을 해 오고 있다.

딜츠는 작고한 동생 존 딜츠와 더불어 SFM의 원리과 기법을 개발하였고 그것을 리더십, 창의성, 커뮤니케이션, 팀개발 등의 광범한 분야에 어떻게 적용할 것인지에 대한 수많은 논문과 책들을 저술하였다. 그의 저서 『Visionary Leadership Skills』는 역사적으로 잘 알려진 리더들과 기업계의 리더들에 대해서 집중적으로 연구한 내용을 바탕으로 저술한 것으로 '사람들이 속하고 싶은 세상을 창조'하기 위한 필수적인 도구와 스킬들을 제시하고 있다. 또 다른 저서인 『From Coach to Awakener』는 코치 입장에서 클라이언트가 학습과 변화의 여러 가지 다른 수준에서 목표 달성을 잘할 수 있도록 돕는 데 필요한 지침서 역할을 하고 다양한 방법들을 제공해 주고 있다. 또한 그가 스티븐 길리건(Stephen Gilligan)과 함께 공저한 『The Hero's Journey: A Voyage of Self Discovery』는 당신이 자신의 가장 깊은 곳의 소명과 어떻게 재연결될 수 있으며 어떻게 제한적 신념과 습관을 변혁시키고 또 어떻게 자아상을 개선시킬 수 있을 것인지에 대한 책이다.

딜츠가 과거에 도움을 주었던 기업 고객과 스폰서로는 애플컴퓨터, MS, HP, IBM, 루카스 필름, 이탈리아의 주립철도회사 등이다. 그는 코칭, 리더십, 혁신, 집단지성, 조직 학습과 변화 관리와 같은 주제에 대해서 광범하게 강의를 하였으며 국제코칭연맹(International Coaching Federation: ICF), HEC Paris, 유엔본부, 세계보건기구, 하버드 대학교, 모나코의 국제 대학교 등에서 프레젠테이션과 연설을 하였다. 또한 1997년과 1998년에 국제적인 체중관리 서비스회사이자 다이어트 상품 제조사인 '웨이트 와처스 인터내셔널(Weight Watchers International)'에서 사용된 프로그램 중 행동 관리 부분에 해당하는 '생활을 위한 도구(Tools for Living)' 디자인을 감수하기도 하였다.

딜츠는 15년 이상 동안 이탈리아의 피아트자동차 회사에 부설된 사내 경영대학인 'ISVOR Fiat School of Management'에서 부교수로 활동하면서 리더십, 혁신, 가치와 시스템 사고에 대한 프로그램을 개발하는 일을 맡았다. 또한 2001~2004년 동안에 그는 ISVOR Fiat와의 공동 벤처인 'Board for ISVOR DILTS Leadership System'의 선임 과학자이자 위원장을 맡았다. 이곳에서 그는 광범위한 혁신적 리더십 개발 프로그램을 세계적인 대기업들에게 제공하는 일을 하였다.

딜츠는 딜츠 전략 그룹의 공동 창업자이면서 동시에 행동 변화를 강조하는 컴퓨터 소프트웨어 및 하드웨어 어플리케이션을 개발한 회사 Behavior Engineering사의 창업자 겸 CEO로 일을 하였다. 그는 산타크루즈의 캘리포니아 대학교(University of California, Santa Cruz)를 졸업하였고 행동 공학(Behavior Technology)을 전공하였다.

그림 작가 소개

일러스트레이터 **안토니오 메자**(Antonio Meza)는 그가 기억하는 어린 시절부터 만화를 그려 왔으나 전문적인 만화가로 활동한 경력은 얼마 되지 않았다.

그는 멕시코 태생으로 NLP 마스터 프랙티셔너와 트레이너 자격을 취득하였다. 주로 프랑스에서 고등교육을 받았으며, 특히 학사 과정에서는 커뮤니케이션학을 전공하였고(Fundación Universidad de las Américas Puebla), 필름학 석사 과정은 파리 제3대학에서 공부하고 학위를 취득하였다. 그리고 멕시코의 General Society of Writers로부터 영화 각본 분야의 디플로마를 취득하였으며 프랑스의 École Nationale des Métiers de l'Image et du Son(La Fémis)에서 다큐멘터리 필름 분야의 디플로마를 취득하였다.

그는 최근에 로버트 딜츠와 스티븐 길리건이 Institut Repère of Paris에서 진행했던 '생성적 코칭'을 수료하여 자격을 취득하였다.

경력으로는 마케팅 리서치, 광고, 브랜딩, 기업이미지, 필름 제작, 대본작가 활동 등이 포함되며, 자신의 전문 사진 작품들을 멕시코, 벨기에, 프랑스에서 전시하였다.

그는 멕시코에서 애니메이션 만화 스타트업에 참여하였다. 그리고 그 후에 프랑스로 이주하였는데, 그곳에서 특히 창의적 사고와 집단 지성 분야를 전문으로 하는 컨설턴트, 코치, 트레이너로 활동을 하였다. 그는 Akrobatas라는 자신의 브랜드로 일을 하고 있다.

그의 NGO와 단체 고객사 명단에는 European AIDS Treatment Group(EATG), OXFAM, European HIV/AIDS Funders Group, the Open Society Foundations(OSF), European Public Health Alliance(EPHA) 등이 포함된다. 그는 또한 ESCP-Europe과 같은 경영대학, IABC(International Association of Business Communicators)에서 훈련 워크숍을 실시하였다.

메자는 토스트마스터 인터내셔널사(Toastmaster Internatioanal)의 공개 강연회원으로 경험을 쌓았다. 2013년에는 유럽 대륙을 관장하는 제59지역 국제스피치컨테스트(International Speech Contest of District 59)에서 3위로 수상하였다.

그의 만화와 일러스트레이션은 프랑스 파리에서 출간되었으며 그가 일러스트레이터로 참여한 2권의 공저가 파리에서 각각 출간되었는데 그 책들의 제목은 『English Law Made Simple』 『American Government Made Simple』이다. 그는 만화가와 트레이너로서의 자신의 스킬을 활용하여 특히 세미나, 콘퍼런스, 브레인스토밍 세션을 그래픽 퍼실리테이터로 참여하면서 공동 진행하고 있다.

현재는 로버트 딜츠가 세 권으로 된 SFM™ 시리즈를 저술하는 일에 일러스트레이터로 참여하는 등 여러 가지 프로젝트를 진행하고 있다.

역자 소개

대표 역자 설기문(Seol Kimoon)
미국 Alliant International University 대학원 교육학박사(상담심리)
전 동아대학교 교수 및 동방문화대학원대학교 교수
현 마인드코리아 대표 및 설기문마음연구소 원장, NLP 트레이너, 최면 트레이너

〈주요 저・역서〉
『너에게 성공을 보낸다』『인간관계와 정신건강』『NLP 파워』『NLP 입문』(역)
『NLP의 원리』(역)『NLP와 건강』(역) 외 다수

공역자

김승구(Kim Seungkoo)
서울대학교 대학원 석사(경영학)
현 KPM 트랜스심리상담센터장, NLP 트레이너

나유미(Na Yumi)
가톨릭대학교 의과대학 의학박사(정신과)
현 행복한 마음클리닉 원장(광주광역시),
NLP 트레이너

신대정(Shin Daejeong)
목포대학교 대학원 교육학박사(상담심리)
현 해남교육지원청 교육지원과장, NLP 트레이너

유승만(Yoo Syeongman)
Ohio State University 대학원 철학박사(슬라브어문학)
전 한양대학교 교수
현 티엘월드와이드 대표이사

채호근(Chae Hokeun)
아주대학교 대학원 박사과정(산업 공학)
현 SK(주) C&C 고객가치혁신팀 컨설턴트,
사회복지사, NLP 마스터 프랙티셔너

최규형(Choi Kyoohyung)
서울대학교 대학원 석사(행정학)
현 SK(주) C&C 글로벌사업팀 부장, NLP 프랙티셔너

현영근(Hyun Younggeon)
아주대학교 대학원 박사과정(조직심리학)
현 SK(주) C&C Delivery 구조혁신팀 컨설턴트,
NLP 프랙티셔너

김준영(Kim Junyoung)
연세대학교 대학원 의학과 석사(외과 전문의)
현 마음편한 YOU외과 원장, NLP 프랙티셔너

류창길(Ryu Changgil)
동국대학교 한의과대학 학사
현 신기한의원 원장(인천광역시),
NLP 마스터 프랙티셔너

홍도경(Hong Dogyeong)
동국대학교 한의과대학 학사
현 홍도경한의원 원장, NLP 마스터 프랙티셔너

김양훈(Kim Yanghun)
전 아나운서, 방송인, 대한민국 명강사
현 (주)위닝스토리 대표이사 및 인브랜딩연구소 소장

디즈니처럼 상상하고
잡스처럼 실현하라

성공적인 창업과 행복한 인생경영을 위한 비법

Next Generation Entrepreneurs: Success Factor Modeling I

2018년 1월 20일 1판 1쇄 인쇄
2018년 1월 25일 1판 1쇄 발행

지은이 • 로버트 B. 딜츠
옮긴이 • 설기문 · 김승구 · 나유미 · 신대정 · 유승만 · 채호근
최규형 · 현영근 · 김준영 · 류창길 · 홍도경 · 김양훈
펴낸이 • 김진환
펴낸곳 • (주) 학지사
04031 서울특별시 마포구 양화로 15길 20 마인드월드빌딩
대표전화 • 02)330-5114 팩스 • 02)324-2345
등록번호 • 제313-2006-000265호

홈페이지 • http://www.hakjisa.co.kr
페이스북 • https://www.facebook.com/hakjisabook

ISBN 978-89-997-1424-5 03180

정가 22,000원

이 도서의 국립중앙도서관 출판시도서목록(CIP)은 서지정보유통지원시스템 홈페이지(http://seoji.nl.go.kr)와 국가자료공동목록시스템(http://www.nl.go.kr/kolisnet)에서 이용하실 수 있습니다.
(CIP 제어번호: CIP2017029717)